解密
巴菲特 和 索罗斯
反身性价值投资

万 军/著

巴菲特 ——"投资股票其实就是投资公司"

索罗斯 ——反身性——无论是自我强化的还是自我更正的

——才是金融市场真规则

经济管理出版社
ECONOMY & MANAGEMENT PUBLISHING HOUSE

图书在版编目（CIP）数据

解密巴菲特和索罗斯：反身性价值投资/万军著. —北京：经济管理出版社，2019.3
ISBN 978 - 7 - 5096 - 6395 - 0

Ⅰ. ①解… Ⅱ. ①万… Ⅲ. ①巴菲特（Buffett，Warren 1930 - ）—投资—经验 Ⅳ.
①F837. 124. 8

中国版本图书馆 CIP 数据核字（2019）第 027900 号

组稿编辑：杨国强
责任编辑：杨国强　张瑞军
责任印制：黄章平
责任校对：赵天宇

出版发行：经济管理出版社
　　　　　（北京市海淀区北蜂窝 8 号中雅大厦 A 座 11 层　100038）
网　　　址：www. E - mp. com. cn
电　　　话：(010) 51915602
印　　　刷：三河市延风印装有限公司
经　　　销：新华书店
开　　　本：720mm × 1000mm/16
印　　　张：23. 5
字　　　数：448 千字
版　　　次：2019 年 7 月第 1 版　　2019 年 7 月第 1 次印刷
书　　　号：ISBN 978 - 7 - 5096 - 6395 - 0
定　　　价：68. 00 元

净资产收益率超过 20%
且持续盈利的股票展示

海天味业

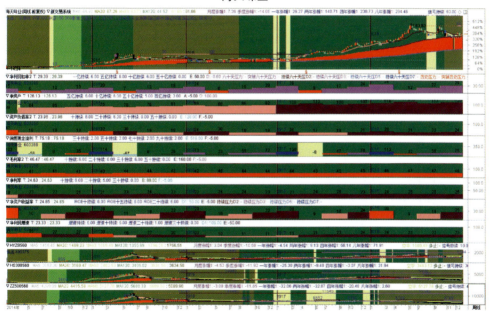

美的集团

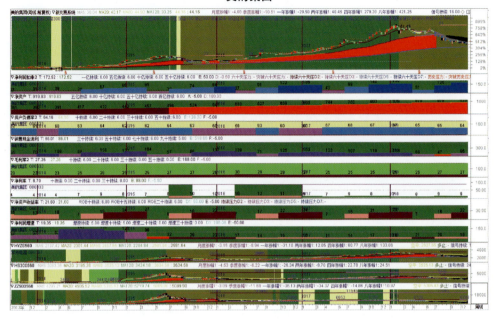

格力电器

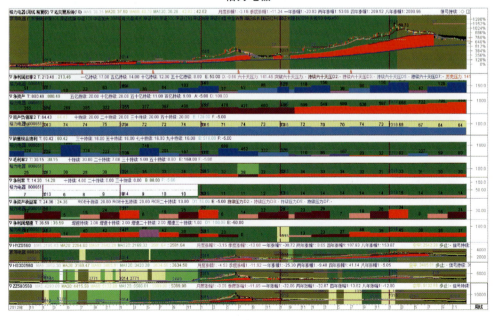

伊利股份

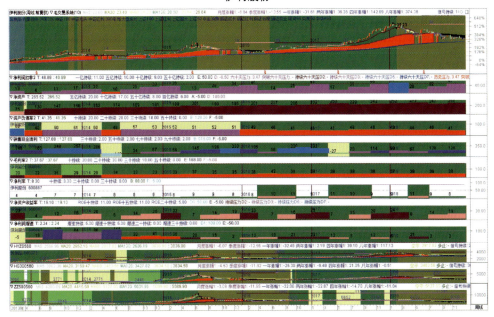

贵州茅台

恒瑞医药

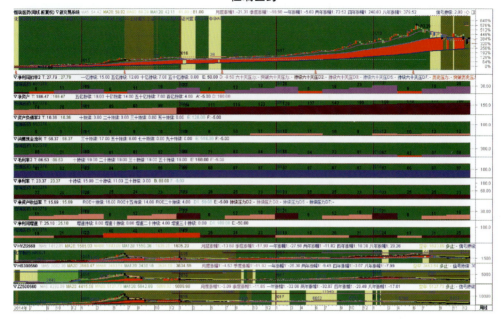

海康威视

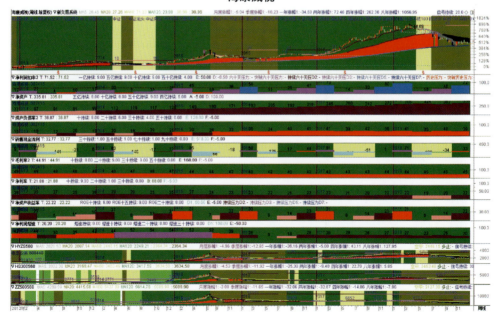

万华化学

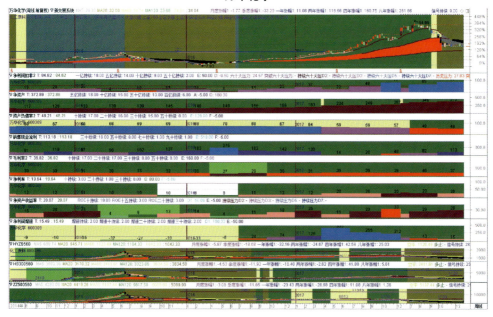

目　录

第四部分 背景模型和新工具图

第五部分 净值曲线和组合管理

第六部分　总结

第一部分　理念梳理

第一章　巴菲特价值投资理念

一、投资具有持久竞争优势的企业

巴菲特反复强调"投资股票其实就是投资公司"。

"对于投资来说，关键不是确定某个产业对社会的影响力有多大，或者这个产业将会增长多少，而是要确定任何一家选定的企业的竞争优势，而且更主要的是确定这种优势的持续性。"

"只要我们能够找到具备以下三项特点的公司：拥有长期竞争优势，由德才兼备的经理人所经营，可以用合理的价格买到股票"。

选择投资标的是投资的重要课题。在巴菲特价值投资理念里，投资股票就是投资公司，而选择公司最应该着重考察的是公司的持续竞争优势。那么，巴菲特是如何判断一家企业具有持续竞争优势的呢？一是通过同行业内公司与公司之间的横向比较；二是通过企业的历史财务指标纵向比较。

竞争优势的"持续"是为长期投资者创造财富的首要秘诀，其次才是考察价格是否合理。"先看报告，然后看公司的价格"。

巴菲特正是通过财务报表挖掘出具有持久竞争优势的优质公司。巴菲特说："只有你愿意花时间学习如何分析财务报表，你才能够独立地选择投资目标。"相反，如果你不能从财务报表中看出上市公司是真是假、是好是坏，巴菲特认为，"你就别在投资圈里混了。别人喜欢看《花花公子》杂志，而我喜欢看公司财务报告"。

二、坚持留有一个安全边际

"对投资人来说，买入价格太高将使优质公司未来 10 年业绩增长的效果化为乌有"。

"没有什么比参加一场牛市更令人振奋，在牛市中公司股东得到回报变得与公司本身缓慢增长的业绩完全脱节，看上去那是暴利。然而不幸的是，股票价格绝对不可能无限期地超出公司本身的价值。实际上由于股票持有者频繁地买进卖出以及他们承担的投资管理成本，在很长一段时期内他们的总体的投资回报率必定低于他们所拥有的上市公司的业绩。如果美国公司总体上实现约12%的年净资产收益，那么投资者最终的收益必定低得多。牛市能使数学定律黯淡无光，但却不能废除它们。"

"我们在买入价格上坚持留有一个安全边际"。

三、市场先生

"市场先生"是你的仆人，而不是你的向导。这是投机和投资的一个明显区别，投机的往往说自己"对市场有敬畏之心"，而投资人士把"市场先生"当成神经质的家伙，被它引导，只会一起疯。所以，我们利用"市场先生"，我们无视噪声。

第二章　索罗斯反身性投资理念

一、不完备的理解

康德哲学的哥白尼革命：不是知识依照对象，而是对象依照知识。理性可以为自然界立法，人类理性在认识过程中，用一定的先天的认识形式去接受和整理感性材料，把规律赋予这些感性材料，使本来只是无规律的、偶然的和主观心理上的材料构成一个按照普遍必然规律而存在的经验对象，即自然界。

认识就是创造，既创造出自然界的知识，又创造出知识的对象，即自然界本身。尽管这种创造力是有限的，它不能从无中创造出世界。但是，认识主体在认识过程中就已经在"现象世界"对认识客体进行了创造，这点不容忽视。同时，会通过行动参与到对象世界，按照理念进行改造。但是，无论如何，还有一个我们始终无法到达的对象世界。而我们的认识总是不完备的，尽管难以接受，却是现实。

这就直接引申出索罗斯反身性理念下一个重要概念：参与者偏见。任何一种认识都是偏见，都是不完备的。最要紧的是，尽管我们知道，我们的认识是不完备的，但却不得不带着这种偏见参与到现实之中。如果存在着一种现实对于我们的认识而言是全新的、完全处于已有的认识之外，我们将会束手无策。但只要我们还能够从这种现实中抽象出某些符合已有理念的材料，那么我们就可以通过已有的理念对现实提出假说和展开行动。如果提出的假说和结果背离很大，我们知道自己错了，便只能进一步提出假说和再采取行动。

如果符合呢，不一定说明假说就是真的。因为到底是现实符合了偏见，还是通过偏见而采取的行动，改变现实，使得现实符合偏见，不得而知。面对自然界，我们可以通过控制的手段，使得现实符合我们的偏见。实在不行，则只能修正我们的理念。但面对具有思维主体的参与者，则往往是通过竞争来构造一个新的现实，从而达到最初的构想。但是，无论如何还存在一个思维无法改变的存在，就像康德认识论中的本体世界一样。至少，参与者偏见是在具有思维主体构建的现实情境中不得不首要考虑的。

二、主流偏见

"市场中存在着为数众多的参与者，他们的观点必定是各不相同的，其中许多偏见彼此抵消了，剩下的就是所谓的'主流偏见'"，在日常生活中，个人的观点比较分散，很多时候也无法汇总。但在股票市场中，主流偏见的表达形式就是股价走势。

值得说明的是，参与者不应该只包括股票市场的中小投资者和机构投资者，而应该包括所有股票持有人，自然也就包括战略投资者和控股股东。所有股票持有人都会对企业的基本趋势构成影响，只不过有些个体影响力比较小，但这类群体却是数量最多的，所以也应该看到他们是构成整个主流偏见不可缺少的一部分。事实上，影响企业基本趋势的还应该包括政府、同业竞争者和企业上下游。只不过后面这部分主体，在主流偏见上无法直接得到表达，因为他们的观点不会通过行动参与到股票市场中，但会直接影响企业基本趋势，间接影响主流偏见和股价走势。

从参与者偏见到主流偏见看似能够简单汇总，然而市场上有成千上万个参与者，他们的观点必定是各不相同的。事实上，观点是无法简单汇总的，只是有了一个共同的表达形式：股票价格。股票价格可以被绘制成股价走势，这样我们就可以观察到主流偏见的方向是正的还是负的。市场参与者各自的观点都可能是错的，那么汇总的主流偏见，即市场也可能是错的。事实上，只要是偏见就一定是不完备的，那么严格来说市场也一定是错的。

三、基本趋势

在主流偏见之下的基本趋势到底是怎样的呢？一种是参与者偏见下的基本趋势，在认识的同时，在思维中已经对基本面现象进行了改造，并且在行动中还会进一步创造基本面现实；另一种是存在于现实之中，不受人主观意志为转移的基本面现实。这有点类似于康德的现象世界和本体世界。

企业的目的是获得利益。企业经营的首要目的是股东利益最大化，毕竟企业经营的长期资本是股东提供的，所以这点应该可以达成共识，而在资本市场中的企业，也就是上市公司，股东的利益直观地体现在股价走势上。然而，股东利益最大化，对于控股股东和中小股东，对于战略投资者和财务投资者，差别巨大。比如，控股股东可能除在意股价走势外，还追求企业在市场中的规模所带来的社会地位变化，毕竟对于已经拥有巨额身价的大股东，有可能追求比金钱更重要的东西。但无论如何，这些股东的利益都绑定在这家企业上，这点是不容置疑的，而股票代表的正是企业价值。当然，理论上，企业价值不仅包括股东价值，还包括债权人价值。在此，我们可以用股价与企业价值相当来表达。

基本趋势和企业价值之间的关系是什么呢，基本趋势又该如何表达呢。主流偏见可以通过股价走势得到表达，而基本趋势的则可以通过企业财务指标时间序列得以表达。市场上对企业价值的评估有很多模型，如自由现金流贴现模型、股利贴现模型等。这些都是比较静态的价值评估模型，由于企业价值评估影响到评估人对企业未来的预期收益，因此不同的投资人理应评估的企业价值不同，而基本趋势的强弱，重点在于当下，不在过去，也不在未来。在企业价值评估中，少不了对企业未来盈利的推测。所以，我们用财务指标来表达基本趋势，自然也是合理的方式。我们知道真正决定企业价值的是未来的基本趋势，用历史的以及当下的财务推测未来，本身就是一种冒险。不能简单地照搬过去、推测未来。既然正如本体世界永远不可企及一样，那么通过过去和当下的财务指标时间序列，得出不同企业的基本趋势强弱，总结它们的基本面特征，至少这点在逻辑上没有错误。所以，企业价值评估可以仁者见仁、智者见智，但基本趋势却可以相对客观地从财务指标得到表达，尽管相对"短视"，但却是动态的、实时的。

四、股价走势

股价走势一直以来被市场人士甚至是专业投资人士肤浅的理解。就像明斯基批判具有资本市场的经济理论一样，我们的市场经济同时运行着两套价格体系。一种是实体的产品市场，它们定价模式是成本加价；另一种是资本资产市场，资产的定价模式是预期资本收益贴现。但预期资本收益贴现，关键不是资本收益该以多少资本成本贴现，而是预期这两个关键的字眼。而预期直接受参与者偏见的影响。在实物资产中，各个参与者偏见无法汇总，所以预期的差异不会影响其他持有实物资产的投资人。但是，在金融市场和股票市场中，参与者偏见可以汇总成主流偏见，主流偏见直接影响金融市场的资产价格走势。参与者与市场建立起了反馈环，所以，市场又可以反过来直接影响参与者预期。哪怕没有改变预期，市场价格也会直接影响参与者的组合净值，从而对参与者的心理和行为构成直接影响。

更为甚者，每一个参与者都有一张对应的资产负债表、利润表和现金流量表。股票市场参与者的净值会直接改变其资产负债率，而每一个投资者不是资金的融出方就是资金的融入方。在已经建立稳定预期的基本趋势上，价格走势越平缓持久，越能让投资者融入资金、加大投入，所以持续时间越久，越稳定的基本趋势，反而会导致累计的融资规模的加大和杠杆率的提高。债券市场和房地产市场就是规模巨大的融资市场，同时也是杠杆运用很普遍的市场。越是风险低的资产，杠杆率越高，而一旦基本趋势扭转，由于参与的资金数额巨大，结果越能对金融系统和实体经济构成巨大影响，历史上的货币危机、债务危机、房地产危机一旦发生，都是灾难性的。回到股票市场，理论上，股票市场中的蓝筹股比中小盘股的融资规模和杠杆率要高。因为蓝筹股可以建立稳定的市场预期，而中小盘股由于更高的波动性，反而不是杠杆的摇篮。

没有杠杆可能吗，这是不可能的。资产的定义是能够在未来产生收益的会计科目，如债券具有票息、房地产具有租金收入、股票能够产生浮动股利分红的。资产是对应未来一串的现金流流入，而债务本质是对应一串现金流支出，而资本本质是追求利益最大化的。所以，为预期高收益的资产而进行的负债融资是很正常的市场行为。资产与杠杆（质押、抵押）天然就是孪生兄弟。无论是实体资产，还是金融资产，只存在杠杆率的高低，不存在没有杠杆的资产。而杠杆是一把双刃剑，能够加速资产的形成和资产价格的上涨，也能够导致资产形成的链条瓦解和价格的快速暴跌。

另外，基金公司管理的资产算杠杆吗？表面上看，基金管理人和基金持有人是一种信托关系，但这是法律层面的关系，而从本质上说，基金管理人管理的资金不是自己的钱，而是别人的钱。那么是别人的钱迟早是要归还的，不论信托管理 1 年还是 3 年、5 年，总是要还。尽管不需要利息，但迟早是要还的，至少合约到期，基金持有人是可以自由赎回的。那么在这种程度上，股票市场的大机构都是杠杆买入者，而且是全杠杆买入者，因为基金管理人理论上不需要投入自有资金。在连续的时间序列中，理论上每一个时间点都会有基金合约到期，那么只要股市行情不利，基金净值回撤大、回撤时间长，基金持有人都可能采取连续撤资的动作，这会加剧市场抛售，导致价格进一步下跌，结果导致其他基金产品净值进一步回撤，这是纯股价走势的恶性循环。相反，如果股价走势上涨，基金净值上升，基金持有人可能会加大申购，基金管理人也会加速发行产品，这是纯股价走势的良性循环。

在宏观经济理论中，投资会等于利润，而正是为资本资产的融资合约的形成才形成了新的投资。所以，融资产生投资，投资产生利润，并顺带形成工资和税收。融资的形成本身也受偏见的影响，所以，对融资的预期和影响投资的政策，可以直接影响资产的价格，直接影响股票市场的价格。在宏观领域，政府的货币政策和财政政策，会直接影响到融资的可获得性和投资的增速，会缓慢地影响经济的走向，但会立刻影响金融市场的价格走向。

美联储的货币政策直接影响全球金融市场的价格走势，影响全球经济基本面的走向。宏观调控在一定程度上是预期管理，这点显而易见。但这点在股票市场却没有得到足够的重视。股价走势会反过来影响持有者的预期、持有人的资产负债率以及财富，股价走势更会影响基本趋势，就像金融市场走势会影响经济走势一样，只是这种影响在不需要外部融资和生产必需品的企业中不那么明显。但大多数企业的发展或多或少与金融市场是联系在一起的，甚至是非常紧密的。

在大周期行业，尤其是金融、房地产行业，金融市场对这些行业的影响非常直接，政府政策、金融市场预期会直接影响这些行业的企业基本趋势的走向。而在生活必需品领域，比如食品和医药行业，一方面这些行业的资产负债率相对较低，企业的发展主要依靠盈利再融资获得资本，另一方面这些行业提供的产品通常是日常生活必需品。企业的资本端、产品端与金融市场联系不太紧密，所以金融市场对这些行业的基本趋势影响相对较小。但只要行业内企业还具有提升规模经济的空间，食品和医药行业内成功的企业，也想利用资本市场股权再融资来加速企业发展，抢占市场份额和巩固市场地位，所以股价走势，也有可能会影响再融资的进程，进而影响企业的基本趋势。

通过对巴菲特价值投资理念和索罗斯反身性投资理念的梳理，我们至少可以得到它们存在三大共通点：

（1）都考虑基本趋势，巴菲特坚持投资具有持续竞争优势的企业，而索罗斯投资基本趋势加强的企业。

（2）都考虑到股票价格因素，巴菲特面对股价，坚持留有一个安全边际，而索罗斯则还需要考虑，股票价格是否正是构造基本趋势的积极因素。

（3）都认为市场是错的，巴菲特把"市场先生"当成神经质，是个疯子，经常产生噪声，而索罗斯认为市场本质就是错的，是主流偏见的表象。

第三章 反身性价值投资理念

反身性价值投资理念试图融合巴菲特价值投资理念和索罗斯反身性投资理念，其目的是为了获得持续稳定的回报，并且可以容纳足够大的资产规模。

为什么纯巴菲特价值投资理念对于管理大资金的机构来说很难实施。首先，巴菲特买入的企业市盈率绝大部分都在 20 倍以下。可是当牛市来临的时候，市盈率普遍涨到 30 倍以上，是应该继续持有，还是卖出。纯价值投资是不得不重点考虑市盈率的，而事实上市盈率是一个比较静态的比值，并且 A 股的市盈率普遍比国外要高。其次，对于管理大资金的机构来说，它们的资金来源于基金持有人，企业的利润可以每年增长，但股票价格却不可能每年都涨。所以，基金管理人还不得不择时，而这个择时通常不依据企业基本面是否恶化，而是依据市场价格，甚至是主观臆测。最后，管理大资金的机构在每年度业绩排名的压力下，尤其在牛市之中，优质的上市公司的股价通常跑不赢大势，长期而言持有优质上市公司的业绩不会超过该企业长期净资产收益率，而且如果买入的市盈率较高，还可能面临"戴维斯双杀"，而巴菲特可以坚持等到基本面恶化，或者当发现更好的公司且更便宜的价格时，可以重仓调整的一个重要原因是，他拥有一个庞大的资金池和他的资金运作主体是公司制。公司制管理的资产在行情不好的时候，不会存在撤资的行为，也不需要参与每年度的业绩排名，更不用担心被基金管理公司的上层领导炒鱿鱼。另外，他自己搞了一套独立的投资评价体系：账面价值，而不是以股票市值的波动来评价单个年度的业绩。

表 3 -1 巴菲特买入公司估值逻辑

买入年份	公司名称	行业	类型	买入市盈率	买入市净率	年复合收益率	RCE	盈利情况
1958	桑伯恩	地图	烟蒂股	47 倍（注）	0.5 倍			拆分重组，收益丰厚
1961	登普斯特	农机制造	烟蒂股	公司亏损	0.63 倍			拆分重组，收益丰厚
1964	美国运通	信用卡	优质股	14.2 倍		12%		至今持有，收益丰厚

买入年份	公司名称	行业	类型	买入市盈率	买入市净率	年复合收益率	RCE	盈利情况
1965	伯克希尔	纺织	烟蒂股	6.6 倍	0.8 倍			至今持有，收益丰厚
1967	国民保险公司	保险	优质股	5.4 倍			20%	至今持有，收益丰厚
1972	喜诗糖果	食品	优质股	11.9 倍	3.1 倍	16%	26%	至今持有，到 2007 年收益达 54 倍
1973	华盛顿邮报	报纸	优质股	10.9 倍		11%	18%	到 1990 年收益达 34 倍
1976	GEICO 保险	保险	优质股		5 倍	22%		至今持有，复合收益 22%
1983	内布拉斯家具	家具	优质股	8.5 倍	0.8 倍			收益丰厚
1985	大都会	传媒	优质股	14.4 倍		23%	26%	收益丰厚
1986	斯科特吸尘器	家电	优质股	7.8 倍	1.8 倍		23%	至 2000 年分红 10 亿
1987	所罗门	金融	优质股	9% 利息	可转换优先股	6.60%		9% 复利持有 10 年
1988	可口可乐	饮料	优质股	13.7 倍	4.5 倍	12%	55%	至今持有，到 1998 年收益达 9 倍
1988	房利美	金融证券	普通股	8 倍		24%	23%	到 1999 年收益达 10 倍
1989	美国航空	航空	普通股	9.25% 利息	可转换优先股	6.60%		9% 复利持有 10 年
1990	富国银行	金融	普通股	6 倍	1.1 倍	25%	24%	至今持有，到 2000 年收益达 10 倍
1991	吉列刀片	日用品	优质股	23 倍（注）		16%		持有优先股转换，持有 13 年收益达 7 倍
1991	M&T 银行	金融	普通股	7.8 倍	1 倍	13.70%	12.50%	至今持有，到 2006 年收益达 7 倍
1993	德克斯特	鞋业	普通股	16 倍	1.9 倍			亏损，用伯克希尔换股，亏损严重

续表

买入年份	公司名称	行业	类型	买入市盈率	买入市净率	年复合收益率	RCE	盈利情况
1999	中美能源	能源	优质股	13.5 倍	1 倍	17%	20%	至 2012 年收益达 7 倍
2000	穆迪	评级机构	优质股	19 倍				收益丰厚
2003	中石油	能源	普通股	5 倍	1 倍	45%	16.30%	持有 5 年，收益达 7.3 倍
2005	沃尔玛	连锁零售	优质股	20 倍	3.3 倍		22%	收益丰厚（巴菲特后悔买少了）
2006	合众银行	银行	普通股	12.5 倍	2.9 倍		23%	收益丰厚
2006	乐购	连锁零售	普通股	66 倍	2.5 倍			亏损严重
2007	廉菲石油	能源	普通股	6.8 倍	0.95 倍		21.50%	亏损严重
2008	比亚迪	电动汽车	优质股	10.2 倍	1.53 倍		16.60%	至今持有，收益丰厚
2008	高盛	金融证券	优质股	10% 利息	可转换优先股	10.25%		金融包机时，巴菲特救助高盛，收益丰厚
2011	IBM	信息软件	优质股	13.5 倍	8.5 倍		69%	失败的投资
2011	达维尔医疗	肾透医疗	优质股	17 倍	3.2 倍		17.70%	至今持有，收益丰厚

为什么纯索罗斯反身性投资理念对于管理大资金的机构来说也很难实施。反身性本质是一种哲学思辨，它的理念有两条核心点：一是认识的不完备，也就是说，个体的认识都可能是错的，而作为投资必须要有自信，但自信的东西不一定就是对的，这一点在心理上与其他社会实践活动有很大不同，基金管理人通常会有成型的思路和坚持自我的判断，而且认识还会创造现实，越是坚持自我，越可能错得更远，结果导致调整的时候很残酷。二是反身性。首先，反身性强调偏见会影响基本面，这与静态的偏见符合基本趋势，股价反映企业价值恰恰相反。反身性在这点，原本就有点难以理解，更何况是实践了。并且还容易导致人完全忽略企业基本面，毕竟反身性理念指导我们必须把主流偏见放在更加重要的位置，而主流偏见直接作用在股价走势上，主流偏见还会影响基本趋势，那么可能导致某些人干脆不思考基本趋势，而只看股价趋势，结果就是纯粹的追涨杀跌。其次，反身性投资理念运用起来比较困难，需要提出假说和做出检验。毕竟最有价值的基本面存在于未来，而不是过去，同时未来又取决于我们当下做出怎样的预期和行动，而且预言与现实通常是不相符的。这就需要实时检验和重新认识，重新提出假说，再实践，这是一个循环往复的过程。最后，也是现实情况，反身性投资理念存在明显反身性的领域，比如大周期行业和新兴行业。弱反身性的领

域，比如食品医药等大消费行业。当大周期行业和新兴行业牛市之后，会有一个残酷的熊市，这个阶段对于 A 股只能做多的市场，对于管理大资金的机构来说同样非常难以操作。结果呈现的现象是 2007 年的大周期牛市过后的 2009～2011 年的食品医药行情比较突出，2015 年新兴行业牛市过后的 2016～2017 年食品医药行情又比较突出，而纯反身性投资理念在弱反身性领域（食品医药领域）则比较难以把握。索罗斯为什么可以运用反身性理念投资，国外市场可以比较方便地做空，所以在股价和基本面相互加强的阶段可以做多，在股价和基本面反向的时候，则可以做空。还可以利用杠杆，由于股票市场大的反身性并不经常出现，所以在机会来临时可以加大投入，在机会不明显时减少投入，还可以把资金投入到更具有反身性的领域，比如外汇市场、期货市场和国外市场股票等，还可以利用期货、期权、债券等等多种金融衍生品工具进行更加立体化的投资和进行风险对冲。所以，不必总是待在股票市场，不必在没有明显反身性的领域投入太多时间和金钱。

既然两个理念都是被实践证明成功了的投资理念，而 A 股市场具有特殊的交易机制和大资金运作的特殊要求，所以需要将成功了的投资理念同具体的投资环境相结合。这套理念就是股票市场的反身性价值投资理念，可以说是融合了巴菲特的价值投资理念和索罗斯的反身性投资理念（主要是股票领域），试图把长期的巴菲特持股思想变得动态化，把索罗斯的反身性理念限定在股票领域。如图 3－1 所示。

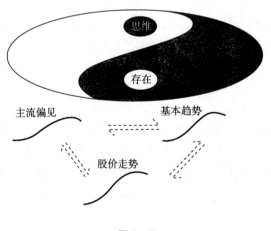

图 3－1

整个反身性价值投资理念用了中国的太极图来表达，而不是简单的二维坐标图，因为理念的核心思想：思维和存在没有一个是静止的，都在相互影响，又具有相对独立性，而主流偏见、基本趋势、股价走势也都是互为因果、相互影响、相互联系而又相对独立。它们之间相互可以构成一个大的循环运动，它们各自也可以构成小的循环运动。小的循环运动，在大背景没有变动的情况下，我们可以忽略，只有小循环运动和大循环运动彼此强化，这才是反身性价值投资者应该关注的焦点。

　　整个理念的核心思想还是索罗斯反身性投资理念，所以图3-1依然具有主流偏见、基本趋势、股价走势，而削弱了市盈率、市净率、市销率等指标的地位，毕竟这些指标其实就是股票价格和基本面当期财务的比值，且比较静态化。而我们已经使用了股价走势和财务指标的时间序列，这样将会更加动态。我们用一些财务指标表达基本趋势，比如净资产收益率、净利润增速、毛利率、净利率以及资产负债率、销售现金流回笼比值和反映规模的扣非净利润、净资产。不能只看这些财务指标的当期数字大小，而应该看到这些指标反映出来的基本面特性和基本趋势情况，所以会对同一企业进行许多年的纵向比较和相同行业之间的横向比较。而在理解这些指标的同时会一直使用思辨的方式进行。

　　在选择投资标的方面，尽管已经吸纳了主流偏见对基本趋势的反向影响，但还是坚持选择基本趋势本身处于内部良性循环的标的，这点也是巴菲特价值投资理念重要原则。所以，对于净资产收益率不高的企业或者基本趋势持续性不明显的公司，尽管在牛市的过程中，其股价也完全可能快速上涨，甚至比基本趋势强劲的股票涨幅还多，但依然不作为考虑的范围。选股方面，我们始终坚持把基本趋势放在选股的首要地位。但是，与巴菲特选择投资标的不同的是，可以选择规模不大的高成长股票，通常高成长股票的市盈率也不会太低，但我们已经把市盈率指标位置放低了，而把基本趋势这个综合指标提升了。所以，只要是基本趋势持续加强的标的，不论大小，甚至可以不论当下的行业地位，都可以考虑。

　　在实时交易方面，放弃了持有股票3~5年不动的思路。所以，可以不用把企业价值和股价的安全边际考虑得特别重要，甚至不一定要成为某个业务领域的资深专家，但需要把主流偏见这个概念理解得更深入些，把金融市场环境和主流偏见的位置摆放得更加重要些。因为在纯巴菲特价值投资理念中，巴菲特尽量不去考虑宏观经济走势和股票市场的价格走势，把市场称为"市场先生"，称其为神经质的家伙或疯子。但宏观经济走势的确也会影响到单个企业的基本面，股票市场的走势也会直接影响到股票持有人的净值，还会影响企业基本面。极高的市盈率，不一定表明随着企业未来的发展就消化不了当前的估值；极低的市盈率，也不一定表明企业的未来就不会变得糟糕，实时的主流偏见和股价走势，直接反映了当前市场的预期和市场人士的净值曲线。我们也不提前做左侧交易，也不去抓行情的拐点，毕竟我们已经承认了"我可能是错的"这个观点，所以，我们坚持独立判断，但在行动的时候，又不要太超前市场。所以，最终在交易的时候，坚持做大趋势，过滤掉市场短暂的噪声。坚持交易主流偏见为正的股票。

在仓位管理方面，既然提到仓位管理，说明是一个动态的过程，所以采用的索罗斯的思想。不论多么看好单一标的，不论多么看好当下市场，都要先小仓位建仓，只有被证明是对的时候，才考虑进一步操作。当然，在对的时候可以加大仓位，但也不应该拿致命的仓位全部投入。在风险控制方面，坚持鳄鱼法则。"假定一只鳄鱼咬住你的脚，如果你用手去试图挣脱你的脚，鳄鱼便会同时咬住你的脚与手。你越挣扎，就被咬得越多。所以，万一鳄鱼咬住你的脚，你唯一的办法就是牺牲一只脚"索罗斯说过，"投资本身没有风险，失控的投资才有风险"。

第二部分　模型和工具图

拥有正确的投资理念，还无法直接进行实际的操作，需要对投资理念的全过程构建一个简单的模型，模型是理念和现实的简化，是连接理念和现实的重要桥梁。事实上，索罗斯就有著名的盛衰循环模型，彼得·林奇也有对应的 6 种不同类型企业划分的模型，巴菲特对很多财务指标也有明确的要求。有了模型，可以把投资理念中的核心要素提炼出来，可以在现实操作中抓住要害。事实上，并不是所有的股票都适合巴菲特价值投资模型和索罗斯反身性投资模型。对于不符合模型的，我们就可以直接放弃观察，这样既节省了时间和精力，又能够把有限的资金投入到更加有价值的股票上来。但是，模型是静态的，是全过程的简化，实际过程则是动态的，需要灵活运用。它的意义，在于我们有一个路标，不至于在现实的嘈杂中迷失方向。

第四章　巴菲特价值投资模型

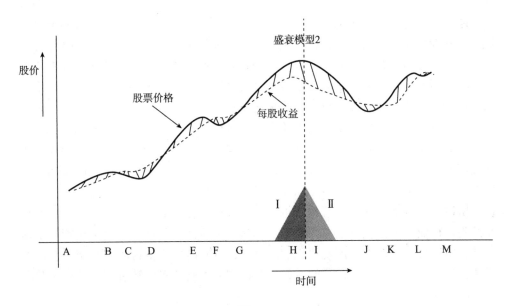

图 4 – 1

核心要点：

（1）净资产收益率至少要在 10% 以上，且具有持续性或者正处于加速状态。

（2）扣非净利润很少连续 2 年以上增速为负，存在也只是个别年份，通常连续为正。

（3）净利润增速不是特别高，通常不会高于净资产收益率的 2 倍，比如净资产收益率是 20%，而净利润增速年度平均下来不会超过 40%，且具有持续性。最好长期净利润增速接近净资产收益率。

（4）企业增长主要依靠内生增长，而不是外部并购。

（5）产品的毛利率和净利率相对稳定，且通常毛利率高于 30，净利率高于10。

（6）资产负债率通常较低，现金流回笼比较顺畅。

（7）行业处于成熟期，行业格局比较清晰，龙头企业地位比较牢固，竞争优势比较突出。

（8）有稳定分红预期。

符合以上8点的企业，大致可以运用巴菲特价值投资模型。毫无疑问，看似只有8点，但A股中符合这8点的企业不会超过200家。如果按照纯巴菲特价值投资理念选股标准，净资产收益率会要求高于20%，且具有持续性，毛利率高于40%，且相对稳定和持续，净利率高于20%，且相对稳定和持续，低资产负债率，稳定的分红预期，行业处于成熟期，这6条比以上8条更加严格，因为标准提高了。这还只是定量的财务指标标准，还有一些定性的要求，所以不能简单说买白马股就是巴菲特式的价值投资，更加不能简单认为低市盈率、业绩优良的白马股就一定可以长期持有。因为任何企业都会有增长的尽头，任何买入都应该有退出的时候。股价涨跌与企业的收益、资产息息相关，再好的企业，一旦增长遇到瓶颈，股价走势也完全可能快速掉头。

就模型而言，已经明确分成了阶段Ⅰ和阶段Ⅱ。在阶段Ⅰ，企业运行在稳定增长之中，由于巴菲特式的选股标准，主流偏见通常不会预期太高，也很少会出现极度悲观。所以会出现股价长期围绕企业价值走，尽管会出现短暂的偏离，仍然认为迟早会回归价值。但是，企业的价值也会有尽头，不会无限制地持续增长，所以，一旦基本面真的恶化，也会出现股价反转。毕竟，公司是成熟期的行业龙头，行业也不会立刻消失，公司也没有太多负债，而且过去通常还能稳定地分红，所以公司在基本面出现恶化的同时，通常有能力重整再战，甚至还会回购股票，但无论如何，终有谢幕的时候，股价和基本面彻底反转过来，就到了阶段Ⅱ了。

第五章　索罗斯反身性模型

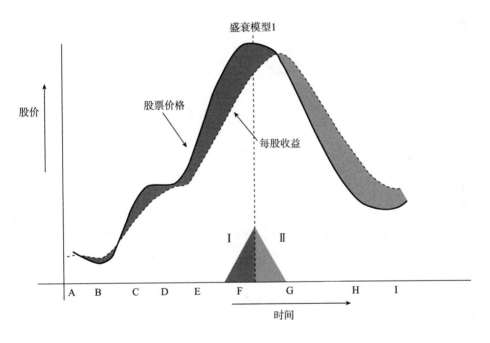

图 5 - 1

核心要点：

（1）净资产收益率至少要在 10% 以上，且具有持续性或者正处于加速状态。

（2）净利润增速比较高，通常会高于净资产收益率。

（3）股价快速上涨，波动幅度比较大，上涨起来比较强劲，下跌也比较狠。

（4）企业内生增长强劲，同时还会积极进行外部并购。

（5）产品的毛利率和净利率相对稳定，且通常毛利率高于 30，净利率高于 10。

（6）资产负债率可能比较高，现金流回笼可能不顺畅。

（7）行业通常处于成长期，行业集中度不高，但是行业龙头地位已经显现，尽管竞争优势不是那么突出。

（8）没有稳定分红预期，盈利几乎全部投入企业扩张，通常还需要再融资。

索罗斯反身性模型8点是与巴菲特价值投资模型8点对应的。毕竟，前面已经提到了，我们需要把巴菲特的价值投资理念和索罗斯的反身性投资理念进行改造，改造成反身性价值投资理念。所以，两个模型在对投资理念简化的过程中也进行了改造。比如，都在基本趋势上加上了净资产收益率、净利润增速、毛利率、净利率等硬性要求。同时，又对两个模型的相同指标的标准进行了不同的要求，比如索罗斯的模型对资产负债率、现金流回笼、分红预期要求不高，但提到了外部并购、再融资、行业成长期等特色变量。甚至，股票价格的运行特征也在模型中得到表达。

模型是静态的，两个模型都是盛极而衰的模型。为什么呢？因为模型是投资理念的再现实化，而投资理念已经明确地用中国太极图思想表达了，盛极而衰是再明显不过的自然规律。另外，现实中，主流偏见、基本趋势、股价走势自我加强是否一定会出现呢，显然是不一定的。如果基本趋势使用了核心财务指标来表达，那么自然核心财务指标并不是基本面的全部，但如果没有核心财务指标反映基本趋势，那么连定量化的指标都没有了，我们就无法知道基本趋势运行的路标了。所以，我们既需要定量化的核心财务指标表达基本趋势，但也应该明白核心指标不是基本面的全部。事实上，我们永远无法完备地认识到基本趋势，更何况是预测了。但我们还是可以依据投资理念来构造假说，我们甚至构造了模型来识别具体的演化路径。我们可以大胆地构造假说，大胆地使用模型预测路径，但是我们又必须小心地检验。

拥有了理念和模型，我们可以更好地处理现实。但是，我们还需要工具图，模型是连接理念和现实的桥梁，那么工具图就是现实的再简化，甚至使其转变成实操图。就像一栋房子，我们站在房子里边和外面都无法把房子的结构看得仔细，一旦我们拥有了建造房子的图纸，那么整个房子的结构就会立刻完整地呈现在面前。反身性价值投资的运用，就是用工具图来解构股市投资的结构。

第六章 工具图：股价走势和八大核心财务指标

打开公司近10年的股价走势和八大核心财务指标图：扣非净利润、净资产、资产负债率、销售现金流、毛利率、净利率、净资产收益率、净利润增速。图6-1是贵州茅台的股价走势和八大核心财务指标图。

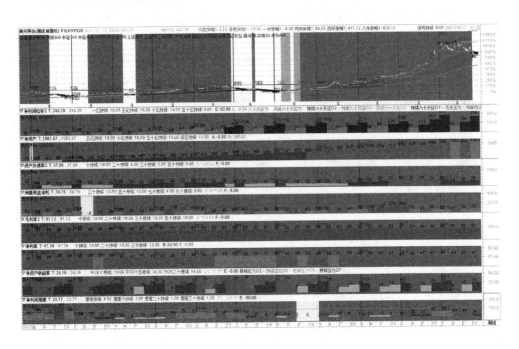

图6-1

还记得模型中的股价走势和每股收益两条曲线的简化模型吗。可现实中，由于A股上市公司经常会有分红扩股和扩增股本的现象，同时仅有每股收益，还无法表达每股收益的来源和不同行业，不同企业间的特性。其实，无论是巴菲特，还是索罗斯，都只把每股收益当作基本趋势的占位符号，甚至在巴菲特的投资理念中，都没有提到每股收益，而提到更多的是表达企业经营情况的净资产收益率、毛利率、净利率等财务指标。所以，我们需要把模型中表达基本趋势的每股收益单一指标分解开来。只要我们明白，不论是模型中的每股收益，还是工具图中的八大核心财务指标，其目的都是为了让投资者更好地理解企业的基本趋势，把握住企业基本面特性就可以了。

不用每股收益，直接换成净资产收益率这个指标行不行，够不够，因为单一指标依然无法表达企业基本趋势，至少还需要把净利润增速指标融入进来。但是融入了净利润增速，就不得不提到净利润的来源了，是纯内生增长的，还是企业通过外部并购而来的呢，所以又需要考虑到并购的情况。而净资产收益率的来源也是个问题，是产品的高盈利能力（毛利率、净利率），是高资产周转率，还是利用了高杠杆呢（资产负债率）。另外，盈利质量问题也需要考虑，毕竟盈利是账面上的，收回来的现金才是当期的，所以不得不考虑销售现金流回笼情况。净资产收益率和扣非净利润以及净利润增速，主要表达企业产出情况，投入情况也需要表达，这样才算匹配，所以最好把扣非净利润和净资产一起融入进来。另外，扣非净利润和净资产的规模大小，还可以与同行业的企业进行比较，得出企业的行业地位，间接进一步推敲行业的竞争格局，而净资产是否存在季度性的突变，直接可以用来表达企业是否进行了外部并购。

所以，从每股收益到八大核心财务指标就是这么来的。为什么没有选择营业收入增速指标和营业收入规模指标呢，因为已经有毛利率和净利润增速、扣非净利润指标了，可以间接表达出营业收入增速和营业收入规模指标了。为什么没有总资产周转率指标呢，因为已经有了资产负债率和净资产收益率了，所以也可以间接表达出总资产周转率了。事实上，八大核心财务指标和其他能够表达企业基本趋势的指标已经存在着某种相关性和联系了。在此，我主要选择了这八大核心财务指标来反映企业的经营特性和基本趋势，已经可以进行企业间的横向比较和同一企业的纵向比较了，这就够了。毕竟，工具不是目的。只要这八大核心财务指标可以显现基本趋势的核心要素就足够了。

一、解读工具图之基本趋势

八大核心财务指标其实可以从四个方面解读，反映规模的扣非净利润和净资产指标；反映风险的资产负债率和销售现金流指标；反映企业盈利能力的毛利率、净利率、净资产收益率指标；反映成长的净利润增速指标。

（一）反映规模的扣非净利润和净资产指标

所有指标都应该从对应的行业以及产业链中进行横向比较和进行纵向时间序

列两个方面解读。扣非净利润和净资产是八大核心指标中唯一的一组规模指标，净资产是企业股东的累计投入，而扣非净利润是企业会计期间的当期产出，两个指标存在投入产出对应关系。

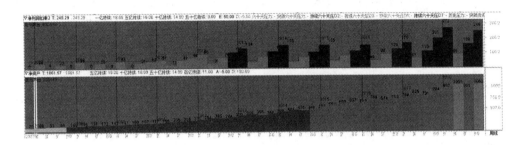

图 6 – 2

横向比较可以得出些什么。比如，白酒行业中的贵州茅台净资产规模和五粮液的净资产规模比较，贵州茅台的扣非净利润和五粮液的扣非净利润之间的比较，可以直观得出行业地位。同理可以将白酒行业内其他企业的两个规模指标一一对应比较，可以得出行业内的地位排序。也可以将其他行业内之间的企业进行类似的比较，比如水泥行业、银行业等。除了行业地位，还可以得出企业的投资规模、盈利规模，这两个规模指标体现着竞争者的进入门槛和市场空间。比如，白酒行业的市场空间比黄酒、葡萄酒要大，这不需要查其他的资料，只需要查看这两个酿酒行业几家前列的企业的扣非净利润和净资产规模指标就可以知道。同样的，也可以得知化学制药的市场空间比生物制药的市场空间要大很多，当然，这个市场空间是从当前经营出来的结果来看，但是，每一个当下会逐步演进到未来。所以，我们只需要了解每一个当下就可以了，而不需要太多预测未来，这样岂不是更加轻松。

纵向比较可以得出些什么。依然拿白酒行业举例，比如白酒行业中贵州茅台，扣非净利润每一个年度均实现同比正的增长，这表明不论企业经营的外部环境如何变化，市场竞争状况激烈程度如何，企业均能持续盈利，且连续 10 年均实现利润的持续增长，这可以表明企业具有可持续竞争优势和稳定的盈利能力。而净资产在这期间，没有发生突变，表明企业的盈利是纯内生增长的，不是依靠外部并购而获得的。两者结合起来，表明企业内生增长动力强劲，在行业内具有可持续竞争优势和稳定盈利能力，而有一些企业增长缓慢，甚至停滞不前，更糟糕的有一些企业还经常亏损，导致净资产萎缩。这些都可以从同一企业的纵向时间序列来查看企业的经营状况。

在分析的时候，尽量抓住经营的特性，以便于后面的动态分析。

在工具图中，扣非净利润和净资产栏背景颜色的意义一样。扣非净利润大于5亿元时为深绿色，小于5亿元为浅绿色；净资产大于33.5亿元为深绿色，小于33.5亿元为浅绿色。① 这样直观上从深绿色和浅绿色大概就能知道企业的规模。同时，净资产如果存在季度的突变，比如突变15%以上，会存在浅黄色的线条。这样就可以表示企业存在定增或者并购。当然，也有可能因为产品提价导致业绩快速增长，也有可能是企业变卖了资产，还有就是企业的利润在年度时间上不连续，存在明显的季节性集中销售，或者集中结算的情况。设置净资产的突变阈值，可以引导我们思考企业成长的路径，以及利润增长的来源，是纯内生增长的，还是外部并购的。

（二）反映风险的资产负债率和销售现金流指标

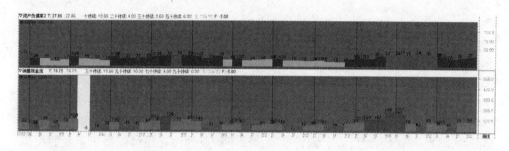

图 6 – 3

资产负债率反映的是企业的资本结构，同时也表达了企业的经营特性。大周期类型的企业，尤其是房地产和金融行业，天然具有较高的资产负债率，而大消费类企业天然具有较低的资产负债率，所以资产负债率的高与低并不一定就表达了风险的高与低，但却表达了企业的经营特性、企业的行业特性。但是，高资产负债率至少表达了企业对金融市场环境比较敏感，通常高资产负债率还可能表达了企业的所在行业的产业链条比较长，所以高资产负债率的企业通常市盈率不会太高，而且与政策的关系也比较紧密，行业的发展跟信贷政策、产业政策息息相关。

销售现金流指标采用的是销售现金流净额比上营业利润。通常营业利润为正的企业，如果销售现金流指标平均在70%以上，表明这样的企业现金回笼比较顺畅，但有些企业天然会存在季节性结算，比如房地产企业。还有一些工程类的企业，销售现金流也常常为负。那么在营业利润为负的情况下，如何用这个指标判断，会不会出现营业利润为负，而销售现金流净额为正的情况，这样的企业会

---

① 全书为单色印刷，颜色区分不明显，如有需要，可向作者索取。

不会是亚马逊这种类型的企业呢。尽管亚马逊的净利润有些年份为负，但营业利润却早已为正，且销售现金流净额也为正，所以不用担心会错过亚马逊这样的伟大企业。如果营业利润为负，销售现金流也为负，扣非净利润为负，那么我们自然需要结合后面的盈利能力指标来考察这类企业，但至少也能勾稽出企业的经营特性和大概轮廓。"销售现金流回笼指标没有采用销售现金流净额比上净利润。主要出于两个原因，一方面是因为净利润波动比营业利润要大很多，导致这个比值波动巨大；另外一个方面是因为一旦销售现金流净额为负，净利润也为负，那么这个比值会出现正数，这显然与我们的目的背道而驰。而通常企业的营业利润不会出现负值，所以，我们采用的是销售现金流净额比营业利润。"

在工具图中，资产负债率和销售现金流背景颜色的意义。资产负债率大于50%，使用浅黄色表示，低于50%的，使用深绿色表示；销售现金流指标为正的，使用深绿色表示，为负的，使用浅黄色表示。再次强调，在使用的时候，更多找出特性，不能用单一指标评价好坏。

（三）反映企业盈利能力的毛利率、净利率、净资产收益率（ROE）指标

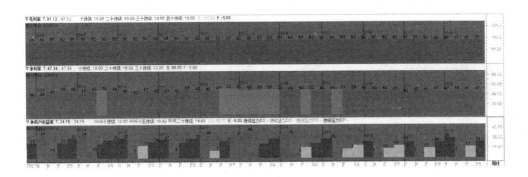

图 6－4

净资产收益率表达了股东拥有的企业净资产会计期间获得的净利润。巴菲特非常看重这个指标。曾经有记者问巴菲特，如果只能用一种指标去投资，会选什么，巴菲特毫不犹豫地说出了 ROE。查理芒格说"从长期来看，一只股票的回报率与企业发展息息相关，如果一家企业 40 年来的盈利一直是资本的 6%（即ROE6%），那 40 年后你的年均收益率不会和 6% 有什么区别，即使你当初买的是便宜货。如果该企业在 20～30 年的盈利都是资本的 18%，即使当初出价高，其回报依然会让你满意。"可见，净资产收益率，尤其是企业长期的净资产收益率高低情况，可以直接作为选择优秀公司和平庸公司的重要指标。同时还可以评估投资这类企业长期回报率的大小，切记是长期净资产收益率，这点怎么强调也不

过分。

毛利率表达了企业生产的产品在市场中的成本加价以及经营特性，净利率和毛利率的结合还表达了企业在营销产品过程中耗费的三费情况。毛利率和净利率的结合能够很好地表达公司产品或服务在市场中的反馈情况。这是纯公司产品端在市场中的反馈信号，而净资产收益率更多地表达了公司净资产产出的净利润反馈情况。

把净资产收益率和净利率、资产负债率结合，就能够解读出企业净资产收益率的来源，是主要依靠公司的产品高盈利能力，是总资产的高周转，还是利用高财务杠杆。同时也把握住了企业的经营特性。

在工具图中，净资产收益率一栏背景颜色的意义。净资产收益率大于15%，用深绿色背景表达，净资产收益率在10%~15%用浅绿色背景表达，而净资产收益率在5%~10%不采用任何颜色，也就是白色背景。当净资产收益率低于5%时，统一采用了黄色。毛利率大于30%，用深绿色背景表达，毛利率处于20%~30%，用浅绿色表达，毛利率低于20%的，用白色背景。净利率大于10%，用深绿色表达，净利率低于10%，用白色背景。

（四）反映成长的净利润增速指标

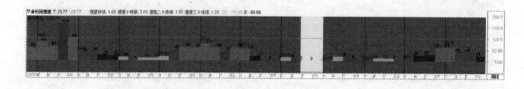

图 6 – 5

用净利润增速来表达企业的成长是很自然的，但是也往往会误导投资者不假思索的追求高成长的企业。高成长，快速成长的企业，股价也会快速上涨，这是有一定道理的。彼得·林奇就是按照企业的成长速度来划分企业类型的，他把企业类型分为缓慢增长型、稳定增长型、快速增长型、周期型、资产隐蔽型、困境反转型。但是，别忘记了，纯价值投资长期的回报不会超过企业的净资产收益率，这也是一条定律。一旦企业由快速增长型过渡到稳定增长型就会出现一个戴维斯双杀的现象，净利润增速放缓，而股价大幅杀跌，通常股价会快速打半折。所以，使用净利润增速指标，不是简单地用单一的净利润增速指标得出与股价走势的关系，而要进入更深层次的分析。

笔者认为至少有三点需要思考：①找出企业成长的特性，通过净利润增速的时间序列，可以得出企业是持续稳定的正增长（持续性稳定型），一段时间持续正增长一段时间持续负增长（周期性），还是增长不稳定，波动性比较明显（不稳定型）。对于不稳定型企业，我们大致心里也有底了，可以不必过多分析，因为这不是我们重点关注的对象。②分析企业成长路径，这需要考察净利润增速的来源，是并购而来的，还是持续的盈利再投资，还是产品毛利率短期快速提升、净利率快速提高。③在前面两点的基础上，就可以进一步思考，持续稳定增长型的深层次的业务方面的原因，企业具有哪些核心竞争优势；周期型的企业目前运行在哪个阶段，未来可能往哪个方向走，外部环境配合现在继续往哪个方向走。

始终不要太急，这4个方面的8个核心财务指标，主要目的不是立刻得出企业好与坏，而是得出企业的经营特性和综合的基本趋势。至于如何运用，我们会在接下来的部分继续分享。

在工具图中，净利润增速一栏背景颜色的意义：净利润增速为正，用深绿色背景表达，净利润增速为负，用浅黄色背景表达。

在解读企业基本趋势的时候，需要把以上八大核心财务指标综合起来解读，它们之间存在彼此的联系。之所以列举这八大核心财务指标，是因为它们已经能够直观地帮助我们进行企业与企业间进行横向的比较和同一企业纵向比较。比如，在净资产收益率相同的不同类型企业，需要找出净利率、资产负债率、净利润增速、扣非净利润之间的差异。一方面，我们需要从企业本身找出基本趋势和企业运行在基本趋势的哪个阶段，另一方面，我们还需要进行更多的企业之间的横向比较，所以需要细分开来，但又不必过分细分，只需要大致能够把不同企业类型的经营特性表达出来就可以了。事实上，我们的目的更多不是在解读同一企业，甚至不是同一行业，而是全行业不同企业间经营特性都能通过这八大核心财务指标体现出来。所以，八大核心财务指标，既要抓住企业经营的核心要点，又能够帮助我们便捷识别不同企业类型之间的差异，达到这两点目的，才是称之为核心财务指标的缘由。因为，我们的目的不是评价企业的好坏，而是为了构建不同企业类型与股价在不同市场环境下的关系，所以，体现出来的差异性、特性与企业本身经营的质量在股票投资人眼里同样重要，因为选择股票，首先是能够简单的区分企业类型，区分企业的经营特性，找出不同经营特性下的企业基本面特征与股价之间的关系，而工具图就是为了这个目的而建立的。

那么，工具图是如何达到使得投资者能够便捷的识别和抓住重点呢。因为，工具图中八大核心财务指标图包括三大要素：①背景图；②数据图；③原始的财务数值。背景图只有深绿色、浅绿色和黄色背景，数据图是对应一系列的财务指标区间，比如毛利率处于0～10%是绿色，10%～20%是淡红色，20%～30%是褐色，30%～50%是红色，50%～60%是艳红色，60%～80%是淡蓝色，80%以上是艳蓝色，同样的可以将8个财务指标都可以按照相对合理的区间进行划分，这样通过数据图就可以直接从颜色体现出大致的区间，由于相同区间是一个财务指标范围，同时同一区间连成一块，不同区间不同颜色，这样可以直观地从数据图找出同一企业的趋势和不同企业的明显差异。数值也进行了相应的简化，比如扣非净利润和净资产的单位已经是亿元，其他财务比率指标的单位都是百分比。当然，数值是最原始的财务指标，但是，由于我们需要从工具图直观地体现我们的需求、找出明显的差异和特性，那么工具图，尤其是工具图中的背景图和数据图就成为反身性价值投资的实际运用的特色。

在工具图中既有背景颜色，又有数据图，还有具体的数值。这样使用的意义在哪呢？背景图可以直观地看出基本趋势的持续性、经营特性，还可以直观地帮助我们进行基本面选股，因为背景图是使用个性化的标准，达到标准了之后就会出现深绿色或者浅绿色背景，背景图是很直观的，而数据图可以在背景图的基础上查看趋势，结合具体数值可以进一步分析内在逻辑。所以，背景图是直观图，同时也是个性化的可视化图，背景图和数据图都是相对客观的，都有主观成分和客观成分，数值就是完全客观的。背景图主要运用在操作层面上，而数据图主要运用在分析层面上。需要说明的是，背景图的标准不是完全主观的设置，而是建立在投资理论、投资模型和过去成功实践过了的高度结晶。我们的背景图的标准，正是来源于巴菲特和索罗斯两位投资大师的投资精华和 A 股接近 30 年的历史回测的高度总结，有其理念价值和现实意义。

比如净资产收益率一栏显示全是深绿色的，那么就表明这家企业长期净资产收益率在 15% 以上，长期净资产收益率达到 15% 以上的企业是我们主观寻找的企业类型，是代表着企业具有持续的获得高盈利能力，这是背景图给我们的直观感受。那么年化 15% 以上，到底是如何呈现的呢，是一直在 20% 左右，还是从 15% 逐年增加呢，还是呈现在 15%～25% 波动呢，这个可以从数据图来体现，因为数据图已经对某一个区间的颜色也进行了标识。当然最原始的就是数值了，每一个年度的净资产收益率，甚至每一个季度的净资产收益率都可以从中找出确切的值，这是非常客观的数值。再如果，净资产收益率一栏既有白色背景，又有浅黄色背景，表明企业的盈利能力差，且盈利不稳定。再比如净利润增速一栏一直显示深绿色，那么表明这家企业盈利持续增长。反之，如果净利润增速一栏经常交替的深绿色和浅黄色，那么可能这家企业的盈利很不稳定，如果浅黄色连续出现几年，深绿色连续出现几年，那么可能是一家周期性行业的企业。而数据图相对于背景图具有更加细分的价值，背景图可以看作是达标图，是一个大致划分，而数据图还可以进一步结合背景图看出里边的趋势。比如毛利率一栏已经全部显示深绿色（表明毛利率一直大于 30%），那么从数据图还可以看出毛利率是持续走高，是有所下降，还是在高位波动。而数值图，可以去深入地理解财务指标的数值价值，还可以在不同财务指标间进行勾稽。

我们通过背景图能够初步选择达标的企业，在这个基础之上，从数据图能够看出特性和趋势，从数值图能够找出内在联系。

当前很多投资者都重在分析，一堆数据（信息），直接分析，评价好坏，这是不科学的，是片面的。中国有一句古话说得好，瑕不掩瑜。比喻缺点掩盖不了优点，缺点是次要的，优点是主要的。经过实证分析，最后也会发现很多优质的企业、十年上涨几十倍的伟大公司，其实若完全按照分析的视角来实操，很多时候会寸步难行。甚至，基本面一直保持优秀的公司，其股价走势在历史长河中也是波浪曲折的，历史上的贵州茅台、云南白药以及国外的苹果和可口可乐等都经历过很多次的60%以上的大幅回撤。所以，我们需要从大处着眼小处着手。背景图就是大处，数据图和具体数值就是小处。所幸的是，工具图构建的思路一开始就建立在反身性价值投资的思想上，而反身性本质是辩证法，所以，我们会在背景图和数据图上辩证地解读股价走势、基本趋势和主流偏见。所以，我们一开始会从背景图出发来解读，向下从数据图和具体数值解读，但是，能够构建起背景图的标准的，其实已经经历过了反复的调试了。背景图的标准已经兼顾了主观（公认的被实践检验过的大师的）和客观的（A股历史股价和财务指标数据）两个方面了。

二、解读工具图之股价走势

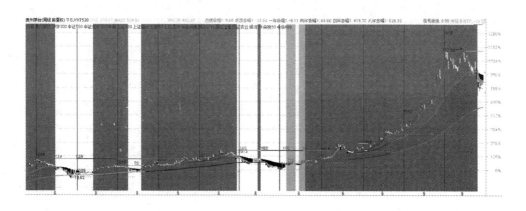

图 6-6

首先，股价走势图已经使用了周线图。不是日线图，也不是月线图，正是周线图。对于建立股价走势和基本趋势的关系来说，使用周线图是比较好理解的，因为企业的基本趋势是相对长期的。事实上，说到不同周期的股价走势图，不同股价趋势的图，就不得不提到两个关键的词眼：过滤和趋势。这里的趋势和前面提到的基本趋势不同，这里是纯技术面的股价走势形成的现象：趋势。而过滤是一个技术性的工作，选择什么样的周期，使用什么样的股价走势均线，都需要结合投资理念和现实进行取舍。

其次，股价走势图也有背景图、数据图和"数值"。只不过这里的数据图是两条均线之间的色块。我们大致可以知道股价持续多久运行在加强区域，偏离了长期均线多久。这种理解是很有意义的，因为这直接关系到投资组合净值走势。单个股价走势似乎跟组合净值没有多大关系，但是相同板块的、相同特性的组合形成的板块指数，就变成了市场组合的净值曲线了。前面已经提到，市场本身就是带杠杆的，市场还对基本趋势构成影响，所以对股价走势的理解一定要更加深入。而其中还有很多有价值的"数值"，其中包括最原始的 K 线，对于标志性 K 线的运用，将会在第四部分详细介绍。还包括 K 线与净值曲线管理要求的联系，这在第五部分将会重新反哺新工具图，构建拥有净值曲线管理要求的新工具图，那时的原始 K 线将会演变成符合净值曲线管理要求的可视化的 K 线。因为，我们最终的目的是净值曲线管理，重在实操，而不是理论和分析。所以，我们始终坚持理念模型化，模型定量化，定量可视化，可视化之后能够直接进行实操，而分析的成分将越来越少。

在工具图中，股价走势背景颜色的意义。当股价走势的月线运行在年线上方且年线运行在 4 年线上方时，深绿色背景，表示股价处于自身加强区。当股价走势的月线运行在年线下方时，白色背景。当股价走势的月线运行在年线上方，且月线抬头，浅绿色。使用浅绿色背景，是专门为识别强反身性的股票类型而服务的。

有了投资理念，有了两个模型，也有了工具图，那么就可以进入实际的演练了。工具图就是类似医学 CT 图，通过工具图，我们可以将 100 多个二级行业，3500 多家上市企业做一个全面的检查，而且只要是上市了的，不论其上市时间多久，他们的历史状况，包括股价、财务以及当时的市场环境（牛熊）都可以通通掌握。能够给予我们解读的视角正是理念和模型，而能够帮助我们一眼掌握的正是工具图。没有了工具图，我们的理念和模型将无法很快落地。幸好，我们构建了工具图。但在实际的演练之前，我们最好做一件事情，就是摸清楚每个行业的特性。这样对于我们进行具体的构建假说和检验，以及后面的构建组合投资都很有帮助。

第三部分　A股三大行业特性分析

毫无疑问，工具图也使用了专业的术语，就像房子的图纸一样使用专业的术语来描述的。一旦掌握了描述工具图中的专业术语，一旦领悟到了主流偏见、股价走势和基本趋势真正要义，那么就离解开巴菲特和索罗斯两位投资大师的投资理念不远了。同时，还能够进行实践和批判。正如苏格拉底说的"未经反思的人生是不值得过的人生"，而笔者坚持认为，未经批判的理念是不值得运用的。不论这种理念来自多么伟大的投资大师，不论其过去被实践得多么成功，如果找不到理论的局限性和可能的错误所在，如果不假思索地拿来就实践，甚至处处用理论来评价现实的对与错，那么我们一定找不到投资的真谛。自然，也就与成功无缘，因为我们没有自己的独立思想，而是活在别人的影子下。所以，我们将用大量篇幅进行实证分析，但读者的重点应该不要放在证实，而是在证伪。因为，我们已经拥有了理念、模型和工具图，所以可以进行历史的回测了，可以进行实证分析了。但我们接下来将会发现现实与理论存在很多差距，通过注意这些差距，正视巴菲特价值投资和索罗斯反身性投资在实际运用的可能不足，才能够帮助我们更好地运用反身性价值投资。

在用工具图对企业基本面进行分析的时候，我们采用了三个大类行业来划分：大消费类行业、大周期类行业和A股科技类行业。做这样的区分，一方面是从宏观的视角出发的，另一方面这三大类行业的财务特性也是有非常清晰的特征。更有意思的是，A股在过去的十几年里有2007年的大周期行业牛市，也有2015年的科技类行业牛市，但没有一个独立的大消费类行业牛市，以及在2007年的牛市和2015年的牛市里大消费类行业分别都跑不赢大周期和A股科技类。未来是否会存在一个单独的大消费类牛市呢。这里先给一个答案，大消费类的优质企业属于长牛特征。其基本面的波动性和股价的波动性均没有大周期和科技类短期的爆发力大，但具有长期稳健向好的特征。所以，我们把100多个二级行业划分为三大类，然后分别从定量的财务视角厘清它们的基本面特性，同时从股价和基本趋势角度梳理不同行业属性下的股价特性。将有助于我们后续理念和模型的实际运用，以及实际操作中组合的构建。

第七章 大消费类行业特性分析

第一节 白酒行业特性分析

一、白酒行业的基本面特性

白酒行业，共有 19 家上市企业，截至目前，按照流通市值排序，贵州茅台排在第一位：8793.51 亿元；第二位的是五粮液：2521.15 亿元；第三位的是洋河股份：1552.58 亿元；第四位的是泸州老窖：690.78 亿元；第五位的是山西汾酒：394.39 亿元。截至目前，白酒行业中市值突破 1000 亿元的只有 3 家上市公司，分别是贵州茅台、五粮液、洋河股份，其中贵州茅台在前三中的比重占70% 左右，处于遥遥领先的位置。这些前五的白酒企业，它们的行业地位、抗风险能力、盈利能力和成长前景从财务角度来看，又是怎样的呢。下面从四个方面的财务角度一一查看。

表 7-1

白酒（19）	涨幅（%）	现价	量比	涨速（%）	流通市值↓（亿元）
1. 贵州茅台	3.16	700.01	1.16	0.14	8793.51
2. 五粮液	3.15	66.42	1.21	0.05	2521.15
3. 洋河股份	6.39	124.80	1.12	0.11	1552.58
4. 泸州老窖	5.46	47.31	1.12	0.02	690.78
5. 山西汾酒	3.24	45.55	1.01	0.04	394.39
6. 古井贡酒	2.23	80.10	1.16	0.11	307.26
7. 口子窖	2.85	50.80	1.45	0.00	304.80
8. 顺鑫农业	1.94	43.62	1.16	-0.06	248.89

白酒（19）	涨幅（%）	现价	量比	涨速（%）	流通市值↓（亿元）
9. 今世缘	4.38	19.55	1.29	0.26	245.25
10. 水井坊	2.19	38.31	1.29	-0.04	187.16
11. 迎驾贡酒	3.16	15.67	1.42	0.45	125.361
12. 舍得酒业	4.98	27.20	1.43	0.00	91.75
13. 老白干酒	2.41	17.87	1.45	0.00	87.56
14. 伊力特	2.28	18.39	1.12	0.16	81.10
15. 酒鬼酒	2.49	19.74	0.83	0.20	64.14
16. 青青稞酒	1.09	12.94	1.27	0.00	58.23
17. 金种子酒	1.47	5.52	0.91	-0.17	30.68
18. 金徽酒	0.99	15.26	1.07	-0.12	17.68
19. *ST皇台	0.55	5.52	1.32	0.00	9.79

（一）反映规模的扣非净利润和净资产指标

贵州茅台：从背景图看，过去十年，扣非净利润和净资产两栏均一直呈现深绿色背景，净资产一栏存在一处突变信号，说明企业能实现连续盈利，且规模相对较大。从数据图的色块来看，贵州茅台在 2010 年扣非净利润突破 50 亿元，2012 年扣非净利润突破 100 亿元；净资产从 2008 年突破 100 亿元，2014 年突破 500 亿元。从具体数值看，2007～2017 年，扣非净利润从 28.33 亿元增长到 272.24 亿元，净资产则从 2007 年的 84 亿元增长到 2017 年的 960 亿元。

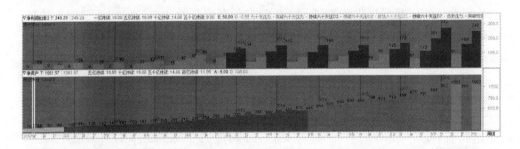

图 7-1

五粮液：从背景图来看，过去十年，扣非净利润和净资产两栏均一直呈现深绿色背景，净资产一栏没有突变信号，说明企业能实现连续盈利，且规模相对较大。从数据图的色块来看，五粮液在 2011 年扣非净利润突破 50 亿元，比贵州茅台晚一年，截至目前扣非净利润还没有突破 100 亿元，在 2012 年存在一个扣非净利润高点；净资产从 2008 年突破 100 亿元，2017 年才突破 500 亿元，比贵州茅台晚了三年时间。从具体数值看，2007～2017 年，扣非净利润从 14.46 亿元增长到 96.42 亿元；净资产则从 2007 年的 96 亿元增长到 2017 年的 546.76 亿元。扣非净利润 10 年时间增长了 7 倍，年复增长 21.5%。

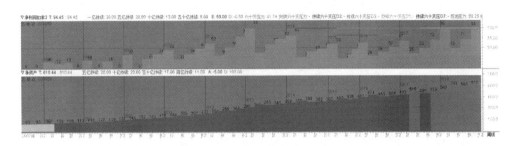

图 7-2

　　洋河股份：从背景图看，扣非净利润和净资产两栏均一直呈现深绿色背景，净资产一栏存在多处突变信号，说明企业能实现连续盈利，且规模相对较大。从数据图的色块来看，洋河股份在 2012 年扣非净利润突破 50 亿元，比五粮液和贵州茅台晚一年，截止目前扣非净利润没有突破 100 亿元，在 2012 年存在扣非净利润高点；净资产从 2012 年突破 100 亿元，比五粮液和贵州茅台晚三年，截至目前净资产没有突破 500 亿元。从具体数值看，2009～2017 年，扣非净利润从 12.44 亿元增长到 61.36 亿元，净资产则从 2009 年的 51 亿元增长到 2017 年的 295 亿元。扣非净利润 8 年时间增长了 5 倍，年复增长 22%。从净资产一栏看，存在多处突变信号。这种突变信号通常表明企业进行定增。但打开公司资本运作一栏却没有发现。这是一个有意思的信号，仔细看 2010 年、2011 年和 2012 年的突变信号时间点，可以发现都是在每年的第一季度。一年的第一季度包含春节。所以，应该是春节的集中销售缘故，导致第一季度比第四季环比大增。

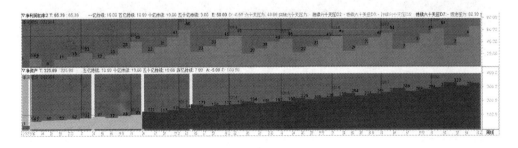

图 7-3

○ 募集资金来源

公告日期	发行类别	实际募集资金净额(万元)	发行起始日	证券名称	证券类别
2009-10-19	首发新股	260,032.95	2009-10-28	洋河股份	A股

○ 项目进度

项目名称	截止日期 ↓	计划投资(万元)	已投入募集资金(万元)	建设期(年)	收益率(税后)	投资回收期(年)
名优酒酿造技改二期工程项目	2015-04-29	115,966.50	118,294.69	--	--	--
购买经营用地	2015-04-29	18,000.00	17,486.66	--	--	--
竞购双沟酒业部分股权	2014-04-29	53,639.94	53,639.94	--	--	--
名优酒陈化老熟和包装技改项目	2014-04-29	38,539.91	39,522.02	2.00	34.30%	5.17
名优酒酿造技改项目	2014-04-29	26,959.57	26,831.19	2.00	28.60%	5.42
营销网络建设项目	2014-04-29	7,440.37	7,508.54	2.00	--	--
白酒酿造副产物循环再利用项目	2014-04-29	9,724.50	--	--	24.70%	5.67
增资江苏洋河包装有限公司	2009-10-19	13,500.00	--	--	--	--
增资江苏洋河酒业有限公司	2009-10-19	7,440.00	--	--	--	--

图 7-4

泸州老窖：从背景图来看，扣非净利润和净资产两栏均呈现深绿色背景，净资产一栏存在多处突变信号，说明企业能实现连续盈利，且规模相对较大。从数据图的色块来看，泸州老窖截至目前扣非净利润没有超过 50 亿元，在 2012 年存在扣非净利润高点，截至目前扣非净利润还没有超越这个高点；净资产从 2013 年突破 100 亿元，截至目前没有超过 500 亿元。从具体数值看，2007~2017 年，扣非净利润从 6.83 亿元增长到 25.4 亿元，净资产则从 2007 年的 27 亿元增长到 2017 年的 153 亿元。扣非净利润 10 年时间增长了 4 倍不到，年复增长 15%。从净资产一栏看，存在多处突变信号。这种突变信号通常表明企业进行定增。但打开公司资本运作一栏，只有 2017 年进行过定增。仔细看其他年份的突变信号时间点，可以发现也是在每年的第一季度。一年的第一季度包含春节。所以，这种突变信号是由白酒企业销售的行业特征决定的。

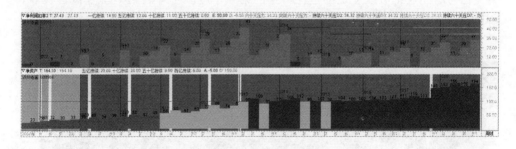

图 7-5

○ 募集资金来源

公告日期	发行类别	实际募集资金净额(万元)	发行起始日	证券名称	证券类别
2017-09-13	增发新股	295,541.04	2017-08-23	泸州老窖	A股
2006-12-01	增发新股	35,432.20	--	泸州老窖	A股
2002-11-02	配股	28,415.03	--	泸州老窖	A股
1997-12-19	配股	34,952.30	--	川老窖A	A股
1994-02-16	首发新股	12,449.72	--	川老窖A	A股

○ 项目进度

项目名称	截止日期↓	计划投资(万元)	已投入募集资金(万元)	建设期(年)	收益率(税后)	投资回收期(年)
酿酒工程技改项目(一期工程)	2018-04-11	295,541.04	59,314.60	4.00	14.83%	6.54
藏酒洞库打造项目	2018-04-11	6,500.00	264.01	--	--	--
泸州老窖"优质酒产能扩大及储存基地建设"项目	2006-12-01	34,258.00	40,000.55	1.00	11.19%	9.25
年产2.2万吨高纯度基酒建设工程	2002-11-02	4,980.00	4,979.22	1.00	15.80%	5.42
年产3.0万吨生物功能饮品工程	2002-11-02	4,907.30	--	1.58	22.50%	5.75
年产2.5万吨新型净化酒建设工程	2002-11-02	4,845.00	4,825.20	1.00	30.10%	3.25
年产2.5万吨新型生态酒建设工程	2002-11-02	4,826.00	4,821.55	1.00	31.20%	3.25
年灌装2.5万吨新型白酒灌装线建设工程	2002-11-02	4,780.00	4,776.16	1.00	35.20%	2.75
年产3.0万吨茶发酵饮料工程	2002-11-02	4,770.03	--	1.58	27.80%	5.17
年产2.0万吨真菌饮料工程	2002-11-02	4,013.60	--	1.58	29.70%	4.83

图 7-6

山西汾酒：从背景图来看，扣非净利润和净资产两栏均呈现深绿色和浅绿色背景并存的模式，净资产一栏存在多处突变信号，说明企业能实现连续盈利，存在一定波动性。从数据图的色块来看，山西汾酒 2012 年扣非净利润才超过 10 亿元，截至目前没有超过 50 亿元，在 2012 年存在扣非净利润高点，截至 2018 年扣非净利润才超越这个高点；净资产从 2017 年才突破 50 亿元，截至目前没有超过 100 亿元。从具体数值看，2007～2017 年，扣非净利润从 3.39 亿元增长到 9.43 亿元，净资产则从 2007 年的 14 亿元增长到 2017 年的 53 亿元。扣非净利润 10 年时间增长了 3 倍不到，年复增长 11.5%。山西汾酒净资产突变信号跟洋河股份、泸州老窖一样，同样是白酒行业的行业特征决定的。那么，既然是行业特征决定的，为何贵州茅台和五粮液没有呢，这就与突变信号的阈值和企业的扣非净利润盈利规模有关系了。

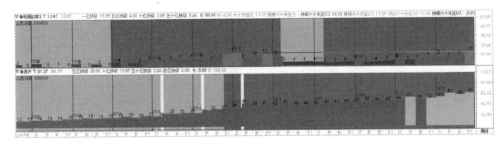

图 7-7

○ **募集资金来源**

公告日期	发行类别	实际募集资金净额(万元)	发行起始日	证券名称	证券类别
1996-03-09	配股	6,678.72	—	山西汾酒	A股
1993-11-04	首发新股	24,816.92	—	山西汾酒	A股

○ **项目进度**

项目名称	截止日期↓	计划投资(万元)	已投入募集资金(万元)	建设期(年)	收益率(税后)	投资回收期(年)
投资北京杏花村汾酒大厦工程	1996-03-09	—	—		18.20%	
补充流动资金	1996-03-09	—	—			
补充万吨低度汾酒技术改造工程资金不足	1996-03-09	—	—			
万吨低度汾酒技术改造工程	1993-11-04	32,800.00	—			4.00
北京杏花村汾酒大厦	1993-11-04	5,800.00	—	3.00		

图 7 - 8

从行业内扣非净利润和净资产规模指标看，白酒行业过去十年的行业地位排名没有变化，但行业前列的上市企业的规模差距在拉开。拿第一名的贵州茅台和第二名的五粮液比，2007 年，贵州茅台扣非净利润 28 亿元，是五粮液扣非净利润 14 亿元的两倍。但那个时候贵州茅台的净资产规模还不如五粮液。十年过去了，2017 年贵州茅台扣非净利润是 272 亿元，而五粮液只有 96 亿元，相差了 3 倍。不仅如此，第二名与第三名，第三名与第四名，第四名与第五名的差距都在拉开。事实上，从它们各自十年年复合增速也能理解这种差距的加大。

另外，从白酒行业的扣非净利润一栏，及白酒行业前五的企业扣非净利润一栏得出的信息，除了贵州茅台，其他白酒企业的扣非净利润在 2012 年存在一个明显的高点，很多企业在后续几年才突破这个高点，说明这是个行业拐点。

（二）反映风险的资产负债率和销售现金流指标

贵州茅台：从背景图来看，过去十年，资产负债率一直呈现深绿色背景，销售现金流除了 2009 年存在单个季度的现金流流出现象（黄色背景），其他年份均呈现深绿色背景。从数据图的色块和具体数值看，资产负债率维持在 20%～30% 区间，保持相对低位；销售现金流回笼相对稳定，在 50%～100% 区间居多。

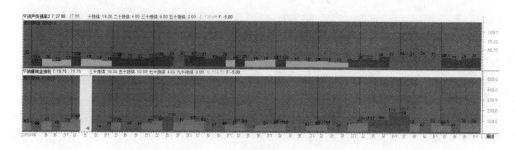

图 7 - 9

五粮液：从背景图来看，过去十年，资产负债率一直呈现深绿色背景，销售现金流除了个别年份现金流流出现象（黄色背景），其他年份均呈现深绿色背景。从数据图的色块和具体数值看，资产负债率在 2011 年和 2012 年处于 30% 左右，其他年份在 10%～30%，保持相对低位；销售现金流在 2013～2014 年存在明显的赊销现象，其他年份回笼比较顺畅。

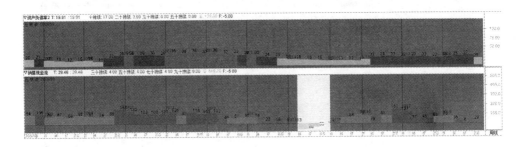

图 7 - 10

洋河股份：从背景图来看，上市以后，资产负债率和销售现金流两栏均一直呈现深绿色背景，表明企业保持较低的资产负债率和相对稳定的现金流回笼情况。从数据图的色块和具体数值来看，资产负债率维持在 20%～40%，保持相对低位；销售现金流回笼比例也在 50%～100%。

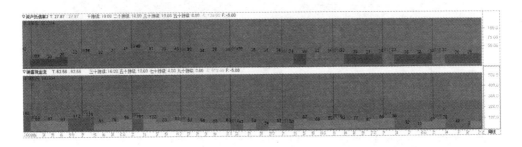

图 7 - 11

泸州老窖：从背景图来看，其与五粮液比较相似，过去十年，资产负债率一直呈现深绿色，销售现金流除了 2015 年出现流出现象（黄色背景），其他年份均呈现深绿色背景。从数据图的色块和具体数值来看，资产负债率相对低位，但是区间波动幅度加大，在 2009～2013 年保持在 20%～50%，在 2014 年至目前保持在 10%～30%；销售现金流回笼相对流畅，但存在某些年份的低回笼状态。

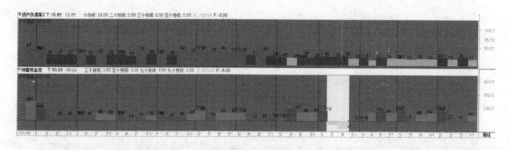

图 7 – 12

山西汾酒：从背景图来看，过去十年，资产负债率一直呈现深绿色背景，销售现金流存在明显流出现象（黄色背景）。从数据图的色块和具体数值来看，资产负债率相对低位，但是保持在 20% ~ 50%；销售现金流回笼呈现两个阶段的特征，2008 ~ 2013 年相对流畅，2013 ~ 2017 年存在比较明显的波动特点。

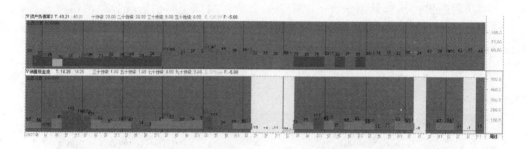

图 7 – 13

上述 5 家企业的资产负债率都算较低，事实上，如果仔细观察，可以发现白酒行业的前五企业的资产负债率也呈现两个阶段的特征。2008 ~ 2013 年资产负债率有逐年走高的特点，而 2013 ~ 2017 年则呈现先下降后抬升的走势。销售现金流状况同样如此，存在阶段性变化。这些阶段性的变化特征，应该可以很好地反映企业经营环境的变化，而这种两阶段的变化其实可以用盛极而衰四个字概括。

需要强调的是，资产负债率不一定代表多大的风险，却能体现行业的资本结构。资产负债率的趋势性变化也与行业的经营环境相关。销售现金流指标不一定代表多大的风险，但可以帮助我们在同行业中找到持续性和稳定性较好的企业，在一定程度上体现着行业内企业的竞争优劣。所以，资产负债率和销售现金流指标是比较好的连接企业与金融市场、企业与上下游关系的指标，在巴菲特的投资理念中，资产负债率较低、销售现金流回笼顺畅更能够能获得价值投资者的选择标准。在索罗斯的反身性投资理念中，现在还不能就此得出优劣。但可以从行业间的资产负债率和销售现金流特性中得到特性，以便于后续更好地把握行业间的差异。所以，在理解财务指标的时候，可以先不做优劣评价，目前阶段主要还是为了更好地把握特性。

（三）反映盈利能力的毛利率、净利率、净资产收益率指标

贵州茅台：从背景图来看，过去十年，毛利率、净利率和净资产收益率均一直呈现深绿色背景，表明公司产品盈利能力和净资产收益率均很高，年度净资产收益率超过15%。从数据图的色块和具体数值来看，毛利率一直保持在90%以上，且具有较高的稳定性，净利率一直保持在40%以上，年度净资产收益率一直保持在24%以上。盈利能力最高年份出现在2012～2013年。那时的净利率突破50%，净资产收益率超过30%。

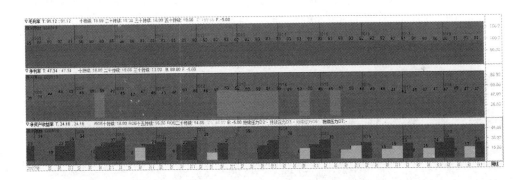

图 7-14

五粮液：从背景图来看，过去十年，毛利率、净利率均呈现深绿色背景，但净资产收益率在2015～2016年呈现浅绿色背景，其他年份均呈现深绿色背景。表明公司产品盈利能力和净资产收益率均很高，但在2015年至2016年净资产收益率下滑到10%～15%，年化净资产收益率超过10%。从数据图的色块和具体数值来看，毛利率保持在50%～80%，净利率维持在20%～50%，年度净资产收益率有所波动，2007～2012年从15%一路增长到32%，但随后下滑到14.4%，2016～2017年恢复到15%～20%。

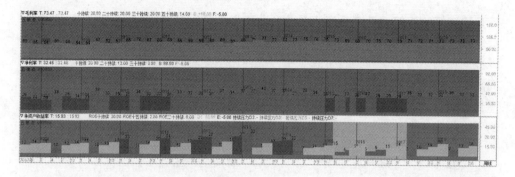

图 7-15

洋河股份：从背景图来看，过去十年，毛利率、净利率和净资产收益率均呈现深绿色背景，表明公司产品盈利能力和净资产收益率均很高，年度净资产收益率超过15%。从数据图的色块和具体数值来看，毛利率保持在50%~80%，净利率维持在20%~50%，年度净资产收益率保持在20%以上。净资产收益率在2009~2012年一直保持在30%以上，2013年至目前一直保持在20%~30%。

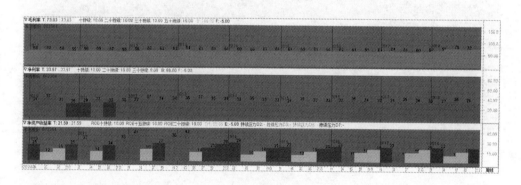

图 7-16

泸州老窖：从背景图来看，过去十年，毛利率、净利率均呈现深绿色背景，净资产收益率在2014~2015年呈现浅绿色背景，其他年份均呈现深绿色背景，一方面表明公司产品盈利能力和净资产收益率均很高，另一方面表明公司净资产收益率在2014~2015年下滑至10%~15%。从数据图的色块和具体数值来看，分两个阶段，在2012年之前，毛利率保持在65%左右，净利率维持在40%左右，净资产收益率从28%一路提升到45%；2012年后，毛利率最低下滑到47%，净利率最低触及17%，净资产收益率最低触及12.4%。2015~2017年开始逐步提升盈利能力指标。2017年毛利率创出新高75%，净利率恢复到36%，净资产收益率恢复到17%。净利率和净资产收益率与2012年前的高点还相距甚远。

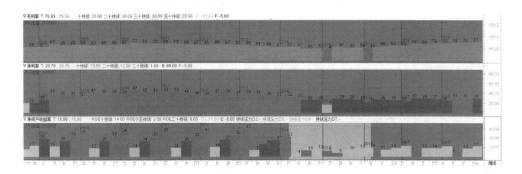

图7－17

山西汾酒：从背景图来看，过去十年，毛利率一直呈现深绿色背景，净利率呈现白色背景和深绿色背景并存的模式，净资产收益率呈现深绿色、浅绿色和白色背景并存的模式，表明公司产品盈利能力较强，净资产收益率存在较大波动性，年化净资产收益率超过10%。从数据图的色块和具体数值来看，毛利率保持在60%~80%，净利率维持在10%~30%，净资产收益率波动幅度也比较大，2012年最高达到37%，2014年最低只有10%。

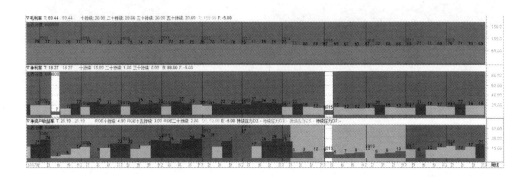

图7－18

从反映盈利能力指标来看，贵州茅台的盈利能力最稳定，产品毛利率也能保持高位几乎不变。而像泸州老窖和山西汾酒，次高端白酒盈利能力不稳定性特性已经非常明显了，行业景气的时候和不景气的时候盈利能力相差一倍。

（四）反映成长的净利润增速指标

贵州茅台：从背景图来看，过去十年，存在单个季度的业绩下滑（黄色背景），其他年份均实现正增长（深绿色背景）。从数据图的色块和具体数值来看，整体呈现较强的成长性，尽管在行业不景气的时候出现单季度3.4%的下滑，但以2014年整年看，2014年净利润同比还是增长了1.41%。其他年份均获得了正的增长。但是从增长的幅度来看，能够体现一定的周期性特征。

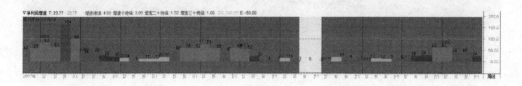

图 7-19

五粮液：从背景图来看，过去十年，存在个别年份的黄色背景（增速下滑），其他年份均实现正增长（深绿色背景）。从数据图的色块以及具体数值来看，行业景气的时候获得较高增长，在20%~60%，在不景气的时候，2013~2014年业绩明显下滑，下滑10%~30%。

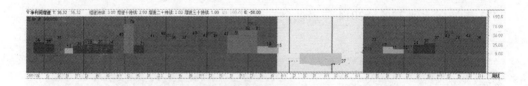

图 7-20

洋河股份：从背景图来看，存在个别年份的黄色背景（增速下滑），其他年份均实现正增长（深绿色背景）。从数据图的色块以及具体数值来看，在2009~2012年保持60%~80%的高速增长，在不景气的时候，在2013年底和2014年存在明显的业绩下滑，会下滑10%~20%。

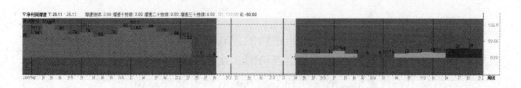

图 7-21

泸州老窖：从背景图来看，存在个别年份的黄色背景（增速下滑），其他年份均实现正增长（深绿色背景）。从数据图的色块以及具体数值来看，相比前三的白酒企业，在行业景气的时候也增长，但是增速相对要小，而在不景气的时候下滑，在2013～2014年明显的业绩下滑，甚至高达50%下滑速度。

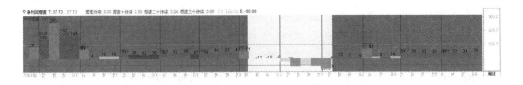

图 7 - 22

山西汾酒：从背景图来看，过去十年存在明显的业绩下滑（黄色背景）和正增长（深绿色背景）交替的现象。从数据图的色块以及具体数值来看，在稍微不景气的时候，比如2008年就出现下滑，在景气的时候增速也快。整体呈现业绩波动大的特性。

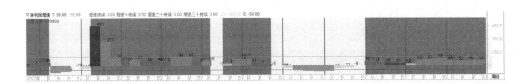

图 7 - 23

以上是从财务视角，即八个核心财务指标，四个方面考察白酒行业前五的企业基本面的特性。

综合以上，白酒行业过去十年的经营特性可以简单概括为：白酒行业拥有极强的盈利能力，前五的企业净资产收益率均高于10%，在2008～2012年，净利润增速连续处于高位，但在2013～2014年净利润增速下滑明显。行业的整体资产负债率均不高，销售现金流相对流畅。除了贵州茅台外，其他企业的毛利率也会存在一定的波动，结合净利润增速的阶段性变化，那么白酒企业的消费属性还存在一定的价格周期性变化特征。从企业的成长路径来看，整个行业内的企业主要依靠内生增长。

二、白酒行业前五企业的股价特性

贵州茅台：从背景图、数据图的色块和具体数值来看，过去十年，股价阶段性比较明显，红色块和黑色块持续性都较强。从股价、基本趋势和主流偏见综合来看，在过去十年的下降阶段的 2013 年至 2014 年上半年，股价也回落 56%，而期间的净资产收益率依然高达 36%，净利润增速依然维持年度个位数正增长。在净利润增速继续回落到单个季度的负增长时，股价在 2014 年下半年牛市氛围带动下，已经走出了谷底。如果历史倒推到 2008 年，那么整个股价在 2008 年则是回落了 80%。而在 2008 年，贵州茅台的净利润增速则维持高位，反而在 2009 ~ 2010 年，净利润增速降了下来，而股价在 2009 ~ 2010 年上涨了 128%。所以，不能根据净利润增速的年度变化，简单建立起股价与它的关系。但是，在这里我们先看到两点，股价的阶段性变化和基本趋势的持续性、稳定性。

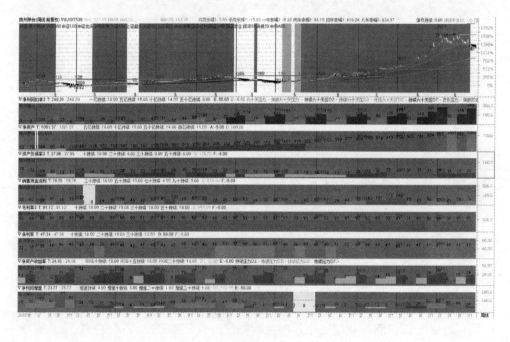

图 7 - 24

　　五粮液：从背景图、数据图的色块和具体数值来看，过去十年，五粮液股价的大致特征跟贵州茅台比较接近，但还是可以得出一些差异。从股价、基本趋势和主流偏见综合来看，比如 2013 年至 2014 年上半年股价回落幅度高达 70%，2008 年期间同样回落了 80%。比起贵州茅台，在相同的时间里回落的时候跌得多些，涨起来的时候涨得少些，贵州茅台在 2014 ~ 2017 年累计上涨了 10 倍，而五粮液只有 5 倍。导致的结果是，过去十年，贵州茅台累计上涨了 5 倍，而五粮液只有 1 倍。除此之外，还有一个特征，五粮液上涨阶段的稳定性比贵州茅台差了很多，而回撤的时候则比较凶狠，在图中存在比较明显的超过15%的单周回落，以及在2014年至今的上涨阶段，五粮液就两次打断了股价上涨趋势。这种原因简单归结为五粮液的基本趋势不如贵州茅台是很难解释得通的，但是，如果从主流偏见的视角则可以很好地理解。毫无疑问，五粮液的基本趋势在2008～2013年是非常强劲的，在2016～2018年也是处于强劲之中的。但是五粮液的基本面抗风险能力在2013～2015年暴露出了脆弱性。而股价方面，由于五粮液的市值比贵州茅台差了一大截，再叠加两者基本面的稳定性，自然股价的稳定性差一些是能够理解的。

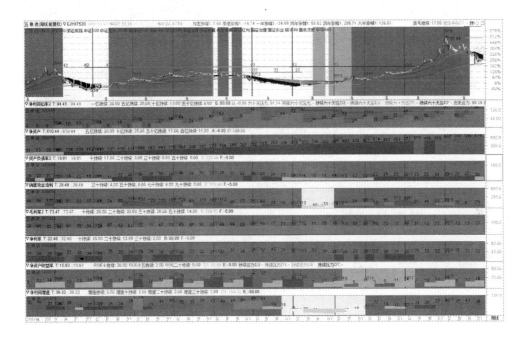

图 7 - 25

洋河股份：从背景图、数据图的色块和具体数值来看，上市后，股价存在比较明显的阶段性，红色块和黑色块持续均较强，股价呈现大起大落特征。从股价、基本趋势和主流偏见综合来看，洋河股份第一个明显的特征就是在上市后就表现得非常强劲，在2010～2012年累计上涨幅度达3倍，当时应该是白酒行业中，无论是时间持续性，还是波动稳定性，股价表现都属于最优的表现了。这与洋河股份在2010～2012年强劲的基本趋势联系是很紧密的。净利润增速年化60%以上，净资产收益率也是维持高位在30%～40%。但是在白酒行业不景气的时候，洋河股份的净利润增速迅速下滑，甚至为负增长。股价更是回落80%。

2012～2017年，公司的净资产收益率每年都保持在22%以上，但是净利润增速表达了公司盈利的可持续性存疑，股价尽管在2014～2017年累计上涨5倍，但也只是比2012年的高点，因为之前跌的太多了。且公司的扣非净利润也是到2017年才刷新2012年的高点60亿元。另外，近三年公司的基本趋势在净利润增速的表达上，没有得到强劲的表达，尽管有逐步走强的趋势。而股价在2014～2018年无论是持续性还是稳定性都走的相当艰辛。

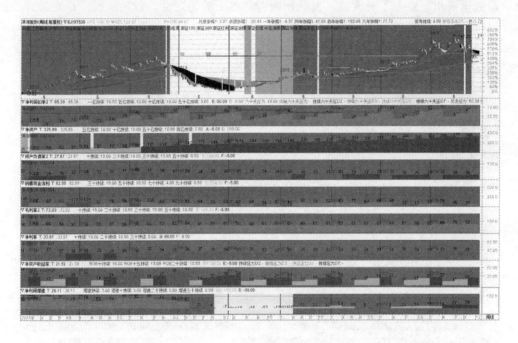

图7-26

　　泸州老窖：从背景图、数据图的色块和具体数值来看，过去十年，公司的股价的阶段性相对复杂些，背景图的白色和深绿色背景交替频次要更加多些。从股价、基本趋势和主流偏见综合来看，泸州老窖的股价呈现另一番特点，在2013～2014年的下跌中，累计下跌只有60%，按理说，泸州老窖的基本面是不如洋河股份的，无论是从扣非净利润规模指标还是盈利能力指标，还是净利润增速指标。但把洋河股份和泸州老窖的股价特性与基本趋势对应起来反而能更好地表达主流偏见。正是因为2010～2012年洋河的基本面表现得太强劲了，股价也得到主流偏见的充分表达，而泸州老窖在这期间的基本面表现得也相对弱很多，股价在这期间也没有受到主流偏见的特别青睐。所以，在行业不景气的时候，尽管泸州老窖的基本面趋势继续表现的弱，反而股价下跌的幅度没有洋河股份那么多。

因为原本泸州老窖在行业景气的时候也没有被疯狂追捧，所以市场预期一直不高，自然在行业不景气的时候，也就跌了一个行业平均水平，而洋河股份在行业景气的时候表现得太好了，股价得到疯狂追捧，最后也是重重地跌落。

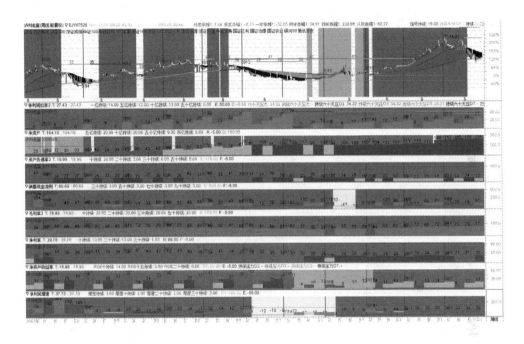

图 7－27

　　山西汾酒：从背景图、数据图的色块和具体数值来看，过去十年，公司的股价的阶段性相对复杂些，背景图的白色和深绿色背景交替频次要更加多些。从股价、基本趋势和主流偏见综合来看，山西汾酒又是另外一番特点，在 2009～2012年，基本趋势得到强劲的表达，净利润增速甚至可以与洋河股份媲美，股价也创出了 2007 年的高点。但在行业不景气的时候，基本面也是表现的相对脆弱，2014 年净利润增速一度为 -63%。但在 2017 年表达了强劲的增长信号，股价也大幅上涨，但整个历史过程，基本面增长的不稳定性和股价的大幅波动性，已经在图上表现得淋漓尽致了。

　　从白酒行业企业的基本面四个方面的八大核心财务指标以及综合行业前五企业的股价特性，我们可以很好地把握白酒行业企业内纵向的财务指标反映出来的基本面特性，也能够通过行业内不同企业间的比较得出横向的基本面差异特征。最后，通过股价特性和财务指标反映出来的基本面特性以及行业环境因素，可以间接引申出主流偏见在其中对股价的影响特点了。但是股价对基本趋势的影响暂时还没有得到很好说明，不用急，后续会逐步展开。至少，可以感觉出，主流偏见在股价特性上直接表达了。

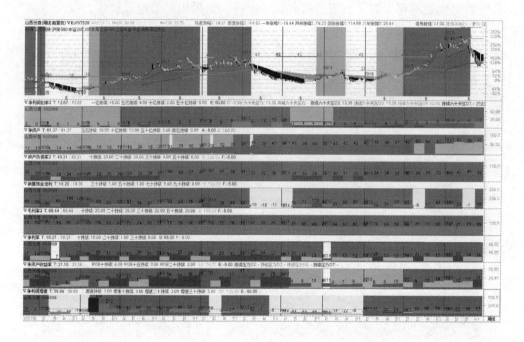

图 7 – 28

第二节　食品行业特性分析

一、食品行业基本面特性分析

食品行业，有 58 家上市企业，截至目前，按照流通市场排序，海天味业排在第一位：2036.15 亿元；第二位的是双汇发展：853.46 亿元；第三位的是中炬高新：254.68 亿元；第四位的是安琪酵母：227.61 亿元；第五位的是涪陵榨菜：190.85 亿元。直观上可以看出海天味业市值是食品行业龙头。那么从扣非净利润和净资产指标反映出来的结果来看，海天味业还是行业龙头吗？食品行业前五的这些企业，它们的行业地位、抗风险能力、盈利能力和成长前景从财务角度看，又是怎么样的呢。下面就从四个方面的财务角度一一查看。

表 7 - 2

食品（58）	涨幅（%）	现价	量比	涨速（%）	流通市值↓（亿元）
1. 海天味业	-1.05	75.50	0.86	-0.25	2036.15
2. 双汇发展	-0.73	25.87	1.17	0.23	853.46
3. 中炬高新	0.79	31.97	0.72	0.09	254.68
4. 安琪酵母	-0.65	27.62	0.61	-0.06	227.61
5. 涪陵榨菜	0.86	24.73	0.96	0.12	190.85
6. 汤臣倍健	-1.15	18.03	0.52	0.06	158.48
7. 中粮糖业	-0.96	7.24	0.74	0.14	148.56
8. 梅花生物	-0.25	4.05	0.81	0.00	124.48
9. 恒顺醋业	2.79	10.69	1.83	-0.08	83.76
10. 洽洽食品	0.18	16.50	1.24	-0.17	83.66
11. 金达威	-0.94	13.74	0.76	0.07	82.46
12. 绝味食品	-1.39	40.38	0.57	0.02	66.10
13. 上海梅林	0.29	6.85	0.69	0.00	64.23
14. 花园生物	-0.90	14.36	0.83	0.00	61.74
15. 量子生物	-1.47	14.73	0.83	-0.13	59.68
16. 煌上煌	-1.64	12.02	0.43	0.08	54.50
17. 龙大肉食	2.04	6.99	1.67	0.00	52.51
18. 安井食品	1.01	39.89	1.05	0.10	49.00
19. 加加食品	—	—	0.00	—	46.03
20. 西王食品	1.30	8.55	1.08	0.12	45.08
21. 克明面业	0.56	12.64	0.91	0.16	41.37
22. 金字火腿	-2.29	4.70	0.78	-0.41	39.92
23. 三全食品	-1.21	6.52	1.02	0.31	37.30
24. 双塔食品	-1.22	3.24	1.03	0.31	36.52
25. 桃李面包	1.37	56.21	0.85	0.00	33.26
26. 广州酒家	-3.37	24.35	2.25	0.00	30.56
27. 云南能投	-1.00	7.89	0.83	0.25	29.33
28. 广弘控股	-0.97	5.12	1.29	0.00	29.18
29. 爱普股份	-0.85	8.12	0.50	-0.11	25.98
30. 星湖科技	-1.79	3.83	0.82	0.00	24.72

1. 反映规模的扣非净利润和净资产指标

海天味业：从背景图来看，公司 2014 年上市后，扣非净利润和净资产均一直呈现深绿色背景，净资产存在一处突变信号，说明企业能实现连续盈利，且规模相对较大。从数据图的色块和具体数值来看，扣非净利润从 2014 年的 20 亿元增长到 2017 年的 34 亿元。净资产则从 2014 年的 74.88 亿元增长到 2017 年的 117.64 亿元，净资产在 2014 年上市后突破 50 亿元，2016 年底突破 100 亿元。从净资产是否突变得出，海天味业只进行了上市融资，没有进行再定增等资本运作。

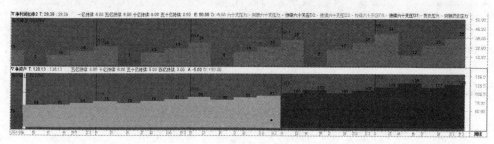

图 7 - 29

双汇发展：从背景图来看，过去十年，扣非净利润和净资产呈现深绿色和绿色背景并存的模式，净资产存在一处突变信号，说明能实现连续盈利，规模相对较大，但是在 2012 年的扣非净利润下滑到 5 亿元以下。从数据图的色块和具体数值来看，扣非净利润从 2007 年的 5.26 亿元增长到 2017 年的 40 亿元，净资产则从 2007 年的 27 亿元增长到 2017 年的 154 亿元，净资产在 2012 年突破 100 亿元。但是从净资产图可以看出，净资产在 2012 年 10 月 12 日有一个突变，这种突变通常表明企业进行了并购重组。翻开上市公司资本运作公告可以得知 2012 年募集了资金，收购了资产。所以扣非净利润从 2011 年的 5 亿元突变到 2012 年底的 19 亿元。而净资产也从 2011 年的 40 亿元上升到 2012 年的 125 亿元。

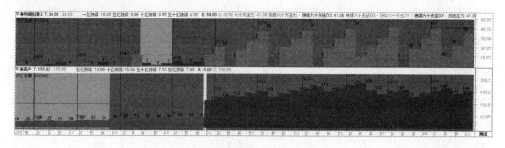

图 7 - 30

中炬高新：从背景图来看，过去十年，扣非净利润一直呈现浅绿色背景（扣非净利润没有超过 5 亿元），而净资产先呈现浅绿色和深绿色背景并存的模式，净资产存在一处突变信号，说明企业能实现连续盈利，且规模相对较小。从数据

募集资金来源　·　项目进度

○ 募集资金来源

公告日期	发行类别	实际募集资金净额(万元)	发行起始日	证券名称	证券类别
2012-07-30	增发新股	2,466,034.38	2012-07-10	双汇发展	A股
2002-03-28	增发新股	58,579.56	--	双汇发展	A股
1998-09-14	首发新股	30,046.00	--	双汇实业	A股

○ 项目进度

项目名称	截止日期 ↓	计划投资(万元)	已投入募集资金(万元)	建设期(年)	收益率(税后)	投资回收期(年)
发行股份购买资产置换中置入资产价值超过置出资产价值部分资产	2012-07-30	2,466,034.00	--	--	--	--
双汇商业连锁及其供应配送系统双汇商业连锁店项目	2006-04-26	19,464.00	4,134.95	0.50	29.10%	3.83
华都双汇肉制品、天然骨素项目、PVDC保鲜膜项目	2003-09-09	8,026.70	--	0.50	21.00%	5.00
生物工程系列中美合资建设天然骨素项目	2003-09-09	3,988.00	--	1.00	43.30%	3.33
双汇商业连锁及其供应配送系统合资成立北京双汇华都低温肉品有限公司项目	2003-09-09	3,531.00	--	1.00	24.90%	5.33
新型包装材料系列中日合资建设PVDC特种树脂项目	2002-12-14	31,600.00	13,553.00	1.50		3.67
生物工程系列天然香精和发酵肉制品项目	2002-12-14	9,240.00	4,125.00	1.00	52.60%	3.42
新型包装材料系列PVDC肠衣膜项目	2002-11-12	6,850.00	3,493.50	1.00	21.60%	5.17
生物工程系列中韩合资曾祖代种猪繁育至出栏生猪项目	2002-03-28	217,673.22	7,067.58	0.50	13.70%	7.83
双汇商业连锁及其供应配送系统屠宰项目	2002-03-28	4,966.20	--	1.00	36.60%	4.25

图 7-31

图的色块和具体数值来看，扣非净利润从 2007 年的 0.61 亿元增长到 2017 年的 4.15 亿元，扣非净利润在 2013 年突破 1 亿元。净资产则从 2007 年的 15.57 亿元增长到 2017 年的 34.5 亿元。

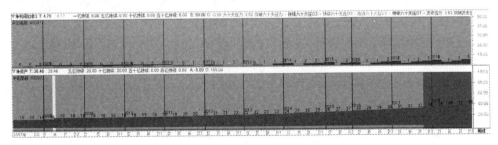

图 7-32

安琪酵母：从背景图来看，过去十年，扣非净利润和净资产均呈现浅绿色和深绿色背景并存的模式，净资产存在一处突变信号，说明企业能实现连续盈利，且规模相对较小。从数据图的色块和具体数值来看，扣非净利润从 2007 年的 0.78 亿元增长到 2017 年的 7.97 亿元，扣非净利润从 2017 年突破 5 亿元，净资产则从 2007 年的 8.87 亿元增长到 2017 年的 40.94 亿元。从净资产是否突变可以看出，公司在 2011 年进行了增发股份募集资金扩大主业。由于不像双汇发展那样收购资产，而是进行主业扩大产能，所以安琪酵母的净利润滞后于净资产的增长。也能够理解，安琪酵母十年期间扣非净利润增长了 10 倍，但是股价却只增长了 5 倍不到，是由于定增扩大了股本的缘故。回到食品行业地位来说，安琪酵母的规模，无论是净利润，还是净资产都跟海天味业和双汇发展相距甚远。第三名只有第一、第二名 1/3 左右的规模。

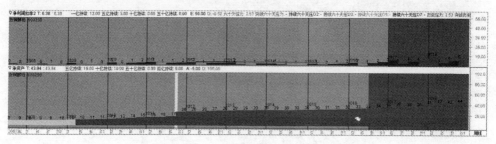

图 7−33

○ 募集资金来源

公告日期	发行类别	实际募集资金净额（万元）	发行起始日	证券名称	证券类别
2011-08-25	增发新股	79,121.42	2011-08-18	安琪酵母	A股
2010-07-01	增发新股	64,685.16	2010-06-24	安琪酵母	A股
2000-08-01	首发新股	40,078.70	——	安琪酵母	A股

○ 项目进度

项目名称	截止日期	计划投资（万元）	已投入募集资金（万元）	建设期（年）	收益率（税后）	投资回收期（年）
埃及年产15,000吨高活性干酵母项目	2014-03-15	33,843.60	28,534.80	2.00	16.09%	10.33
年产5,000吨新型酶制剂生产线项目	2014-03-15	17,400.00	16,586.21	1.50	30.20%	5.75
年产10,000吨生物复合调味料生产线项目	2014-03-15	14,200.00	14,200.00	1.00	23.84%	6.67
生物保健食品生产基地项目	2014-03-15	12,200.00	12,200.00	0.75	21.36%	7.67
年产8,000吨复合生物饲料生产线项目	2014-03-15	7,800.00	7,800.00	1.00	32.33%	5.00
购买日升公司持有的安琪伊犁30%股权、安琪赤峰10.5%股权和宏裕塑业65%股权	2010-06-22	64,685.16	64,685.16	—	—	—
年产15,000吨高活性干酵母扩建项目	2000-08-01	18,128.01	18,128.01	—	36.84%	4.58
年产5,000吨酵母味素新建项目	2000-08-01	7,436.44	7,552.48	—	32.64%	5.17
年产8000吨（折干）富核酸酵母新建工程	2000-08-01	5,417.79	5,417.79	—	36.18%	4.83
新建"康普力星"生物锌制剂生产线项目	2000-08-01	4,990.20	11.78	—	55.14%	3.83

图 7−34

涪陵榨菜：从背景图来看，公司 2010 年上市后，扣非净利润呈现浅绿色和深绿色背景并存的模式，净资产则一直呈现浅绿色背景，净资产存在一处突变信号，说明企业能实现连续盈利，且规模相对较小。从数据图的色块和具体数值来看，扣非净利润从 2010 年的 0.54 亿元增长到 2017 年的 3.93 亿元，2018 年扣非净利润突破 5 亿元。净资产则从 2010 年的 8.38 亿元增长到 2017 年的 19.28亿元。

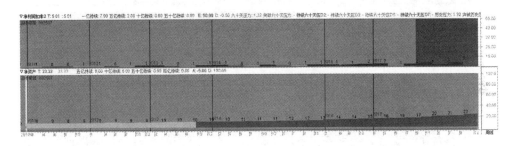

图 7 - 35

从行业内扣非净利润和净资产规模指标来看，食品行业绝对龙头是海天味业和双汇发展，第三、第四、第五名的规模较小。

2. 反映风险的资产负债率和销售现金流指标

海天味业：从背景图来看，资产负债率一直呈现深绿色背景，销售现金流存在多个第一季度的现金流流出现象（黄色背景），但是年底依然呈现深绿色背景。从数据图的色块和具体数值来看，资产负债率维持相对低位，保持在 10% ~ 30%，销售现金流存在季节性结算影响，但年度资金回笼比较顺畅。

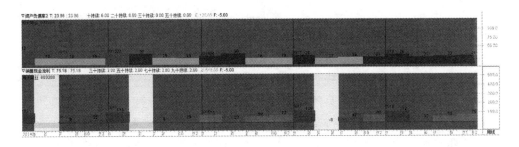

图 7 - 36

双汇发展：从背景图来看，资产负债率一直呈现深绿色背景，销售现金流一栏在 2011～2012 年存在现金流流出现象（黄色背景），其他年份均呈现深绿色背景。从数据图的色块和具体数值来看，资产负债率比较低，保持在 20%～50%，销售现金流存在某单个季节性波动，但整体回笼顺畅。

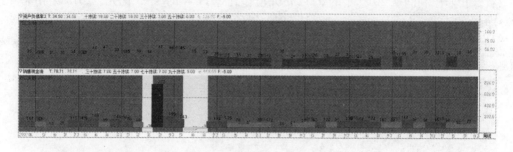

图 7-37

中炬高新：从背景图来看，资产负债率一直呈现深绿色背景，销售现金流除了存在单个季度的现金流流出现象（黄色背景），其他年份均呈现深绿色背景。从数据图的色块和具体数值来看，资产负债率比较稳定且维持低位，保持在 30%～40%，销售现金流同样比较稳定且回笼顺畅。

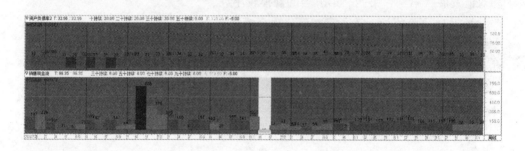

图 7-38

安琪酵母：从背景图来看，资产负债率呈现深绿色和黄色背景并存的现象，销售现金流存在非常明显的现金流流出现象（黄色背景），但年底依然呈现深绿色背景。从数据图的色块和具体数值来看，前五的食品细分行业中，安琪酵母的资产负债率是最高的了，保持在 40%～60%，而且现金流回笼的波动性也是最明显的，如此高的资产负债率，以及销售现金流回笼的季节性结算，表达了企业的周期性特征和企业在行业中销售模式特征。

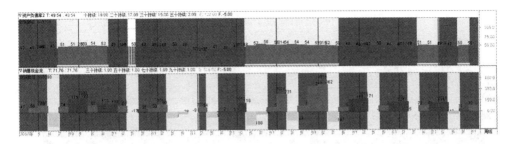

图 7-39

涪陵榨菜：从背景图来看，资产负债率一直呈现深绿色背景，销售现金流除了几个季度的现金流流出现象（黄色背景），其他年份均呈现深绿色背景。从数据图的色块和具体数值来看，极低的资产负债率，维持在15% ~ 20%，销售现金流回笼也比较顺畅。

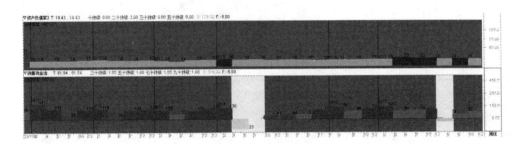

图 7-40

3. 反映盈利能力的毛利率、净利率、净资产收益率指标

海天味业：从背景图来看，上市以后，毛利率、净利率和净资产收益率均呈现深绿色背景，表明公司产品盈利能力和净资产收益率均很高，年化净资产收益率超过15%。从数据图的色块和具体数值来看，毛利率一直维持在40%以上，净利率也一直维持在20%以上，净资产收益率一直维持在28%以上。从这三个指标的数值和持续时间来看，海天味业的盈利能力指标体现的是典型的巴菲特价值投资理念模型标准。而且，毛利率、净利率、净资产收益率各项指标从上市以来持续稳定维持在高位，且有逐步提升的趋势。

双汇发展：从背景图来看，过去十年，净资产收益率一直呈现深绿色背景，而毛利率呈现白色和浅绿色背景并存的现象，净利率呈现白色和深绿色背景并存的现象，表明公司产品盈利能力一般，但是净资产收益率却很高，年化净资产收益率超过15%。从数据图的色块来看，毛利率最高的年份才22%，净利率最高的年份也才11%，但净资产收益率较高，2012年最低也有15%。

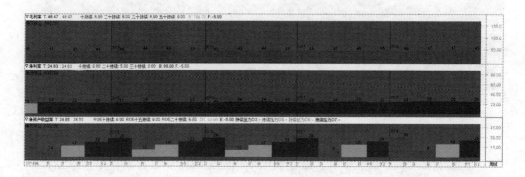

图 7 –41

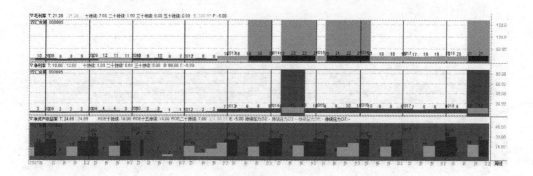

图 7 –42

中炬高新：从背景图来看，过去十年分两个阶段，在2007~2014年毛利率主要呈现浅绿色背景，净利率和净资产收益率主要是白色背景，这段时间表明公司的盈利水平一般，净资产收益率处于5%~10%。2014~2018年毛利率和净利率主要呈现深绿色背景，净资产收益率主要呈现浅绿色背景，说明公司的年化净资产收益率已经达到10%~15%。从数据图的色块和具体数值来看，毛利率从22%上升到了39%，净利率也在提升，从个位数上升到了15%。但从净资产收益率指标来看，2007~2012年年化净资产收益率低于10%，2013~2017年年化净资产收益率上升到10%以上这个台阶，整体呈现逐步向好的态势。但净资产收益率并不算太高，某些年份还会有所回落。

安琪酵母：从背景图来看，过去十年，毛利率呈现深绿色和浅绿色背景并存的模式，毛利率持续白色和深绿色背景并存的模式，净资产收益率持续浅绿色、深绿色和白色背景并存的模式，表达了企业产品盈利还可以，净资产收益率波动幅度较大。从数据图的色块和具体数值来看，毛利率维持在 30% 左右，净利率波动幅度有点大，最高 18%，最低只有 5%，净资产收益率波动幅度也有点大，最高 20%，最低只有 5%。安琪酵母和海天味业、双汇发展虽然都在食品行业，但是从盈利指标来看，差别很大，海天和双汇发展盈利指标均比较稳，尽管海天和双汇产品的毛利率差别较大，净资产收益率均出现了稳的特性，但安琪酵母从净利率和净资产收益率的时间序列来看，周期性特征已经较明显了。

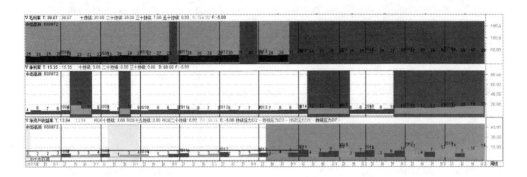

图 7-43

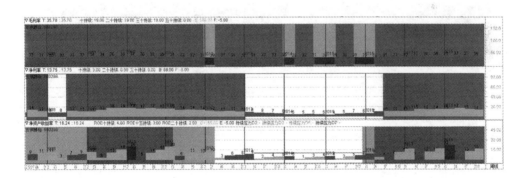

图 7-44

涪陵榨菜：从背景图来看，上市以后，毛利率呈现深绿色和浅绿色背景并存的模式，毛利率持续深绿色和白色背景并存的模式，但是毛利率和净利率在 2016 年后一直呈现深绿色模式，净资产收益率持续白色、浅绿色和深绿色背景并存的模式，表明公司产品盈利能力较强，且其净资产收益率呈现逐年走高的趋势，年化净资产收益率超过 10%。从数据图的色块和具体数值来看，毛利率从 28% 上升到 2017 年底的 51%，并且 2018 年第一季度还在进一步提升，净利率指标也在逐步提高，净资产收益一直维持在 10% 以上，最近三年还有所抬高。整体呈现稳且稳中向好的态势。

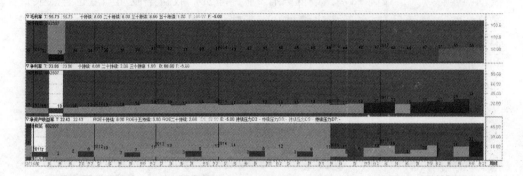

图 7 – 45

4. 反映成长的净利润增速指标

海天味业：从背景图来看，上市后一直呈现深绿色背景，表明企业持续增长。从数据图的色块以及具体数值来看，业绩稳步增长，保持在 10% ~ 30%。

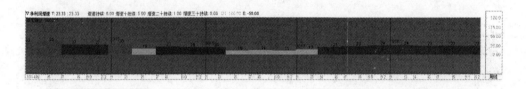

图 7 – 46

双汇发展：从背景图来看，过去十年，呈现深绿色和黄色（增速下滑）背景并存的模式，表达了企业业绩增速不稳定。从数据图的色块以及具体数值来看，业绩增长的时候可以达到 20% 左右，但也能下滑 20%，整体业绩波动比较大。

图 7 – 47

中炬高新：从背景图来看，过去十年，呈现深绿色和黄色（增速下滑）背景并存的模式，表达了企业业绩增速不稳定。从数据图的色块以及具体数值来看，业绩增长的时候可以高达 30% 以上，但也能下滑 20% 左右，在 2014 年后业绩增速相对好转，综合来看，可能表明公司产品在行业内竞争优势不太明显。

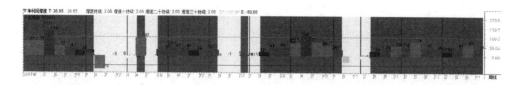

图 7 – 48

安琪酵母：从背景图来看，过去十年，呈现明显的深绿色和黄色（增速下滑）背景并存的模式，但是与双汇发展和中距高新交替模式不同的是，公司这种颜色具有持续性，呈现阶段性变化特征。从数据图的色块以及具体数值来看，2009 ~ 2011 年连续维持 20% 以上的高增长，2012 ~ 2014 年又连续 20% 左右下滑，2015 年至今又连续高增长，2018 年业绩增速放缓明显。业绩增速呈现阶段性特征，而双汇发展则呈现明显的波动性，表达两种不同的特征。

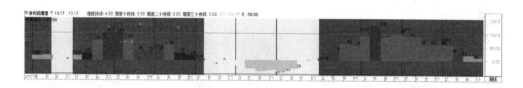

图 7 – 49

涪陵榨菜：从背景图来看，上市后，除了一个季度的黄色背景（增速下滑），其他年份均呈现深绿色背景，表达了企业的业绩具有较强的持续性。从数据图的色块以及具体数值来看，虽然业绩保持较强的持续性，但是业绩增速波动幅度依然较大，在个位数至 70% 区间，尤其是在 2016 年后呈现明显的加速特征。

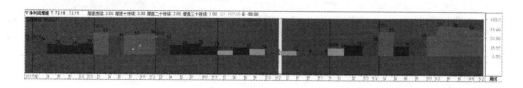

图 7 – 50

以上是从财务视角，8个核心财务指标，四个方面来考察食品行业前五企业基本面的特性。

二、食品行业前五企业的股价特性

海天味业：从背景图、数据图的色块和具体数值来看，过去十年，公司的股价的阶段性相对明显，背景图的白色和深绿色背景持续性较强，呈现稳步向上的走势特征。从股价、基本趋势和主流偏见综合来看，公司基本趋势表现得非常稳定，财务指标反映出企业的盈利能力极强且还在继续走好，净利润增速稳定。但是，公司的股价依然呈现螺旋式上升的走势特征，甚至某些年份还为负。股价不论是持续上涨的时间还是幅度与企业财务指标反映出来的基本趋势完全匹配是不可能的。不然就是一个死的固定PE了，而不会存在主流偏见了。那么既然从现实中已经多次表明了股价的走势必然存在一定的周期性，而基本趋势的周期性也一定会存在，只是强周期还是弱周期罢了。毫无疑问，食品类的企业属于弱周期，海天味业所经营出来的基本面特性的周期性更弱，但是股价的周期性是比较明显的。那么整体可以先用股价的盛极而衰和基本趋势的盛极而衰思想来处理能够较好理解，不然无法理解股价的快速上涨后的急速下跌，而事实上急速下跌并不一定代表基本趋势变坏，完全有可能是股价自身的行为特征。

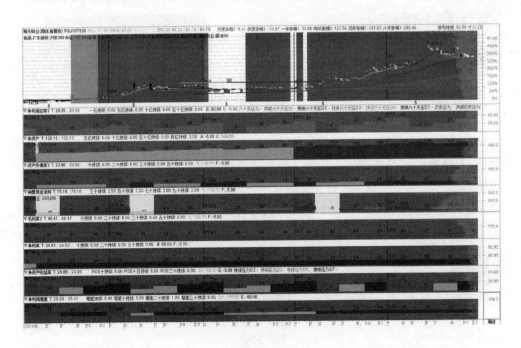

图 7-51

双汇发展：从背景图、数据图的色块和具体数值来看，过去十年，公司的股价的阶段性相对复杂些，背景图的白色和深绿色背景交替频次要更加多些，呈现向上的走势特征。从股价、基本趋势和主流偏见综合来看，双汇的财务指标反映的基本面存在多样性，一是公司的盈利能力极高，净资产收益率年化超过20%，但是企业的毛利率和净利率并不高。公司的扣非净利润和净资产规模与海天味业不相上下，也算是细分行业龙头了。所以，这么低的毛利率和这么高的规模，可以有效阻止新的行业进入者。二是从净利润增速指标来看，公司的市场空间似乎比较有限，盈利的增速有触顶的迹象。而从长期静态来看，股价与市场空间、盈利的增速有比较直接的关系，因为这直接影响到市场预期的强弱。但是公司的超强盈利能力，也给股价有一个底部支撑。所以股价呈现明显的波动性，持续性不强，但也可以看出底部在缓慢抬升。

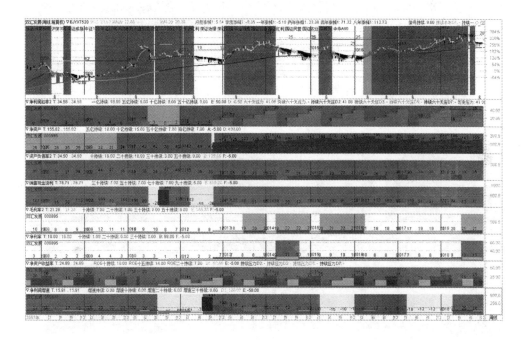

图 7 – 52

中炬高新：从背景图、数据图的色块和具体数值来看，过去十年，公司的股价的阶段性相对复杂些，背景图的白色和深绿色背景交替频次要更加多些，呈现向上的走势特征。从股价、基本趋势和主流偏见综合来看，中炬高新的股价和基本面代表着很多普通企业的特征，由于企业的基本趋势不强劲，净资产收益率在2014年前均低于10%，且净利润增速存在明显的波动性，表明了企业的盈利能力一般的同时可持续盈利能力还存疑。所以，公司股价在 2014 年之前基本属于随大流的特征，在大势好的时候，公司股价也涨，大势不好的时候，公司股价也跌。但公司在 2014 年后，净资产收益率开始持续超过 10%，且净利润增速保持高位。主流偏见充分意识到了这点，股价走势也比较强劲，基本趋势也不负众望。

如果结合中炬高新和双汇发展，由于它们的净利润增速均存在明显的波动性，可以清晰地发现公司股价与净利润增速所反映出来的基本趋势不存在直接的正相关关系。也就是说，在公司净利润增速为正的时候，公司股价不一定上涨，在净利润增速为负的时候，公司股价不一定下跌，反倒是公司股价与股票市场本身的周期性存在着比较直接的正相关性。在股票市场行情反弹的 2009～2010 年两家公司的股价均上涨，而对应的净利润增速反倒为负了，而在 2011～2013 年股价下跌了起来，而公司的净利润增速则有不少年份为正。所以，我们已经抛弃掉了公司股价和净利润增速某个季度的相关性，也应该抛弃年度的相关性。在前面白酒行业和海天味业已经抛弃掉了股价与净利润增速在涨跌幅度和时间上的一致性。那么股价是否应该全部抛弃掉与基本面的关系呢？毫无疑问，不应该丢弃掉基本分析，但是我们的实证已经明摆着表达了股价和基本趋势的弱相关性了。回到巴菲特的价值投资理念和索罗斯的反身性投资理念，再仔细思考一下就会明白了。

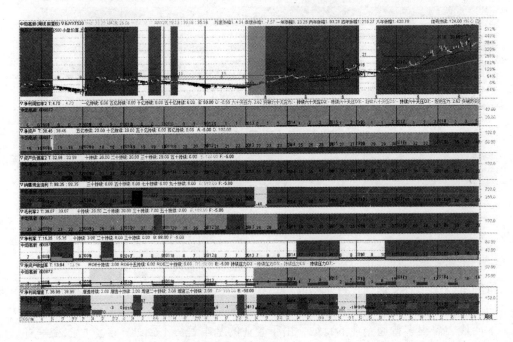

图 7-53

安琪酵母：从背景图、数据图的色块和具体数值来看，过去十年，公司的股价的阶段性相对清晰，背景图的白色和深绿色背景具有较强的持续性，股价呈现大涨大跌的模式。从股价、基本趋势和主流偏见综合来看，在双汇发展和中炬高新中无法得到解答的，在安琪酵母这里可以较好地得到答案。安琪酵母的盈利能力指标和净利润增速指标表达了一个比较完整的强周期特性，尽管它是属于食品行业类的企业。在2009～2010年，净资产收益率年化20%，净利润增速在2009年高达100%，2010年放缓至35%。在2011～2014年，净资产收益率从12%回落至5%，而净利润增速从4.7%下降到0.5%，期间还有负增长。还不包括公司在股价高位和盈利能力高位的2011年定增。在2015～2017年，公司净资产收益率从9%逐年提升至22%，净利润增速也是年化高达50%。这种明显的周期性变化，也带动了股价的特性持续明显的周期性变化，尽管不排除股市本身的周期性变化的影响，但至少公司股价在上涨阶段和下跌阶段都涨落得干脆利索，表现出来的就是大涨大跌的特性。毫无疑问，仍然无法剔除整个股市周期对公司股价的影响，但企业基本面特性也会在股价中得到表现，只是如果企业的基本面特性既没有较强的高盈利持续性，也没有较明显的周期性，那么其股价会更多表现随大流。

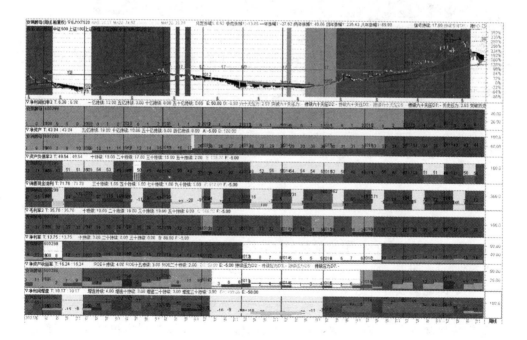

图 7-54

涪陵榨菜：从背景图、数据图的色块和具体数值来看，公司股价的阶段性相对清晰，背景图的白色和深绿色背景具有一定的持续性，股价呈现向上的走势特征。从股价、基本趋势和主流偏见综合来看，公司在2010年上市，上市后公司股价持续下跌一年时间，累计跌幅达60%。但公司的基本趋势依然强劲，在股市市场环境改善的时候，股价快速反弹，股价在2012~2013年两年累计上涨100%。在2014~2015年整体处于高位整理状态，事实上在这段时间公司的基本面也不算强劲。但是在2016年，一方面公司基本面表现出极强的趋势，另一方面食品行业的股票集体走好，所以公司股价两年时间又上涨了一倍。

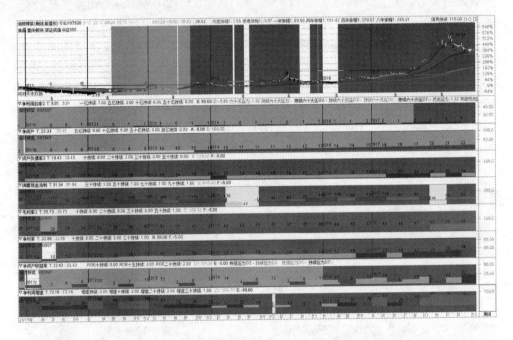

图7-55

通过对食品行业前五企业十年来股价特性的大致回顾，可以清晰地看到，尽管它们的基本趋势存在一定的差异，但是各个企业股价走势本身的周期性特征已经比较明显。如果，企业的基本面持续性、稳定性更好，那么，它的股价的持续性、稳定性也会较好。这也是先分开研究企业的基本面的经营特性，得出其财务指标反映的基本趋势的持续性、稳定性情况。然后，结合公司股价走势在不同企业盈利环境和不同的股市环境下得出来的特性的原因。这样可以更好地理解市场的运行，以便于我们更好地选择标的和进行择时。

第三节 乳制品行业特性分析

一、乳制品行业的基本面特性

乳制品行业，有 11 家上市企业，截至目前，按照流通市值排序，伊利股份排在第一位：1453.44 亿元；第二位的是光明乳业：102.23 亿元；第三位的是贝因美：54.58 亿元；第四位的是三元股份：44.52 亿元；第五位的是广泽股份：31.23 亿元。截至目前，A 股乳制品行业中市值突破 1000 亿元的只有伊利股份唯一一家上市公司。由于蒙牛在港股上市，所以就这点说明一下。但就 A 股这前五乳制品企业，它们的行业地位、抗风险能力、盈利能力和成长前景，没有蒙牛，我们还能从财务角度看出什么呢？下面就从这四个方面的财务角度一一查看。

表 7 - 3

乳制品（11）	涨幅（%）	现价	量比	涨速（%）	流通市值↓（亿元）
1. 伊利股份	- 0.62	24.09	1.06	0.08	1453.44
2. 光明乳业	1.09	8.35	0.79	0.24	102.23
3. 贝因美	- 4.81	5.34	1.85	0.19	54.58
4. 三元股份	- 0.59	5.03	0.65	0.00	44.52
5. 广泽股份	- 0.39	7.75	0.77	0.13	31.23
6. 天润乳业	- 0.47	14.84	0.44	0.34	30.74
7. 燕塘乳业	0.48	16.59	0.68	1.04	25.82
8. 皇氏集团	3.68	3.94	1.72	0.00	20.43
9. 麦趣尔	- 0.07	13.80	11.94	- 0.06	19.44
10. 科迪乳业	0.99	3.07	0.68	0.33	17.90
11. 庄园牧场	- 0.80	13.65	0.60	0.29	10.12

1. 反映规模的扣非净利润和净资产指标

伊利股份：从背景图来看，扣非净利润在 2007～2009 年呈现浅绿色和黄色（亏损）背景并存的模式，2009 年后，扣非净利润一直呈现深绿色模式，而净资产在 2007～2009 年呈现深绿色和浅绿色背景并存的模式，2009 年后净资产则一直呈现深绿色背景，净资产存在一处突变信号，表明企业在 2007～2009 年还存在亏损现象，2009 年后能够持续盈利，后面还有通过定增实现快速增长的可能。从数据图的色块和具体数值来看，2007～2017 年扣非净利润从亏损 0.53 亿元增长到 53 亿元，扣非净利润从 2011 年突破 10 亿元，2017 年突破 50 亿元；净资产则从 2007 年的 47 亿元增长到 2017 年的 252 亿元，净资产从 2011 年突破 50 亿元到 2013 年突破 100 亿元。从净资产图可以看出，净资产在 2013 年 4 月存在突变信号，这种突变通常表明企业进行了定增。翻开上市公司资本运作公告可以得知2013 年募集了资金进行产能扩张。由于是募集资金投资在原有主业产能扩张，所以后续的利润是逐步释放的。

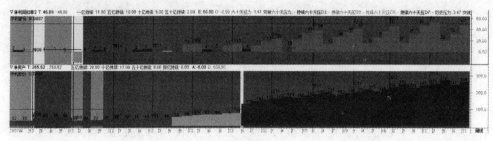

图 7–56

募集资金来源					
公告日期	发行类别	实际募集资金净额(万元)	发行起始日	证券名称	证券类别
2013-01-12	增发新股	499,995.53	2013-01-07	伊利股份	A股
2002-08-17	增发新股	80,069.29	—	伊利股份	A股
1998-11-04	配股	23,669.24	—	伊利股份	A股
1997-06-12	配股	19,847.00	—	伊利股份	A股
1996-01-18	增发新股	9,662.75	—	伊利股份	A股
1996-01-18	首发新股	9,662.75	—	伊利股份	A股

○ 项目进度

项目名称	截止日期↓	计划投资(万元)	已投入募集资金(万元)	建设期(年)	收益率(税后)	投资回收期(年)
收购中国圣牧(1432.HK)37.00%股权	2016-10-22	460,640.64	—	—	—	—
液态奶改扩建项目	2016-10-22	329,038.39	—	—	—	—
伊利北京商务运营中心购置项目	2016-10-22	182,587.03	—	1.67		
新建新西兰婴幼儿配方乳粉包装项目和新建新西兰超高温灭菌奶项目	2016-10-22	78,335.65	—	2.50		
食品科研与发展中心项目	2016-10-22	28,116.70	—	2.08		
冷饮设备更新改造项目	2016-10-22	8,772.54	—	1.33		
云商平台系统实施项目	2016-10-22	4,864.00	—	1.67		
冷饮项目	2014-04-30	80,450.53	47,302.38			
奶粉项目	2014-04-30	55,240.75	53,786.28			
补充流动资金	2014-04-30	9,575.00	41,417.07			

图 7–57

光明乳业：从背景图来看，扣非净利润在 2007～2009 年呈现浅绿色和黄色（亏损）背景并存的模式，2009 年后，扣非净利润则呈现浅绿色和深绿色交替背景模式，净资产呈现浅绿色和深绿色并存的背景模式，净资产存在两处突变信号，说明企业在 2007～2009 年存在亏损现象，2009 年后能够实现持续盈利，且有通过定增实现快速增长的可能。从数据图的色块和具体数值来看，2007～2017年扣非净利润从亏损 1.49 亿元增长到 5.83 亿元，2010 年扣非净利润突破 1 亿元，2014 年突破 5 亿元，净资产则从 2007 年的 25 亿元增长到 2017 年的 67 亿元，净资产从 2014 年突破 50 亿元。从净资产一栏可以看出，净资产图存在突变信号，表明企业进行了定增。翻开上市公司资本运作公告可以得知 2012 年募集了资金。2015 年还投资项目，进行产能扩张。

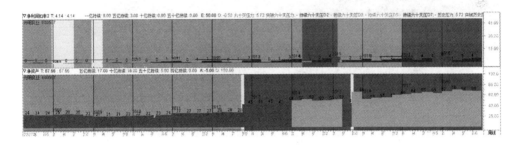

图 7－58

募集资金来源 | 项目进度

○ 募集资金来源

公告日期	发行类别	实际募集资金净额(万元)	发行起始日	证券名称	证券类别
2012-09-05	增发新股	139,045.42	2012-08-30	光明乳业	A股
2002-08-09	首发新股	94,630.00	---	光明乳业	A股

○ 项目进度

项目名称	截止日期↓	计划投资(万元)	已投入募集资金(万元)	建设期(年)	收益率(税后)	投资回收期(年)
收购Bright Food Singapore Investment 100%股权项目	2015-06-09	687,300.00	---	---	---	---
补充流动资金项目	2015-06-09	212,700.00	---	---	---	---
日产2000吨乳制品中央自动控制技术生产线技术改造项目	2015-06-09	142,083.00	140,365.17	1.92	17.57%	7.50
扩大液态保鲜奶和UHT超高温灭菌奶生产能力项目	2002-08-09	18,376.00	17,934.00		20.60%	4.83
建设大型现代物流基地项目	2002-08-09	16,970.00	13,188.00			3.00
对本公司控股子公司松鹤乳业增资	2002-08-09	12,944.00	13,000.00		18.30%	5.33
对本公司控股子公司健康乳业增资	2002-08-09	11,889.00	10,715.00		17.20%	4.33
补充公司流动资金	2002-08-09	10,185.00	10,185.00			
建设保健发酵乳品生产基地项目	2002-08-09	7,445.00	7,336.00		37.00%	3.00
设立成都光明乳品有限公司	2002-08-09	7,350.00	3,780.00		18.90%	

图 7－59

贝因美：从背景图来看，扣非净利润呈现浅绿色、深绿色和黄色（亏损）背景并存的模式，净资产呈现浅绿色和深绿色背景并存的模式，且扣非净利润的黄色背景出现在最近几年，净资产的浅绿色也是出现在深绿色背景之后，表明企业在上市后的几年里还能够盈利，但从 2014 年的黄色背景出现后，出现连续的亏损，甚至导致净资产规模持续萎缩。从数据图的色块和具体数值来看，2011 年上市，2011～2017 年扣非净利润从盈利 4 亿元到亏损 11 亿元，净资产则从 2011 年的 32 亿元缩减到 2017 年的 18.8 亿元。从图 7-60 可以看出净资产图存在突变，是上市不久后发生的，表明企业只进行了上市首次股权融资。翻开上市公司资本运作公告可以得知 2011 年募集了资金进行了产能扩张。

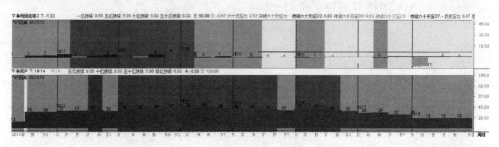

图 7-60

| 募集资金来源 | | 项目进度 | | | | | |

○ 募集资金来源

公告日期	发行类别	实际募集资金净额（万元）	发行起始日	证券名称	证券类别
2011-03-22	首发新股	170,360.83	2011-03-30	贝因美	A股

○ 项目进度

项目名称	截止日期↓	计划投资（万元）	已投入募集资金（万元）	建设期（年）	收益率（税后）	投资回收期（年）
黑龙江贝因美乳业有限公司年产5万吨配方奶粉工程项目	2018-08-24	59,853.00	54,265.55	2.00	22.80%	5.50
年产6万吨儿童奶生产线技术改造项目	2018-04-26	12,000.00	8,060.00	0.83	—	2.50
北海贝因美营养食品有限公司年产3000吨米粉项目	2018-04-26	7,394.82	4,957.70	2.00	27.68%	3.70
使用剩余超募募集资金永久补充流动资金	2017-08-30	22,975.95	23,403.10	—	—	—
节余募集资金永久补充流动资金	2016-06-14	8,630.67	8,630.67	0.83	—	—
使用部分超募资金归还银行贷款	2014-04-09	36,820.00	36,820.00	—	—	—
超募资金归还银行贷款	2014-04-09	26,000.00	26,000.00	—	—	—
补充营运资金	2014-04-09	15,000.00	15,000.00	—	—	—

图 7-61

三元股份：从背景图来看，扣非净利润呈现浅绿色和黄色（亏损）背景并存的模式，净资产出现浅绿色和深绿色背景并存的模式，净资产存在多处突变信号，表明企业在过去十年的时间里经常亏损，且进行了多次的定增、并购重组，然而盈利起色还不够明显。从数据图的色块和具体数值来看，2007～2017 年扣非净利润从盈利 0.19 亿元到亏损 0.12 亿元，净资产则从 2011 年的 8.43 亿元增长到 2017 年的 50.47 亿元。从图 7 - 62 也可以直观地看出企业过去十年利润不增反亏，而同期净资产增长了 6 倍，我们大致就能明白上市公司一直在市场中寻找突破口，直到现在形势还不明朗。从净资产图来看发生两次突变，分别在 2009 年 11 月和 2015 年 2 月。翻开上市公司资本运作公告可以得知公司收购了资产和进行生产线改造。

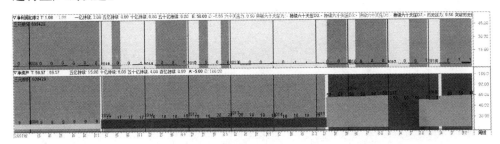

图 7 - 62

募集资金来源

公告日期	发行类别	实际募集资金净额(万元)	发行起始日	证券名称	证券类别
2015-02-10	增发新股	397,218.87	2015-02-03	三元股份	A股
2009-11-18	增发新股	98,592.93	2009-11-12	三元股份	A股
2003-08-26	首发新股	37,057.27	—	三元股份	A股

项目进度

项目名称	截止日期	计划投资(万元)	已投入募集资金(万元)	建设期(年)	收益率(税后)	投资回收期(年)
公司与上海复星高科技(集团)有限公司、上海复星健康产业控股有限公司联合竞购 Brassica Holdings 股权项目	2017-12-16	237,619.40	—	—	—	—
建设国家母婴乳品健康工程技术研究中心	2017-12-16	20,000.00	—	—	—	—
河北三元食品有限公司年产4万吨乳粉、25万吨液态奶搬迁改造项目	2016-08-26	127,800.00	65,924.26	2.50	9.36%	6.00
永久补充流动资金	2015-08-27	269,218.87	102,200.00			
约15亿元用于并购重组,以迅速做大做强乳制品业务	2015-03-14	150,000.00				
偿还银行贷款及补充日常经营流动资金	2015-02-10	80,000.00				
分销配送管理系统	2012-08-24	2,121.00	2,104.10			
对全资子公司河北三元进行增资	2011-04-11	100,000.00	87,472.55			
购买新乡市林鹤乳业有限公司98.8%投资权益	2011-04-11	11,120.38	11,120.38			
100吨/日豆奶(豆酸奶)	2006-12-27	9,164.00	—		18.70%	6.17

图 7 - 63

广泽股份：从背景图来看，扣非净利润和净资产均呈现浅绿色和黄色（亏损）背景并存的模式，净资产存在多处突变信号，说明企业在过去十年的时间里经常亏损，且有可能进行了定增、并购重组，然而盈利起色并不明显。从数据图的色块和具体数值来看，2007 年扣非净利润 0.04 亿元，2017 年为 0.01 亿元，净资产则从 2011 年的 86 亿元增长到 2017 年的 12 亿元。从图 7 - 64 可以直观地看出，公司过去十年盈利不稳定且盈利额度极小，我们大致能明白公司一直在市场中寻找突破口，直到现在形势也不明朗。2012 年净资产存在突变，可以推测公司进行了定增。翻开上市公司资本运作公告可以得知公司进行了并购重组。

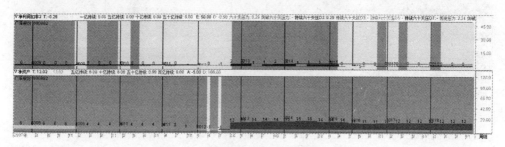

图 7 - 64

募集资金来源 | 项目进度

◯ 募集资金来源

公告日期	发行类别	实际募集资金净额（万元）	发行起始日	证券名称	证券类别
2012-08-23	增发新股	158,055.90	2012-08-13	*ST大成	A股
1999-10-12	配股	18,017.39	—	山东农药	A股
1997-06-11	配股	9,524.28	—	山东农药	A股
1995-12-02	首发新股	0.00	—	山东农药	A股

◯ 项目进度

项目名称	截止日期↓	计划投资（万元）	已投入募集资金（万元）	建设期（年）	收益率（税后）	投资回收期（年）
吉林市广泽乳品有限公司恢复乳品加工建设项目-奶酪加工建设项目	2018-04-28	63,623.39	—	2.00	22.23%	7.00
上海芝然乳品科技有限公司改建项目	2018-04-28	61,597.79	—	1.50	—	5.36
购买广泽乳业有限公司100%股权,吉林市广泽乳品有限公司100%股权	2015-11-28	80,638.55	—	—	—	—
购买华联矿业100%股权超出置出资产价值部分	2012-08-23	158,055.90	—	—	—	—
3万吨/年离子膜烧碱扩建改造项目	1999-10-12	4,987.74	2,593.00	—	—	3.42
新建年产1000吨生物农药项目及补充其流动资金	1999-10-12	3,700.00	2,045.00	—	—	—
2000吨/年菊酯类农药技术改造项目	1999-10-12	3,680.00	3,680.00	—	—	3.50
收购淄博热电股份有限公司剩余的部分国有权益	1999-10-12	—	—	—	—	—
出资组建山东成丰化工有限公司	1999-10-12	—	4,168.00	—	—	—
除草剂草净津项目	1997-06-11	2,489.00	1,829.00	1.00	—	—

图 7 - 65

从 A 股乳制品行业市值前五的企业，过去十年扣非净利润和净资产来看，可以得出两个小结论：①2007 年底，它们之间的差距并不明显，无论从扣非净利润，还是从净资产规模来看，伊利股份和光明乳业、贝因美差别都不大。但是，十年后的 2017 年，伊利股份已经远远地把其他乳制品企业甩在了后面，它们的扣非净利润和净资产规模已经不在一个量级上了。②2007 年、2008 年行业整体状况都不好，回顾当时，正是行业出现危机的时候，当时三聚氰胺事件导致了乳制品企业普遍亏损。但伊利股份在行业危机中，把握了时机，之后的利润连续上涨，市场份额逐步扩大，品牌优势逐步体现，而没有把握时机的其他乳制品企业不少现在还在苦苦挣扎。

2. 反映风险的资产负债率和销售现金流指标

伊利股份：从背景图来看，资产负债率呈现深绿色和黄色（资产负债率高于50%）背景并存的模式，销售现金流存在某些季度的现金流流出现象（黄色），除了 2008 年，其他年份均呈现深绿色背景。从数据图的色块和具体数值来看，2007 年资产负债率 53%，在 2007~2008 年的行业危机后，资产负债率有所提高，结合扣非净利润指标在 2008 年后逐步转好，可以简单推测公司进行了债务融资来发展业务。但在 2013 年公司进行了股权融资后，资产负债率则从 62% 下降到 48%，而且随着后续的发展，公司采取了相对稳健的财务策略，资产负债率还在逐步降低，2017 年资产负债率进一步下降到了 44%。从现金流指标看，公司第一季度经常会出现现金流为负的情况，可能是春节因素，销售渠道结算的影响。但从年度现金流指标来看，除了 2008 年行业危机时现金流为负，其他年份均为正。

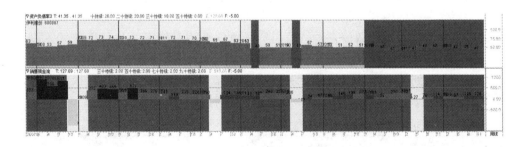

图 7 - 66

光明乳业：从背景图来看，资产负债率呈现深绿色和黄色（资产负债率高于50%）背景并存的模式，销售现金流存在明显的现金流流出现象（黄色）。从数据图的色块和具体数值来看，资产负债率一直维持在 50% 以上，而且现金流状况经常会出现为负的季节性因素，但年度现金流还算可以。

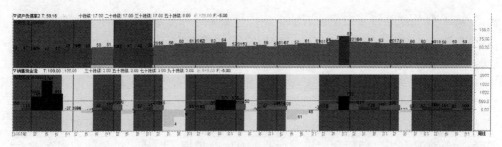

图 7-67

贝因美：从背景图来看，资产负债率呈现深绿色和黄色（资产负债率高于50%）背景并存的模式，销售现金流一栏存在比较明显的现金流流出现象（黄色）。从数据图的色块和具体数值来看，资产负债率逐年提高，从上市后的29%提高到62%。2017年资产负债率还低于50%，2017年明显高于50%。结合扣非净利润近几年的亏损来看，公司不仅亏钱，还存在财务危机。销售现金流波动也有点大。

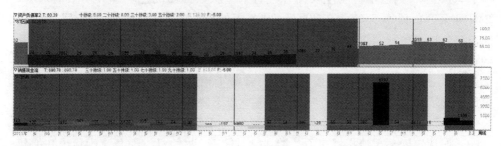

图 7-68

三元股份：从背景图来看，资产负债率呈现深绿色和黄色（资产负债率高于50%）背景并存的模式，销售现金流存在比较明显的现金流流出现象（黄色）。从数据图的色块和具体数值来看，公司资产负债率相对稳定，在上升到50%以上后，用股权融资替换掉了负债，把负债率降低到了30%以下，但2018年资产负债率又上升到了50%以上，结合扣非净利润情况来看，公司还在积极为业务发展投入资金。但是公司产品现金流状况却不是特别明朗。

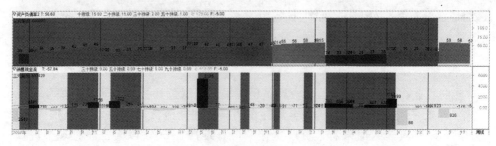

图 7-69

广泽股份：从背景图来看，资产负债率呈现深绿色和黄色（资产负债率高于50%）背景并存的模式，销售现金流存在很多年份的现金流流出现象（黄色）。从数据图的色块和具体数值来看，2007～2012年资产负债率逐年提高，而且企业现金流状况在恶化。但公司在2012年进行了定增和资产重组。用股权融资降低了资产负债率，现金流状况也随着资产重组而得到改善，但是随着后续业务的发展，公司资产负债率又从重组后的20%上升到了现在的57%，且产品销售现金流状况波动加大，说明公司发展又遇到了瓶颈。

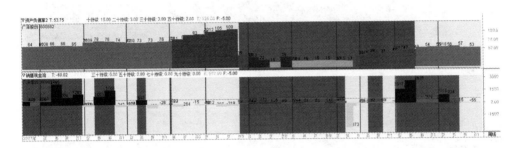

图 7-70

从以上五家企业的资产负债率和销售现金流情况解读企业，其实需要扣非净利润和净资产结合起来。从扣非净利润的持续性、稳定性基本可以得出企业经营的可持续竞争优势怎样。从资产负债率和净资产是否突变可以得出企业为了发展进行了哪些资本运作和采取了怎样的财务政策。从销售现金流的趋势和波动情况，可以明白公司产品在市场中的回款情况，以及行业固有的季节性结算特性。

3. 反映盈利能力的毛利率、净利率、净资产收益率指标

伊利股份：从背景图来看，在2007～2009年的背景模式看出公司存在明显的危机，因为净利率和净资产收益率大幅亏损，2009年后毛利率、净利率和净资产收益率均保持相对一致的背景颜色，毛利率多是深绿色背景，净资产收益率一直保持深绿色背景，而净利率则呈现白色背景，最近几年出现深绿色背景，表明公司产品盈利能力虽然一般，但净资产收益率较高，年化净资产收益率超过15%。从数据图的色块和具体数值来看，毛利率维持在30%左右，净利率从个位数逐年提高，净资产收益率也呈现整体向好的态势。

光明乳业：从背景图来看，过去十年，公司毛利率除了单个季度呈现浅绿色背景，其他时候均呈现深绿色背景，净利率呈现白色和黄色背景并存的模式，而净资产收益率呈现黄色、白色和浅绿色并存的背景模式，表明公司产品盈利能力一般，净资产收益率也不高，甚至出现亏损，但最近几年有所好转。从数据图的色块和具体数值来看，毛利率稳定在30%以上，净利率一直维持在5%以下，净

资产收益率很少年份超过10%，但整体还能盈利，维持在5%～10%。

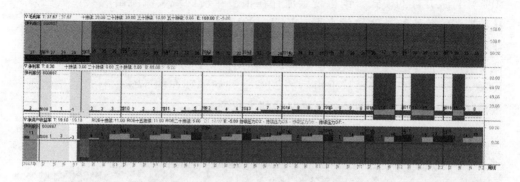

图 7-71

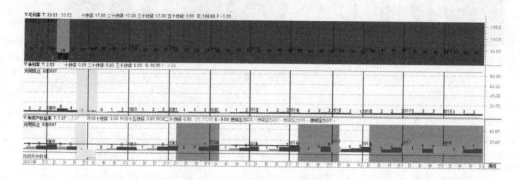

图 7-72

贝因美：从背景图来看，毛利率一直呈现深绿色背景，净利率呈现白色背景和黄色（亏损）背景并存的模式，而净资产收益率呈现深绿色、浅绿色和黄色背景并存的模式，表明公司产品盈利能力一般，且净资产收益率率也不高，尤其是最近几年连续亏损。从数据图的色块和具体数值来看，毛利率较高，乳制品行业前五的公司中毛利率排在第一位，但是净利率在2014年前还可以，2015年后不稳定且经常亏损。净资产收益率2014年前逐步提高，但2014年后连续为负。

三元股份：从背景图来看，毛利率呈现浅绿色和深绿色背景并存的模式，净利率呈现白色和黄色（亏损）背景并存的模式，而净资产收益率呈现浅绿色和黄色背景并存的模式，表明公司产品盈利能力极低，且净资产收益率极低，甚至亏损。从数据图的色块和具体数值来看，毛利率整体不高，但在逐年提升。净利率一直比较低，甚至某些季度还会出现亏损。净资产收益率一直较低，维持在5%以下。

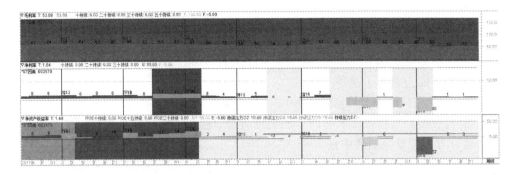

图 7 –73

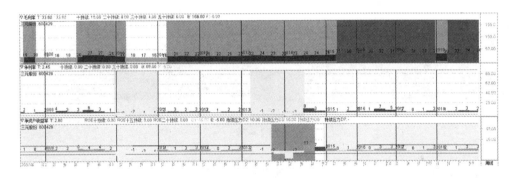

图 7 –74

广泽股份：从背景图来看，毛利率、净利率和净资产收益率均呈现深绿色、浅绿色和黄色（亏损）背景并存的模式，表明公司产品盈利能力波动很大，净资产收益率不稳定，且经常亏损。从数据图的色块和具体数值看，毛利率整体呈现不稳的态势，高的时候可以达到40%，低的时候可以低到个位数。净利率同样不稳，在毛利率在个位数时，会亏损。净资产收益率同样不稳，且经常为负。

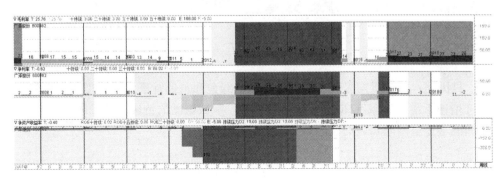

图 7 –75

　　从盈利能力指标来看，乳制品毛利率差别较大，但净利率整体都不高。伊利股份在毛利率30%左右，净利率还能逐步提升到10%多一点。而从净资产收益率来看，伊利股份从2009年后就持续保持在15%以上，而其他乳制品行业前列的企业盈利能力就差了很多。

　　4. 反映成长的净利润增速指标

　　伊利股份：从背景图来看，呈现明显的深绿色和黄色背景并存的模式，黄色（增速下滑）背景主要集中在2008年和2013年，其他年份的深绿色背景持续性还可以，表明企业业绩增速存在一定波动性，但是整体保持增长。从数据图的色块以及具体数值来看，在行业不景气的时候，还是会受较大影响，但危机后，整体能维持20%左右的增长。

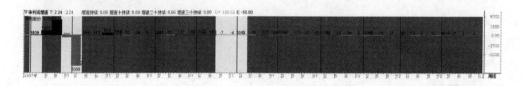

图 7-76

　　光明乳业：从背景图来看，呈现明显的深绿色和黄色背景并存的模式，黄色（增速下滑）背景主要集中在2008年、2015年和2018年，其他年份的深绿色持续性还可以。从数据图的色块以及具体数值来看，净利润增速波动比较大。

图 7-77

　　贝因美：从背景图来看，呈现明显的深绿色和黄色背景并存的模式，而且黄色（增速下滑）背景在2013年后非常明显。从数据图的色块以及具体数值来看，净利润增速呈现成长后的衰退态势。

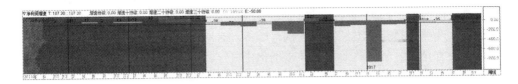

图 7-78

三元股份：从背景图来看，呈现明显的深绿色和黄色（增速下滑）背景并存的模式，表明企业业绩增速不稳定。从数据图的色块以及具体数值来看，净利润增速不稳定。

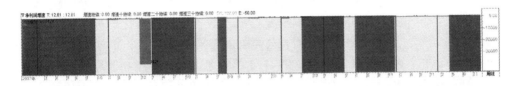

图 7-79

广泽股份：从背景图来看，呈现明显的深绿色和黄色（增速下滑）背景并存的模式，表明企业业绩增速不稳定。从数据图的色块以及具体数值来看，净利润增速不稳定。

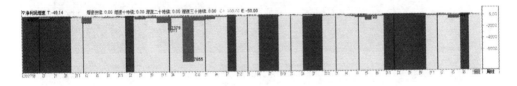

图 7-80

以上是从财务视角，四个方面的八大核心财务指标来考察乳制品行业前五的企业基本面的特性。

综合以上，我们通过比较可以得出，伊利股份的扣非净利润和净资产规模过去十年发生了很大变化，从十年前盈利规模和净资产规模和其他乳制品看不出什么核心竞争优势，但在2007年、2008年三聚氰胺事件导致的行业危机后，伊利股份与其他乳制品同行差距在逐年拉开。而小的乳制品则目前还在苦苦挣扎中寻求发展。

当然，国内乳制品企业已经呈现双雄的格局，伊利、蒙牛乳业。消费品行业发展的最终模式就是双寡头，碳酸饮料领域的可口可乐、百事可乐；快餐领域的肯德基、麦当劳。这种格局一旦形成，会维持很长时间，那么双寡头和其他小的乳制品企业差距是否会继续拉开，拭目以待。有所遗憾的是，蒙牛乳业在港股上市，无法直接在乳制品行业中进一步细化比较。

二、乳制品行业前五企业的股价特性

伊利股份：从背景图、数据图的色块和具体数值来看，过去十年，公司股价的阶段性相对明显，背景图的白色和深绿色背景持续性较强，呈现向上的走势特征，红色块尽管会被打断，但是黑色块不明显。从股价、基本趋势和主流偏见综合来看，伊利股份应该得到重点研究，在 2008 年三聚氰胺事件的时候，公司业绩大幅下滑，而股价更是把 2006～2007 年的牛市涨幅全部跌回，累计跌幅达80%。事实上，公司在 2006～2007 年的净资产收益率只有年化11%，净利润增速也只有20%，所以整个牛市期间，公司股价涨幅只获得一个市场的平均水平。但是，公司在三聚氰胺事件后的 2009 年业绩快速上升，年度扣非净利润创出历史新高，换句话说，对伊利股份来说，三聚氰胺事件使得整个行业的市场经营比以前更好了，伊利股份的龙头优势凸显。股价在 2009～2010 年上涨 5 倍。修复了 2008 年的失地，还创出了历史新高。但是在 2011～2017 年股价也就累计上涨了 10 倍，年化20%多，几乎与年化净资产收益率相等。在 2011～2017 年

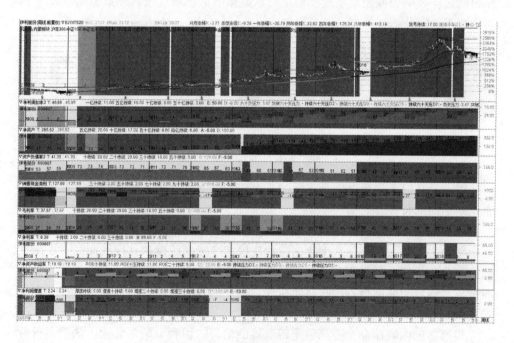

图 7-81

公司股价也呈现螺旋式上升的走势，与股票市场的大环境关系紧密。所以，反推到 2008～2010 年的股价的深 V 走势，也应该考虑到不仅与行业三聚氰胺事件的基本面因素和后续企业的强劲基本趋势相关，同样与整个股票市场的环境有较大的关系。如果抛开股市大环境的影响，股价与基本趋势本身也存在着，类似彼得·林奇的六种企业类型划分的观点，伊利股份在 2008～2010 年就是一个困境反转的股价走势，而在 2011～2017 年就是一个稳定增长类型的股价走势。但是，股市大环境在现实操作中是无法分开的，它必然掺杂其中，而且还是构筑基本面的一个积极因素。伊利股份在 2013 年就借助资本市场环境改善的时候，进行了定增，这不得不考虑股价对基本面的影响情况了，但由于它们本身互相融合，即使分开也是人为的。

光明乳业：从背景图、数据图的色块和具体数值来看，过去十年，公司的股价的阶段性相对复杂些，背景图的白色和深绿色背景交替频次要更加多些，股价也呈现跟随大势的走势特征，红色块经常被打断，黑色块出现得比较明显。从股价、基本趋势和主流偏见综合来看，光明乳业由于没有一个较好的基本趋势，因为公司的净资产收益率维持在 5%～10%，尽管公司净利润增速看似不错，但是净利润的来源还有很大部分来自于并购重组。所以公司不仅 10 年来没有什么涨幅。股价呈现的特征也是随大流，跟随大盘的走势居多。

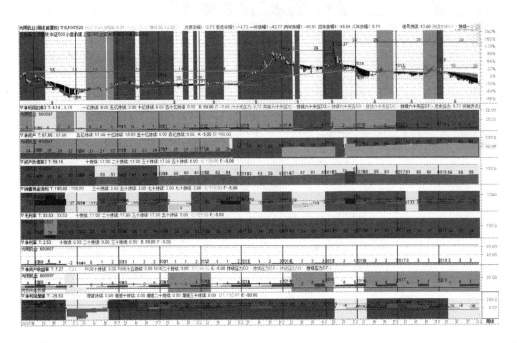

图 7－82

贝因美：从背景图、数据图的色块和具体数值来看，过去十年，公司的股价的阶段性相对复杂些，背景图的白色和深绿色背景交替频次要更加多些，红色块比较少见，黑色块经常出现，且持续时间很长。从股价、基本趋势和主流偏见综合来看，贝因美的股价在随大流的同时，还表现得特别弱势，尤其是在2015年之后，因为公司在2015年开始便连续亏损，而不仅仅是净利润增速为负了。连续的亏损会导致企业价值缩水。从企业的经营情况来看，还没有扭转的势头，并且还在继续恶化，处于连续亏损之中，资产负债率在升高，毛利率再刷新低。所以，公司股价在2015年后，哪怕大势有所好转，股价也是轻微反弹，而大势不好的时候，股价跌得更多。整个公司股价创出了历史新低。

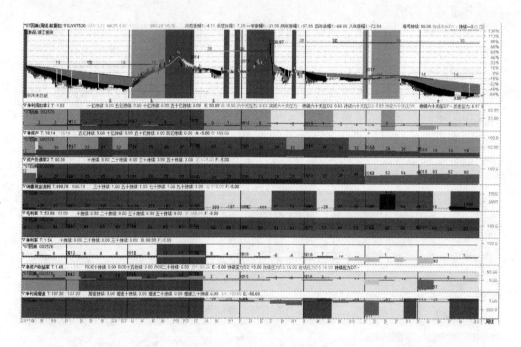

图 7 - 83

三元股份：从背景图、数据图的色块和具体数值来看，过去十年，公司的股价的阶段性相对复杂些，背景图的白色和深绿色背景交替频次要更加多些，红色块和黑色块频繁交替出现，股价的趋势性不明显。从股价、基本趋势和主流偏见综合来看，三元股份的基本趋势和股价走势结合了光明乳业和贝因美的特征。光明乳业由于10年年化净资产收益率5%～10%，而贝因美在2015年后经常亏损。三元股份的年化净资产收益率在−5%～3%。三家公司的净利润增速均呈现明显的波动性。光明乳业十年下来股价还能累计获得微弱的正增长，而贝因美就是直接负增长，三元股份就是基本持平。但是，股价走势还是有一定的波动，比如牛市的时候，会涨1倍不到，但不可持续；股市行情不好的时候也会跌50%不到，但也不会太多，毕竟没有涨多少，说明市场预期本身不高，那么也不会太失望，叠加企业还能微微盈利，所以长期来看，跌也有一定幅度。

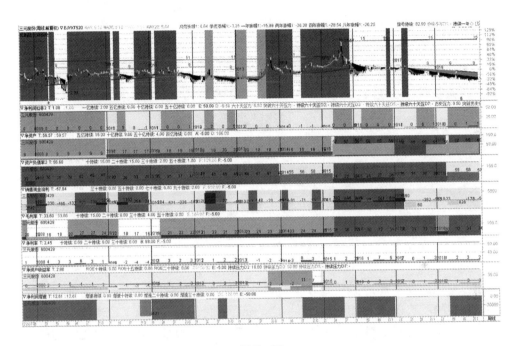

图7－84

广泽股份：从背景图、数据图的色块和具体数值来看，过去十年，公司的股价的阶段性相对复杂些，背景图的白色和深绿色背景交替频次要更加多些，红色块和黑色块交替出现，股价的趋势性不明显。从股价、基本趋势和主流偏见综合来看，广泽股份中间进行了重组，重组之前亏损累累，股价也是大幅波动，重组之后由于企业的基本趋势不够强劲，股价还是随大流。

通过对乳制品行业前五企业的股价特性分析，如果企业没有一个强劲的基本趋势，那么即使在牛市的时候上涨，牛市结束后，股价也会打回原形。如果企业拥有一个强劲的基本趋势，从长期来说股价会获得一个价值提升的相应走势，尽管幅度和时间不会一致，但情况也不会太差。从以上的分析还可以得到，将股市本身的运行特征和企业基本趋势分开来理解，是可以较好地帮助我们选股和择时的。但是，仍然无法就幅度和空间提前定量预测，也只能从大致的方向上进行判断。毕竟，决定短期股价走势的是市场预期和当时的金融市场环境，它与企业财

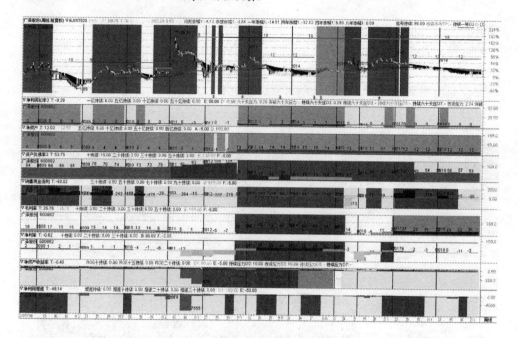

图 7-85

务指标呈现的基本趋势本质存在不一致性。一个是预期，一个是当前现实的反映。现实的反映还不是现实的全部，这是显而易见的，而未来又取决于当前的市场预期和真实的基本趋势，换句话说，我们努力理解现状，但又始终无法理解现状的真实面貌。每个人理解的现状是怎样的，我们都在根据自身不完备的理解参与到现实中，并一起构筑未来的面貌。

　　但是，如果已经呈现出明显基本趋势的企业，那么市场可以给予一个相对稳定的预期，结果呈现的股价走势就会如同 2011～2017 年伊利股份那样的走势，这是典型的巴菲特价值投资的逻辑体现。如果没有一个强劲的基本趋势，那么一方面市场预期会呈现波动性，股价走势也就随大流，另一方面企业的经营决策者也在利用资本市场的机会对经营主体进行改造。比如光明乳业、三元股份和广泽股份。这种利用资本市场的时机来进行改造会存在比较明显的反身性，只是这两个案例在并购重组之后企业的基本趋势依然表现不够强劲，没有引起进一步的正反馈。

　　事实上，就伊利股份而言，也没有一个绝对稳定的基本趋势，从财务指标反映的基本趋势也存在一定的波动性。所以，所谓的稳定也是相对而言，而不稳定性则是必然的。既然不稳定性是一种必然，那么对单个季度甚至某个年份的财务指标反馈出来的基本趋势就不能太较真，而应该从行业视角和历史序列整体视角来看待财务指标所反映出来的基本趋势。另外，我们最想要的还是对股价走势的把握，股价走势天然存在着周期性特征，而不论基本趋势如何强劲。但是这种周期性不是固定的时间周期，而是依据整个股市环境和企业的主流偏见。

所以，这就引导我们进行优中择优的选择和保守的时间选择。对于投资标的，优中选优；对于投资时机，则要在主流偏见刚开始青睐的时候，而尽量不去选择上涨的末期。优中选优，优又如何界定，上涨阶段的前中后期又如何界定，这是一个技术性问题，下面的环节将逐步展开说明。

第四节 服装行业特性分析

一、服装行业基本面特性分析

服装行业中有 55 家上市企业，截至目前，按照流通市值排序，海澜之家排在第一位：394. 46 亿元；排在第二位的是雅戈尔：281. 14 亿元；第三位的是森马服饰：167. 89 亿元；第四位的是际华集团：157. 98 亿元；第五位的是跨境通：128. 30 亿元。截至目前，服装行业中没有一家企业市值突破 1000 亿元。最大的海澜之家的市值也只有 500 亿元不到，但是服装行业上市公司却高达 55 家，粗略可以得知这个行业呈现小而散的格局，至少说明 A 股服装行业企业处于充分竞争状态。这些前五的服装行业上市公司，它们的行业地位、抗风险能力、盈利能力和成长前景从财务角度看，我们又能看出什么呢。下面从这四个方面的财务角度来一一查看。

表 7－4

服饰（55）	涨幅（%）	现价	量比	涨速（%）	流通市值↓（亿元）
1. 海澜之家	3. 78	8. 78	1. 99	－ 0. 22	394. 46
2. 雅戈尔	0. 51	7. 85	0. 94	0. 13	281. 14
3. 森马服饰	－ 0. 33	9. 13	0. 72	0. 11	167. 89
4. 际华集团	0. 84	3. 62	0. 64	0. 28	158. 98
5. 跨境通	－ 0. 08	12. 67	0. 81	0. 32	128. 30
6. 老凤祥	0. 00	38. 80	0. 94	0. 03	123. 04
7. 红豆股份	3. 20	4. 19	1. 11	0. 48	104. 60

服饰（56）	涨幅（%）	现价	量比	涨速（%）	流通市值↓（亿元）
8. 九牧王	0.08	13.08	0.56	0.15	75.16
9. 美邦服饰	0.00	2.56	0.55	0.00	64.32
10. 东方金钰	−1.11	5.36	0.61	−0.18	56.65
11. 歌力思	1.14	16.80	0.70	0.18	55.42
12. 希努尔	−0.52	9.57	0.45	0.10	52.06
13. 七匹狼	−0.44	6.78	0.38	0.00	51.22
14. 周大生	1.64	31.07	1.66	0.06	50.67
15. 搜于特	0.00	2.56	0.59	0.00	50.03
16. 摩登大道	2.47	10.36	1.36	−0.47	48.87
17. 美盛文化	0.65	6.17	0.72	0.49	48.78
18. 贵人鸟	0.41	7.43	0.85	0.00	46.71
19. 伟星股份	0.27	7.34	1.62	0.14	46.23
20. 潮宏基	1.42	5.00	0.93	0.00	43.91
21. 红蜻蜓	−0.40	7.43	1.03	0.13	42.81
22. 奥康国际	0.09	10.65	0.47	0.00	42.70
23. 太平鸟	−0.16	18.27	0.78	0.22	36.63
24. 报喜鸟	1.92	3.19	1.34	0.31	35.22
25. 金一文化	0.95	6.36	0.64	0.00	34.64
26. 瑞贝卡	1.00	3.02	1.00	0.33	34.19
27. 嘉麟杰	6.49	4.10	2.58	0.49	33.59
28. 柏堡龙	−1.64	16.15	0.24	0.00	33.22
29. 明牌珠宝	0.96	5.27	0.67	0.19	27.83
30. 比音勒芬	3.73	32.80	1.21	−0.45	25.91

1. 反映规模的扣非净利润和净资产指标

海澜之家：从背景图来看，公司 2014 年借壳上市后，扣非净利润和净资产均呈现深绿色背景，表明企业能实现连续盈利，规模相对较大。从数据图的色块和具体数值来看，2014 年扣非净利润 22 亿元，2017 年扣非净利润增长到 33 亿元。2014 年的净资产是 71 亿元，2017 年是 112 亿元。

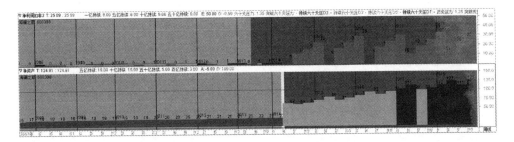

图 7 - 86

雅戈尔：从背景图来看，过去十年，扣非净利润除了个别季度出现黄色（亏损）背景外，其他时候均呈现深绿色背景，黄色背景出现在 2017 年底表明当年亏损，净资产一直呈现深绿色背景，存在几处突变信号，表明业绩存在一定波动，但是整体盈利增长，规模相对较大。从数据图的色块和具体数值来看，2007 ~ 2017 年扣非净利润从 7.78 亿元增长到 22 亿元，净资产则从 2007 年的 116 亿元增长到 2017 年的 244 亿元。从市值排名可以得知海澜之家是雅戈尔市值的两倍，扣非净利润也不过比雅戈尔多 50%，但雅戈尔的净资产却是海澜之家的两倍。从后面的盈利能力和净利润增速可以明白其中的差异。

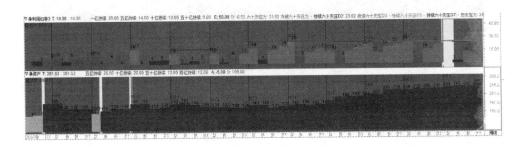

图 7 - 87

森马服饰：从背景图来看，公司 2011 年上市后，扣非净利润和净资产均呈现深绿色背景，表明企业能实现连续盈利，规模相对较大。从数据图的色块和具体数值来看，2011 ~ 2017 年扣非净利润从 12 亿元下滑到 10 亿元，净资产则从 2011 年的 77.58 亿元增长到 2017 年的 101 亿元。

际华集团：从背景图来看，公司 2010 年上市后，扣非净利润呈现浅绿色、深绿色和黄色背景并存的模式，净资产一直呈现深绿色背景，净资产存在突变信号，表明企业盈利不稳定，尤其是 2018 年还出现亏损，企业有通过定增实现增长的可能，但似乎成效还不明显。从数据图的色块和具体数值来看，2010～2017年扣非净利润从盈利 4 亿元到亏损 2.91 亿元，净资产则从 2010 年的 87 亿元增长到到 2017 年的 190 亿元。从净资产图可以看出，净资产在 2017 年 7 月有一个突变，这种突变通常表明企业进行了定增。翻开上市公司资本运作公告，可以得知 2017 年募集了资金投资在际华园项目。而不是投资在服装项目，这是一个值得进一步考察的点。

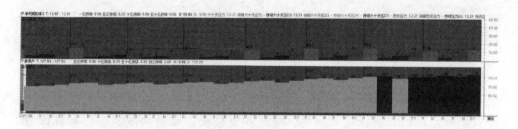

图 7 - 88

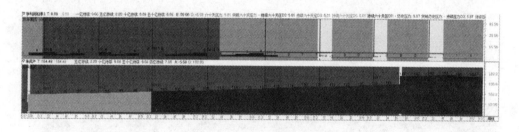

图 7 - 89

跨境通：从背景图来看，公司 2011 年上市后，扣非净利润和净资产均呈现浅绿色和深绿色并存的背景模式，净资产存在多处突变信号，表明企业能实现连续盈利，规模相对较小，企业有通过定增实现快速增长的可能。从数据图的色块和具体数值来看，2011～2017 年扣非净利润从 0.61 亿元增长到 7 亿元，净资产则从 2011 年的 6 亿元增长到 2017 年的 49 亿元。从净资产图可以看出，净资产在 2014 年、2016 年、2018 年存在三处突变，这种突变表明企业进行了定增。翻开上市公司资本运作公告，可以得知公司募集资金是偿还银行债务，补充流动资金，以及进行了跨境出口电商平台扩建。从扣非净利润的增长来看，公司主业效果还算理想，具体盈利能力多强，得看接下来的盈利能力指标。

募集资金来源 | 项目进度

○ **募集资金来源**

公告日期	发行类别	实际募集资金净额(万元)	发行起始日	证券名称	证券类别
2017-04-26	增发新股	431,663.01	2017-04-18	际华集团	A股
2010-07-23	首发新股	391,378.17	2010-08-05	际华集团	A股

○ **项目进度**

项目名称	截止日期↓	计划投资(万元)	已投入募集资金(万元)	建设期(年)	收益率(税后)	投资回收期(年)
际华园扬中项目	2018-05-21	80,000.00	36,689.28	—	—	—
际华园西安项目	2018-05-21	80,000.00	27,345.98	—	—	—
际华园咸宁项目	2018-05-21	80,000.00	19,124.51	—	—	—
际华园清远项目	2018-05-21	80,000.00	25,995.70	—	—	—
重庆际华园目的地中心项目一期二阶段	2018-05-21	45,000.00	2,550.13	—	—	—
际华园·长春目的地中心一期项目二阶段	2018-05-21	45,000.00	2,033.29	—	—	—
际华集团终端市场网络建设项目	2017-05-27	30,000.00	—	—	—	—
研发机构功能建设项目完善各专业研究院功能建设项目	2015-08-12	7,000.00	2,740.84	—	—	—
军警职业鞋靴建设项目军警靴、职业靴靴技术装备升级扩建改造项目	2015-04-28	5,326.93	5,326.93	—	—	—
军警职业装建设项目高档针织面料及制品扩建改造项目	2015-04-28	4,429.32	4,429.32	—	—	—

图 7 – 90

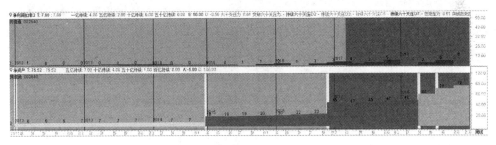

图 7 – 91

2. 反映风险的资产负债率和销售现金流指标

海澜之家：从背景图来看，资产负债率呈现深绿色和黄色（资产负债率高于50%）并存的背景模式，销售现金流存在某些季度的现金流流出现象（黄色），借壳之后，资产负债率较高，现金流回笼比较顺畅。从数据图的色块和具体数值来看，借壳上市之初，资产负债率高达65%，随着利润的增长，公司资产负债率在逐步下降，截至目前资产负债率回落到55%，但还是有点高，可能跟经营特性有关。现金流状况整体良好。

募集资金来源 | 项目进度

○ 募集资金来源

公告日期	发行类别	实际募集资金净额(万元)	发行起始日	证券名称	证券类别
2018-04-25	增发(配套募集)	63,549.10	2018-04-17	跨境通	A股
2018-01-24	增发新股	116,350.00	2018-01-05	跨境通	A股
2016-09-14	增发新股	204,286.76	2016-08-26	跨境通	A股
2014-11-10	增发新股	97,200.00	2014-10-31	百圆裤业	A股
2014-11-10	增发(配套募集)	14,400.00	2014-10-29	百圆裤业	A股
2011-11-17	首发新股	40,165.96	2011-11-30	百圆裤业	A股

○ 项目进度

项目名称	截止日期↓	计划投资(万元)	已投入募集资金(万元)	建设期(年)	收益率(税后)	投资回收期(年)
跨境进口电商平台建设项目	2018-08-28	157,786.02	79,058.79	2.00	28.83%	7.32
跨境出口B2B电商平台建设项目	2018-08-28	77,711.78	40,024.00	—	—	—
跨境电商仓储及配套运输建设项目	2018-08-28	34,025.19	1,921.98	—	—	—
跨境电商仓储及配套运输建设项目(新)	2018-08-28	28,505.91	18,375.67	—	—	—
支付本次交易的现金对价	2018-04-25	179,000.00	—	—	—	—
购买优壹电商100%股权	2018-01-24	179,000.00	—	—	—	—
永久补充流动资金	2017-08-21	550.39	550.39	—	—	—
发行股份购买资产	2017-03-17	14,400.00	13,849.61	—	—	—
补充环球易购运营资金	2017-03-17	6,500.00	6,500.00	—	—	—
支付本次交易中的现金对价	2017-03-17	6,000.00	6,000.00	—	—	—

图 7 - 92

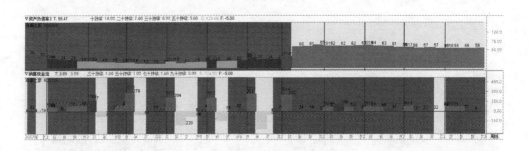

图 7 - 93

　　雅戈尔：从背景图来看，资产负债率一直呈现黄色（资产负债率高于50%）
背景，销售现金流存在明显的现金流流出现象（黄色）。从数据图的色块和具体
数值来看，资产负债一直维持高位，存在某些年份以及季度现金流回笼不顺畅
现象。

　　森马服饰：从背景图来看，资产负债率一直呈现深绿色背景，销售现金流存
在现金流流出现象（黄色）。从数据图的色块和具体数值来看，资产负债率在服
装行业前五的企业中处于较低的位置。但近年来资产负债率有所提高，不过即使
提高了，整体负债率依然处于25%的较低位置。现金流状况的时好时坏，表明
公司产品销售资金回笼不稳定。

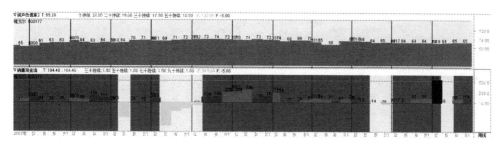

图 7 - 94

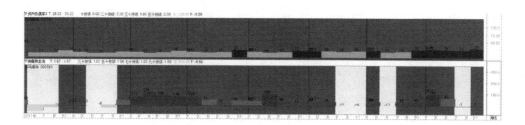

图 7 - 95

际华集团：从背景图来看，资产负债率一直呈现深绿色背景，销售现金流存在明显的现金流流出现象（黄色）。从数据图的色块和具体数值来看，资产负债率一直稳定在一个相对中低位40%左右。但是产品销售现金流状况就比较糟糕。

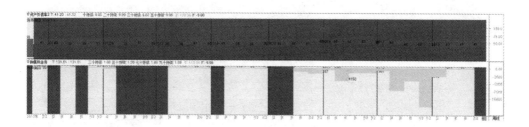

图 7 - 96

跨境通：从背景图来看，资产负债率一直呈现深绿色背景，销售现金流存在明显的现金流流出现象（黄色）。从数据图的色块和具体数值来看，资产负债率维持在相对中低位区间，近年来有逐步提高态势。但是公司销售现金流回笼状况不太理想。

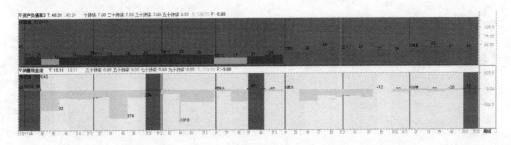

图 7 – 97

从以上五家企业的资产负债率和销售现金流情况来解读企业，其实需要扣非净利润和净资产结合。从扣非净利润的持续性、稳定性基本可以得出企业经营的可持续竞争优势怎样。从资产负债率和净资产是否突变可以得出企业为了发展进行了哪些资本运作和采取了怎样的财务政策。从销售现金流的趋势和波动情况，可以明白公司产品在市场的回款情况甚至结算特性。

3. 反映盈利能力的毛利率、净利率、净资产收益率指标

海澜之家：从背景图来看，借壳上市后，毛利率、净利率和净资产收益率均呈现深绿色背景，表明公司产品盈利能力较强，年化净资产收益率超过15%。从数据图的色块和具体数值来看，毛利率维持在40%左右，净利率维持在20%左右，净资产收益率维持在30%左右。海澜之家的盈利能力各项指标均体现了持续稳定性。

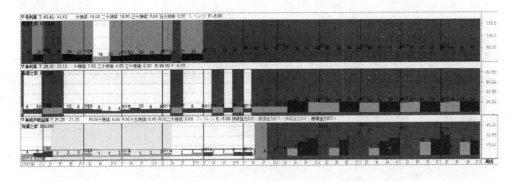

图 7 – 98

雅戈尔：从背景图来看，过去十年，毛利率除了个别季度呈现浅绿色背景，其他时候均呈现深绿色背景，净利率除了个别季度呈现白色背景，其他时候均呈现深绿色背景，净资产收益率呈现深绿色、浅绿色和白色背景并存的模式，表明

公司产品盈利能力较强，净资产收益率不稳定，但年化净资产收益率依然可以超过10%。从数据图的色块和具体数值来看，公司毛利率和净利率净资产收益率波动幅度均有点大。但净资产收益率均保持在了10%以上，好的时候甚至达到20%。

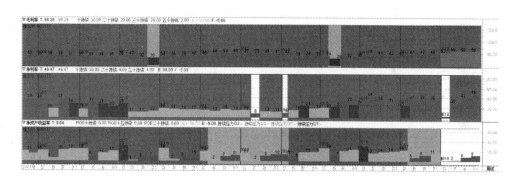

图7-99

森马服饰：从背景图来看，上市后毛利率一直呈现深绿色背景，净利率除了个别季度呈现白色背景，其他时候均呈现深绿色背景，净资产收益率呈现深绿色、浅绿色并存的模式，表明公司产品盈利能力较强，净资产收益率有所波动，但年化净资产收益率超过10%。从数据图的色块和具体数值来看，毛利率保持在37%左右，净利率保持在13%左右，净资产收益率有所波动，但整体波动幅度不大，平均每年在13%左右。

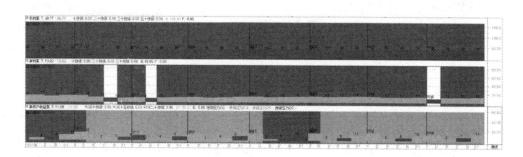

图7-100

际华集团：从背景图来看，上市后毛利率和净利率一直呈现白色背景，净资产收益率呈现浅绿色、白色和黄色并存的模式，表明公司产品盈利能力很低，且不稳定，年化净资产收益率不超过10%。从数据图的色块和具体数值来看，毛利率只有个位数，8% 左右，净利率只有 4% 左右，净资产收益率均在 10% 以下，2017 年甚至低于 5%。

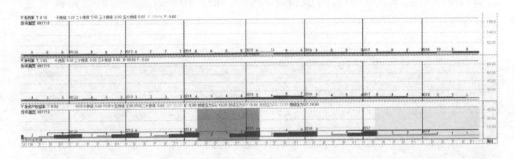

图 7-101

跨境通：从背景图来看，上市后毛利率一直呈现深绿色背景，净利率呈现深绿色和白色背景并存的模式，净资产收益率呈现黄色、白色、浅绿色和深绿色并存的模式，表明公司产品盈利能力一般，净资产收益率很不稳定，但近几年明显提升。从数据图的色块和具体数值来看，毛利率在 50% 左右，净利率在 2014 年后只有个位数，净资产收益率波动幅度比较大，但近几年有逐步抬高的趋势。

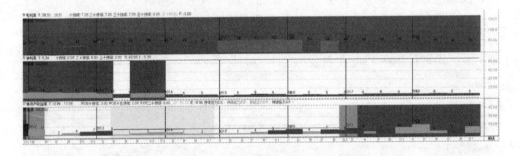

图 7-102

4. 反映成长的净利润增速指标

海澜之家：从背景图来看，呈现明显的深绿色和黄色（增速下滑）背景并存的模式，但是借壳上市后，一直呈现深绿色背景，表明企业业绩持续增长。从数据图的色块以及具体数值来看，上市之后的第一年的高增长是由于会计处理结果，毕竟 2010 年还不是海澜之家真正的财务报表，从 2012 年后来看，公司业绩整体是增长的，但是增速有下滑态势，2018 年初有抬头苗头，但是加速不明显，后续有待观察。不过，整体为正的增长趋势没有改变。

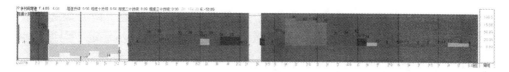

图 7 – 103

雅戈尔：从背景图来看，呈现明显的深绿色和黄色背景并存的模式，表明业绩增速波动较大。从数据图的色块以及具体数值来看，业绩增长整体呈现乱的形态，有些年份高增长，有些年份增速下滑，有些季度又高增长，有些季度又下滑。

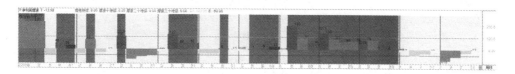

图 7 – 104

森马服饰：从背景图来看，呈现明显的深绿色和黄色（增速下滑）背景并存的模式，但是深绿色背景的持续性还可以，表明尽管业绩增速不稳定，但是整体增长。从数据图的色块以及具体数值来看，业绩增长整体呈现周期性，某些年份会下滑，但是存在连续几年持续的增长走势。

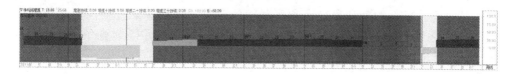

图 7 – 105

际华集团：从背景图来看，呈现明显的深绿色和黄色（增速下滑）背景并存的模式，近几年黄色背景经常出现，表明业绩增速不稳定，近几年增速下滑明显。从数据图的色块以及具体数值来看，业绩增长态势跟雅戈尔有点类似。

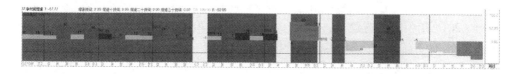

图 7 – 106

跨境通：从背景图来看，呈现明显的深绿色和黄色（增速下滑）背景并存的模式，但是近几年一直出现深绿色背景，表明企业业绩增速不稳定，但近几年持续增长。从数据图的色块以及具体数值来看，2012～2014年增速下滑明显，但在2015年后业绩高速增长。回顾扣非净利润和净资产的分析，可以知道，这种高速增长是高投入带来的。再结合盈利能力指标可以知道企业盈利能力并不强，但随着投入的加大，盈利在逐步改善。

图 7-107

以上是从财务视角，八个核心财务指标，四个方面来考察服装行业前五的企业基本面的特性。

综合以上，我们通过比较可以得出，A股上市服装行业整体处于充分竞争的市场格局，龙头企业海澜之家盈利能力突出，但是业绩增速比较低。森马服饰的规模不大，但是盈利能力和业绩增速相对其他三家服装企业呈现了一定稳的态势，而业绩增速有一定周期特性。跨境通处于加速投入发展期，盈利能力在提升，但从现金流状况来看盈利质量存在疑点。际华集团根本就不像是服装行业的企业，极低的毛利率、净利率和净资产收益率，募集资金投资际华园，这是个什么项目呢。整体而言，服装企业龙头公司的可持续竞争优势还不突出。

二、服装行业前五企业的股价特性

海澜之家：从背景图、数据图的色块和具体数值来看，借壳上市后，公司的股价的阶段性相对明显，背景图的白色和深绿色背景持续性较强，存在比较明显的红色块。从股价、基本趋势和主流偏见综合来看，由于公司2014年才借壳上市，2014～2018年公司业绩一直处于良性循环之中，且公司的净资产收益率高达30%，净利润增速也持续为正。但是公司的股价跟随大势依然比较明显，在2014～2015年牛市的背景下，股价一路走高，在2016～2017年处于高位震荡的走势。在2017年底和2018年初股价出现一波上涨，当然事后得知和腾讯入股有关系，所以这一事件过后，由于业绩依然保持低速增长，以及受2018年股市大环境不利的影响，在随后时间里股价又跌回2016年底部位置。

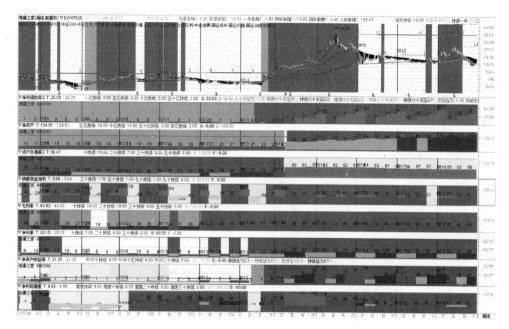

图 7 - 108

雅戈尔：从背景图、数据图的色块和具体数值来看，过去十年，公司的股价的阶段性相对复杂些，背景图的白色和深绿色背景交替频次要更加多些，红色块不太明显，且经常被打断。从股价、基本趋势和主流偏见综合来看，按理说公司的业绩不算太差，十年平均净资产收益率能够维持在15%左右，但是股价在2007年的确涨的太多了，所以2008年大幅回落，下跌超过90%。再叠加2008～2013年业绩持续波动性特征，所以股价呈现明显的随大流特征，而在交易系统上经常超越信号线，导致频繁发出买卖信号。但是在2014年至2016年上半年，公司业绩呈现加速态势。但也难说公司的股价是由业绩加速引起的，还是受2014～2015年牛市氛围的影响。毕竟在2015年股灾后，业绩继续加速而股价接近腰斩。在2017年至今的阶段，由于净利润增速下滑，盈利能力下降，以及股市环境不利，股价自然也是一路下跌。

森马服饰：从背景图、数据图的色块和具体数值来看，上市后，公司的股价的阶段性相对明显，背景图的白色和深绿色背景持续较强，但是红色块还不够明显，且存在比较明显的黑色块。从股价、基本趋势和主流偏见综合来看，森马服饰的股价随大流的特征非常明显，大起大落，大的波段几乎与大势同步。只是在2017年和2018年上半年有所差异。2017年市场呈现持续上涨的走势，而公司股价却在此期间下跌。究其原因可以归结为2017年公司业绩下滑，而在2018年

· 99 ·

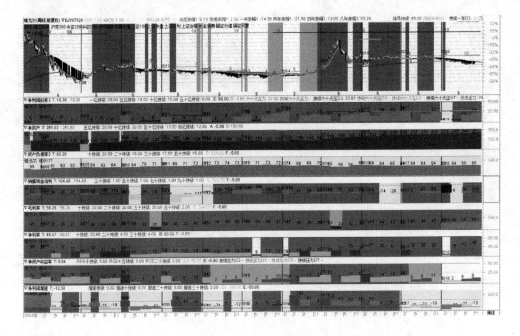

图 7 – 109

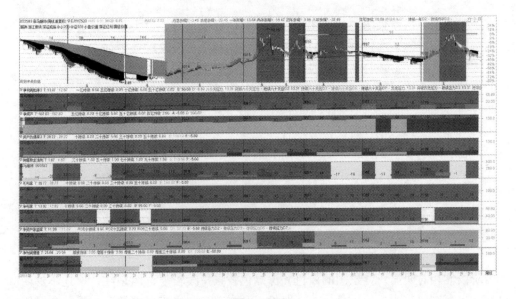

图 7 – 110

上半年公司业绩又恢复较快的增长，所以达到一个纠偏的效果。纠偏完成后，则继续跟随大势走低。看似合理解释了股价、市场环境和基本趋势三者之间的关系。但归根结底，是没有一个明显的基本趋势和良好的市场环境配合，所以股价走的波浪曲折。

际华集团：从背景图、数据图的色块和具体数值来看，上市后，公司的股价的阶段性相对明显，背景图的白色和深绿色背景持续性较强，存在一个明显的红色块，其他时候都是黑色块。从股价、基本趋势和主流偏见综合来看，如果说海澜之家、雅戈尔和森马服饰在随大流的同时还有一定的业绩支撑，那么际华集团的股价就表现出另一番特色了。由于公司业绩一直平平，在 2010 年上市至 2018 年过程中没有一年的净资产收益率超过 10%，只有 2014 年的净资产收益率接近 10%，达到 9.8%。而在 2010~2016 年净资产收益率均处于 5%~10%，2017 年更是下滑到 4%。另外，公司业绩的波动性特征非常明显，毛利率和净利率也极低。但是公司股价在 2004~2014 年呈现一波波澜壮阔的行情。可以去找原因，国企改革概念叠加牛市氛围。但是这不是我们的重点，我们的重点是业绩不稳定，盈利能力不强，是股价长期运行的基石。所以股灾来临的时候，公司股价先是腰斩，然后在 2017 年市场行情稍好的时候，股价也只是止跌，在 2018 年股市环境不利叠加业绩下滑的情况下，股价继续下挫。

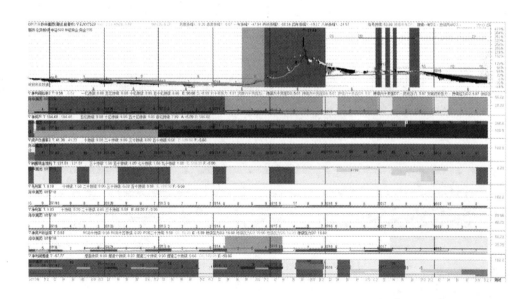

图 7-111

跨境通：从背景图、数据图的色块和具体数值来看，上市后，公司的股价的阶段性相对明显，背景图的白色和深绿色背景持续性较强，存在非常明显的红色块。从股价、基本趋势和主流偏见综合来看，拿际华集团和跨境通做比较，可以很好地理解市场动态的特征。事实上，2015 年股灾前际华集团和跨境通的股价特征和基本趋势都比较接近。但跨境通在 2014 年底做了定增，定增后公司业绩大增，同时盈利能力也得到一定的提升。不仅如此，公司在 2016 年继续进行了定增，公司业绩和盈利能力继续提升，公司的股价在股灾后，一批内部人士应该早就预期到公司后续还有进一步的并购动作，所以股灾后股价继续保持强劲。但是 2018 年继续定增，而股价最终还是跟随大势下挫，这点就需要索罗斯的盛衰循环理念来理解了，事实上只要是定增导致业绩大增，盈利能力改善，同时叠加股价对其正面反映的，后续也大多会是这样的走势。两个方面，一方面企业的后续并购对基本趋势的带动作用必然减少，因为体量逐渐加大，而只有更大的并购才能继续保持那样的高速增长，同时公司的内生盈利能力只有 15.4%，业绩增速达到 60%，60% 的业绩增长无论如何也是不可持续的；另一方面，并购后定增解禁的压力往后越来越大，叠加股市环境不利，股价也必然下跌。所以，尽管 2018 年业绩继续保持高速增长，盈利能力继续改善，但是由于基本趋势正处于其高速放缓的拐点和股市环境不利，所以股价依然下跌。最终后续的演化路径还有可能是，股价下跌，导致进一步的并购可能放缓，因为股价下跌已经导致前一批参与定增的投资者亏损，进一步的定增难度加大，而前期基本趋势的加速很重要的原因是定增的持续，一旦定增放缓或者停滞，那么基本趋势放缓甚至停滞

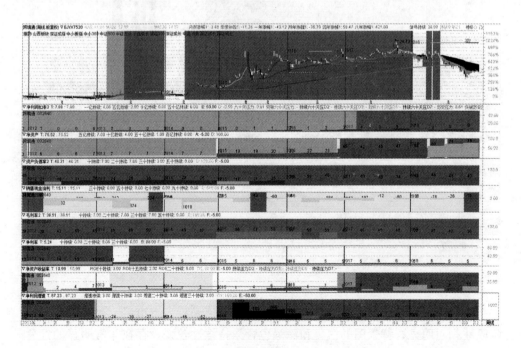

图 7 – 112

也会成为可能，到时候股价和基本趋势双向下跌，如果没有下一轮牛市的带动，估计就是这样的演化过程。

而际华集团则是在牛市中利用概念被市场人士爆炒，并没有进行一轮又一轮的定增增强基本趋势，所以潮水退去，际华集团的股价自然快速跌回原点。跨境通则是上演了一轮典型的盛衰循环模式。

第五节　化学制药行业特性分析

一、化学制药行业基本面特性分析

化学制药行业有 88 家上市企业，截至目前，按照流通市值排序，恒瑞医药排在第一位：2375.87 亿元；排在第二位的是复星医药：585.36 亿元；第三位的是华东医药：536.50 亿元；第四位的是信立泰：316.73 亿元；第五位的是新和成：286.57 亿元。截至目前，化学制药行业中突破 1000 亿元只有恒瑞医药一家。500 亿~1000 亿元的有两家，分别是复星医药和华东医药。化学制药行业上市公司高达 88 家，粗略可以得知这个行业呈现散的格局。那么，这些前五的化学制药行业上市公司，它们的行业地位（规模）、抗风险能力、盈利能力和成长前景从财务角度，我们又能得出什么呢。下面就从这四个方面的财务角度来一一查看。

表 7-5

化学制药（88）	涨幅（%）	现价	量比	涨速（%）	流通市值↓（亿元）
1. 恒瑞医药	-3.50	64.88	1.74	-0.10	2375.87
2. 复星医药	-6.73	30.65	2.89	0.36	585.36
3. 华东医药	-3.45	41.20	1.85	-0.33	536.50
4. 信立泰	-1.01	30.28	0.84	0.03	316.73
5. 新和成	-2.24	15.71	0.77	-0.12	286.57
6. 科伦药业	-5.26	26.30	3.22	0.19	270.88
7. 华海药业	-6.86	19.41	1.40	-0.14	239.20
8. 海普瑞	-1.53	16.76	0.81	-0.23	209.03
9. 健康元	-4.51	10.59	1.73	-0.37	166.49
10. 人福医药	-2.91	12.01	0.64	-0.24	154.45

化学制药（88）	涨幅（%）	现价	量比	涨速（%）	流通市值↓（亿元）
11. 华润双鹤	−3.61	17.37	2.03	−1.13	143.00
12. 恩华药业	−3.96	15.99	1.40	−0.67	141.42
13. 浙江医药	−3.10	11.26	0.70	0.00	106.59
14. 海正药业	−1.89	10.93	1.24	0.00	105.53
15. 誉衡药业	9.29	4.59	2.32	1.10	99.47
16. 亿帆医药	−0.59	13.44	0.73	−0.36	95.10
17. 哈药股份	−0.79	3.79	0.96	0.00	94.47
18. 德展健康	0.12	8.05	3.56	2.03	86.99
19. 华邦健康	−1.76	5.01	1.24	0.60	86.56
20. 必康股份	—	—	0.00	—	83.14
21. 冠福股份	—	—	0.00	—	80.06
22. 普洛药业	−3.14	6.78	1.70	0.30	77.75
23. 海翔药业	−0.84	4.75	0.66	−0.20	75.61
24. 药明康德	−4.60	71.9	1.28	−0.14	74.93
25. XD 华北制	−3.02	14.49	0.74	0.00	73.22
26. 海南海药	−5.45	6.25	0.78	−0.15	68.95
27. 安迪苏	−1.35	11.72	0.57	−0.25	67.34
28. 贝达药业	−9.11	39.00	3.19	0.00	66.18
29. 健友股份	−2.37	22.68	0.77	0.00	64.55
30. 翰宇药业	−9.96	11.39	2.34	0.00	62.19

1. 反映规模的扣非净利润和净资产指标

恒瑞医药：从背景图来看，过去十年，扣非净利润和净资产均呈现浅绿色和深绿色并存的背景模式，表明企业能实现连续盈利，且规模逐渐扩大。从数据图的色块和具体数值来看，2007～2017年，扣非净利润从4.1亿元增长到30.01亿元，扣非净利润在2012年突破10亿元，净资产则从2007年的16.33亿元增长到2017年的159.43亿元，净资产在2012年突破50亿元，在2016年突破100亿元。从净资产图可以看出，净资产不存在突变，这种情况通常表明企业的成长模式是纯内生增长的，不需要依靠股权再融资，而是通过盈利再投资。当然，也要结合下面的资产负债率情况一起来看，如果资产负债率还保持不变或降低，那么就基本确定了盈利再投资这条成长路线，如果资产负债率提高，那么说明还利用了贷款或占用上下游资源来获得成长。

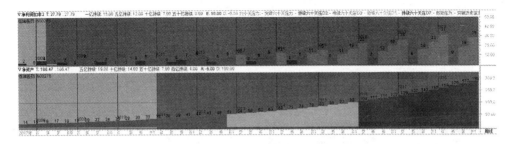

图 7 - 113

复星医药：从背景图来看，过去十年，扣非净利润呈现浅绿色和深绿色背景并存的模式，净资产则一直呈现深绿色背景，净资产存在两处突变信号，表明企业能实现连续盈利，规模也在逐渐扩大，且有通过定增实现快速增长的可能。从数据图的色块和具体数值来看，2007 ~ 2017 年，扣非净利润从 3.6 亿元增长到 23.46 亿元，扣非净利润在 2011 年突破 5 亿元，在 2013 年突破 10 亿元；净资产则从 2007 年的 43.16 亿元增长到 2017 年的 297.41 亿元，净资产在 2009 年突破 50 亿元，在 2011 年突破 100 亿元，净资产突破 100 亿元比恒瑞医药早了 5 年时间，而扣非净利润却不如恒瑞医药多。从净资产图可以看出，净资产在 2009 年、2013 年有两处突变信号，这种情况通常表明企业进行了定增。打开公司资本运作一栏，却发现公司是在 2010 年 5 月 6 日和 2016 年 11 月 10 日进行增发募集资金 6.35 亿元和 22.75 亿元。这其中怎么解释呢？如在设置净资产突变的信号是按照当季净资产比前一个净资产超过 15% 为信号触发点，如果周期性行业业绩大爆发或者净资产基数比较低，那么也可能导致信号触发，这是技术性问题。为什么要设置这么一个净资产突变信号，主要是为了通过净资产突变信号进一步理解企业的成长特性，是属于定增并购成长模式，还是纯内生增长模式。就复星医药来说，尽管触发的时间点不对，但还是阴差阳错地得出公司进行了两次增发。从资本运作栏可以得出复星医药募集资金主要用在了胰岛素项目和降低资产负债率。

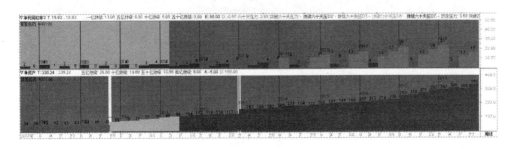

图 7 - 114

募集资金来源 | 项目进度

○ 募集资金来源

公告日期	发行类别	实际募集资金净额(万元)	发行起始日	证券名称	证券类别
2016-11-10	增发新股	227,524.96	2016-11-02	复星医药	A股
2010-05-06	增发新股	63,539.20	2010-04-26	复星医药	A股
2000-07-13	配股	43,430.63	---	复星实业	A股
1998-06-23	首发新股	34,834.00	---	复星实业	A股

○ 项目进度

项目名称	截止日期↓	计划投资(万元)	已投入募集资金(万元)	建设期(年)	收益率(税后)	投资回收期(年)
重组人胰岛素及类似物产业化(原料+制剂)项目	2018-08-28	51,076.00	25,190.33	4.08	28.58%	9.67
重组人胰岛素产业化(原料+制剂)项目	2018-03-27	37,147.00	38,218.78	1.67	26.32%	---
青蒿琥酯高技术产业化示范工程项目	2018-03-27	31,911.58	18,626.50	3.00	27.80%	5.54
偿还带息债务	2016-11-10	160,000.00	160,000.00	---	---	---
补充流动资金	2016-11-10	67,524.96	---	---	---	---
体外诊断产品生产基地项目	2016-08-24	7,443.00	7,437.57	1.00	34.30%	3.80
设立上海复星生物医药研究院有限公司	2000-07-13	7,000.00	6,720.00	---	---	---
年产1200万支软膏生产车间技改项目	2000-07-13	---	---	2.00	---	4.58
年产8亿片片剂生产车间技改项目	2000-07-13	---	---	2.00	---	4.58
年产300吨原料药生产车间技改项目	2000-07-13	---	---	2.00	---	4.58

图 7 - 115

华东医药:从背景图来看,过去十年,扣非净利润和净资产均呈现浅绿色和深绿色背景并存的模式,净资产存在两处突变信号,表明企业能实现连续盈利,规模在逐步扩大,且有通过定增实现快速增长的可能。从数据图的色块和具体数值来看,2007～2017 年,扣非净利润从 1.76 亿元增长到 17.40 亿元,扣非净利润在 2013 年突破 5 亿元,在 2015 年突破 10 亿元,净资产则从 2007 年的 6.84 亿元增长到 2017 年的 88.09 亿元,净资产在 2016 年突破 50 亿元。从净资产图可以看出,净资产在 2016 年存在突变,这种情况通常表明企业进行了定增。打开公司资本运作栏,可以发现公司募集了 34.68 亿元,主要用于补充公司流动性资金,换句话说就是用在原有主业经营上。

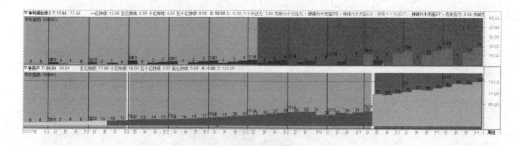

图 7 - 116

募集资金来源　项目进度

○ 募集资金来源

公告日期	发行类别	实际募集资金净额(万元)	发行起始日	证券名称	证券类别
2016-02-04	增发新股	346,844.80	2016-01-19	华东医药	A股
1999-12-16	首发新股	27,633.00	—	华东医药	A股

○ 项目进度

项目名称	截止日期 ↓	计划投资(万元)	已投入募集资金(万元)	建设期(年)	收益率(税后)	投资回收期(年)
补充公司流动资金	2017-03-09	346,844.80	346,866.93	--	--	--
黄霉素技改项目	2008-04-03	3,400.00	--			5.17
联合组建"杭州华晨投资管理有限公司"	2005-01-11	--	2,340.00			
在北京等全国五大中心城市收购兼并医药商业公司,组建投资管理公司	2003-07-29	2,400.00				
收购杭州华东医药(集团)公司发酵虫草菌粉和环孢素两个"双加"工程项目	2002-07-17	7,000.00	6,723.00			
制剂车间及配套仓库建设项目	2002-07-17	2,900.00	858.00			7.83
公用工程改造项目	2002-07-17	2,800.00	1,278.00			
发酵虫草菌粉技改项目	2001-08-21	3,410.00	--			6.25
环孢素技改项目	2001-08-21	3,400.00	--			5.83
克拉霉素技改项目	2001-04-10	3,050.00	--			7.83

图 7 –117

　　信立泰:从背景图来看,公司2009年上市后,扣非净利润和净资产均呈现浅绿色和深绿色并存的背景模式,表明企业能实现连续盈利,规模在逐步扩大。从数据图的色块和具体数值来看,2009~2017年,扣非净利润从2.13亿元增长到13.95亿元,扣非净利润在2012年突破5亿元,在2014年突破10亿元;净资产则从2007年的16.23亿元增长到2017年的61.59亿元,净资产在2016年突破50亿元。从净资产图可以看出,净资产在2009年存在突变,但这是上市首次融资。

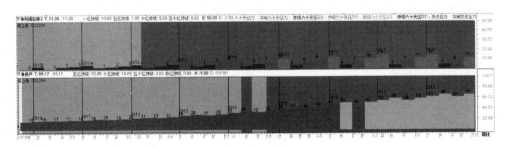

图 7 –118

募集资金来源 | 项目进度

○ 募集资金来源

公告日期	发行类别	实际募集资金净额(万元)	发行起始日	证券名称	证券类别
2009-08-25	首发新股	114,067.37	2009-09-03	信立泰	A股

○ 项目进度

项目名称	截止日期↓	计划投资(万元)	已投入募集资金(万元)	建设期(年)	收益率(税后)	投资回收期(年)
补充募集资金项目流动资金	2015-03-25	23,260.82	22,530.31	---	---	---
硫酸氢氯吡格雷原料药及其制剂产业化项目	2015-03-25	16,520.00	16,520.00	2.00	20.74%	6.42
盐酸头孢吡肟、头孢西丁钠高新技术产业化项目	2015-03-25	9,660.00	9,616.29	2.00	20.51%	6.42
营销网络扩建工程项目	2015-03-25	8,425.00	5,500.00	---	19.61%	7.06
建设生物医疗产研楼及其配套设施	2015-03-25	7,700.00	6,218.14	---	---	---
向山东信立泰增资	2015-03-25	7,000.00	7,000.00	---	---	---
帕米膦酸二钠其制剂、比伐芦定制剂高新技术产业化项目	2015-03-25	5,646.00	5,646.00	---	19.80%	6.58
技术中心建设项目	2015-03-25	4,261.70	4,261.70	---	---	---
头孢呋辛酯钠舒巴坦研发项目	2015-03-25	3,688.00	3,688.00	---	---	---
增资山东信立泰药业有限公司项目	2015-03-25	1,800.00	1,800.00	---	---	---

图 7 –119

新和成：从背景图来看，过去十年，扣非净利润和净资产均呈现浅绿色和深绿色背景并存的模式，净资产存在多处突变信号，表明企业能实现连续盈利，公司还有通过定增实现快速增长的可能。从数据图的色块和具体数值来看，2007～2017年，扣非净利润从0.71亿元增长到16.16亿元，扣非净利润在2008年突破10亿元，但2008年也是扣非净利润的明显高点，直到2017年才突破；净资产则从2007年的8.61亿元增长到2017年的139.96亿元，净资产在2011年突破50亿元。从净资产图可以看出，净资产在2008年存在多处突变，2010年和2017年还存在突变信号。打开公司资本运作栏，公司只在2010年和2017年定增募集资金投资主业。2008年的多处突变怎么解释呢？这得需要结合公司盈利指标在2008年的变化了，查看公司2008年盈利指标，公司业绩在2008年大爆发，是公司产品价格涨价带来的短期高盈利。正是短期的高盈利导致了净资产的快速上升，所以才触发了信号。同样，也说明了公司产品带有很强的周期属性。

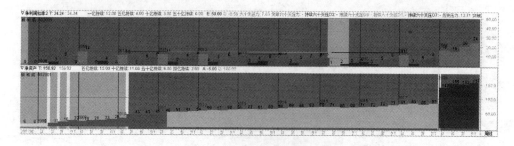

图 7 –120

募集资金来源　　项目进度

○ 募集资金来源

公告日期	发行类别	实际募集资金净额(万元)	发行起始日	证券名称	证券类别
2017-12-20	增发新股	486,707.55	—	新和成	A股
2010-02-23	增发新股	109,445.63	2010-02-08	新和成	A股
2004-05-28	首发新股	38,358.88	—	新和成	A股

○ 项目进度

项目名称	截止日期↓	计划投资(万元)	已投入募集资金(万元)	建设期(年)	收益率(税后)	投资回收期(年)
年产25万吨蛋氨酸项目	2018-08-23	536,984.22	8,813.41	4.00	14.76%	9.64
年产12000吨维生素E生产线易地改造工程项目	2015-04-14	47,110.37	44,130.69	2.00	127.92%	2.58
年产5000吨复合聚苯硫醚新材料项目	2015-04-14	35,412.30	19,909.56	1.00	35.83%	5.83
用于年产6000吨异佛尔酮项目	2015-04-14	10,098.12	9,887.53	1.00	16.92%	6.11
用于年产3000吨二氢茉莉酮酸甲酯项目	2014-03-29	17,401.88	17,401.88	1.00	22.13%	6.12
用于年产900吨柠檬醛(酯)项目	2014-03-29	10,746.98	10,746.98	1.00	34.98%	4.11
用于年产600吨覆盆子酮项目	2014-03-29	5,745.44	5,745.44	1.00	20.53%	5.47
将节余募集资金永久性补充流动资金	2014-03-29	3,273.11	—	—	—	—
用于年产6000吨氨基葡萄糖食品添加剂项目	2012-10-29	19,300.00	—	1.00	22.94%	5.67
年产800吨β胡萝卜素项目	2004-05-28	15,200.00	15,200.00	—	29.63%	4.92

图 7 - 121

以上是从扣非净利润和净资产的规模指标看化学制药前五的企业,可以得出恒瑞医药的扣非净利润十年来就一直排第一位,而复星医药的净资产规模十年来一直排第一位。从资本运作栏来看,化学制药行业前五的企业只有两家是纯内生增长的,分别是恒瑞医药和信立泰。复星医药、华东医药和新和成均进行了股权再融资来加速企业发展。另外,从净资产是否存在突变信号看,我在这篇也详细介绍了设置净资产突变的目的、阈值触发值(净资产连续两个季度变化幅度超过15%)以及触发突变信号需要从哪几个方面去解读。最后,从新和成的2008年连续触发净资产突变信号,我们还可以进一步通过新和成的产品特性,甚至通过后面的盈利能力指标、净利润增速指标来反思其产品是否具有周期属性。事实上,消费类企业不乏周期性特征。

2. 反映风险的资产负债率和销售现金流指标

恒瑞医药:从背景图来看,过去十年,资产负债率和销售现金流均一直呈现深绿色背景,表明企业相对较低的资产负债率和拥有相对较好的销售现金流回笼情况。从数据图的色块和具体数值来看,资产负债率极低,不超过20%,销售现金流状况相对良好,50% ~ 100%。

复星医药:从背景图来看,资产负债率呈现深绿色和黄色背景并存的模式,销售现金流存在单个季度的现金流流出现象(黄色背景),其他时候均呈现深绿色背景,资产负债率的黄色背景出现在最近一年,销售现金流的黄色背景只有一个季度,说明了近几年来公司的资产负债率在提高,而且相对较高了(超过

50%），而销售现金流整体还是不错的。从数据图的色块和具体数值来看，资产负债率有逐年抬高的态势，但整体不算抬高，2018 年上升到了 50%，是一个值得进一步反思的信号。现金流状况只存在一个季度的为负，整体状况良好。

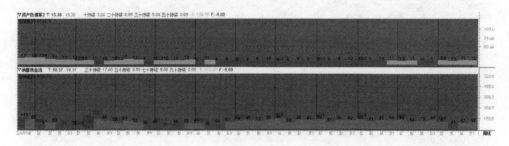

图 7 - 122

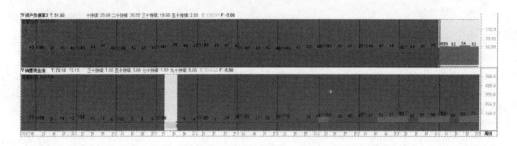

图 7 - 123

华东医药：从背景图来看，资产负债率呈现深绿色和黄色背景并存的模式，销售现金流存在明显的现金流流出现象（黄色背景）。从数据图的色块和具体数值来看，资产负债率呈现两个阶段。并购前，资产负债率高企，达到 70% 左右，并购后，资产负债率降低到 40%；现金流状况存在季节性波动，某些年度还为负，存在现金流回笼问题。

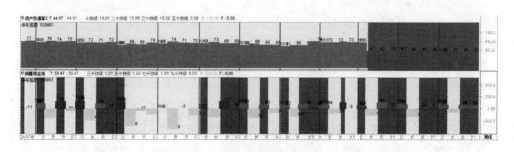

图 7 - 124

信立泰：从背景图来看，资产负债率和销售现金流均一直呈现深绿色背景，表明企业拥有相对较低的资产负债率和相对较好的销售现金流回笼情况。从数据图的色块和具体数值来看，极低的资产负债率，不超过20%，销售现金流状况也非常良好。

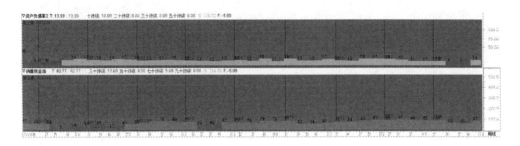

图 7 - 125

新和成：从背景图来看，资产负债率呈现深绿色和黄色背景并存的模式，销售现金流存在单个季度的现金流流出现象（黄色背景），资产负债率的深绿色背景出现在2008年后，说明后续资产负债率降低了，而销售现金流的状况同样在后续得到明显好转。从数据图的色块和具体数值来看，资产负债率在2007年、2008年还在50%以上，呈现逐年降低的走势，然后维持20%～30%。结合销售现金流情况来看，2008年的现金流状况也不太理想，但是后续均表现极佳的现金流回笼状况。

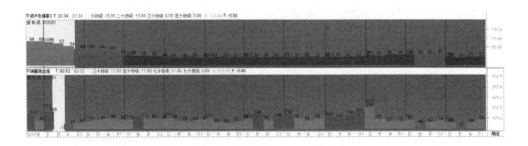

图 7 - 126

3. 反映盈利能力的毛利率、净利率、净资产收益率指标

恒瑞医药：从背景图来看，过去十年，毛利率、净利率和净资产收益率均一直呈现深绿色背景，表明公司产品盈利能力较强，且相对稳定，净资产收益率年化超过15%。从数据图的色块和具体数值来看，毛利率维持在80%～87%，净

利率在20%左右，净资产收益率在19%～25%。毛利率、净利率和净资产收益率稳定性良好。

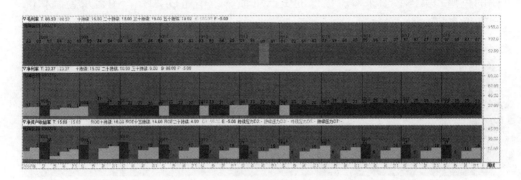

图7－127

复星医药：从背景图来看，过去十年，毛利率和净资产收益率呈现深绿色和浅绿色背景并存的模式，净利率则一直呈现深绿色背景，表明公司产品盈利能力相对较高，存在一定波动性，但是年化净资产收益率超过10%。从数据图的色块和具体数值来看，毛利率呈现逐年提高的走势，净利率存在某些年份的高企，但只有在2009年才这样，可能是那一年卖掉一部分资产收回部分投资收益。从其他年份来看，净利率、净资产收益率比较稳定，净资产收益率维持在12%左右。

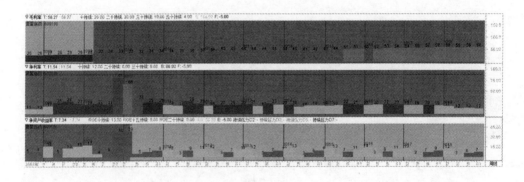

图7－128

华东医药：从背景图来看，过去十年，毛利率呈现浅绿色和白色背景并存的模式，净利率则一直呈现白色背景，而净资产收益率则一直呈现深绿色背景，表明公司产品盈利能力一般，但是净资产收益率却相对较高，年化净资产收益超过

15%。从数据图的色块和具体数值来看，毛利率、净利率整体不高，毛利率还呈现逐年抬高的走势。但是净资产收益率却极高，与净利率形成明显的反差。净资产收益率 2016 年最低也有 19.88%，其他年份均超过 20%，甚至高达 30%。那么如此高的净资产收益率从何而来呢，不是产品的高盈利，那么就是利用了高负债或者极高的周转率。结合华东医药资产负债率那部分，可以得知华东医药的资产负债率在化学制药前五中的确很高，最高达到了 75%。但资产负债率在 2016 年通过股权融资降低了一部分，继续翻看华东医药的扣非净利润和净资产那一部分，华东医药募集的 34.68 亿元全部用在了补充流动性，而当时的净资产只有 32.4 亿元，相当于股本扩大了一倍。资产负债率降低了一半，由于是从 73% 降低到 47%，说明随着净资产扩大，负债率降低了，总负债额度可能还增加了，进一步说明募集资金全部用在了经营上。由于募集了资金，扩大了股本和净资产，导致 2016 年的净资产收益率间接降低了。这是从纯财务指标角度，来解读高净资产收益率的来源，是利用了财务杠杆，还应该看到另外一个积极的变化是，毛利率和净利率也在提高，说明主业是向好的。但是华东医药 2017 年的净资产收益率又回到了 20% 以上，而资产负债率已经降低到了 50% 以下，净利率尽管有所提高，但是整体还是只有个位数，所以还有高周转率一直在发挥作用。这里应该指引，其实低毛利率、低净利率、高资产负债率和高净资产收益率就指引我们需要进一步查看华东医药的业务板块结构。打开华东医药业务板块结构一栏，可以得知华东医药占主营业务收入 76% 是医药商业板块，这部分业务毛利率只有 7.43%，贡献的利润只占总利润的 21.65%。高毛利率 85.76% 的这部分医药制药业务，主营业务收入比例不高，只有 23.86%，但是净利润比例高达 78.35%。换句话说，产品的毛利率、净利率被占比高达 76.14% 的医药商业板块拉低了，可能这部分也是利用了高负债。同时，可以推测，公司募集的 34.68 亿元补充流动性可能用在了高盈利的医药制药板块。

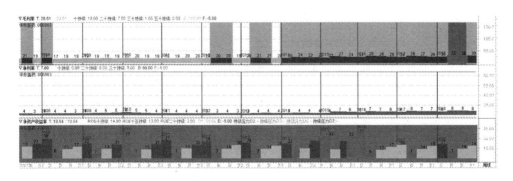

图 7－129

表 7-6

2017 年 12 月 31 日	主营构成	主营收入 （元）	收入比例 （%）	主营成本 （元）	成本比例 （%）	主营利润 （元）	利润比例 （%）	毛利率 （%）
按行业分类	商业	211.90 亿	76.14	196.16 亿	95.40	15.74 亿	21.65	7.43
	制造业	66.42 亿	23.86	9.46 亿	4.60	56.96 亿	78.35	85.76
按地区分类	国内销售	277.95 亿	99.87	205.35 亿	99.87	72.60 亿	99.86	26.12
	国外销售	3649.99 万	0.13	2622.67 万	0.13	1027.31 万	0.14	28.15

信立泰：从背景图来看，上市后，毛利率和净利率一直呈现深绿色背景，净资产收益率呈现浅绿色和深绿色背景并存的模式，表明公司产品盈利能力较强，年化净资产收益率超过 15%，净资产收益率上市之初只有 10% 可能是受到上市首次融资的影响。从数据图的色块和具体数值来看，毛利率在 50% 以上，并逐年提高，净利率在 25% 以上，并逐年提高到 37%，净资产收益率在 13% 以上，并逐年提高到 24%。

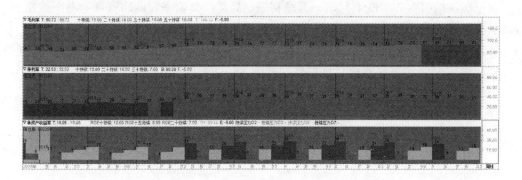

图 7-130

新和成：从背景图来看，上市后，毛利率和净资产收益率一直呈现深绿色、白色和浅绿色背景并存的模式，净利率呈现深绿色和白色交替的模式，表明公司产品盈利能力较强，存在明显波动，且净资产收益率不稳定，但年化净资产收益率不低。从数据图的色块和具体数值来看，毛利率、净利率和净资产收益率呈现明显的波动性，2008 年盈利能力指标超过 20%，随后逐年下滑，2016 年后又有所好转。

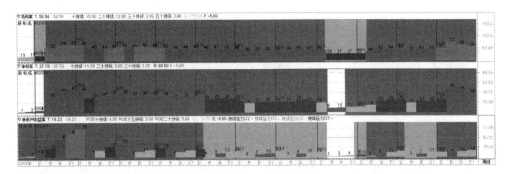

图 7 – 131

4. 反映成长的净利润增速指标

恒瑞医药：从背景图来看，存在一个季度黄色（增速下滑）背景，但其他时候均是深绿色背景，表明企业能够实现相对稳定的增长。从数据图的色块以及具体数值来看，2009 年前业绩有所波动，2009 年后业绩增速平稳。整体增速稳定在 20% 左右。

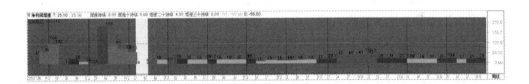

图 7 – 132

复星医药：从背景图来看，呈现明显的深绿色和黄色（增速下滑）背景并存的模式，表明企业业绩增速不稳定，但整体增长。从数据图的色块以及具体数值来看，业绩呈现一定的波动性。

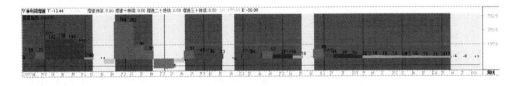

图 7 – 133

华东医药：从背景图来看，呈现深绿色和黄色（增速下滑）背景并存的模式。从数据图的色块以及具体数值来看，业绩整体平稳，但呈现一定的波动性。

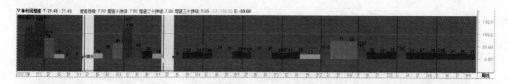

图 7 – 134

信立泰：从背景图来看，上市后，一直呈现深绿色背景，表明企业持续增长。从数据图的色块以及具体数值来看，业绩持续增长，但有增速放缓的态势。

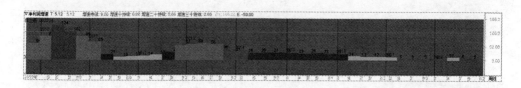

图 7 – 135

新和成：从背景图来看，呈现非常明显的深绿色和黄色交替的背景模式。从数据图的色块以及具体数值来看，业绩呈现明显的周期性，低的时候可以负增长50%～60%，高的时候可以达到几倍，甚至几十倍的增长，毛利率也呈现这种周期性变化，可以得知公司产品在市场上属于同质化竞争，差异化竞争不明显。同质化产品，不论是周期品，还是消费品均具有明显的周期特性。

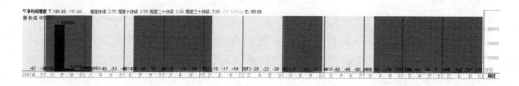

图 7 – 136

以上是从财务视角，八个核心财务指标，四个方面来考察化学制药行业前五的企业基本面的特性。

综合以上，我们可以从财务视角得知，依靠纯内生增长的恒瑞医药，不论是利润规模还是盈利能力指标和业绩增长指标以及抗风险性指标均保持了在行业前五的企业中领先的位置，可持续竞争优势明显，而复星医药，尽管净资产规模比恒瑞医药大，在盈利能力和成长特性以及业绩增长稳定性方面就差了一截。华东医药由于受医药商业板块的影响，拉低了公司整体毛利率和净利率指标，是一个从财务反思业务的案例。财务解读多了，也能够快速地进行财务和业务循环分析了，在华东医药那部分已经适当加大了这方面的分析篇幅。信立泰也是依靠纯内生增长的企业，盈利能力和业绩成长稳定性以及抗风险能力指标均属于优的级别，但利润和净资产规模从行业横向来看相对较小，而且业绩增速有放缓的态势。这是一个值得反思的现象，信立泰规模小，还可以维持高盈利，说明信立泰的业务应该是一个更加细分的子行业，结合业绩增速放缓，说明信立泰在这个子行业里可能已经处于龙头，且在这个市场空间有限的业务里，增长可能到了尽头。为什么这样说，如果是一个空间大的行业，从信立泰的高毛利率、高净利率和高净资产收益率以及较小的净资产投入就可以获得这么高回报，那么一定会有更大的资本进入这一领域，或者这一领域可以产生更大的企业，而信立泰的毛利率指标不降反升，净利润增速放缓，只能表明信立泰本身就是这个领域的龙头，且这个领域市场空间不大。新和成，从财务指标来看存在明显的周期特性。

二、化学制药行业前五企业的股价特性

恒瑞医药：从背景图、数据图的色块和具体数值来看，过去十年，公司的股价的阶段性非常清晰，背景图的深绿色背景持续时间较长，红色块非常明显。从股价、基本趋势和主流偏见综合来看，恒瑞医药的十年净资产收益率年化20%，且相对稳定，净利润增速年化20%左右，且相对稳定，处于细分行业龙头。基本趋势呈现比较稳定的状态，这点与海天味业呈现出来的基本趋势比较接近，股价走势也比较接近。股价方面，在2008年的时候会下跌，2011年至2012年上半年也会下跌。但这两段时间公司的基本趋势依然保持原有趋势。股价走势的阶段性特征依然明显，与前面分析的海天味业的走势特征一样。但是，排除股价走势本身受股市行情的周期性影响因素外，企业的基本趋势的持续性、稳定性也体现在股价上，股价走势的持续性也非常明显。这点对选择投资标的很有借鉴意义，由于股价本身天然具有周期性和不稳定特征，那么选择标的最好从企业的基本面出发。选择基本趋势持续性较强，且稳定性较好的标的，不失为一种明智的做法。这样对于这类标的的组合择时也比较好处理。

复星医药：从背景图、数据图的色块和具体数值来看，过去十年，公司的股价的阶段性相对清晰，存在比较明显的深绿色和白色背景交替的现象，红色块比较明显，黑色块也非常明显，呈现大起大落的阶段性上涨走势特征。从股价、基本趋势和主流偏见综合来看，复星医药的股价走势，相对恒瑞医药的波动性就大了很多。一方面复星医药的盈利能力相对弱些，净利润增速的波动性也比较明显；另一方面企业的成长路径也与恒瑞医药有所不同，恒瑞医药主要还是依靠盈利再投资，而复星医药则进行了两次定增。由于进行了定增，就得考虑到定增后

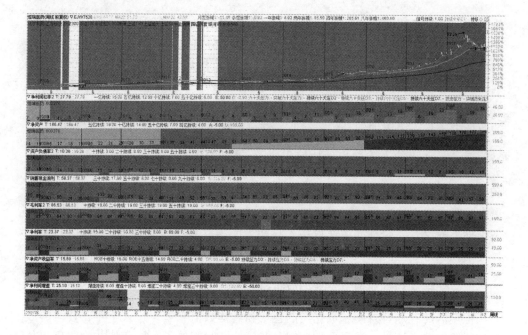

图 7 – 137

企业的盈利指标的变化。事实上，复星医药在定增后的两年盈利指标变化不明显，但是其毛利率逐年走高，尽管其净利率和净资产收益率不明显。净利润增速反映出来的不稳定性已经非常明显了。所以，股价呈现比较明显的波动性特征，又由于公司十年来净资产收益率在 10% 以上，股价长期还是向上。结合净利润增速和净资产收益率特征，以及股价本身的周期性属性，最后，复星医药的股价特性呈现的就是周期向上的走势。

华东医药：从背景图、数据图和具体数值来看，公司股价的阶段性相对清晰，深绿色背景持续时间明显大于白色背景，红色块非常明显。从股价、基本趋势和主流偏见综合来看，华东医药也进行了定增，但定增后企业的毛利率和净利率以及净资产收益率指标得到了改善，且企业的净利润增速反映出来的基本趋势比较稳定，所以股价相对复星医药的持续性要明显很多，波动性要小很多。但比起恒瑞医药还是差一些。

信立泰：从背景图、数据图的色块和具体数值来看，过去十年，公司的股价的阶段性相对复杂些，背景图的白色和深绿色背景交替频次要更加多些，红色块比较明显，但也存在相对明显的黑色块。从股价、基本趋势和主流偏见综合来看，如果仅从盈利指标和净利润增速指标来看，企业的基本趋势比较稳定，但是从企业的扣非净利润和净资产体量以及净利润增速的放缓情况来看，表明基本趋

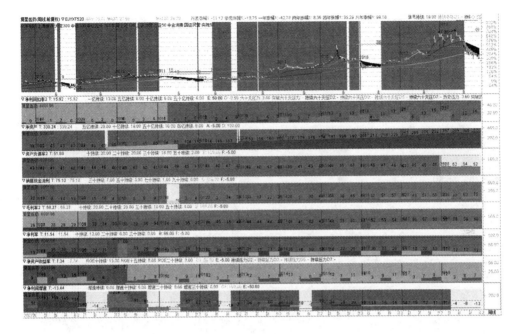

图 7 – 138

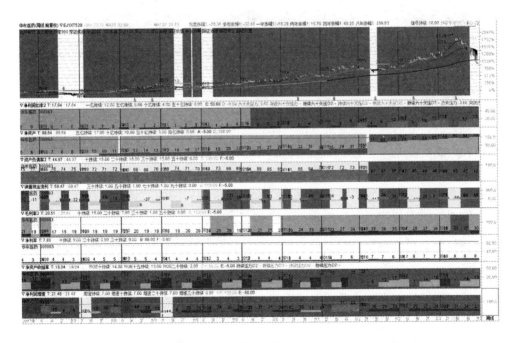

图 7 – 139

势有放缓态势。而股价则依然呈现非常明显的波动性，尽管公司的盈利能力超强，净利润增速也不错。但是，主流偏见没有给予一个相对稳定的市场预期。一方面应该是企业的净利润增速放缓和公司体量相对小，市场空间有限；另一方面得从主流偏见本身来解释了。对于主流偏见本身的解释，将在本节做小结。

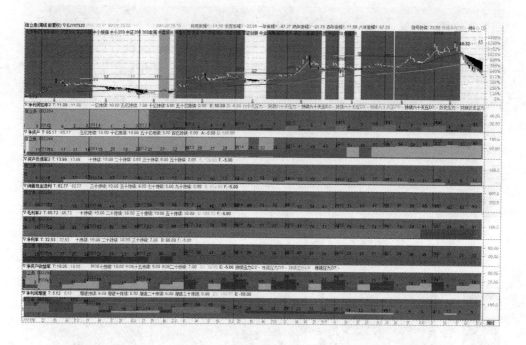

图 7 − 140

新和成：从背景图、数据图的色块和具体数值来看，过去十年，公司的股价的阶段性相对复杂些，背景图的白色和深绿色背景交替频次要更加多些，红色块比较明显，黑色块也明显。从股价、基本趋势和主流偏见综合来看，新和成的基本趋势本身就呈现比较明显的周期性，所以股价的周期性就比较自然了。另外，企业的盈利能力和净利润增速最近五年相对 2012 年前整体下降了一个台阶，这种信号表达了基本趋势放缓的态势，所以股价在呈现周期性的同时还给予了一个区间震荡的走势特征。

从化学制药的基本趋势和股价走势特征，还是比较好理解基本趋势和股价走势以及主流偏见之间的关系。但是在华东医药、信立泰与恒瑞医药这组比较里，有必要把主流偏见进行展开说明。

主流偏见本身是一个思维层面的问题，但又不是空洞的抽象思维，它拥有现实的基础。在恒瑞医药里，主流偏见可以将恒瑞医药归结为：化学制药龙头企业，

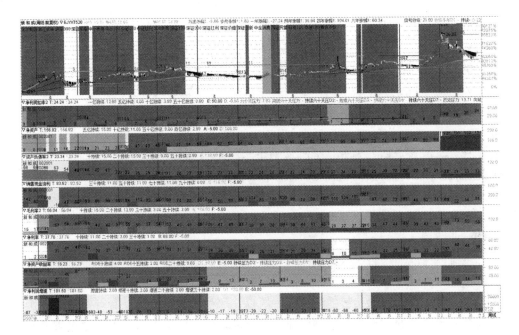

图 7 - 141

超强的盈利能力和稳定的增长，拥有广阔的市场空间和发展前景，是 A 股上市公司中独一无二的研发药龙头企业。而在华东医药和信立泰中，尽管这类盈利能力也强，业绩增速也相对稳定，但其实这类企业在 A 股中的数量相对恒瑞医药要多得多。所以，就单纯的盈利指标和成长指标，还无法看出差异，但如果结合到扣非净利润和净资产规模指标以及在行业中的地位，那么就存在大和小、稀缺和普遍的哲学关系。恒瑞医药就在主观观念里给予独占性、稀缺性、大而稳定的印象，而信立泰和华东医药在主观观念里尽管当前的盈利能力不错，但是这样的企业应该数量也会比较多。那么市场预期反映在股价走势上，就会存在更大的波动性。

　　这是因为在主流偏见里，会存在先把所有基本面的共性抽象出来的需求，这种基本面就不仅仅包括财务指标反映出来的单个企业的独有的特征了。比如，它还包括地域特征、行业特征、市值大小特征等。这是一种比较粗糙的处理需求，甚至会忽略掉企业自身反映出来的基本趋势特征，但确实是存在的现象。不然就不会存在牛市来的时候股票普遍上涨，而不论企业的基本趋势优劣，熊市来的时候股票普遍下跌，同样不论企业的基本趋势优劣了。

　　同时，股价本身又直接会受主流偏见影响，而主流偏见首先来自于人的思维观念，所以股价走势也必然反映人思维模式的特征，比如二分法、归纳法等，而基本面由于还存在着人的思维无法触及的真实世界部分，尽管已经经过人的思维改造过了，但毕竟有限，所以在强基本趋势面前，股价会呈现相对弱的稳定性，在弱的基本趋势面前，由于主流偏见还带有基本面的共性，所以股价会反而要稳定些，这也难怪在牛市的时候，业绩不稳定的公司的股价也能持续较长的时间呈现稳定的股价趋势，而一旦主流偏见转向，由于没有基本趋势的支撑，又回落到原地。

在此，应该承认，财务指标所反映出来的基本趋势绝对不是完整的基本面。但是也应该承认，真实的、完整的基本面永远无法触及。不论是二级市场的投资者，还是企业经营主体，也不可能是监管者。所以，我们依然会选择可定量的财务指标来反映基本趋势，就像政府机构在制定宏观政策和行业政策会使用经济数据和行业数据一样。

主流偏见既然来自于人的思维对现实抽象出来的共性，那么在对单个企业的股价走势时，就不得不考虑到整个股市，尤其是同行业、同规模、同盈利特性等因素，对单个企业股价走势的影响了。所以，那种看大盘指数、看行业指数做个股是有一定道理的，至少在思维层面是符合逻辑的。如果把这一点考虑进来，对恒瑞医药和华东医药、信立泰股价走势的相同点和差异性就可以理解得更深一些。尽管它们同属于一个行业，就盈利指标和成长指标反映出来的基本趋势相同，但它们的差异性还是存在无限多，比如规模因素就是一个明显的差异，而且是很重要的指标差异。就相同的盈利指标和净利润增速指标，在规模指标上可以打破医药行业细分的界限，直接跨到大医药行业做同类比较，还可以直接打破医药行业界限，跨到大消费行业的同规模比较，要明白所有的划分其实都是人为的，只要符合一个"大同"的前提，就可以在"大同"中比较差异性特征。

这样甚至能明白上证50指数里的大消费类企业，它们的股价走势呈现比较明显的正相关性了，大消费类企业的行业龙头正相关性也会比较明显。

但是，主流偏见中最核心的因素还是在于企业本身，尽管一家医药企业的股价会受到医药板块走势的影响。如果这家公司是指标股，还会受指数的影响。但最核心的还是企业的基本趋势决定参与者的偏见，这也是决定同一行业、同一地区、同一指数之间的差异。共性的和差异性的影响因素其实都影响了股价走势了。所以，在观念里可以分开来分析，但在实际中却无法分离，更无法量化。那么既然如此，何不干脆依旧用主流偏见这个强大的概念来笼统处理，这样多因素就变成了模型中的三个因素了。

另外，后面会讲到组合投资。事实上组合的标的来自于各个行业、各个板块，是否在构建组合的时候需要直接参考对应的行业指数和板块指数走势来做买卖时机的抉择呢。笔者认为，既需要又不需要，需要是因为，前面已经提到了，指数的作用可以提醒我们当前市场运行的阶段，可以帮助我们仓位上谨慎些；不需要，是因为投资决策不能完全依靠第三者因素，指数就是主流偏见、基本趋势和股价之外的第三者因素，这种因素会影响在单个企业走势里，但不是核心因素，我们应该始终坚持核心因素。而第三者因素，不应该考察太多，否则就会乱。所以，在一定程度上可以辅助我们构建仓位的大小，但买卖时机最好直接依据单个企业的股价走势来决定。

那么，我们通过恒瑞医药和华东医药、信立泰的主流偏见可以得出什么呢，得出了财务指标反映出来的基本趋势的共性和差异性，同时通过主流偏见的共性部分反推到相应指数这个共性。在实际操作中则始终选择基本趋势为正的标的和买卖主流偏见为正的股票。但在仓位管理上，需要结合净值曲线的控制需求和股票市场运行的阶段来做仓位管理。而对股票市场运行阶段的考察，其实有必要时常考察个股相关指数的运行阶段，而不仅仅是个股走势的运行阶段。两者考核权重的大小，需要结合自身的目的来权衡。

第六节 中成药行业特性分析

一、中成药行业基本面特性分析

中成药行业有75家上市企业，截至目前，按照流通市值，康美药业排在第一位：894.73亿元；排在第二位的是云南白药：888.31亿元；第三位的是片仔癀：608.81亿元；第四位的是同仁堂：415.28亿元；第五位的是白云山：353.49亿元。截至目前，中成药行业中没有一家企业市值突破1000亿元。但有三家在500亿元以上，分别是康美药业、云南白药和片仔癀。中成药行业上市公司高达75家，粗略可以得知这个行业呈现散的格局。那么，这些前五的中成药行业上市公司，它们的行业地位（规模）、抗风险能力、盈利能力和成长前景从财务角度看，我们又能得出什么呢。下面就从这四个方面的财务角度一一查看。

表 7 − 7

中成药（75）	涨幅（%）	现价	量比	涨速（%）	流通市值↓（亿元）
1. 康美药业	− 1.74	20.32	1.23	0.30	894.73
2. 云南白药	− 3.63	85.30	1.21	− 0.33	888.31
3. 片仔癀	− 1.84	100.91	1.26	0.22	608.81

中成药（75）	涨幅（%）	现价	量比	涨速（%）	流通市值↓（亿元）
4. 同仁堂	−2.70	30.28	1.07	−0.06	415.28
5. 白云山	−2.60	33.00	1.02	−0.26	353.49
6. 济川药业	−2.44	40.44	0.61	−0.63	329.32
7. 天士力	−0.91	20.78	0.83	−0.33	314.33
8. 东阿阿胶	−1.69	44.27	1.23	−0.01	289.47
9. 华润三九	−0.71	25.18	0.94	−0.27	246.36
10. 康弘药业	−4.10	45.35	1.91	0.18	215.56
11. 吉林敖东	−0.96	16.50	0.88	−0.05	180.72
12. 丽珠集团	−3.55	38.82	1.49	0.05	178.23
13. 康恩贝	−1.33	6.69	0.77	0.75	167.52
14. 以岭药业	−1.25	12.60	0.90	−0.07	124.65
15. 广誉远	−1.02	37.99	0.92	−0.20	114.85
16. 珍宝岛	−0.61	13.05	0.66	0.23	110.82
17. 奇正藏药	−1.11	26.83	0.65	−0.51	108.93
18. 中恒集团	−0.66	2.99	0.69	0.00	103.91
19. 葵花药业	−0.21	19.30	0.90	0.05	99.74
20. 中新药业	−4.08	16.70	0.83	−0.41	94.48
21. DR 步长制药	−4.29	27.89	0.95	−0.56	91.43
22. 红日药业	−0.55	3.59	0.67	−0.27	85.81
23. 仁和药业	−5.52	6.50	1.62	0.31	80.47
24. 桂林三金	−0.99	14.04	0.56	−0.20	74.88
25. 众生药业	−0.63	9.43	1.16	−0.10	73.45
26. 贵州百灵	−1.10	9.86	0.78	−0.09	72.14
27. 信邦制药	−1.92	6.13	0.76	0.00	69.73
28. 马应龙	−1.12	15.05	1.06	−0.32	64.75
29. 江中药业	0.07	15.12	0.82	−0.06	63.50

1. 反映规模的扣非净利润和净资产指标

康美药业：从背景图来看，过去十年扣非净利润和净资产均呈现浅绿色和深绿色并存的背景模式，净资产存在多处突变信号，表明企业能实现连续盈利，企业有通过定增实现快速增长的可能。从数据图的色块和具体数值来看，2007～2017 年，扣非净利润从 1.36 亿元增长到 40.28 亿元，扣非净利润在 2010 突破 5

亿元，2012 年突破 10 亿元；净资产则从 2007 年的 23 亿元增长到 2017 年的 321 亿元，净资产在 2011 年突破 50 亿元。从净资产图可以看出，净资产在 2011 年、2014 年、2016 年有三处突变信号，这种情况通常表明企业进行了定增。翻开上市公司资本运作公告可以得知 2011 年、2016 年募集了资金，分别用在补充生产经营的运营资金和中药物流配送项目。由于十年期间进行了两次较大规模的资金募集，所以扣非净利润也增长了 30 倍左右，而同期净资产则增长了 15 倍左右。

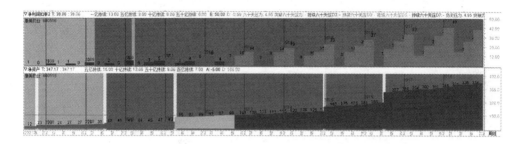

图 7 - 142

募集资金来源 | 项目进度

○ 募集资金来源

公告日期	发行类别	实际募集资金净额(万元)	发行起始日	证券名称	证券类别
2016-06-29	增发新股	805,567.70	2016-06-22	康美药业	A股
2010-12-23	配股	343,648.93	2011-01-05	康美药业	A股
2007-09-03	增发新股	102,323.06	2007-09-11	康美药业	A股
2006-06-27	增发新股	48,500.00	2006-07-05	G康美	A股
2001-02-22	首发新股	21,646.80	---	康美药业	A股

○ 项目进度

项目名称	截止日期↓	计划投资(万元)	已投入募集资金(万元)	建设期(年)	收益率(税后)	投资回收期(年)
补充流动资金	2016-06-29	510,000.00	---	---	---	---
偿还银行贷款	2016-06-29	300,000.00	---	---	---	---
中药物流配送中心项目	2014-03-28	100,000.00	100,000.00	2.00	27.40%	6.33
补充流动资金	2014-03-28	2,323.06	4,443.65	---	---	---
补充流动资金	2013-08-28	2,323.06	2,323.06	---	---	---
补充公司生产经营所需的营运资金	2012-08-28	343,918.43	343,918.43	---	---	---
中药饮片扩产工程项目	2006-06-27	39,967.50	39,967.50	2.00	---	---
甲磺酸多沙唑嗪新建原料药与制剂生产线项目	2001-02-22	6,000.00	6,000.00	---	---	2.83
盐酸丙哌维林新建原料药与制剂生产线项目	2001-02-22	4,000.00	4,000.00	---	---	2.08
氯酚伪麻片（康美利乐）生产线扩建项目	2001-02-22	4,000.00	4,000.00	---	---	4.25

图 7 - 143

云南白药：从背景图来看，过去十年，扣非净利润和净资产均呈现浅绿色和深绿色背景并存的模式，净资产存在一处突变信号，表明企业能实现连续盈利，规模在逐步扩大。从数据图的色块和具体数值来看，2007～2017年，扣非净利润从3.34亿元增长到27.8亿元，扣非净利润在2009年突破5亿元，在2011年突破10亿元；净资产则从2007年的14.25亿元增长到2017年的181.43亿元，净资产在2011年突破50亿元。从净资产图可以看出，净资产在2008年存在突变信号，这种突变通常表明企业进行了定增。翻开上市公司资本运作公告可以得知2008年12月30日增发新股募集资金13.6亿元。

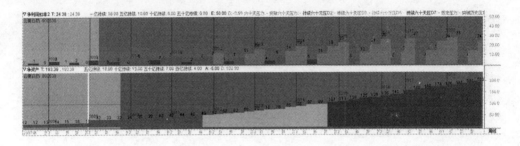

图7-144

募集资金来源					项目进度

○ 募集资金来源

公告日期	发行类别	实际募集资金净额(万元)	发行起始日	证券名称	证券类别
2008-12-30	增发新股	136,398.40	---	云南白药	A股
1999-12-01	配股	12,124.14	---	云南白药	A股
1995-11-03	配股	2,022.22	---	云白药A	A股
1993-10-26	首发新股	0.00	---	云白药A	A股

○ 项目进度

项目名称	截止日期	计划投资(万元)	已投入募集资金(万元)	建设期(年)	收益率(税后)	投资回收期(年)
整体搬迁项目以扩公司整体搬迁至呈贡新城项目	2012-08-16	133,700.00	113,525.07	---	---	---
向云南省医药有限公司增资项目	2008-12-30	30,000.00	30,000.00	---	---	---
投资2993万元引进气雾剂、制粒包衣、酊水剂生产流水线技改项目	1999-12-01	2,993.00	2,485.10	---	---	6.00
投资2160万元组建销售网络(包括建立云白药连锁药店)	1999-12-01	2,160.00	3,000.00	---	---	7.17
投资522万成立企业技术中心	1999-12-01	522.00	1,624.90	---	---	---
投资引进胶囊包装生产线技改项目	1995-11-04	1,400.00	1,463.00	---	---	---
云南白药创可贴生产线	1995-11-04	300.00	570.00	---	---	---
污水处理站	1995-11-04	300.00	411.00	---	---	---
用于投资云南核辐射技术研究中心	1995-11-04	---	---	---	---	---
云南广得利胶囊有限公司的4条全自动胶囊生产线	1995-11-04	---	---	---	---	---

图7-145

片仔癀：从背景图来看，过去十年，扣非净利润和净资产均呈现浅绿色和深绿色背景并存的模式，净资产存在多处突变信号，表明企业能实现连续盈利，且有通过定增实现快速增长的可能。从数据图的色块和具体数值来看，2007～2017

年，扣非净利润从 0.85 亿元增长到 7.75 亿元，扣非净利润在 2016 年突破 5 亿元，截至目前还没有突破 10 亿元；净资产则从 2007 年的 7.59 亿元增长到 2017 年的 44.25 亿元。从净资产图可以看出，净资产在 2013 年存在突变信号，这种情况通常表明企业进行了定增。翻开上市公司资本运作公告可以得知公司在 2013 年 6 月募集了 7.5 亿元资金，从后续公布的资金使用情况来看，主要用在了补充流动性资金和片仔癀产业园项目。

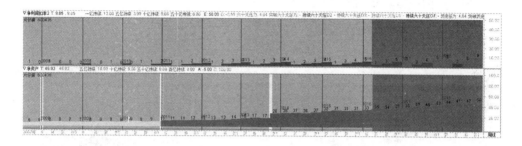

图 7 - 146

募集资金来源 | 项目进度

○ **募集资金来源**

公告日期	发行类别	实际募集资金净额(万元)	发行起始日	证券名称	证券类别
2013-06-18	配股	75,189.52	---	片仔癀	A股
2003-05-27	首发新股	32,702.26	---	片仔癀	A股

○ **项目进度**

项目名称	截止日期↓	计划投资(万元)	已投入募集资金(万元)	建设期(年)	收益率(税后)	投资回收期(年)
片仔癀产业园——片仔癀系列药品、保健品等生产基地建设项目	2018-04-16	61,072.22	4,126.83	3.50	24.87%	6.07
补充流动资金	2018-04-16	17,000.00	73,873.17	---	---	---
永久性补充公司流动资金	2017-04-13	32,473.17	---	---	---	---
永久性补充公司流动资金	2015-12-23	24,400.00	---	---	---	---
营销网络建设	2004-12-11	8,500.00	8,500.00	---	17.80%	6.92
收购集团公司部分资产	2003-05-27	7,022.25	7,022.25	---	---	---
糖浆、酊水剂车间及配套工程改造	2003-05-27	6,475.87	6,475.87	---	24.60%	5.50
增资化妆品公司	2003-05-27	6,000.00	6,000.00	---	21.30%	4.92
分批购买天然麝香等	2003-05-27	4,590.10	---	---	---	---
片仔癀车间技术改造	2003-05-27	3,275.39	3,275.39	---	40.84%	3.00

图 7 - 147

同仁堂：从背景图来看，过去十年，扣非净利润和净资产均呈现浅绿色和深绿色并存的背景模式，净资产存在多处突变信号，表明企业能实现连续盈利，规模在逐步扩大，企业有通过定增实现快速增长的可能。从数据图的色块和具体数值来看，2007～2017 年，扣非净利润从 2.25 亿元增长到 10 亿元，扣非净利润在

2012 年突破 5 亿元，截至目前还没有突破 10 亿元；净资产则从 2007 年的 33.8 亿元增长到 2017 年的 131.68 亿元，净资产在 2012 年突破 50 亿元，在 2015 年突破 100 亿元。从净资产图可以看出，净资产在 2013 年和 2015 年存在突变信号，这种情况通常表明企业进行了定增。翻开上市公司资本运作公告可以得知公司在 2013 年并没有定增。这是一个很有意思的事情，可能说明我的定量可视化指标在区分净资产突变上阈值有点低了或者时间跨度有点大了。当然，这是一个技术性问题，目前来看并不妨碍核心要素的分析。

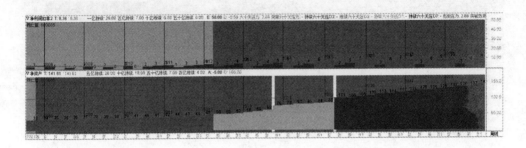

图 7-148

募集资金来源

公告日期	发行类别	实际募集资金净额(万元)	发行起始日	证券名称	证券类别
2004-09-15	配股	31,654.74	--	同仁堂	A股
2001-01-16	配股	21,360.77	--	同仁堂	A股
1997-05-27	首发新股	34,248.56	--	同仁堂	A股

项目进度

项目名称	截止日期↓	计划投资(万元)	已投入募集资金(万元)	建设期(年)	收益率(税后)	投资回收期(年)
出口基地口服液生产车间改造项目	2016-01-29	2,000.00	--	--	--	--
新建蜜小丸车间项目	2004-09-15	4,930.00	4,865.57	2.00	23.90%	5.83
新建出口蜜小丸车间项目	2004-09-15	4,905.00	4,969.04	2.00	30.80%	6.08
新建瓶装水丸车间项目	2004-09-15	4,789.00	4,727.04	2.00	25.20%	5.67
新建滴丸车间项目	2004-09-15	4,615.00	4,623.41	2.00	27.60%	5.33
新建袋装水丸车间项目	2004-09-15	4,597.00	4,529.12	2.00	24.00%	5.83
新建胶囊车间项目	2004-09-15	4,485.00	4,473.08	2.00	23.10%	6.00
补充流动资金	2004-09-15	--	3,467.48			
北京同仁堂中超微粉碎技术应用及GAP药材种植基地项目	2001-01-16	9,560.00	8,237.91			4.67
收购北京同仁堂药店、崇文门药店	2001-01-16	4,031.11	4,126.11			

图 7-149

白云山：从背景图来看，过去十年，扣非净利润和净资产均呈现浅绿色和深绿色并存的背景模式，净资产存在多处突变信号，表明企业能实现连续盈利，企业有通过定增实现快速增长的可能。从数据图的色块和具体数值来看，2007~

2017 年，扣非净利润从 2.94 亿元增长到 19.36 亿元，扣非净利润在 2013 年突破 5 亿元，2014 年突破 10 亿元；净资产则从 2007 年的 32.94 亿元增长到 2017 年的 192.63 亿元，净资产在 2013 年突破 50 亿元，在 2016 年突破 100 亿元。从净资产图可以看出，净资产在 2013 年、2016 年有两处突变信号，这种突变通常表明企业进行了定增。翻开上市公司资本运作公告可以得知公司在 2013 年增发吸收合并了白云山，2016 年增发则进行了原有项目的改造和上线了一些项目。

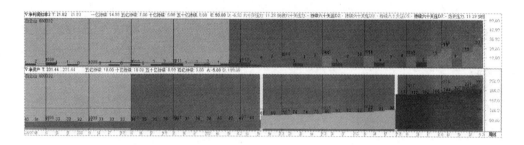

图 7 - 150

募集资金来源 | 项目进度

○ 募集资金来源

公告日期	发行类别	实际募集资金净额(万元)	发行起始日	证券名称	证券类别
2016-08-19	增发新股	786,344.65	2016-08-12	白云山	A股
2013-07-09	增发新股	42,155.97	2013-06-30	广州药业	A股
2013-05-18	增发新股	539,177.22	---	广州药业	A股
2000-12-29	首发新股	73,798.93	---	广州药业	A股

○ 项目进度

项目名称	截止日期↓	计划投资(万元)	已投入募集资金(万元)	建设期(年)	收益率(税后)	投资回收期(年)
"大南药"生产基地一期建设项目	2018-08-23	181,779.00	2,744.97	---	44.53%	4.96
信息化平台建设项目	2018-08-23	20,000.00	1,719.52	---	---	---
渠道建设与品牌建设项目	2018-03-16	240,000.00	80,000.78	3.00	---	---
补充流动资金	2018-03-16	220,000.00	218,505.20	---	---	---
"大南药"研发平台建设项目	2017-10-23	150,000.00	11,199.47	---	---	---
现代医药物流服务延伸项目	2016-08-19	149,000.00	---	3.00	15.00%	5.00
广州白云山明兴制药有限公司易地改造项目	2016-08-19	100,210.80	---	3.00	44.53%	4.96
广州白云山何济公制药厂易地改造项目	2016-08-19	81,568.20	---	3.00	23.00%	7.69
发行股份购买资产交易	2013-07-09	---	---	---	---	---
换股吸收合并广州白云山制药股份有限公司	2013-05-18	---	---	---	---	---

图 7 - 151

从扣非净利润和净资产规模指标来看，目前中成药前五的上市公司，十年期间获得了飞速发展，而且都进行了资本运作，利用资本市场定增或并购，使得企业在行业中独占鳌头。那么，既然可以利用资本市场定增或并购来获得企业快速发展，同样也并不是所有企业都可以通过定增或并购就能成功发展起来的，这点就值得深思了。

2. 反映风险的资产负债率和销售现金流指标

康美药业：从背景图来看，资产负债率呈现深绿色和黄色背景并存的模式，销售现金流则一直保持深绿色背景。从数据图的色块和具体数值来看，资产负债率逐年提高，近几年超过50%，而销售现金流状况相对顺畅。

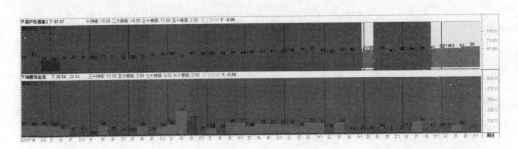

图7－152

云南白药：从背景图来看，资产负债率呈现深绿色和黄色背景并存的模式，销售现金流存在明显的现金流流出现象（黄色背景）。从数据图的色块和具体数值看，资产负债率有所降低，而销售现金流状况并不是很稳定。

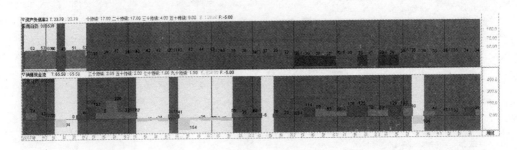

图7－153

片仔癀：从背景图来看，资产负债率一直呈现深绿色背景，销售现金流存在单个季度的现金流流出现象（黄色背景）。从数据图的色块看，资产负债率有所降低，降低到20%左右，而销售现金流状况良好。

同仁堂：从背景图来看，资产负债率和销售现金流均一直呈现深绿色背景。从数据图的色块来看，资产负债率先是有所提高，而后有所降低，整体均不高，销售现金流状况非常良好。

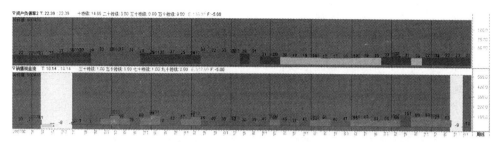

图 7-154

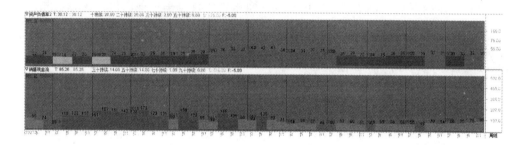

图 7-155

白云山：从背景图来看，资产负债率呈现深绿色和黄色背景并存的模式，销售现金流存在现金流流出现象（黄色背景）。从数据图的色块看，在吸收合并白云山后，资产负债率反而有所增加，但此后销售现金流整体回笼更流畅了。前面已经提到资产负债率不一定体现风险，而更多体现企业资本结构，那么白云山近两次重组中资产负债率的明显提高，正是业务结构的变化导致的，这点可能类似华东医药。

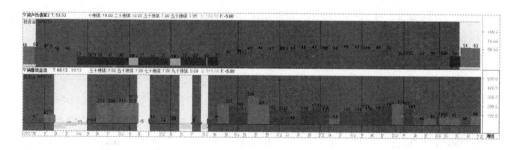

图 7-156

由于中成药行业特性，上述五家企业的资产负债率都较低，很少超过50%，销售现金流状况整体较好。但是资产负债率提高和降低，并不一定表达不好，因为并不一定是有息负债，可能是占有供应商资源的，比如白云山吸收合并后，资产负债率提高了，销售现金流也改善了，可能是经营特性。但资产负债率、销售现金流的变化，结合扣非净利润、净资产增长的特性综合来看，恰恰反映了企业在寻求发展过程中利用资本市场和上下游资源的特性。无法得出好坏，能够反映一些特性，就能够帮助投资者进行选择了。

3. 反映盈利能力的毛利率、净利率、净资产收益率指标

康美药业：从背景图来看，过去十年，毛利率呈现深绿色和浅绿色背景并存的模式，净利率则一直呈现深绿色背景，而净资产收益率呈现白色、浅绿色和深绿色背景并存的模式，表明公司产品盈利能力还可以，但有所波动，年化净资产收益率超过10%。从数据图的色块和具体数值看，毛利率30%左右，净利率16%左右，净资产收益率14%左右。

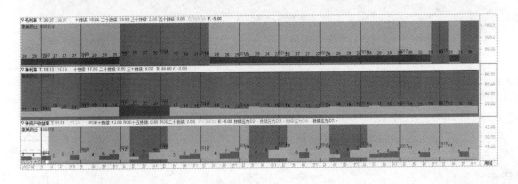

图 7－157

云南白药：从背景图来看，过去十年，毛利率呈现浅绿色和深绿色背景并存的模式，净利率呈现白色和深绿色背景并存的模式，净资产收益率则一直呈现深绿色背景，表明公司产品盈利能力还可以，但有所波动，净资产收益率年化超过15%。从数据图的色块和具体数值来看，毛利率30%左右，净利率在2011年前是个位数，2011年后12%左右，净资产收益率有所波动，但整体在18%以上。

片仔癀：从背景图来看，过去十年，毛利率、净利率均一直呈现深绿色背景，净资产收益率呈现浅绿色和深绿色背景并存的模式，表明公司产品盈利能力较强，净资产收益率年化超过15%。从数据图的色块和具体数值来看，毛利率波动幅度较大，最低37%，最高59%，看似只有20%多的差距，但反映在产品成本加价特性里，影响净利率和净资产收益率就会很大。净利率和净资产收益率波动也很大，片仔癀整体呈现一定的周期属性。

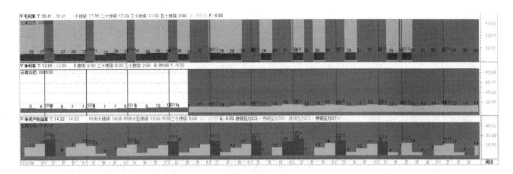

图 7-158

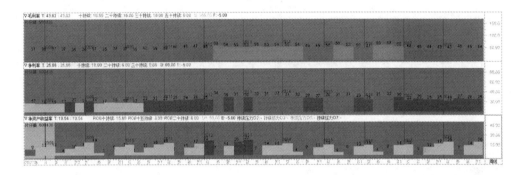

图 7-159

同仁堂：从背景图来看，过去十年，毛利率一直呈现深绿色背景，净利率呈现深绿色和白色背景并存的模式，而净资产收益率呈现白色和浅绿色背景并存的模式，表明公司产品盈利能力一般，存在一定波动性，而净资产收益率在最近8年年化收益能够超过10%。从数据图的色块和具体数值来看，毛利率稳定在44%左右，但净利率在2011年前维持在11%，后降低到个位数。而净资产收益率反而在2011年后提高到10%以上。这是一个很有意思的事情，产品的净利率降低，而净资产收益率在提高，只能表明周转率在提高或者提高了资产负债率，回顾资产负债率那部分，可以看出2011年后的整体资产负债率较之前还是所提高的。这也能解释净资产收益率提高的部分原因了。

白云山：从背景图来看，过去十年毛利率和净资产收益率呈现浅绿色、白色和深绿色背景并存的模式，净利率呈现白色和深绿色背景并存的模式，净资产收益率呈现浅绿色、白色和深绿色背景并存的模式，表明公司产品盈利能力一般，净资产收益率波动幅度较大。从数据图的色块和具体数值来看，毛利率逐年提高，净利率依然维持个位数，2017年底开始净利率有抬头的迹象，但整个进程中净资产收益率波动大，但盈利幅度不大，最高的也才 15.4%。

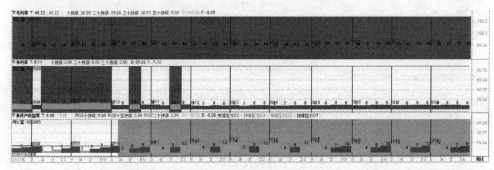

图 7-160

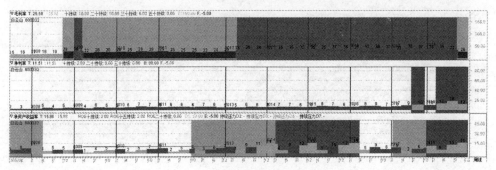

图 7-161

毫无疑问，净资产收益率是一个非常重要的评价企业盈利能力的核心指标，但还是要适当结合产品的毛利率和经营的净利率。同仁堂净资产收益率上了一个台阶，而净利率下了一个台阶的特性，而片仔癀的毛利率、净利率在中成药前五中均属于第一位，资产负债率也不高，但净资产收益率却并不是第一，结合扣非净利润和净资产规模指标，可以简单推测，该企业经营的产品属于小众产品，所以周转率不高。

4. 反映成长的净利润增速指标

康美药业：从背景图来看，过去十年，一直呈现深绿色背景，表明企业持续增长。从数据图的色块以及具体数值来看，业绩增速呈现增速放缓态势，最近几年依然可以高达 20% 以上增速。

图 7-162

云南白药：从背景图来看，过去十年，一直呈现深绿色背景，表明企业持续增长。从数据图的色块以及具体数值来看，业绩增速呈现放缓态势，最近几年放缓到甚至个位数增长。

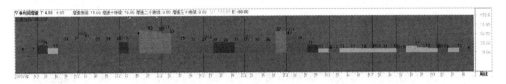

图 7 – 163

片仔癀：从背景图来看，过去十年，呈现深绿色和黄色（增速下滑）背景并存的模式，表明业绩增速存在一定波动性，但是整体还能增长。从数据图的色块以及具体数值来看，业绩增速呈现一定周期性。

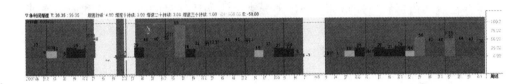

图 7 – 164

同仁堂：从背景图来看，过去十年，除了单个季度呈现黄色（增速下滑）背景外，其他时候均呈现深绿色背景，表明业绩增速有一定波动，但整体持续增长。从数据图的色块以及具体数值来看，业绩增速呈现一定波动性，但是，有增速放缓态势，最近几年放缓到个位数增长。

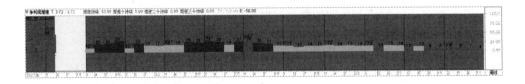

图 7 – 165

白云山：从背景图来看，过去十年呈现深绿色和黄色（增速下滑）背景并存的模式，表明业绩增速有一定波动，整体来说企业持续增长。从数据图的色块以及具体数值来看，业绩波动大，个别年份负增长，而后有 20% 的增速、放缓，但近期又呈现加速态势。

图 7 – 166

以上是从财务视角，八个核心财务指标，四个方面来考察中成药行业前五的企业基本面的特性。

综合以上，从扣非净利润和净资产规模指标特性，中成药前五的公司在快速发展中，均利用了资本市场募集资本。所以，在考虑净利润增长时，也应该一起考虑。比如，康美药业，整体增速就较高。但同样也应该明白，利用了资本市场，业绩并不一定就能获得持续、稳定增长。它们各自的产品特性，经营特性还是能够在盈利指标和增速指标反映出差异来。比如片仔癀的盈利指标和业绩增速指标就呈现明显的周期性。康美药业和云南白药以及同仁堂就比较稳定，而白云山就呈现较强的波动性。周期性，可能是产品价格波动。持续稳定，可能表明产品在市场中有可持续竞争优势，拥有品牌价值。波动性，则可能表明竞争优势不强，也可能是因为业务板块比较多。

事实上，大消费品行业，企业主要靠差异化竞争。虽然这 75 家中成药企业，哪怕是排名前五的企业，它们产品的差异依然巨大。或者说，从本质上就有很大的差别，但又在更大类上同属于医药行业，同属于中成药企业，而财务指标是通用的，可以定量得出它们的特性，还可以进行定量的比较。毕竟不论经营什么产品，投资的是资金，收回来的还是资金，这是大同。至于经营什么产品，它们的差异，在大同下就有财务指标做定量比较的基础了。

二、中成药行业前五企业的股价特性

康美药业：从背景图、数据图的色块和具体数值来看，过去十年，公司的股价的阶段性相对复杂些，背景图的白色和深绿色背景交替频次要更加多些，红色块比黑色块要明显很多。从股价、基本趋势和主流偏见综合来看，有两张股价图，其中的区别只是改变了股价的坐标，上面的股价图的坐标是普通坐标，而底下是对数坐标。使用对数坐标的好处是可以忽略股票价格基数的影响，而且是同等百分比纵坐标。这样可以直观在图 7 – 167 中看出康美药业在 2009 ~ 2010 年的涨幅远远超过 2015 年的涨幅，如果使用普通坐标会给人假象，以为 2015 年的涨幅比 2009 ~ 2010 年涨得多，这是其一。其二是使用对数坐标，可以更好地表达股价走势与基本趋势的关系。从康美药业的盈利能力指标和净利润增速指标可以得出，2009～2010年康美药业的毛利率、净利率以及净资产收益率在逐年提升。2015年至今，康美药业的业绩增速比较平缓，盈利能力指标也相对稳定。所以，这点是可以较好地验证彼得·林奇的观点，快速增长型企业的股价走势和缓慢增长型企业的股价走势的关系。同时还可以破除规模大的企业，股价稳定性就好的谬误，事实上康美药业在最近5年的稳定性、持续性还不如2009～2010年。但是，同样可以验证前面的观点，盛极而衰。公司在2009～2010年股价的快速上涨以及基本趋势的加速运行后，股价和基本趋势都进入了一个放缓甚至停滞的阶段。

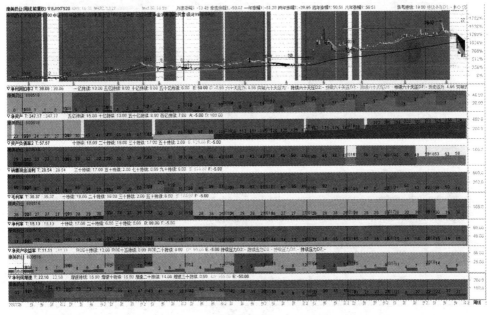

图 7 - 167

云南白药：从背景图、数据图的色块和具体数值来看，过去十年，公司的股价的阶段性相对清晰，深绿色背景与白色背景持续时间均比较长，红色块非常明显。从股价、基本趋势和主流偏见综合来看，对数坐标能够直观地表达股价和基本趋势的关系。2009～2011年，股价快速上涨，基本趋势加速运行。2015年至今，股价缓慢上涨，基本趋势继续放缓，就在2018年上半年，云南白药的规模和行业地位显然没有发生黑天鹅似的变化，但从图上可以得知一个月下跌11.77%，一个季度下跌30.24%。缓慢上涨型的企业，股价也可以短短一个季度跌掉一两年上涨的幅度，而且，股价的周期性特性在基本趋势为缓慢上涨型的股票中，比较难以择时，因为股价上涨的太缓慢，而下跌的时候又太快速了。

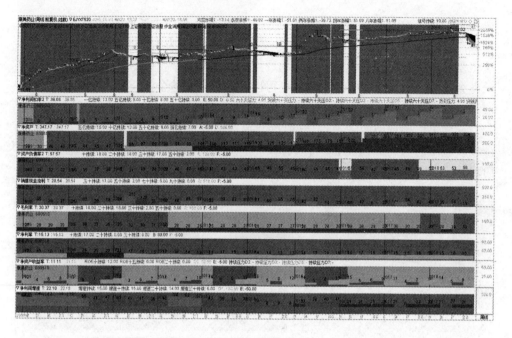

图 7 - 168

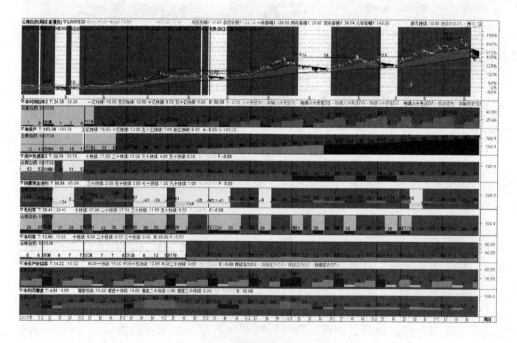

图 7 - 169

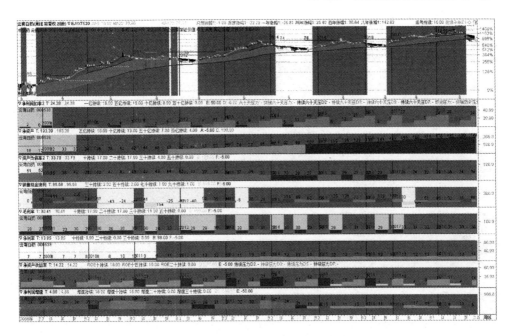

图 7 – 170

　　片仔癀：从背景图、数据图的色块和具体数值来看，过去十年，公司的股价的阶段性相对清晰，深绿色背景与白色背景持续时间均比较长，红色块非常明显。从股价、基本趋势和主流偏见综合来看，同样的从普通坐标和对数坐标，可以清晰地看到2009～2013年、2015～2018年两个阶段公司的股价走势和基本趋势的直观关系，对数坐标中显示出了2009～2013年股价在股票市场环境改善和基本趋势加速的时候，股价也快速上涨，而在2015～2018年则有所反复且涨幅实际小很多。另外，我们前面已经论证了股价走势有其自身的周期性共性特征，也有其基本趋势的差异性特征。从基本趋势出发，要想引起比较明显的股价周期性特征，需要基本趋势处于比较明显的良性循环之中，比如净资产收益率的值高于15%，如果还在逐步加速。比如净利润增速高于20%，最好是30%～40%。净利润增速太高也未必是好事，因为后续盈利的持续性和稳定性可能就得打折扣了。净利润增速与净资产收益率接近或者是它的2倍以内的范围，反而可以持续好几年，这样在几年内，股价走势如果有股票市场环境改善的配合，就可以得到极大的表现。这是一个盛极而衰模型，尤其适合周期性行业的分析。而恰恰片仔癀也呈现一定的周期属性。

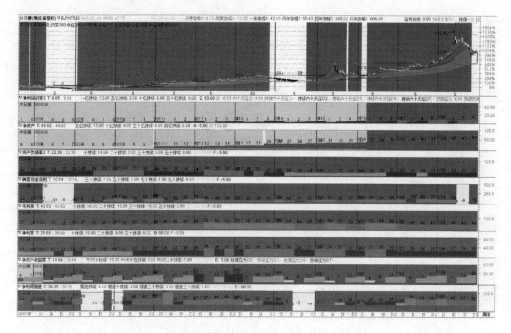

图 7 –171

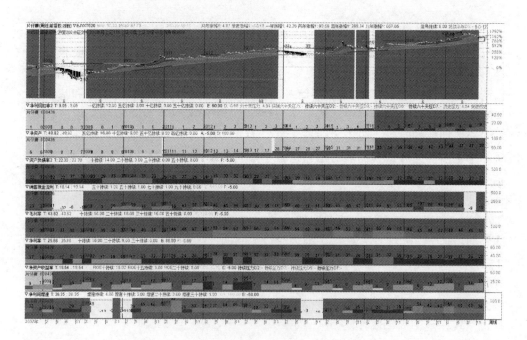

图 7 –172

同仁堂：从背景图、数据图的色块和具体数值来看，过去十年，公司的股价的阶段性相对复杂些，背景图的白色和深绿色背景交替频次要更加多些。从股价、基本趋势和主流偏见综合来看，同仁堂的财务指标反映出来的基本趋势就是云南白药缩小版，在 2009～2013 年净利润增速比 2014～2018 年要高一倍，在 2009～2018 年呈现增速放缓的态势，而在 2009～2013 年盈利能力逐年改善，2014 年后则呈现相对平稳。股价在对数坐标中，较好地表达了股价和基本趋势间的关系，在 2009～2013 年，股价快速上涨，而在 2014～2018 年整体呈现高位滞涨的态势。

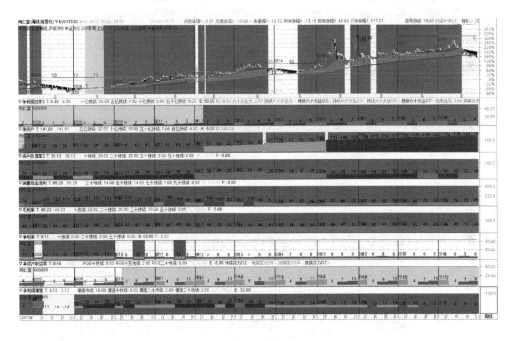

图 7－173

白云山：从背景图、数据图的色块和具体数值来看，过去十年，公司的股价的阶段性相对复杂些，背景图的白色和深绿色背景交替频次要更加多些，红色块和黑色块都比较明显。从股价、基本趋势和主流偏见综合来看，白云山的基本趋势呈现的就比较弱，在 2010～2013 年净利润增速还可以，但是盈利能力又较差，而在 2013～2017 年净资产收益率上了一个台阶，但是净利润增速却先是呈现放缓的态势，所以股价在 2015 年牛市下来，几乎没怎么涨，不过 2018 年上半年，基本趋势呈现非常明显的加速态势，市场也认识到了这一点，股价在 2018 年上半年得到了快速的上涨，是否会启动一轮基本趋势的持续加速，值得后续继续跟踪。

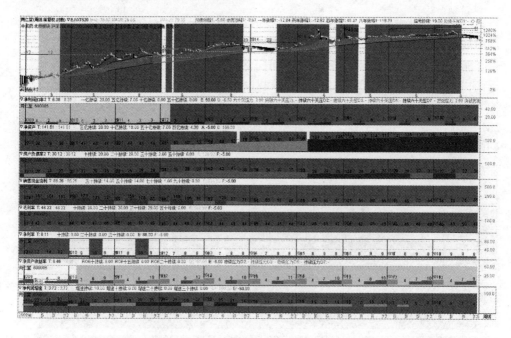

图 7 - 174

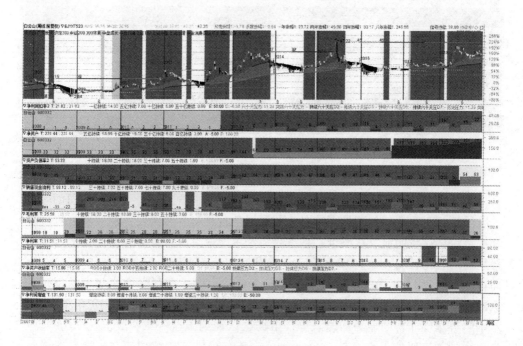

图 7 - 175

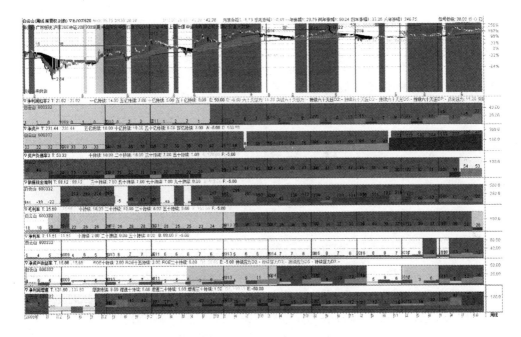

图 7 – 176

使用对数坐标，能够更加直观地反映出公司业绩的快速上涨，表达了强劲的基本趋势，主流偏见为正的时候，公司股价也能获得快速的上涨。如果从普通坐标，上涨同样的幅度，由于后续高基数的原因，上涨同样的金额，后面的上涨幅度事实上是不如前面的，但后续的金额较大，在普通坐标中反而给人一种错觉。有点遗憾的是，受除权以及受分红的影响，在前复权处理后，持续时间长的股票，往前推的成本会变成负数，这样也就限制了对数坐标的使用。负数是不能取对数的，这是纯数学导致技术上的限制。但是，通过普通坐标和对数坐标的转换，让我们明白，不是行业规模大的股票的稳定性、持续性就一定比规模小的股票要好。前面食品行业的双汇发展稳定性就比规模小且基本趋势强的股票要差，中成药行业中的云南白药后半段比前面就要差。所以，股价的稳定性、持续性一方面主要受公司本身是否拥有一个强劲的基本趋势影响，另一方面是受当时的主流偏见影响。公司的规模以及公司在行业内是否为龙头不是唯一决定因素，但规模是构成主流偏见的成分之一，这点同样是不可否认的。

做这样的区分，是为了避免陷入化学制药行业恒瑞医药和华东医药、信立泰的主流偏见分析误区。这是因为，恒瑞医药和华东医药、信立泰存在一个共同的前提，从财务指标中的盈利指标和成长指标所反映出来的基本趋势来看，都表达了强劲的基本趋势的信号。但在股价稳定性方面还是表现了一定的差异，甚至在信立泰中的稳定性还打了折扣。这样可以进一步从股价本身所体现的主流偏见层面来反思市场参与者的观点。

做这么多实证分析，不是为了得到确定性的答案，而是在这个过程中，更好地处理现实复杂的现象，最后选择一条简单可复制的道路前行。

第七节　家电行业特性分析

一、家电行业基本面特性分析

家电行业有 43 家上市企业，截至目前，按照流通市场排序，美的集团排在第一位：2683.49 亿元；排在第二位的是格力电器：2336.49 亿元；第三位的是青岛海尔：924.37 亿元；第四位的是 TCL 集团：329.55 亿元；第五位的是苏泊尔：263.66 亿元；第六位的是老板电器：218.96 亿元。截至目前，家电行业中突破 1000 亿元的有两家，分别是美的集团和格力电器。500 亿~1000 亿元的有一家，是青岛海尔。家电行业上市公司有 43 家，但行业中有两家企业的市值远超同行其他企业，行业集中度已经较高了，说明已经属于比较成熟稳定的行业了。那么，这些前六的家电行业上市公司，它们的行业地位（规模）、抗风险能力、盈利能力和成长前景从财务视角看，我们又能得出什么呢。下面就从这四个方面的财务视角——查看。

表 7 - 8

家用电器（43）	涨幅（%）	现价	量比	涨速（%）	流通市值↓（亿元）
1. 美的集团	-0.72	41.41	1.84	0.10	2683.49
2. 格力电器	-0.36	39.14	1.68	0.15	2336.49
3. 青岛海尔	-0.13	15.16	1.03	0.26	924.37
4. TCL 集团	0.72	2.81	1.26	0.00	329.55
5. 苏泊尔	0.08	48.41	1.13	0.10	263.66
6. 老板电器	-5.06	23.43	8.91	0.60	218.96
7. 小天鹅 A	1.67	46.96	1.94	0.56	206.33
8. 海信电器	-0.38	10.44	2.13	0.29	136.61
9. 四川长虹	0.73	2.77	1.44	0.36	127.82
10. 九阳股份	-0.90	16.47	2.34	0.06	125.49
11. 莱克电气	0.04	25.16	0.53	0.20	100.89

续表

家用电器（43）	涨幅（%）	现价	量比	涨速（%）	流通市值↓（亿元）
12. 兆驰股份	0.42	2.37	1.10	0.00	94.16
13. 华帝股份	−2.09	11.23	3.65	0.36	87.75
14. 奥马电器	—	—	0.00	—	77.14
15. 创维数字	0.42	7.18	1.27	0.14	68.94
16. 海信科龙	−0.78	7.62	2.36	−0.25	68.74
17. 深康佳 A	0.74	4.09	1.41	0.25	65.30
18. 佛山照明	0.51	5.88	0.86	0.17	63.05
19. 万和电气	−0.35	11.38	1.11	0.00	55.22
20. 阳光照明	−0.79	3.79	1.89	−0.51	55.03
21. 奋达科技	2.15	4.76	2.50	0.21	48.11
22. 新宝股份	−0.57	8.78	1.06	0.34	40.29
23. 浙江美大	1.73	14.15	2.08	0.50	40.04
24. 德豪润达	0.32	3.09	3.94	0.00	39.13
25. 日出东方	0.49	4.14	0.73	0.24	33.12
26. 惠而浦	−0.37	5.40	2.67	0.93	28.77
27. 金莱特	—	—	0.00	—	28.13
28. 澳柯玛	0.26	3.81	0.70	0.00	27.90
29. 长虹美菱	0.29	3.44	0.78	−0.28	27.61
30. 爱仕达	−0.60	8.28	0.84	0.24	23.94

1. 反映规模的扣非净利润和净资产指标

美的集团：从背景图来看，扣非净利润和净资产均呈现浅深绿色背景，表明企业能实现连续盈利，规模相对较大，且全是靠内生增长的。从数据图的色块和具体数值来看，由于公司 2013 年换股吸收合并美的电器，2013~2017 年扣非净利润从 39 亿元增长到 156 亿元，扣非净利润在 2014 年突破 50 亿元，2015 年突破 100 亿元，净资产从 391 亿元增长到 829 亿元，净资产在 2015 年突破 500 亿元。从净资产图可以看出，净资产不存在突变信号。但我们依然需要打开公司资本运作这一栏，以后不论净资产是否存在突变，都打开这一栏看看。我们可以得知公司在 2013 年换股吸收上市后，2015 年进一步募集资金补充了流动性。只是 2015 年募集的资金额度相比原有净资产比例较小罢了，所以才在图上没有显示。

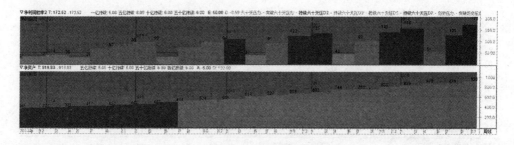

图 7 - 177

募集资金来源		项目进度				

○ 募集资金来源

公告日期	发行类别	实际募集资金净额(万元)	发行起始日	证券名称	证券类别
2015-06-25	增发新股	120,354.32	2015-06-15	美的集团	A股
2013-09-12	首发新股	3,051,049.02	--	美的集团	A股

○ 项目进度

项目名称	截止日期↓	计划投资(万元)	已投入募集资金(万元)	建设期(年)	收益率(税后)	投资回收期(年)
补充流动资金	2015-06-25	120,354.32	--	--	--	--
换股吸收合并广东美的电器股份有限公司	2013-09-12	3,058,257.02	--	--	--	--

图 7 - 178

格力电器：从背景图来看，过去十年，扣非净利润和净资产均呈现深绿色背景，净资产存在两处突变信号，表明企业能实现连续盈利，规模相对较大。从数据图的色块和具体数值来看，2007～2017 年，扣非净利润从 11 亿元增长到211.7 亿元，扣非净利润在 2007 年突破 10 亿元，在 2011 年突破 50 亿元，在2014 年突破 100 亿元；净资产则从 2007 年的 58.6 亿元增长到 2017 年的 668 亿元，净资产在 2007 年突破 50 亿元，在 2009 年突破 100 亿元，在 2016 年突破500 亿元。从净资产图可以看出，净资产在 2007 年、2012 年有两处突变信号，这种情况通常表明企业进行了定增。打开公司资本运作栏，可以得知公司在 2007年 12 月募集了 11.35 亿元，2012 年 1 月募集了 31.95 亿元，但是从项目进度栏来看，公司不仅投资在原主业上，还计划投资汽车项目，目前还没有公布造车项目的已投入金额，但从公布的计划投资额度来看，高达 222 亿元。

青岛海尔：从背景图来看，过去十年，扣非净利润和净资产均呈现深绿色背景，净资产有一处突变信号，表明企业能实现连续盈利，规模相对较大。从数据图的色块和具体数值来看，2007～2017 年，扣非净利润从 6.48 亿元增长到 56 亿元，扣非净利润在 2009 年突破 10 亿元，在 2017 年突破 50 亿元；净资产则从 2007 年的 70.56 亿元增长到 2017 年的 467.5 亿元，净资产从 2011 年突破 100 亿元到 2018 年突破 500 亿元。从净资产和扣非净利润来看，2007 年青岛海尔的净资产规模超过格力电器，但是利润一直不如格力电器。从净资产图可以看出，净资产在 2014 年存在突变信号，这种突变信号通常表明企业进行了定增。打开公司资本运作栏，可以得知公司定增了 32 亿元，用在了补充流动性。

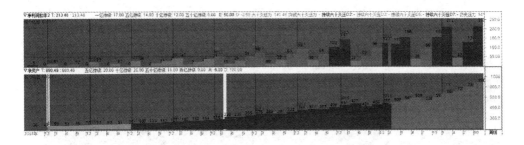

图 7 – 179

○ 募集资金来源

公告日期	发行类别	实际募集资金净额(万元)	发行起始日	证券名称	证券类别
2012-01-11	增发新股	319,528.70	2012-01-19	格力电器	A股
2007-12-06	增发新股	113,536.32	2007-12-14	格力电器	A股
2000-07-20	配股	44,959.58	--	格力电器	A股
1998-04-04	配股	27,089.00	--	格力电器	A股
1996-11-18	首发新股	0.00	--	格力电器	A股

○ 项目进度

项目名称	截止日期↓	计划投资(万元)	已投入募集资金(万元)	建设期(年)	收益率(税后)	投资回收期(年)
河北广通年产32,000辆纯电动专用车改装生产基地建设项目	2016-09-02	183,405.28	--	2.00	20.76%	8.07
收购珠海银隆100%股权	2016-08-19	1,300,000.00	--	--	--	--
河北银隆年产14.62亿安时锂电池生产线项目	2016-08-19	628,387.28	--	--	13.44%	7.82
石家庄中博汽车有限公司搬迁改造扩能项目(二期)	2016-08-19	113,467.64	--	--	24.62%	6.44
珠海银隆总部研发中心升级建设项目	2016-08-19	46,493.36	--	--	--	--
河北银隆年产200MWh储能模组生产基地建设项目	2016-08-19	32,344.64	--	--	24.77%	6.28
年产600万台新型节能环保家用空调压缩机项目	2015-08-31	118,000.00	90,000.00	2.00	18.85%	6.25
郑州家用空调建设项目	2015-08-31	76,295.00	70,000.00	1.00	28.02%	4.67
格力总部商用空调技术改造项目	2015-08-31	60,002.50	53,528.70	2.00	32.81%	5.00
武汉商用空调建设项目	2015-08-31	56,067.00	50,000.00	2.00	32.50%	4.67

图 7 – 180

　　TCL 集团：从背景图来看，过去十年，扣非净利润呈现浅绿色、黄色（亏损）、深绿色背景并存的模式，净资产存在多处突变信号，表明企业盈利波动较大，甚至亏损，企业还在不断通过并购重组进行业务重整。从数据图的色块和具体数值来看，2007～2017年，扣非净利润从1.36亿元增长到11.91亿元，其中2013年扣非净利润突破5亿元，2014年扣非净利润突破10亿元，但是截至目前扣非净利润还没有突破2014年的高点；净资产则从2007年的56.51亿元增长到2017年的541.43亿元，净资产在2010年突破100亿元，2017年突破500亿元。从净资产图可以看出，净资产在2009年、2010年、2014年和2015年存在多处突变信号，这种突变信号通常表明企业进行了定增。打开公司资本运作栏，可以得知公司定增了多次，募集资金用在了公司主业上和收购华星光电项目上。

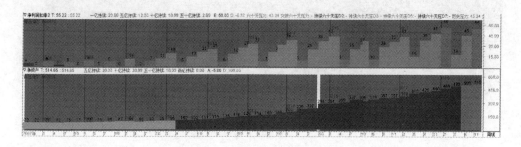

图 7 - 181

募集资金来源 | 项目进度

○ 募集资金来源

公告日期	发行类别	实际募集资金净额(万元)	发行起始日	证券名称	证券类别
2014-07-22	增发新股	321,472.76	2014-07-11	青岛海尔	A股
2007-05-24	增发新股	70,597.03	--	青岛海尔	A股
2001-01-03	增发新股	174,819.74	--	青岛海尔	A股
1999-07-28	配股	55,623.00	--	青岛海尔	A股
1997-10-06	配股	27,766.69	--	青岛海尔	A股
1996-04-16	配股	19,067.17	--	青岛海尔	A股
1993-10-10	首发新股	0.00	--	青岛海尔	A股

○ 项目进度

项目名称	截止日期↓	计划投资(万元)	已投入募集资金(万元)	建设期(年)	收益率(税后)	投资回收期(年)
补充流动资金	2015-03-31	321,472.76	321,472.76	--	--	--
购买海尔集团公司资产	2007-05-24	70,597.03	70,597.03	--	--	--
将用于收购青岛海尔空调器有限总公司74.45%股权	2001-01-03	200,000.00	174,819.74	--	--	--
生产出口大型冰箱技改项目	1999-07-28	--	15,836.16	--	--	--
引进洗碗机内胆精密成型线扩大出口技改项目	1999-07-28	--	15,000.00	--	--	--
电脑板项目	1999-07-28	--	14,000.00	--	--	--
建设国际物流中心项目	1999-07-28	--	3,461.75	--	--	--
收购章丘电机厂项目	1999-07-28	--	4,235.00	--	--	--
补充流动资金	1999-07-28	--	3,090.09	--	--	--
青岛海尔电冰箱(国际)有限公司二期工程	1997-10-06	12,000.00	12,000.00	--	--	--

图 7 - 182

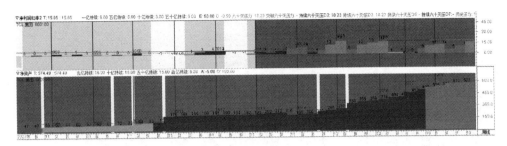

图 7 – 183

募集资金来源 ｜ 项目进度

○ **募集资金来源**

公告日期	发行类别	实际募集资金净额(万元)	发行起始日	证券名称	证券类别
2017-12-22	增发新股	403,400.00	2017-12-11	TCL集团	A股
2015-02-25	增发新股	561,800.92	2015-02-12	TCL集团	A股
2014-04-29	增发新股	197,064.98	2014-04-21	TCL集团	A股
2010-08-02	增发新股	440,366.98	2010-07-28	TCL集团	A股
2009-04-24	增发新股	87,593.86	2009-04-20	TCL集团	A股
2004-01-05	首发新股	241,990.51	--	TCL集团	A股

○ **项目进度**

项目名称	截止日期	计划投资(万元)	已投入募集资金(万元)	建设期(年)	收益率(税后)	投资回收期(年)
发行股份购买华星光电10.04%股权	2017-12-22	403,400.01	--	--	--	--
华星光电第8.5代TFT-LCD(含氧化物半导体及AMOLED)生产线建设项目(t2项目)	2015-08-14	2,440,000.00	400,000.00	1.42	13.69%	8.58
补充流动资金	2015-08-14	170,066.00	161,800.92	--	--	--
收购深超公司持有的华星光电30亿元注册资本出资额所对应的股权	2015-03-03	318,153.42	154,076.71	--	--	--
补充流动资金	2015-03-03	45,900.00	42,988.27	--	--	--
建设第8.5代液晶面板生产线项目	2014-08-15	440,366.98	440,366.98	1.67	9.82%	8.15
投资大尺寸高清晰液晶电视模组一体化制造项目,用于56英寸以下全高清液晶电视模组	2014-08-15	45,000.00	30,000.00	1.00	--	5.17
投资中小尺寸高清晰液晶电视模组一体化制造项目,用于42英寸以下液晶电视模组	2014-08-15	42,593.86	27,593.87	--	--	--
液晶电视整机一体化项目	2014-08-15	30,000.00	--	--	23.92%	4.75
物流平台技术改造	2004-01-05	18,500.00	18,500.00	--	--	--

图 7 – 184

　　苏泊尔：从背景图来看，过去十年，扣非净利润和净资产均呈现浅绿色和深绿色背景并存的模式，表明企业能实现连续盈利，规模在逐步扩大。从数据图的色块和具体数值来看，2007～2017 年，扣非净利润从 1.69 亿元增长到 11.89 亿元，扣非净利润在 2013 年突破 5 亿元，2017 年突破 10 亿元；净资产则从 2007

年的 18.07 亿元增长到 2017 年的 51.98 亿元。从净资产图可以看出，净资产在 2007 年存在突变信号，这种突变信号通常表明企业进行了定增。打开公司资本运作栏，可以得知公司 2007 年 9 月募集了 7 亿元。

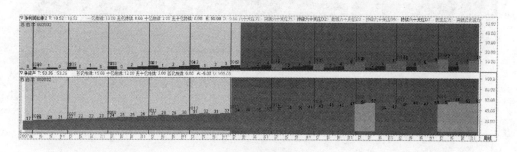

图 7 – 185

募集资金来源 ｜ 项目进度

○ 募集资金来源

公告日期	发行类别	实际募集资金净额(万元)	发行起始日	证券名称	证券类别
2007-09-03	增发新股	70,463.20	2007-08-28	苏泊尔	A股
2004-07-29	首发新股	39,428.18	---	苏泊尔	A股

○ 项目进度

项目名称	截止日期↓	计划投资(万元)	已投入募集资金(万元)	建设期(年)	收益率(税后)	投资回收期(年)
绍兴苏泊尔年产925万台电器产品生产基地建设项目	2015-03-26	45,000.00	40,686.68	---	---	
武汉炊具年产800万口不锈钢、铝制品及不粘锅生产线技改项目	2015-03-26	15,000.00	16,026.68		21.77%	6.00
越南年产790万口炊具生产基地建设项目	2015-03-26	12,000.00	10,288.31		24.50%	5.75
永久补充流动资金	2015-03-26	6,102.21	6,102.21			
智能整体厨房系统技术改造项目	2011-03-26	21,173.00	21,847.10		24.60%	
年产50万台智能电磁灶技术改造	2011-03-26	4,775.00	4,805.02		25.00%	
苏泊尔国际营销网络建设项目	2011-03-26	2,812.00	2,323.50		21.40%	
增资控股子公司武汉苏泊尔压力锅有限公司，用于武汉基地压力锅、铝制品及不粘锅生产线移地技术改造项目	2004-07-29	6,753.00	6,753.00		21.77%	
年产3000吨不锈钢—铝高档复合片材技术改造	2004-07-29	5,240.00	---		24.60%	
年产450万口铝制品生产线技术改造项目	2004-07-29	4,807.00	4,807.00		24.50%	

图 7 – 186

老板电器：从背景图来看，公司 2010 年上市后，扣非净利润和净资产均呈现浅绿色和深绿色背景并存的模式，表明企业能实现连续盈利，规模逐步扩大。

从数据图的色块和具体数值来看，2010～2017 年，扣非净利润从 1.3 亿元增长到 14.06 亿元，扣非净利润在 2014 年突破 5 亿元，2016 年突破 10 亿元；净资产则从 2010 年的 13.71 亿元增长到 2017 年的 52.57 亿元，净资产在 2017 年突破 50 亿元。从净资产图可以看出，净资产只存在上市突变信号，这种突变信号表明企业进行了首次上市融资。打开公司资本运作栏，公司首次上市融资 9 亿元，后续投资在公司相关主业上。

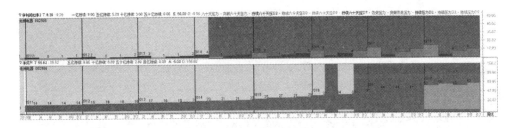

图 7 - 187

募集资金来源 | 项目进度

○ 募集资金来源

公告日期	发行类别	实际募集资金净额(万元)	发行起始日	证券名称	证券类别
2010-11-02	首发新股	90,267.00	2010-11-10	老板电器	A股

○ 项目进度

项目名称	截止日期 ↓	计划投资(万元)	已投入募集资金(万元)	建设期(年)	收益率(税后)	投资回收期(年)
年产100万台厨房电器生产建设项目	2015-04-08	40,000.00	37,513.73	2.00	24.94%	5.67
年新增15万台吸油烟机技改项目	2015-04-08	7,990.00	8,139.69	2.00	20.09%	6.42
研发中心建设项目	2015-07-23	3,900.00	3,218.26	2.00	---	---
节余超募资金永久性补充流动资金	2015-04-24	38,377.00	---	---	---	---
使用部分超募资金设立全资子公司	2014-07-25	5,000.00	5,000.00	---	---	---
使用部分超募资金永久性补充流动资金	2014-04-10	20,000.00	20,000.00	---	---	---

图 7 - 188

2. 反映风险的资产负债率和销售现金流指标

美的集团：从背景图来看，资产负债率一直呈现黄色背景，销售现金流则一直呈现深绿色背景。从数据图的色块和具体数值来看，资产负债率处于高位，维持在 60% ～68%；销售现金流回笼比较顺畅。

格力电器：从背景图来看，资产负债率一直呈现黄色背景，销售现金流则一直呈现深绿色背景。从数据图的色块和具体数值来看，资产负债率处于高位，维持在 70% ～80%；销售现金流存在季节性波动，但整体回笼顺畅。

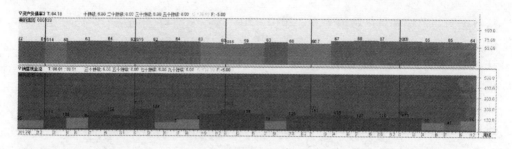

图 7 – 189

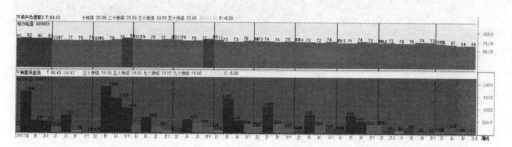

图 7 – 190

青岛海尔：从背景图来看，资产负债率呈现深绿色和黄色并存的背景模式，销售现金流则一直呈现深绿色背景。从数据图的色块和具体数值来看，资产负债率2007～2011年呈现逐年抬高态势，2011年后处于高位，维持在55%～70%；销售现金流呈现周期性波动，但整体回笼顺畅。

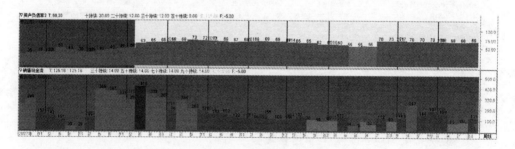

图 7 – 191

TCL集团：从背景图来看，资产负债率一直呈现黄色背景，销售现金流存在明显的现金流流出现象（黄色背景）。从数据图的色块和具体数值来看，资产负债率处于高位，维持在65%～75%；销售现金流波动比较明显，而且回笼不是很顺畅。

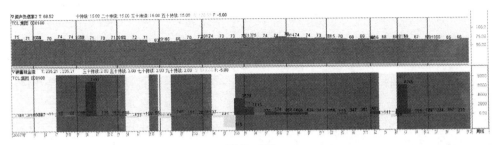

图 7-192

苏泊尔：从背景图来看，资产负债率一直呈现深绿色背景，销售现金流存在现金流流出现象（黄色）。从数据图的色块和具体数值来看，资产负债率处于低位，但呈现逐年抬高的走势；销售现金流在 2011 年波动比较明显，而且回笼不是很顺畅，2011 年后销售现金流回笼比较顺畅。

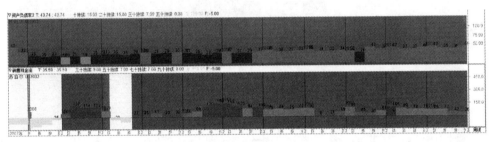

图 7-193

老板电器：从背景图来看，资产负债率一直呈现深绿色背景，销售现金流除了单个季度呈现（现金流流出）黄色背景，其他时候均呈现深绿色背景。从数据图的色块和具体数值来看，资产负债率处于低位，但呈现逐年抬高的走势；销售现金流存在季节性波动，但整体回笼比较顺畅。

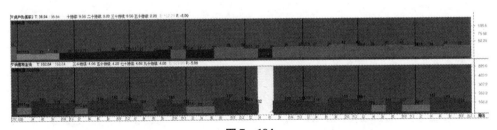

图 7-194

3. 反映盈利能力的毛利率、净利率、净资产收益率指标

美的集团：从背景图来看，过去十年，毛利率一直呈现浅绿色背景，净利率呈现白色和深绿色背景并存的模式，净资产收益率则一直呈现深绿色背景，表明

公司产品盈利能力一般，但是净资产收益率年化超过 15%。从数据图的色块和具体数值来看，毛利率维持在 23%～30%，2013～2016 年呈现逐步走高的趋势，2016 年至今有降低的趋势，但是整体波动不大。净利率并不高，很多年份只有个位数，净资产收益率比较高，维持在 16%～26%。较低的净利率和较高的净资产收益率形成明显反差，需要进一步结合资产负债率和周转率考察高净资产收益率的来源。由于资产负债率较高，说明其中有一部分来源于占用上下游资源或者银行信贷。

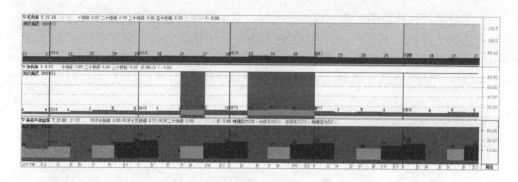

图 7－195

格力电器：从背景图来看，过去十年，毛利率呈现白色、浅绿色和深绿色背景并存的模式，净利率呈现白色和深绿色背景并存的模式，而净资产收益率则一直呈现深绿色背景，表明公司产品盈利能力一般，但是净资产收益率年化超过 15%。从数据图的色块和具体数值来看，毛利率和净利率并不高，但呈现逐年走高的趋势，净资产收益率比较高，维持在 22%～34%。同样存在明显的低净利率和高净资产收益率的反差，也是高资产负债率，这点与美的集团很相似。

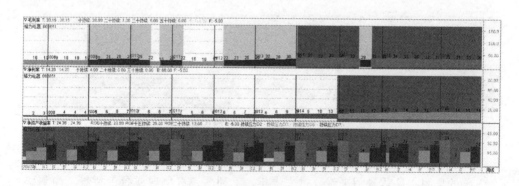

图 7－196

青岛海尔：从背景图来看，过去十年，毛利率呈现白色、浅绿色和深绿色背景并存的模式，净利率一直呈现白色背景，而净资产收益率呈现浅绿色和深绿色背景并存的模式，表明公司产品盈利一般，但净资产收益率年化超过15%。从数据图的色块和具体数值来看，毛利率和净利率比较稳定，但是一直都不高，尽管近年有抬高的苗头，但不明显。同样是较低的净利率和较高的净资产收益率以及较高的资产负债率。但净资产收益率波动范围加大，在10%~32%。

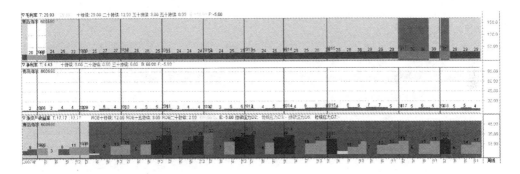

图 7 – 197

TCL 集团：从背景图来看，过去十年，毛利率呈现白色和浅绿色背景并存的模式，净利率一直呈现白色背景，而净资产收益率则呈现浅绿色、黄色、白色和深绿色背景并存的模式，表明公司产品盈利能力较低，净资产收益率波动性幅度较大。从数据图的色块和具体数值来看，较低的毛利率、净利率和净资产收益率，而且同样净利率低于净资产收益率，存在高资产负债率对净资产收益率的贡献，且净资产收益率波动非常明显，说明公司产品的可持续竞争优势和持续盈利能力不强。

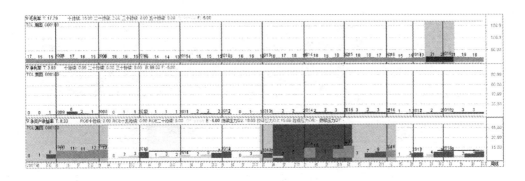

图 7 – 198

苏泊尔：从背景图来看，过去十年，毛利率呈现深绿色和浅绿色交替的背景模式，净利率一直呈现白色背景，而净资产收益率呈现浅绿色和深绿色背景并存的模式，表明公司产品盈利能力一般，但是净资产收益率年化超过10%，最近8年平均超过15%。从数据图的色块和具体数值来看，比较稳定的毛利率、净利率并不高，但是净资产收益率呈现逐年走高的趋势。同样净利率低于净资产收益率，但资产负债率也不算太高，只有逐年走高的趋势，那么可能是公司存在高周转率。

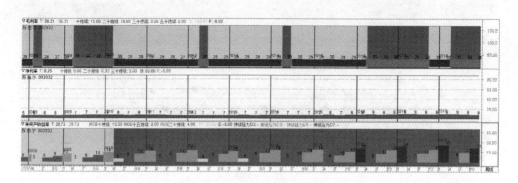

图 7 – 199

老板电器：从背景图来看，上市后毛利率、净利率均一直呈现深绿色背景，净资产收益率呈现浅绿色和深绿色背景并存的模式，表明公司产品盈利能力较强，且相对稳定，而净资产收益率年化超过10%，最近6年甚至超过15%。从数据图的色块和具体数值来看，在家电行业中属于很高的毛利率和很高的净利率了，净资产收益率也呈现逐年走高的趋势。而且公司资产负债率也不算太高，还有逐年走高的趋势。

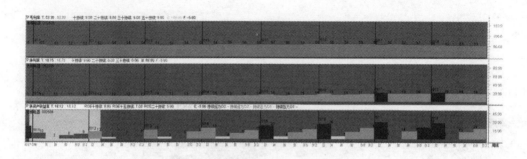

图 7 – 200

4. 反映成长的净利润增速指标

美的集团：从背景图看，一直呈现深绿色背景，表明企业持续增长。从数据图的色块以及具体数值看，吸收合并后净利润增速高增长，这是会计原因。结合之后的走势，增速比较稳定，在14%～20%。

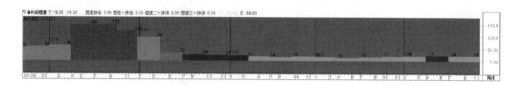

图 7 - 201

格力电器：从背景图来看，过去十年，除了个别季度呈现黄色（增速下滑）背景，其他时间均呈现深绿色背景，表明业绩有所波动，但是企业整体持续增长。从数据图的色块以及具体数值来看，2007 年、2008 年公司业绩增速较快，结合扣非净利率和净资产指标，可以得知公司在 2007 年募集了资金，加大了投入。在 2009 年后公司维持了一段较长时间的相对稳定增长。在 2015 年存在一个年度的下滑，之后又恢复了正增长。

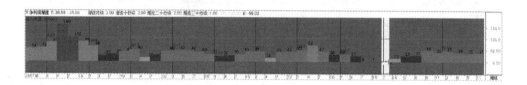

图 7 - 202

青岛海尔：从背景图来看，过去十年，除了个别季度黄色（增速下滑）背景，其他时候均呈现深绿色背景，表明业绩增速有所波动，但企业整体持续增长。从数据图的色块以及具体数值来看，公司增速业绩相对波动比较明显，但整体还算正增长多。

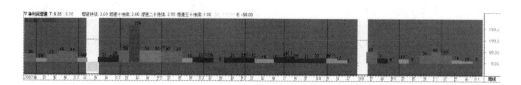

图 7 - 203

TCL 集团：从背景图来看，过去十年，呈现深绿色和黄色背景交替的模式，表明业绩增速波动很大。从数据图的色块以及具体数值来看，公司增速波动非常明显。

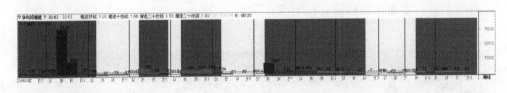

图 7 – 204

苏泊尔：从背景图来看，过去十年，除了单个年份呈现黄色背景，其他时候均呈现深绿色背景，表明业绩增长有所波动，但是企业整体持续增长。从数据图的色块以及具体数值来看，公司在 2007 ~ 2012 年增速比较稳定且比较快，但在 2012 年增速下滑，之后又恢复到了增长，尽管增速没有之前那么快，但依然保持在 20% 左右的增长。

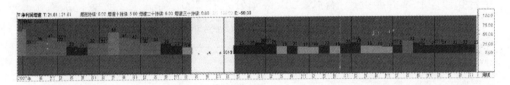

图 7 – 205

老板电器：从背景图来看，上市以后，一直呈现深绿色背景，表明企业持续增长。从数据图的色块以及具体数值来看，公司上市以来增速稳定且维持比较高的增长，但 2017 年第四季度开始增速放缓明显。

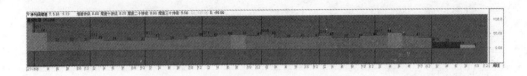

图 7 – 206

以上是从财务视角，八个核心财务指标，四个方面来考察家电行业前六企业的基本面的特性。

综合以上，我们可以从财务视角得知：①家电行业已经存在较强的龙头企业，美的集团和格力电器的市值和扣非净利润、净资产规模比第三名的青岛海尔都高出两倍，比第四名及以后的差距更加明显，当然也与各自经营的产品不同有关系。②家电行业的企业资产负债率差异明显，做空调和彩电的企业资产负债率普遍较高，跟产业链条长短不无关系，所以毛利率和净利率并不高。③小家电中，苏泊尔和老板电器的资产负债率不高，但产品的毛利率和净利率依然差异明显，整体的净资产收益率还不如做空调的龙头企业。这点同样值得反思，为何毛利率和净利率较高，但是净资产收益率却不如呢，这是由家电行业更加细分的子行业特性决定的，事实上资产负债率和销售现金流回笼的特性也主要是由行业特性决定的。④家电行业除了TCL集团外，整体盈利能力（净资产收益率）均比较强，尽管资产负债率和产品毛利率等差异较大。⑤家电行业前六企业除了TCL集团业绩增速不稳定外，其他企业业绩增速尽管存在某些年份的为负，但是整体呈现相对稳定的正增长。

但是，除了老板电器外，其他五家企业均进行了股权再融资，所以投资的资金来源不仅是企业盈利，而且老板电器也是运用了首次上市募集的资金，换句话说，投资很大程度上还是依靠扩大股本。另外，即使像苏泊尔和老板电器资产负债率不高，但是它们的资产负债率也在逐年提高，它们也在加大借助上下游资源或者银行信贷来投资。纯盈利再投资的特性，在家电行业前六来看不存在。

所以，外部融资（股权的、信贷的或者依靠占用上下游的）的可获得性，在行业处于前景好的时候，会助推企业快速发展。如果企业在扩大规模的同时，盈利能力指标和成长性指标比较良好，那么这个良性循环就会运行顺畅。但是，同样应该看到的是，这个良性循环实质上少不了股票市场这个关键环节。毕竟依靠了股票增发来募集资金，股票市场的股价对基本面的影响就不是可以忽略的。二级市场股价的高低直接会影响到股权融资的多少以及再融资的时机，这些是上市公司董事会不得不考虑的。

二、家电行业前六企业的股价特性

美的集团：从背景图、数据图的色块和具体数值来看，过去十年，公司的股价的阶段性非常清晰，深绿色背景持续性很强，红色块非常明显。从股价、基本趋势和主流偏见综合来看，股价和业绩呈现较强的方向一致性，但是也应该看到股价走势的周期性比较明显。

格力电器：从背景图、数据图的色块和具体数值来看，过去十年，公司的股价的阶段性相对清晰，深绿色背景持续性很强，红色块非常明显。从股价、基本趋势和主流偏见综合来看，企业的基本趋势近10年来一直处于良性循环之中，只存在个别季度增速为负的情况，而且公司毛利率和净利率还在逐年提升。股价长期呈现向上的走势，但是周期性也比较明显。

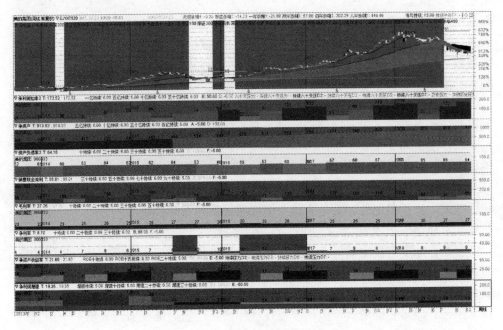

图 7 – 207

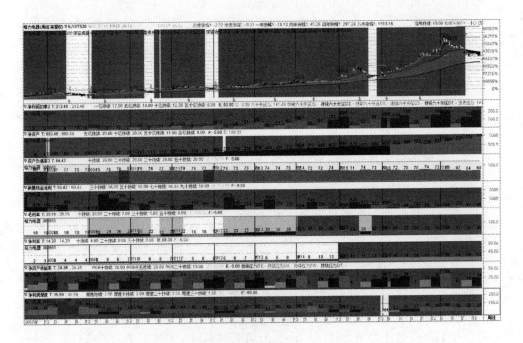

图 7 – 208

青岛海尔：从背景图、数据图的色块和具体数值来看，过去十年，公司的股价的阶段性相对清晰，深绿色背景持续性较强，红色块比较明显。从股价、基本趋势和主流偏见综合来看，青岛海尔股价和基本趋势几乎是格力电器的翻版，但基本趋势要弱于格力电器，股价也弱很多。

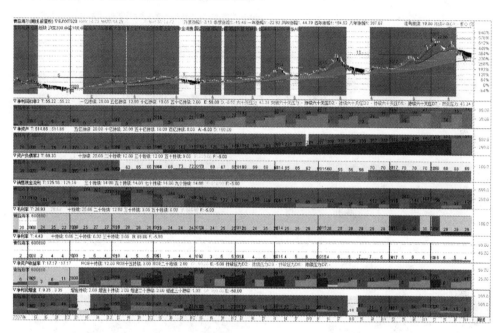

图 7 - 209

TCL 集团：从背景图、数据图的色块和具体数值来看，过去十年，公司的股价的阶段性相对复杂些，背景图的白色和深绿色背景交替频次要更加多些，红色块和黑色块都比较明显。从股价、基本趋势和主流偏见综合来看，股价的趋势性不是很明显，在市场行情好的时候同时配合基本趋势好转的时候，涨的多些，但是由于基本趋势比较弱，市场行情也不会一直好，所以股价几乎又回到了原点，结果呈现大幅震荡的走势。

苏泊尔：从背景图、数据图的色块和具体数值来看，过去十年，公司的股价的阶段性相对清晰，深绿色背景持续性较强，红色块非常明显。从股价、基本趋势和主流偏见综合来看，由于公司具有极强的基本趋势，在 2007～2011 年净资产收益率持续提升，净利润增速保持高位，在 2013～2017 年净利润增速保持稳定，净资产收益率还在高位继续改善，并且 2012 年业绩还增速为负。所以 2007～2017 年，基本趋势的走势非常明显，而股价同样走得比较明显，这种双明显的走势，正是符合模型的选择标的。

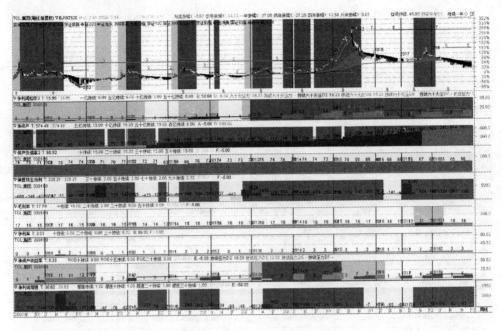

图 7 –210

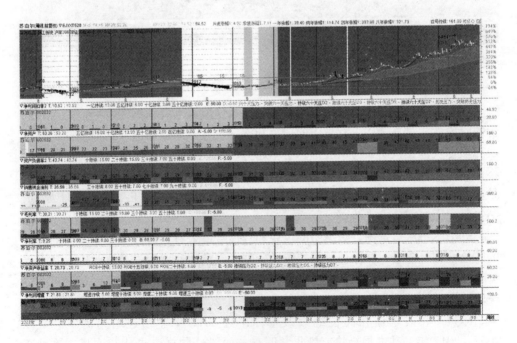

图 7 –211

老板电器：从背景图、数据图的色块和具体数值来看，过去十年，公司的股价的阶段性相对清晰，深绿色背景持续较强，红色块非常明显。从股价、基本趋势和主流偏见综合来看，老板电器在 2010 年至 2017 年上半年非常符合模型，2010～2012 年尽管基本趋势处于良性循环之中，但是主流偏见为负，股价一路回落。但是股市的周期迟早会到来，而在 2012～2017 年基本趋势继续保持良性循环，自然股价稳步上升。但是在 2017 年底，基本趋势有放缓的迹象，而主流偏见一旦转向，股价快速下跌，在 2018 年基本趋势进一步证实放缓继续，股价继续下跌，至今还保持着主流偏见、股价走势为负的格局，但是基本趋势并不是完全转为负，如果后续基本趋势停止放缓甚至加速，同时叠加股市环境好转，主流偏见为正，那么是否会继续走好，拭目以待，但目前还没有看到转好的迹象。

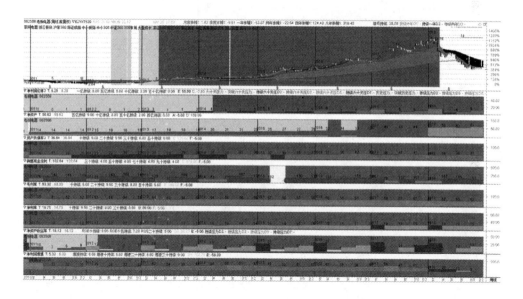

图 7－212

第八节 家居用品行业特性分析

一、家居用品行业基本面特性分析

家居用品行业，共有 37 家上市企业，截至目前，按照流通市值排序，索菲亚排在行业第一位：108.99亿元；第二位的是美克家居：73.45亿元；第三位的是欧派家居：70.89亿元；第四位的是宜华生活：60.35亿元；第五位的是大亚圣象：51.68亿元。截至目前，家居用品行业中突破1000亿元的没有。500亿～1000亿元的也没有，所以这个行业在市值上已经反映了其是一个小行业。那么，这些前五的家居用品行业上市公司，它们的行业地位（规模）、抗风险能力、盈利能力和成长前景从财务视角看是怎样的呢。下面从四个方面的财务视角一一查看。

表7-9

家居用品（37）	涨幅（%）	现价	量比	涨速（%）	流通市值↓（亿元）
1. 索菲亚	0.83	17.08	0.46	0.23	108.99
2. 美克家居	0.00	4.25	0.30	0.00	73.45
3. 欧派家居	0.60	76.96	0.81	0.01	70.89
4. 宜华生活	0.49	4.07	0.67	0.25	60.35
5. 大亚圣象	-0.52	9.57	0.61	0.10	51.68
6. 浙江永强	0.00	2.47	0.42	0.00	46.20
7. 尚品宅配	0.07	67.75	0.89	-0.02	46.19
8. 德尔未来	3.77	6.33	0.71	1.28	40.94
9. 威华股份	-3.46	8.08	1.41	0.12	39.64
10. 喜临门	2.11	12.10	0.46	-0.32	38.67
11. 顾家家居	3.26	41.20	1.18	0.02	36.71
12. 曲美家居	-2.44	6.81	1.45	-0.43	32.97
13. 南兴装备	0.11	28.39	0.25	0.21	27.68
14. 惠达卫浴	1.01	8.00	0.49	0.13	21.10
15. 志邦家居	1.52	24.71	0.96	0.08	20.56
16. 好莱客	0.06	17.77	1.07	0.00	19.30
17. 易尚展示	—		0.00	—	18.19
18. 永艺股份	0.00	6.30	0.81	0.16	15.75
19. 海鸥住工	-0.27	3.67	0.70	0.00	14.85
20. 帝欧家居	-1.42	14.62	0.56	0.00	13.64
21. 梦百合	0.50	16.01	0.37	-0.43	13.18
22. 皮阿诺	9.99	20.59	1.67	0.00	11.95
23. 哈尔斯	-4.03	4.53	1.24	0.44	10.41
24. 顶固集创	4.05	30.29	1.21	0.50	8.63

家居用品（37）	涨幅（%）	现价	量比	涨速（%）	流通市值↓（亿元）
25. 金牌橱柜	2.71	46.60	0.98	0.24	8.58
26. 恒林股份	1.32	29.27	0.72	0.14	7.32
27. 江山欧派	0.70	20.14	0.61	1.46	6.21
28. 茶花股份	2.86	8.27	0.93	0.49	6.19
29. 瑞尔特	9.68	9.40	2.50	0.53	6.02
30. 友邦吊顶	1.41	23.02	0.65	0.26	5.99

1. 反映规模的扣非净利润和净资产指标

索菲亚：从背景图来看，公司 2011 年上市后，扣非净利润和净资产均呈现浅绿色和深绿色背景并存的模式，净资产存在两处突变信号，表明企业能实现连续盈利，规模在逐步扩大，且企业有通过定增实现快速增长的可能。从数据图的色块和具体数值来看，2011 年扣非净利润为 1.32 亿元，2017 年扣非净利润达到 8.76 亿元，6 年时间增长 6.64 倍，年复合增长高达 37.1%，扣非净利润在 2016 年突破 5 亿元。净资产从 2011 年的 13.8 亿元增长到 2017 年的 49.15 亿元，净资产在 2018 年突破 50 亿元。从净资产图来看，存在两处突变信号，打开资本运作一栏得知，一个是上市之初的首次募集资金，另一个是 2016 年增发募集 10.8 亿元扩大产能。

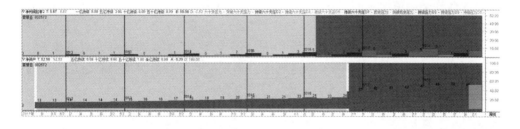

图 7 - 213

美克家居：从背景图来看，过去十年，扣非净利润一直呈现浅绿色背景，净资产呈现浅绿色和深绿色背景并存的模式，净资产存在多处突变信号，表明企业能实现连续盈利，规模逐步扩大，且企业有通过定增实现快速增长的可能。从数据图的色块和具体数值来看，2007 年公司扣非净利润 1 亿元，2017 年公司扣非净利润增长到 3.32 亿元，十年时间增长 3 倍；净资产从 2007 年的 9 亿元增长到 2017 年的 48 亿元，十年时间增长了 5 倍多，净资产在 2018 年突破 50 亿元，但

募集资金来源 | 项目进度

○ 募集资金来源

公告日期	发行类别	实际募集资金净额(万元)	发行起始日	证券名称	证券类别
2016-07-28	增发新股	108,123.20	2016-07-18	索菲亚	A股
2011-03-22	首发新股	108,497.85	2011-03-30	宁基股份	A股

○ 项目进度

项目名称	截止日期↓	计划投资(万元)	已投入募集资金(万元)	建设期(年)	收益率(税后)	投资回收期(年)
华中生产基地(一期)建设项目	2018-08-29	70,000.00	34,769.18	4.00	23.93%	5.60
索菲亚家居数字化生态系统(互联网+)平台升级项目	2018-08-29	30,000.00	6,410.96	4.00		
生产基地智能化改造升级项目	2018-08-29	25,000.00	7,247.49	3.00		
信息系统升级改造项目	2018-08-29	15,000.00	1,572.67	3.00		
新华中生产基地(一期)建设项目	2018-04-17	4,540.37	---			
使用部分超募资金设立全资子公司并实施华北生产基地投资计划	2016-01-28	44,000.00	20,067.96			
华东生产基地建设项目	2016-01-28	16,000.00	12,000.00			
华东生产基地建设项目(二期)	2016-01-28	10,000.00	10,131.96			
使用部分超募资金设立全资子公司并收购名隆家具(嘉善)有限公司部分资产	2015-08-07	12,000.00	12,000.00			
使用部分超募资金增资收购四川宁基建筑装饰材料有限公司	2015-08-07	8,904.00	8,904.00			

图 7-214

是绝大部分是定增而来的。从净资产图还可以看出，公司进行了多次的定增，说明这 3 倍扣非净利润增长还不是纯内生增长的，还有加大投资的缘故。打开资本运作一栏，可以得知公司在 2007 年 10 月、2010 年 10 月和 2017 年 9 月募集了一共 31 亿元资金。可想而知公司的盈利能力和股价的长期走势情况有待进一步查看盈利指标和基本面信息。

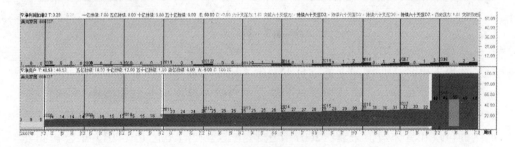

图 7-215

募集资金来源 · 项目进度

○ 募集资金来源

公告日期	发行类别	实际募集资金净额(万元)	发行起始日	证券名称	证券类别
2017-09-14	增发新股	156,644.23	2017-09-06	美克家居	A股
2010-11-25	增发新股	113,991.38	2010-11-19	美克股份	A股
2007-10-26	增发 (配套募集)	52,460.00	2007-10-19	美克股份	A股
2007-10-16	增发新股	77,402.16	2007-10-15	美克股份	A股
2000-11-09	首发新股	50,923.74	2000-11-09	美克股份	A股

○ 项目进度

项目名称	截止日期↓	计划投资(万元)	已投入募集资金(万元)	建设期(年)	收益率(税后)	投资回收期(年)
美克家居天津制造基地升级扩建项目	2018-07-31	185,000.00	2,525.79	--	--	--
补充公司流动资金	2015-04-03	30,000.00	--	--	--	--
扩建美克美家连锁销售网络项目	2014-08-08	70,000.00	53,450.70	--	--	--
收购控股股东美克集团拥有的美克美家49%的股权	2014-08-08	50,000.00	43,992.58	--	--	--
使用节余募集资金补充流动资金	2014-08-08	17,075.70	17,075.70	--	--	--
收购美克集团在天津美克持有的75%股权	2007-10-26	51,410.00	51,410.00	--	--	--
天津美克拥有的59.60%的股权按该等股权	2007-10-16	77,402.16	77,402.16	--	--	--
用于连锁销售网络项目	2000-11-08	24,000.00	20,000.00	2.00	23.70%	5.17
用于家具生产线技术改造项目	2000-11-08	--	8,000.00	1.00	41.96%	3.25
用于组建研发培训中心项目	2000-11-08	5,530.00	5,530.00	1.00	17.99%	5.58

图 7 - 216

欧派家居:从背景图来看,公司 2017 年上市后,扣非净利润和净资产均呈现深绿色背景,表明企业能实现连续盈利,规模相对较大。从数据图的色块和具体数值来看,2017 年扣非净利润达到 11.95 亿元,已经超过流通市值排名第一的索菲亚,事实上欧派家居的总市值目前 322 亿元,是索菲亚总市值 156 亿元的两倍。净资产是 64 亿元,而索菲亚的净资产只有 49 亿元,同样超过了索菲亚,但净资产不是索菲亚的两倍。这样总市值是两倍,而扣非净利润以及净资产规模非同比例的现象是值得思考的地方。从财务指标上,到底是盈利能力的差异,还是成长能力的差异,还是其他差异呢,同样需要后面查看。

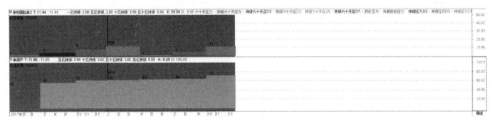

图 7 - 217

宜华生活:从背景图来看,过去十年,扣非净利润和净资产均呈现浅绿色和深绿色并存的背景模式,净资产存在两处突变信号,表明企业能实现连续盈利,规模在逐步扩大,企业有通过定增实现快速扩张的可能。从数据图的色块和具体数值来看,2007 年扣非净利润达到 2.93 亿元,而 2017 年扣非净利润才增长到

7.09 亿元，扣非净利润在 2014 年突破 5 亿元。净资产在 2007 年是 24.4 亿元，2017 年是 79.76 亿元，净资产在 2014 年突破 50 亿元。从净资产图来看，还存在两处突变信号，表明企业进行了两次定增。打开资本运作一栏可以得知，公司在 2010 年 11 月增发募集了 8.2 亿元，2014 年 2 月配股募集了 13 亿元，两次募集资金一共达 21.2 亿元。

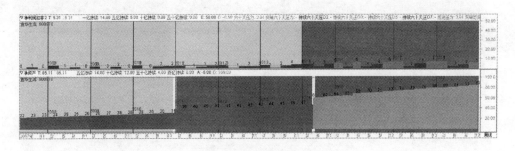

图 7 – 218

募集资金来源 | 项目进度

○ **募集资金来源**

公告日期	发行类别	实际募集资金净额(万元)	发行起始日	证券名称	证券类别
2014-02-13	配股	130,459.52	2014-02-25	宜华木业	A股
2010-11-03	增发新股	82,209.20	2010-10-23	宜华木业	A股
2007-04-04	增发新股	119,080.00	2007-03-29	宜华木业	A股
2004-08-04	首发新股	42,686.21	——	宜华木业	A股

○ **项目进度**

项目名称	截止日期 ↓	计划投资(万元)	已投入募集资金(万元)	建设期(年)	收益率(税后)	投资回收期(年)
偿还银行贷款与补充流动资金	2018-04-03	115,750.00	—	—	—	—
用于投资泛家居供应链智能服务平台项目,并补充公司经营所需的流动资金	2015-08-28	50,000.00	—	—	—	—
归还银行贷款和补充流动资金	2015-04-15	130,459.52	130,470.97	—	—	—
发行股份购买恒安兴100%股权	2014-10-15	57,000.00	—	—	—	—
支付购买恒安兴100%股权现金对价	2014-10-15	34,233.29	—	—	—	—
研发设计中心建设项目	2014-04-25	7,009.00	3,826.90	—	—	—
营销网络建设项目	2014-04-04	84,485.00	71,947.87	—	16.67%	6.67
信息管理系统升级项目	2014-04-04	7,471.70	6,272.99	—	—	—
实木欧式家具项目	2008-03-18	42,684.00	40,991.25	—	—	—
梅州市汇胜木制品有限公司	2008-03-18	21,122.00	21,122.00	—	—	—

图 7 – 219

大亚圣象：从背景图来看，过去十年，扣非净利润和净资产均呈现浅绿色和深绿色并存的背景模式，表明企业能实现连续盈利，且是纯内生增长的，规模在逐步扩大。从数据图的色块和具体数值来看，2007 年扣非净利润 2.21 亿元，2017 年是 6.46 亿元，扣非净利润在 2016 年突破 5 亿元。净资产从 2007 年的 24.69 亿元增长到 2017 年的 37 亿元。从净资产图来看，公司没有进行过定增，公司利润属于纯内生增长。

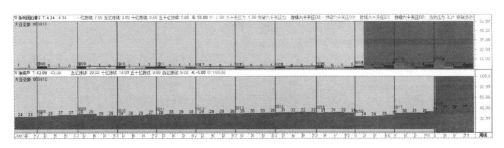

图 7 - 220

2. 反映风险的资产负债率和销售现金流指标

索菲亚：从背景图来看，资产负债率一直呈现深绿色背景，销售现金流存在明显的多个单季度现金流流出现象（黄色背景）。从数据图的色块和具体数值来看，公司资产负债率呈现逐年上升的趋势。由上市之初的 10.4% 上升到 2017 年的 30.39%。索菲亚的资产负债率尽管呈现上升的趋势，但是整体的负债率依然比较低，最高也只有 30%。现金流存在明显的季节性结算影响，但是以年度来看，现金流状况良好。

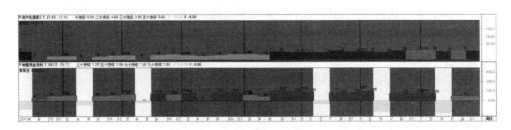

图 7 - 221

美克家居：从背景图来看，资产负债率一直呈现深绿色背景，销售现金流存在明显的现金流流出现象（黄色背景）。从数据图的色块和具体数值来看，资产负债率在 30% ~ 40%，销售现金流还算流畅，但是波动性已经比较明显了，而不仅仅是季节性的结算影响结果。

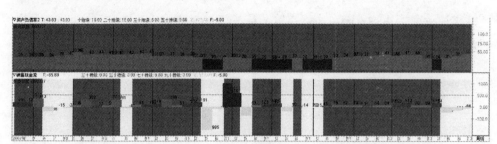

图 7 - 222

欧派家居：从背景图来看，资产负债率一直呈现深绿色背景，销售现金流存在明显的单个季度现金流流出现象（黄色背景）。从数据图的色块和具体数值来看，资产负债率在30% ~ 40%，存在比较明显的季节性结算影响。但由于上市时间较短，还需要进一步观察。

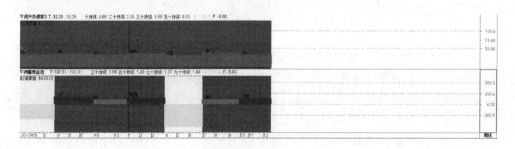

图 7 - 223

宜华生活：从背景图来看，资产负债率呈现深绿色和黄色背景并存的模式，销售现金流存在现金流流出现象（黄色背景）。从数据图的色块和具体数值来看，资产负债率在30% ~ 50%，存在逐年抬高的走向，而现金流在2007 ~ 2008年波动明显，后续销售现金流相对顺畅。

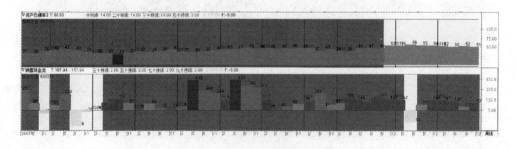

图 7 - 224

大亚圣象：从背景图来看，资产负债率呈现深绿色和黄色背景并存的模式，销售现金流存在明显的现金流流出现象（黄色背景）。从数据图的色块和具体数值来看，资产负债率在行业前五中最高，但有下降趋势，而销售现金流波动性非常明显。

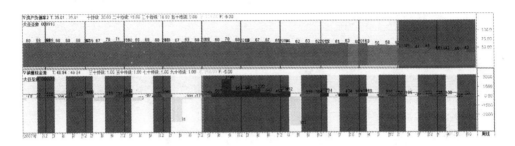

图 7 –225

3. 反映盈利能力的毛利率、净利率、净资产收益率指标

索菲亚：从背景图来看，过去八年，毛利率一直呈现深绿色背景，净利率呈现白色和深绿色背景并存的模式，净资产收益率呈现浅绿色和深绿色背景并存的模式，表明公司产品盈利能力较强，存在一定波动性，但是净资产收益率年化超过 10%。从数据图的色块和具体数值来看，毛利率维持在 32% ~ 38%，净利率维持在 8% ~ 15%，净资产收益率从 2011 年的 9.88%，逐年提高至 2017 年的 20%。

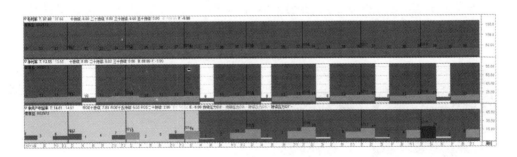

图 7 –226

美克家居：从背景图来看，过去十年，毛利率一直呈现深绿色背景，净利率呈现白色和深绿色背景并存的模式，净资产收益率呈现白色、黄色和浅绿色背景并存的模式，表明公司产品盈利能力一般，净资产收益率年化不超过 10%，且波动幅

度较大。从数据图的色块和具体数值来看，毛利率相对较高，达到34%~60%，2007~2017年毛利率还呈现逐年抬高的走势。净利率尽管也存在逐年抬高的走势，但是净利率非常低。最高的时候，2015年底，也只有10.54%。净资产收益率同样不高，最高的时候在2016年，只有10.32%。在2007~2013年很多年份甚至低于5%，2014年至目前的净资产收益率在5%~10%。目前依然保持在这个区间，没有明显的变化。

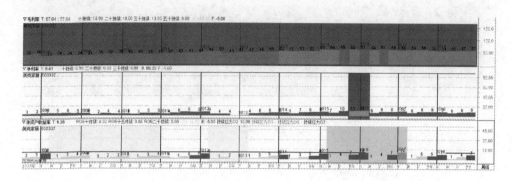

图 7 – 227

欧派家居：从背景图来看，上市后毛利率和净资产收益率均一直呈现深绿色背景，净利率呈现白色和深绿色背景并存的模式，表明公司产品盈利能力较强，净资产收益率年化超过15%。从数据图的色块和具体数值来看，毛利率在35%左右，净利率由于存在季节性结算因素，所以第一季度相对较低，只有4%，但从2017年和2018年来看，年净利率有13.39%，2017年净资产收益率高达20.88%。从2018年上半年来看，年度净资产收益率依然可以超过20%。

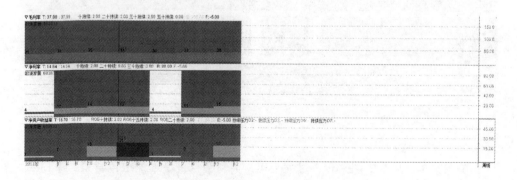

图 7 – 228

宜华生活：从背景图来看，过去十年，毛利率呈现浅绿色和深绿色背景并存的模式，净利率呈现白色和深绿色背景并存的模式，而净资产收益率呈现白色和浅绿色背景并存的模式，表明公司产品盈利能力较强，但是净资产收益率年化不超过10%。从数据图的色块和具体数值来看，毛利率从2007年的26%逐年提高至2017年的40%。但是净利率维持相对稳定的区间10%～18%，而净资产收益率维持在8%～10%。

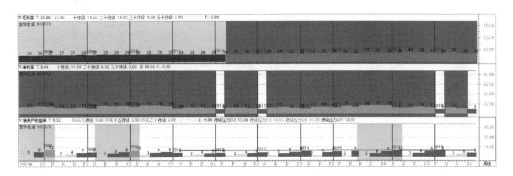

图 7 - 229

大亚圣象：从背景图来看，过去十年，毛利率呈现浅绿色和深绿色背景并存的模式，净利率一直呈现白色背景，而净资产收益率呈现浅绿色、白色和深绿色背景并存的模式，表明公司产品盈利能力一般，但是净资产收益率在近几年抬高一个台阶，年化净资产收益率超过15%。从数据图的色块和具体数值来看，毛利率2007～2017年从23%逐年提升至36%，但是公司的净利率非常之低，最好的在近几年，但也不超过6%。净资产收益率在2007～2010年平均在10%左右，而在2011～2014年维持在5%～10%，呈现下降台阶走势。而在2015～2017年则逐年抬高，2017年达到19%。

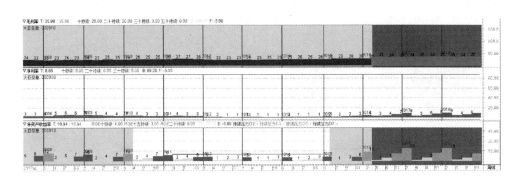

图 7 - 230

4. 反映成长的净利润增速指标

索菲亚：从背景图来看，上市后，除了单个季度呈现黄色（增速下滑）背景，其他时候均呈现深绿色背景，表明企业整体持续增长。从数据图的色块以及具体数值来看，在 2012 年前，公司净利润增速存在季节性波动，但是从年度来看，净利润增速依然在 28.5% 以上。而在 2013 ~ 2017 年净利润增速均保持在 30% 以上的高速区间，2018 年第二季度有所放缓。

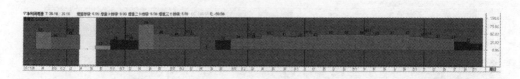

图 7 – 231

美克家居：从背景图来看，过去十年，呈现深绿色和黄色（增速下滑）背景，表明业绩增速波动明显。从数据图的色块以及具体数值来看，净利润增速存在明显的波动性，在 2013 年至今保持连续的正增长，而在 2007 ~ 2013 年波动性比较明显。

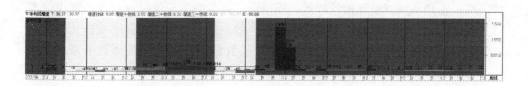

图 7 – 232

欧派家居：从背景图来看，上市后，一直呈现深绿色背景，表明企业持续增长。从数据图的色块以及具体数值来看，净利润增速保持在高速 32% 左右。

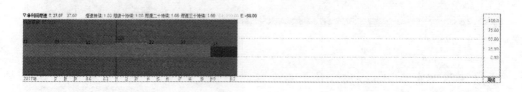

图 7 – 233

宜华生活：从背景图来看，过去十年，呈现深绿色和黄色（增速下滑）背景并存的模式，表明业绩增速波动性较大。从数据图的色块以及具体数值来看，净利润增速波动性比较明显，净利润增速维持一两年正增长，然后就会下滑一年。

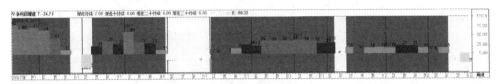

图 7-234

大亚圣象：从背景图来看，过去十年，呈现深绿色和黄色（增速下滑）背景，表明业绩增速波动性较大。从数据图的色块以及具体数值来看，净利润增速前期也波动明显，但在 2014 年至今保持较高的增长。

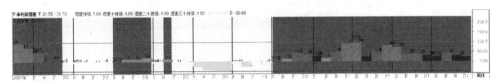

图 7-235

二、家居用品行业前五企业的股价特性

索菲亚：从背景图、数据图的色块和具体数值来看，过去十年，公司的股价的阶段性相对清晰，深绿色背景持续性较强，红色块非常明显。从股价、基本趋势和主流偏见综合来看，在上市至 2012 年公司股价处于徘徊阶段，两年之内股价波动很大，没有一个持续的走向，当时公司的盈利能力所反映出来的基本面也不够强劲。但是在 2013~2017 年，公司的净利润增速持续保持在 40% 左右，且公司的盈利能力在逐年提升，主流偏见也为正，所以整个期间股价整体呈现一个台阶又一个台阶向上走势。在 2018 年，公司股价出现明显的卖出信号，与此同时，公司的净利润增速也有所放缓。但是股价下滑得比业绩更快，截至目前，2018 年下跌超过 56%。且不说索菲亚业绩高增长的原因以及对未来持续性的预判，但是从 2013~2017 年公司的财务指标所体现的基本趋势，以及基本趋势的力度来看，是能够表达公司股价的走势长期情况的。但是这是后视镜来看的，如果在 2013 年、2014 年以及 2015 年股灾期间的情况，还会有这么明确的信号吗？主观上，站在任何时点看过去还可以得出些规律，但是看未来，依然是未知的。如何知道 2014 年的那波回落，就不会像 2018 年这波快速下跌呢，不得而知。但这个系统还是能够明确、实时地给予我们应该做什么的信号，而且相当明确。这已经可以起到较好的作用了。

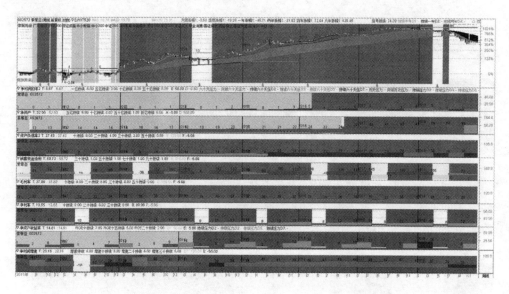

图 7 – 236

美克家居：从背景图、数据图的色块和具体数值来看，过去十年，公司的股价的阶段性相对复杂些，背景图的白色和深绿色背景交替频次要更加多些，红色背景与黑色背景都比较明显。从股价、基本趋势和主流偏见综合来看，由于公司没有一个强有力的基本趋势，尽管公司的净资产收益率维持为正，但有很少超过10%。而净利润增速又较大波动。结果是公司的股价表现得随大流。在2008年的时候大跌超过80%，而在2009~2011年维持上涨态势，在2012~2013年跟随大盘下跌，2014~2015年跟随牛市上涨，2016年至今也是震荡走势。

欧派家居：从背景图、数据图的色块和具体数值来看，上市以来，公司的股价的阶段性相对复杂些，背景图的白色和深绿色背景交替频次要更加多些，红色背景和黑色背景都比较明显。从股价、基本趋势和主流偏见综合来看，要是美克家居没有一个强劲的基本趋势，所以股价表现得随大流。那么并不意味着拥有一个强劲的基本趋势，股价就不会随大流了。欧派家居就是一个从财务指标表达的基本趋势依然强劲的公司。净资产收益率达到21%，净利润增速达到33%，较低的资产负债率和相对比较顺畅的现金流。但是股价依然表现得随大流，股价在2018年上半年跟随大盘走强，而在下半年则大幅下跌超过50%。毫无疑问，基本面因素何时会起到决定性的作用，难以确定。但是短期起直接作用的，是主流偏见，所以股价呈现出如此的走势。毕竟上市才一年时间。但要结合索菲亚和美克家居以及欧派家居，还可以建立起长期的股价走势和基本趋势的关系，以及短期的动态关系。

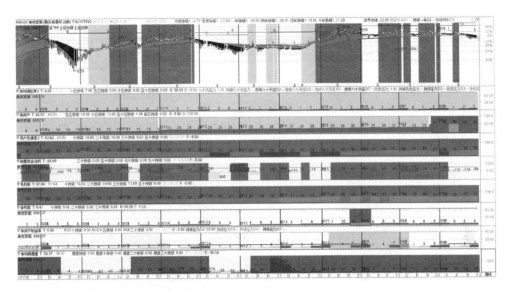

图 7－237

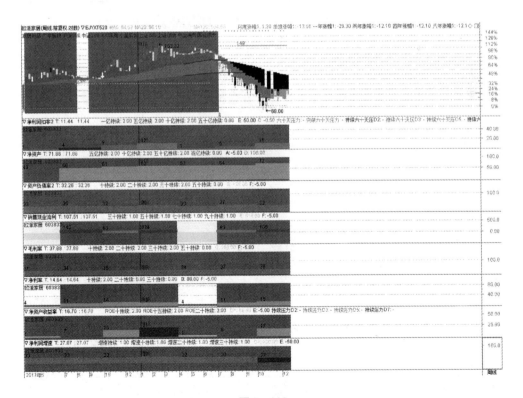

图 7－238

宜华生活：从背景图、数据图的色块和具体数值来看，过去十年，公司的股价的阶段性相对复杂些，背景图的白色和深绿色背景交替频次要更加多些，红色背景和黑色背景都比较明显。从股价、基本趋势和主流偏见综合来看，宜华生活的股价走势和美克家居的走势比较接近，事实上它们的基本趋势也比较接近。不太强的盈利能力，但又能盈利，净利润增速同样有较大波动性。综合表达了公司的可持续竞争优势不够强。自然，两个公司的股价走势也都表现出了极大的随大流特征。

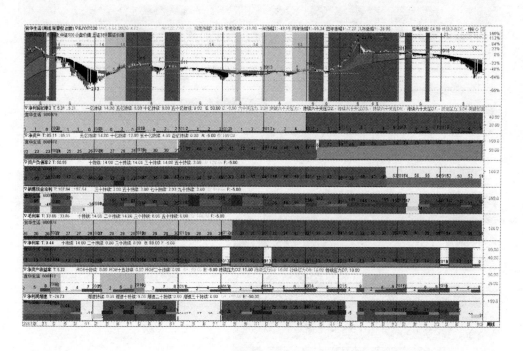

图 7－239

大亚圣象：从背景图、数据图的色块和具体数值来看，过去十年，公司的股价的阶段性相对复杂些，背景图的白色和深绿色背景交替频次要更加多些，红色背景和黑色背景都比较明显。从股价、基本趋势和主流偏见综合来看，2015 年之前股价走势和美克家居以及宜华生活也非常相近。2015～2017 年公司股价走势呈现较好的向上趋势。并且从 2015～2017 年的公司财务指标来看，净利润增速呈现先高速然后放缓的走势。与此同时，净资产收益率在逐年提升。但是 2018 年股价随着大势大幅下跌。这种短期的与基本趋势似乎背离的现象，其实应该视为常态。尽管在长期是可以建立起股价和基本趋势的正相关关系，但是主流偏见对股价的影响，甚至对基本面的影响依然难以定量化。毫无疑问，大亚圣象是下跌的比较多的，可以解释为净利润增速处于高位放缓过程中，但是这不能得出下一次又能怎样。还好我们不需要得出明确的答案，因为我们在选择投资标的的时候会重点考察基本面因素，而在择时的时候依然会从主流偏见对股价的影响情况来进行。所以不论是股价与基本趋势背离多少，重要的是，我们是否把这家企业纳入投资标的的范围，而如果纳入，则只需要重点看股价的走势而做买卖时机的选择。因为比起原因和对错，作为基金管理人，更应该维护好净值曲线的走势。管理好净值，不是要弄明白市场总是为何这样、为何那样，更不需要试图纠正市场的过度杀跌，而只需要在市场中做好自己的事情。

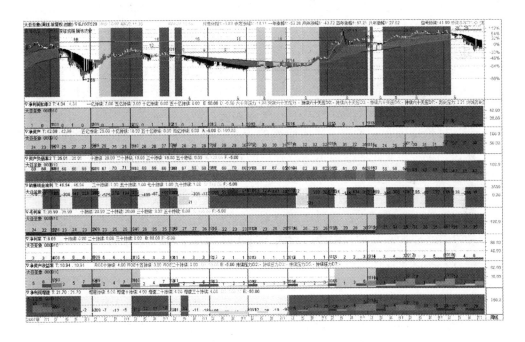

图 7 - 240

在描述美克家居和宜华生活以及欧派家居、大亚圣象的时候都使用了一个词：随大流。前面已经提到，主流偏见可以在一定程度上体现为共性和个性方面，而个性最核心的因素是基本趋势，但个性实际上比财务指标所反映的基本趋势要丰富很多，而又没有比财务指标更好量化的基本趋势的指标了。所以，我们前面章节中明确指出，财务指标只是起到基本趋势的占位符号的作用。那么在表达主流偏见对股价的影响情况时，我们也常常会与同板块的股价或者大盘走势进行比较，抽象出相似的走势，得出随大流与否。同样需要指出的是，影响股价走势的因素也比我们这种倒推历史找规律的描述丰富得多，那么即使回到当时，也无法找出所有的原因。更重要的是，找出所有原因不仅是徒劳的，而且不可能，更没有必要。这好像是否定了我们建立起股价、主流偏见和基本趋势三者关系的逻辑，而实质上，正是通过这种分析进一步确立了这三者的关系。我们可以定量地描述股价，可以定量地确立基本趋势，但是主流偏见却始终只能通过股价和基本趋势来体现，仅此而已，但也足够了。

细想一下，这种周 K 线构成的股价走势，是每日的股价走势全部吗，这种均线构成的趋势，是股价趋势的全部吗，股价走势难道是完全的线性关系吗，答案全部是否定的。股价是会直接闪崩或者直线跳高的，股价走势不是均线的线性关系的。但是，为了过滤掉干扰信号，我们使用 K 线来表达一日的走势，使用均线来简化理解股价长期走势。我们习惯了，我们给股价走势用一个 K 线和均线的语言来描述了。而且人人都用这个语言来表达，甚至，还可以进一步像笔者，用 K 线和均线系统进一步分析股价和基本趋势的关系，把股价的趋势用均线和 K 线来做标识，构成进一步的买卖时机选择。我们人为地把原本是一笔一笔报价成交的数字线性化了，还进一步找出些规律。结果，股价的走势似乎也按照我们的规律在运行，这恰恰证明了主流偏见中康德的观点；所谓理性，也不过是在找规律；所谓认识，也不过是把客观对象按照我们的知识对象化。就单纯的股价，我们都已经把它用观点对象化了，更何况基本趋势呢。

所以，徒劳和没有必要的原因就在这里了。因为我们始终是在把事实用熟悉的知识对象化，永远无法达到真正的事实。所以，那种一直找原因来达到预测是徒劳和没有必要的。我们只需要抓住人人都关注的几个要点就可以了——股价和基本趋势，以及直接决定股价的主流偏见。至于是政策因素，是外部经营环境的影响，还是股东增持、大股东解禁等，这些因素不是体现在基本趋势里，就是体现在主流偏见和股价里。即使找出来了，这个因素发挥的作用大小还是由市场决定。所以，我们前面把主流偏见分成了市场偏见这个共性和基本趋势的个性，但在后续中，则完全没有必要如此再往下细究原因了。

第九节　汽车配件行业特性分析

一、汽车配件行业基本面特性分析

细分汽车配件行业，共有 128 家上市企业，截至目前，按流通市值排序，排在第一位的是华域汽车：563.84 亿元；第二位的是福耀玻璃：448.67 亿元；第三位的是潍柴动力：325.38 亿元；第四位的是世纪华通：259.40 亿元；第五位的是均胜电子：207.89 亿元。截至目前，汽车配件行业没有一家企业市值突破 1000 亿元。也仅有一家在 500 亿元以上，是华域汽车。汽车配件行业上市公司高达 128 家，粗略得知这个行业市场竞争格局还非常散，行业集中度很低。那么，前五的汽车配件行业上市公司，它们的行业地位（规模）、抗风险能力、盈利能力和成长前景从财务角度，我们又能得出什么呢。下面从四个方面的财务角度一一查看。

表 7 - 10

汽车配件（128）	涨幅（％）	现价	量比	涨速（％）	流通市值↓（亿元）
1. 华域汽车	- 1.21	19.67	1.29	0.05	563.84
2. 福耀玻璃	0.40	22.40	1.19	- 0.03	448.67
3. 潍柴动力	0.53	7.54	0.73	0.27	325.38
4. 世纪华通	—	—	0.00	—	259.40
5. 均胜电子	- 4.62	21.90	3.79	0.00	207.89
6. 万向钱潮	0.49	6.10	1.55	- 0.15	167.94
7. 威孚高科	- 0.16	18.97	1.27	0.00	158.68
8. 万丰奥威	- 1.65	7.17	1.54	- 0.13	151.55
9. 星宇股份	- 3.59	50.50	2.47	0.44	139.46
10. 鸿特科技	- 0.30	63.80	0.56	- 0.15	127.82
11. 奥特佳	—	—	0.00	—	108.92
12. 国机汽车	0.00	10.43	0.00	0.00	107.40
13. 万里扬	- 0.21	9.72	0.54	0.21	99.05
14. 华谊集团	0.57	8.77	0.77	0.23	81.87
15. 富奥股份	- 2.43	4.42	1.31	- 0.44	77.37
16. 长鹰信质	- 0.31	22.69	0.64	0.18	76.09
17. 继峰股份	0.00	10.87	0.00	0.00	68.48
18. 众泰汽车	- 0.51	5.83	1.17	- 0.16	63.56
19. 玲珑轮胎	- 0.06	15.72	0.62	- 0.31	62.00
20. 金固股份	0.33	12.09	0.79	0.00	61.91
21. 赛轮金宇	0.78	2.60	1.02	0.39	59.64
22. 成飞集成	- 0.70	16.99	1.27	0.12	58.65
23. 京威股份	10.03	3.95	1.78	0.00	57.56
24. 银轮股份	0.00	7.45	0.54	0.00	57.56
25. 一汽富维	0.38	10.27	0.98	- 0.09	52.14
26. 宁波华翔	0.18	11.03	0.69	0.00	50.80
27. 金杯汽车	- 0.44	4.53	0.59	0.22	49.50
28. 精锻科技	- 5.08	12.34	3.44	0.49	46.23

续表

汽车配件（128）	涨幅（%）	现价	量比	涨速（%）	流通市值↓（亿元）
29. 渤海汽车	5.69	6.69	1.44	0.00	45.50
30. S 佳通	2.58	25.83	2.05	−0.14	43.91

1. 反映规模的扣非净利润和净资产指标

华域汽车：从背景图来看，公司 2009 年借壳上市后，扣非净利润和净资产均呈现深绿色背景，净资产存在突变信号，表明企业能实现连续盈利，规模相对较大。从数据图的色块和具体数值来看，2009 年通过借壳巴士股份上市，2009～2017 年扣非净利润从 15.17 亿元增长到 63 亿元，扣非净利润在 2016 年突破 50 亿元；净资产则从 2009 年的 153 亿元增长到 2017 年的 499.3 亿元，净资产在 2018 年突破 500 亿元。从净资产图可以看出，净资产在 2016 年还有一个突变信号，这种情况通常表明企业进行了并购重组。翻开上市公司资本运作公告，可以得知公司募集了 89.1 亿元，进行主业相关项目投资，并且已经超额使用了 2016 年募集的资金，那么应该还利用了盈利再投资或者举债投资，得看后面资产负债率的变化，进一步判断。

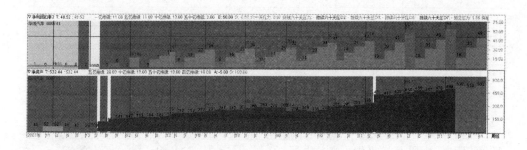

图 7–241

福耀玻璃：从背景图来看，过去十年，扣非净利润和净资产均呈现浅绿色和深绿色背景并存的模式，净资产存在突变信号，表明企业能实现连续盈利，规模相对较大。从数据图的色块和具体数值来看，2007～2017 年扣非净利润从 8.98 亿元增长到 30.30 亿元，扣非净利润在 2009 年突破 10 亿元；净资产则从 2007 年的 35.26 亿元增长到 2017 年的 190 亿元，净资产在 2010 年突破 50 亿元，在 2015 年突破 100 亿元。从净资产图可以看出，净资产在 2015 年存在一个突变信号，这种情况通常表明企业进行了并购重组。翻开上市公司资本运作公告，却发现没有定增。但是净资产从 88 亿元突然增长到 135 亿元，增加了 47 亿元从何而来呢，显然不是利润，再仔细翻看公告，得知公司在 2015 年 3 月发行了 H 股，相当于在香港市场进行了股权再融资，所以这就可以很好地解释净资产的突变了。这种上市募集资金的，基本是投资在原有主业上。

募集资金来源　　项目进度

○ 募集资金来源

公告日期	发行类别	实际募集资金净额(万元)	发行起始日	证券名称	证券类别
2016-01-19	增发新股	891,387.19	2016-01-08	华域汽车	A股
2009-03-31	增发新股	851,859.14	--	巴士股份	A股
2000-08-03	配股	39,173.87	--	巴士股份	A股
1998-01-16	配股	25,682.80	--	巴士股份	A股
1996-08-10	增发新股	12,249.60	--	巴士股份	A股
1996-08-10	首发新股	12,249.60	--	巴士股份	A股

○ 项目进度

项目名称	截止日期↓	计划投资(万元)	已投入募集资金(万元)	建设期(年)	收益率(税后)	投资回收期(年)
车用耐高温、耐磨损刹车盘和曲轴等精密零部件制造项目	2018-03-29	69,462.00	24,149.54	--		
曲轴、支架壳体等汽车零部件精密铸造项目	2018-03-29	52,550.00	33,496.11	--		
汽车零部件高端粉末冶金项目	2018-03-29	31,145.00	10,141.92	2.00		
智能驾驶主动感应系统研发	2018-03-29	30,800.00	18,158.56	2.00		
汽车空调压缩机项目	2018-03-29	28,800.00	28,800.00			
南京基地模检具业务搬迁改造项目	2018-03-29	28,100.00	20,257.35	1.50		
金桥基地焊接车间二期扩建项目	2018-03-29	25,600.00	12,245.33	1.50		
金桥基地热成形产能扩充项目	2018-03-29	9,900.00	4,445.56	1.50		
新能源汽车大功率集成化驱动系统平台研发	2018-03-29	8,500.00	8,500.00	--		
烟台基地热成形产能扩充配套项目	2018-03-29	2,959.98	1,916.64	1.50		

图 7－242

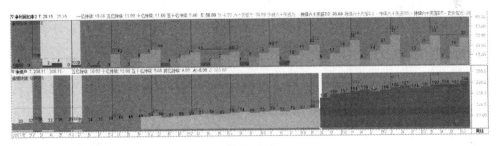

图 7－243

潍柴动力：从背景图来看，过去十年，扣非净利润呈现深绿色背景，净资产呈现浅绿色和深绿色背景并存的模式，表明企业能实现连续盈利，规模相对较大。从数据图的色块和具体数值来看，2007～2017 年，扣非净利润从 20.59 亿元增长到 64.72 亿元，在 2010 年存在明显的利润高点，截至目前都没有突破；净资产则从 2007 年的 94 亿元增长到 2017 年的 563 亿元，净资产在 2008 年突破 100 亿元，在 2017 年突破 500 亿元。但是从公司资本运作一栏得知，没有进行股权再融资。净资产的增长全部靠净利润的累计，增长方式是纯内生增长的。

募集资金来源 | 项目进度

○ 募集资金来源

公告日期	发行类别	实际募集资金净额(万元)	发行起始日	证券名称	证券类别
2003-08-01	增发新股	56,043.84	—	福耀玻璃	A股
1995-09-05	配股	6,180.20	—	耀华玻璃	A股
1993-10-16	配股	5,218.38	—	耀华玻璃	A股
1991-08-17	首发新股	0.00	—	耀华玻璃	A股

○ 项目进度

项目名称	截止日期	计划投资(万元)	已投入募集资金(万元)	建设期(年)	收益率(税后)	投资回收期(年)
引进汽车夹层玻璃生产线技改项目	2014-08-11	6,900.00	5,366.10	1.00	--	--
设立上海福耀汽车安全玻璃有限公司项目	2004-03-24	23,685.38	18,675.00	1.50	29.19%	4.67
汽车玻璃PUR及PVC包边技改项目	2004-03-24	19,800.00	10,324.10			
追加对上海福耀汽车安全玻璃有限公司[该公司目前更名为"福耀集团(上海)汽车玻璃有限公司]	2003-08-01	23,685.38	23,685.38	--	--	--
扩建巴士玻璃生产线技改项目	2003-08-01	16,974.00	16,979.40	--	--	--
福建万达的夹层汽车玻璃生产线的建设支付进口设备尾款	1995-09-06	25,000.00	25,000.00			
福建万达的夹层汽车玻璃生产线的建设支付国内配套设备款	1995-09-06	2,000.00	2,000.00			
福建万达的夹层汽车玻璃生产线的建设配电工程	1995-09-06	1,200.00	1,200.00			
福建万达的夹层汽车玻璃生产线的建设包装车间基建	1995-09-06	500.00	500.00			
福耀工业村建设项目	1993-10-16	--	--			

图 7 – 244

世纪华通：从背景图来看，公司 2011 年上市后，扣非净利润和净资产均呈现浅绿色和深绿色并存的背景模式，净资产存在多处突变信号，表明企业能实现连续盈利，规模在逐步扩大，企业有通过定增实现快速增长的可能。从数据图的色块和具体数值来看，2011～2017 年扣非净利润从 1.41 亿元增长到 3.79 亿元，扣非净利润在 2016 年突破 5 亿元；净资产则从 2007 年的 15.43 亿元增长到 2017 年的 50.97 亿元，2017 年突破 50 亿元，2018 年突破 100 亿元。从净资产图可以看出，公司在 2014 年和 2018 年进行了两次股权再融资，进行了并购，但却不是并购原有主业相关的资产，而是进行了跨界并购。所以，可以说世纪华通现在已经不算汽车配件企业了。

均胜电子：从背景图来看，公司 2011 年重组上市后，扣非净利润呈现浅绿色和黄色（亏损）背景并存的模式，净资产呈现浅绿色和深绿色背景并存的模式，表明盈利不稳定，甚至亏损，规模相对不大。从数据图的色块和具体数值来看，2011～2017 年期间扣非净利润从盈利 1.5 亿元到 4.78 亿元，净资产则从 2011 年的 6.67 亿元增长到 2017 年的 137 亿元，净资产在 2016 年突破 100 亿元。从净资产图可以看出，公司通过定增进行了一系列的并购重组。

上市日期	2015/03/31
发行价格(港元)	16.80
首发数量	
实际发行总数(股)	505,631,200
计划发行总数(股)	439,679,600
其中:售股股东发行数量(股)	--
超额配售数量(股)	65,951,600
其中:售股股东超额配售数量(股)	--
募集金额	
首发募资总额(港元)	--
发售募资净额(港元)	7,059,800,000.00
超额配售募集净额(港元)	1,080,200,000.00
首发价格与交易单位	
招股价区间上限(港元)	16.80
招股价区间下限(港元)	14.80
首发面值	1CNY
首发交易单位(股)	400
首发人气指标	
计划香港发售数量(股)	43,968,000
香港发售有效申购股数(股)	1,981,733,600
香港发售有效申购倍数(倍)	45
实际香港发售数量(股)	76,944,000
首发日期	

发行公告日	申购起始日	申购截止日	定价日	发行结果公告日
2015-03-19	2015-03-19	2015-03-24	2015-03-25	2015-03-29

图 7 – 245

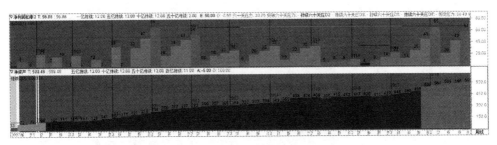

图 7 – 246

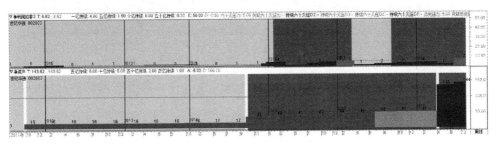

图 7 – 247

募集资金来源 | 项目进度

○ 募集资金来源

公告日期	发行类别	实际募集资金净额(万元)	发行起始日	证券名称	证券类别
2018-02-01	增发新股	416,340.00	2018-01-26	世纪华通	A股
2018-02-01	增发(配套募集)	407,477.88	2018-01-23	世纪华通	A股
2014-09-03	增发新股	141,000.00	---	世纪华通	A股
2014-09-03	增发(配套募集)	36,889.20	---	世纪华通	A股
2011-07-05	首发新股	99,176.50	2011-07-13	世纪华通	A股

○ 项目进度

项目名称	截止日期↓	计划投资(万元)	已投入募集资金(万元)	建设期(年)	收益率(税后)	投资回收期(年)
发行股份购买盛跃网络100%股权	2018-09-12	2,980,000.00	---	---	---	---
支付现金对价	2018-09-12	292,921.70	---	---	---	---
支付本次交易的现金对价	2018-08-30	277,560.00	277,560.00	---	---	---
购买菁尧国际100%股权	2018-02-01	218,653.77	---	---	---	---
购买华驮国际100%股权	2018-02-01	143,096.50	---	---	---	---
游戏开发、代理、发行、推广和运营	2018-02-01	75,702.50	---	---	---	---
购买华聪国际100%股权	2018-02-01	48,589.73	---	---	---	---
全球移动游戏发行云平台及全球推广渠道建设	2018-02-01	26,956.00	---	---	---	---
全球广告精准投放平台建设和渠道推广	2018-02-01	11,876.00	---	---	---	---
购买点点北京100%股权	2018-02-01	6,000.00	---	---	---	---

图 7 - 248

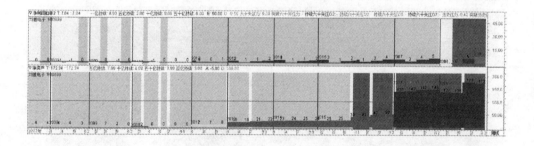

图 7 - 249

募集资金来源 | 项目进度

○ 募集资金来源

公告日期	发行类别	实际募集资金净额(万元)	发行起始日	证券名称	证券类别
2017-01-06	增发新股	823,218.69	2016-12-29	均胜电子	A股
2015-09-09	增发新股	109,891.64	2015-08-31	均胜电子	A股
2013-04-17	增发(配套募集)	46,843.18	2013-04-11	均胜电子	A股
2012-12-26	增发新股	146,047.00	2012-12-17	均胜电子	A股
2011-12-17	增发新股	88,719.65	2011-12-07	ST得亨	A股
2001-11-17	配股	12,024.18	—	辽源得亨	A股
1993-11-10	增发新股	7,675.00	—	辽源得亨	A股
1992-07-01	首发新股	0.00	—	辽源得亨	A股

○ 项目进度

项目名称	截止日期↓	计划投资(万元)	已投入募集资金(万元)	建设期(年)	收益率(税后)	投资回收期(年)
合并KSS	2018-04-28	602,747.20	593,215.61	—	—	—
收购TS道恩的汽车信息板块业务	2018-04-28	129,060.00	127,000.00	—	—	—
收购Quin GmbH100%的股权	2018-04-28	68,888.60	48,818.15	—	—	—
补充公司流动资金	2018-04-28	38,948.40	38,948.40	—	—	—
补充上市公司流动资金	2018-04-28	38,003.08	38,003.08	—	—	—
均胜普瑞工业机器人项目	2018-04-28	19,000.00	5,000.00	—	—	—
对KSS增资	2017-01-07	65,516.00	65,000.00	—	—	—
"均胜普瑞工业机器人"项目节余资金补充流动资金	2016-01-15	13,500.00	—	—	—	—
补充上市公司流动资金	2015-05-23	46,843.18	46,843.18	—	—	—
发行购买资产	2012-12-26	146,047.00	—	—	—	—

图 7-250

2. 反映风险的资产负债率和销售现金流指标

华域汽车：从背景图来看，资产负债率呈现深绿色和黄色背景并存的模式，销售现金流存在单个季度的现金流流出现象（黄色背景）。从数据图的色块和具体数值来看，整体负债率较高，销售现金流情况尽管有所波动，但整体良好。

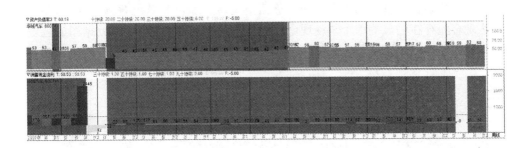

图 7-251

福耀玻璃：从背景图来看，资产负债率呈现深绿色和黄色背景并存的模式，销售现金流一直呈现深绿色背景。从数据图的色块和具体数值来看，资产负债率逐年降低，销售现金流状况良好。

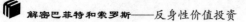

　　潍柴动力：从背景图来看，资产负债率呈现深绿色和黄色背景并存的模式，销售现金流存在明显的现金流流出现象（黄色背景）。从数据图的色块和具体数值来看，资产负债率维持高位，销售现金流存在明显的季节性结算特征，以年度结算来看，还可以。

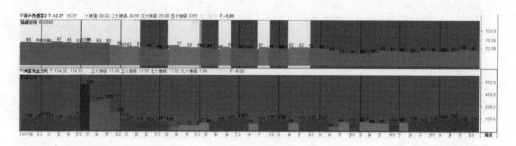

图 7 - 252

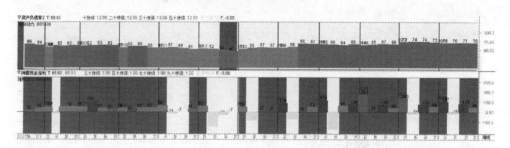

图 7 - 253

　　世纪华通：从背景图来看，资产负债率呈现深绿色和黄色背景并存的模式，销售现金流存在明显的单个季度现金流流出现象（黄色背景）。从数据图的色块和具体数值来看，资产负债率低，20％左右，销售现金流存在明显波动（已经不属于汽车配件企业了）。

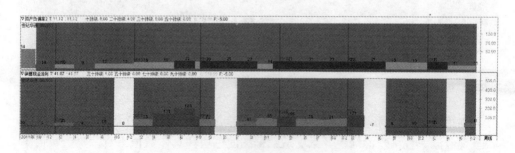

图 7 - 254

均胜电子：从背景图来看，资产负债率呈现深绿色和黄色背景并存的模式，销售现金流存在明显的现金流流出现象（黄色背景）。从数据图的色块和具体数值来看，资产负债率较高，销售现金流也存在明显的波动。

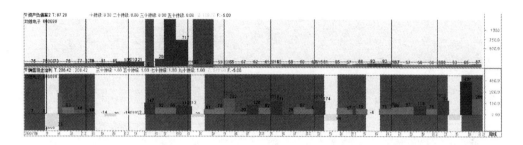

图 7 – 255

3. 反映盈利能力的毛利率、净利率、净资产收益率指标

华域汽车：从背景图来看，过去十年，毛利率呈现浅绿色和白色背景并存的模式，净利率呈现白色和深绿色背景并存的模式，净资产收益率呈现白色、黄色和深绿色背景并存的模式，表明公司产品盈利能力较强，但是净资产收益率后续7年年化达到15%。从数据图的色块和具体数值来看，低毛利率、低净利率，较高的净资产收益率。结合资产负债率，可以得知还是高资产负债率的缘故。

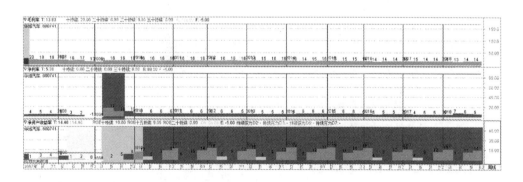

图 7 – 256

福耀玻璃：从背景图来看，过去十年，毛利率和净资产收益率均一直呈现深绿色背景，净利率呈现白色和深绿色背景并存的模式，表明公司产品盈利能力较高，净资产收益率年化超过15%。从数据图的色块和具体数值来看，较高的毛利率，维持在40%左右，在汽车配件行业前五的企业中净利率达到17%左右，

同行业算高的了；净资产收益率在 2015 年达到平均 25% 左右，在港股再融资下，降低了资产负债率，同时由于扩大了股本，导致净资产收益率也有所降低，但从产品的毛利率和净利率情况来看，盈利能力并没有下降。

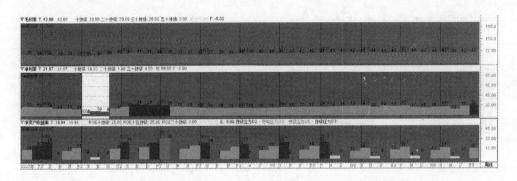

图 7－257

潍柴动力：从背景图来看，过去十年，毛利率呈现深绿色和浅绿色背景并存的模式，净利率呈现白色和深绿色背景并存的模式，净资产收益率呈现深绿色、浅绿色、黄色和白色背景并存的模式，表明公司产品盈利能力一般，净资产收益率波动幅度很大。从数据图的色块和具体数值来看，毛利率维持在 22% 左右，净利率只有个位数，净资产收益率呈现前高后低的走势。

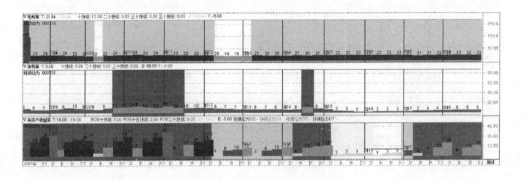

图 7－258

世纪华通：从背景图来看，上市后，毛利率呈现深绿色和浅绿色背景并存的模式，净利率呈现白色和深绿色背景并存的模式，净资产收益率呈现深绿色、白色、黄色和浅绿色背景并存的模式，表明公司产品盈利能力一般，且净资产收益率波动幅度较大。从数据图的色块和具体数值来看，随着并购了非汽配行业的资产后，公司盈利能力得到明显的提升，有逐年走高的趋势。

均胜电子：从背景图来看，借壳上市后，毛利率呈现白色和浅绿色背景并存的模式，净利率呈现白色背景，净资产收益率呈现浅绿色和白色背景并存的模式，表明公司产品盈利能力较低，且近几年有下滑的趋势。从数据图的色块和具体数值来看，借壳后的主体均胜电子毛利率维持在18%左右，净利率只有5%左右的个位数，净资产收益率有一路走低的趋势。

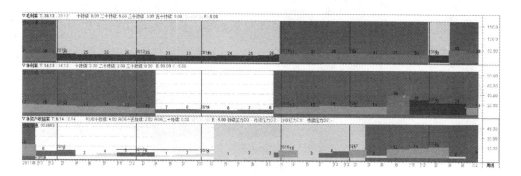

图 7－259

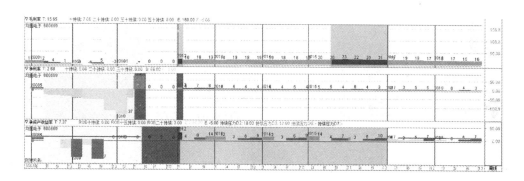

图 7－260

4. 反映成长的净利润增速指标

华域汽车：从背景图来看，过去十年，存在单个年度黄色（增速下滑）背景，其他年份均呈现深绿色背景，表明业绩增速存在一定波动性，但是企业整体持续增长。从数据图的色块以及具体数值来看，净利润增速在2008年为负，其他年份均取得正的增长，但增速比较缓慢且不稳定。

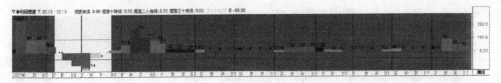

图 7 – 261

福耀玻璃：从背景图来看，过去十年，呈现深绿色和黄色（增速下滑）背景并存的模式，表明企业业绩增速波动性非常明显。从数据图的色块以及具体数值来看，业绩增速存在明显的周期性。

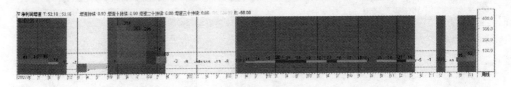

图 7 – 262

潍柴动力：从背景图来看，过去十年，呈现深绿色和黄色（增速下滑）背景并存的模式，表明业绩增速波动比较明显。从数据图的色块以及具体数值来看，业绩增速波动较大，存在明显的周期性。

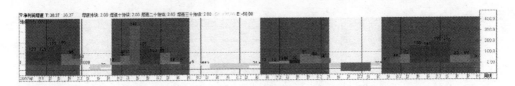

图 7 – 263

世纪华通：从背景图来看，借壳上市后，一直呈现深绿色背景，表明企业持续增长。从数据图的色块以及具体数值来看，重组前，业绩一路下滑，重组后业绩取得较快的增长。

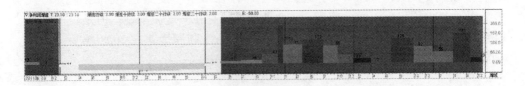

图 7 – 264

均胜电子：从背景图来看，借壳上市后，呈现深绿色和黄色（增速下滑）背景并存的模式，表明业绩增速波动明显。从数据图的色块以及具体数值来看，借壳前业绩增速不稳定，借壳后业绩取得一段较长时间的持续增长，但 2017 年末开始下滑明显。

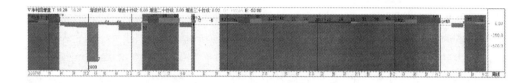

图 7 – 265

以上是从财务视角，八个核心财务指标，四个方面考察汽车配件行业前五企业的基本面特性。

综合以上，汽车配件行业普遍资产负债率较高，企业要想获得发展必须要借助进一步的股权再融资，产品销售回笼资金不是非常流畅，产品的毛利率和净利率普遍不是很高，但福耀玻璃的毛利率和净利率还算可以。净资产收益率上，华域汽车和福耀玻璃比较稳定，潍柴动力和均胜电子则呈现盈利能力下滑的态势，而世纪华通已经不属于汽车配件行业的企业了。整个行业周期性特征比较明显。

将汽车配件行业和食品、医药等消费品行业前五的企业进行比较，可以发现存在着非常明显的差异。食品、医药等消费品，较高的毛利率和净利率，较低的资产负债率，发展主要靠盈利再投资，产品销售现金流回笼比较流畅，净利润增速比较稳定，而汽车配件行业尽管像福耀玻璃和华域汽车，它们净资产收益率较高，但以上方面的指标则与食品、医药等消费品行业前五的企业存在着截然相反的特征。

毫无疑问，这是行业特性决定的，存在着本质的差别，不能简单用好与不好，或者直接做量的比较，毕竟行业已经不同。但正因为行业不同，对盈利能力和企业成长特性的差异分析，通过财务指标分析得出的特性，可以帮助我们很好地把握它们的成长路径。一个明显的特性是，依靠外部股权再融资，正是企业的再融资而进行的投资，导致了企业的利润实现快速增长，而为什么董事会决定启动股权再融资呢，这是理解这类企业成长的关键。如果再融资看不到前景，或者解决不了危机，何必要稀释股权而去简单地扩大企业的规模呢。另外，如果再融资后，企业的盈利能力指标或者净利润增速指标反馈不佳，那么良性循环就无法有效运作。后续进一步的发展就会严重受限，毕竟再融资进行的投资主要是用在固定资产投资，固定资产投资具有明显的不可逆性。

二、汽车配件行业前五企业的股价特性

华域汽车：从背景图、数据图的色块和具体数值来看，过去十年，公司的股价的阶段性相对复杂些，背景图的白色和深绿色背景交替频次要更加多些，但是红色块依然比较明显，只是经常被打断。从股价、基本趋势和主流偏见综合来看，单从股价走势来看，公司股价在股市行情好的时候表现得好一些，在股市行情不好的时候，呈现震荡格局，但是整体一个台阶一个台阶地向上。结合基本趋势可以得知，2008 年还叠加公司净利润增速为负。2009 ~ 2017 年净利润增速均取得正增长，同时净资产收益率均保持在 15% 以上，财务指标反映了公司的基本趋势在 2009 ~ 2017 年均处于良性循环之中。但在良性循环的过程中，净利润增速也表达了一定的波动性，且某些年份增速放缓到个位数，说明良性循环的力度和持续性并不强。这会影响主流偏见的强度，结果是股价的走势在螺旋式上升的过程中也表达了一定的不稳定性特征。

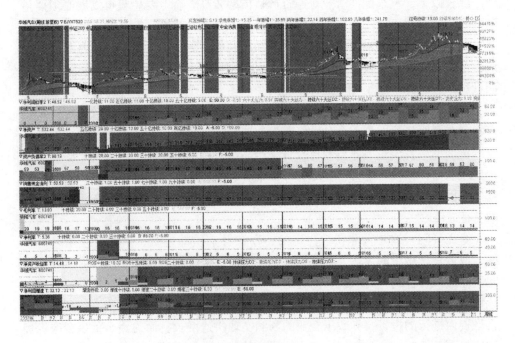

图 7 – 266

福耀玻璃：从背景图、数据图的色块和具体数值来看，过去十年，公司的股价的阶段性相对清晰，深绿色持续性较强，红色块比较明显。从股价、基本趋势和主流偏见综合来看，福耀玻璃的股价跟随公司的基本趋势和股市走势呈现比较

明显的周期特征，2008 年主流偏见转为负，公司业绩也大幅下滑，2011～2012
年股市环境不大好，公司业绩也转为负。2007～2012 年结合来看，公司的业绩
波动性比较明显，股价也呈现明显的周期性。在 2013 年后，公司的业绩持续增
长，股价在牛市的环境下以及公司基本趋势良性循环的表达性得到稳定上涨。显
然要仔细考察，2017 年下半年公司的净利润增速已经转为负，基本趋势在 2015
年定增后得到了放缓的信号，但 2017 年股市环境还不错，所以，主流偏见并没
有立刻转为负的，这种主流偏见和基本趋势脱节的现象屡见不鲜了。但是，这并
不妨碍我们建立起基于基本趋势和股价走势直接的关系。用福耀玻璃和华域汽车
比较，也能看出福耀玻璃的净资产收益率一直保持领先的位置，同时福耀玻璃的
资产负债率和现金流状况也好很多，毛利率以及净利率也高很多，所以在主流偏
见和基本趋势脱节的情况下，福耀玻璃的股价趋势性不论是上涨的还是下跌的，
股价的趋势性都要强很多。这种强趋势性与基本趋势的综合财务指标表达分不
开，而不仅仅是净利润增速单一指标。

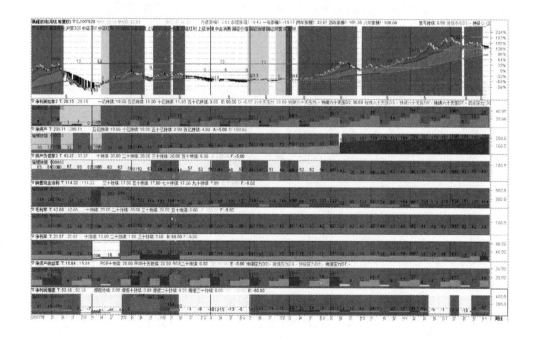

图 7－267

潍柴动力：从背景图、数据图的色块和具体数值来看，过去十年，公司
股价的阶段性相对清晰，深绿色背景和白色背景均具有较强的持续性，红色
块和黑色块都比较明显。从股价、基本趋势和主流偏见综合看，由于单个企

业股价的走势会直接受到股市大环境的影响，所以，为了更加直观地表达股价特性，我们需要把单个企业比较接近的指数曲线容纳进来，这样可以帮助我们直观地掌握单个企业的股价走势。在这里我们纳入了对应的行业板块指数、沪深 300 指数和中证 500 指数。

所以，这里我们还需要建立一个新的概念：市场偏见。前面提到过主流偏见，主流偏见概念是从索罗斯的理念中直接引用过来的。主流偏见的基石是基本趋势与股价走势。但影响股价走势因素众多。而影响主流偏见既有共性的因素，不论是行业的，还是宏观的，也有单个企业的个性因素，而共性因素，自然会影响单个企业的股价走势，也会引起同一类型企业的走势。比如房地产政策、房地产周期，不仅会影响万科 A 的股价走势，还会影响保利地产、招商蛇口等其他地产的走势，而且通常方向是相同的。那么相同类型的企业构成的板块指数，可以在一定程度上体现这种共性因素。这种用途既可以帮助主流偏见的直观化，也可以进一步理解主流偏见对市场和基本趋势的影响。那么对应指数的走势、指数对应的共性基本趋势以及市场偏见就是一个更大层级的环。这种理解，在同质化的企业，具有较大价值，比如周期品种，在大消费类企业和科技创新类企业体现得不是那么明显，但是也足够帮助做净值曲线的管理。

从潍柴动力的市场偏见和基本趋势的叠加来看，能够比较好地理解其股价走势，2008 年上半年，尽管基本趋势依然保持强劲，但市场偏见已经转为负，股价被市场偏见推向持续下跌，而在 2009 年上半年，尽管基本趋势还未恢复，但是市场偏见已经为正，股价开始上涨，而在 2010 年股价在市场偏见和基本趋势双重加强的影响下，继续大幅走高。但公司基本趋势在 2011～2016 年持续转弱，尽管市场偏见在 2013～2015 年持续为正，但是股价还是经历了大幅震荡的走势。而 2017 年得到了市场偏见和基本趋势的双重加强，股价持续上涨。2018 年股价处于震荡之中，基本趋势依然保持强劲，但是市场偏见已经转为负。

由于短期决定股价走势的是主流偏见，而市场偏见体现的是主流偏见共性的方面，而基本趋势属于企业个性的方面，所以从这两个方面来解读主流偏见对股价的影响是比较能够理解的。毫无疑问，市场偏见也是由诸多企业构成的，而指数还受权重股的影响，所以会存在失真，需要结合对应的更多指数综合考察市场偏见，比如不仅是板块指数，还需要规模指数等。

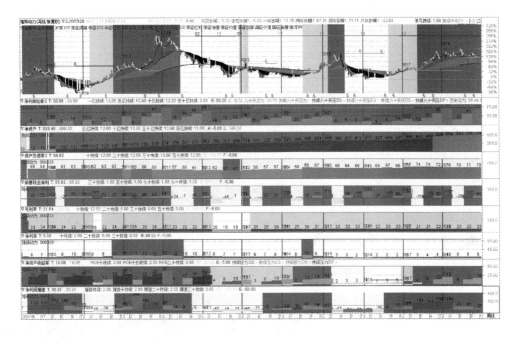

图 7－268

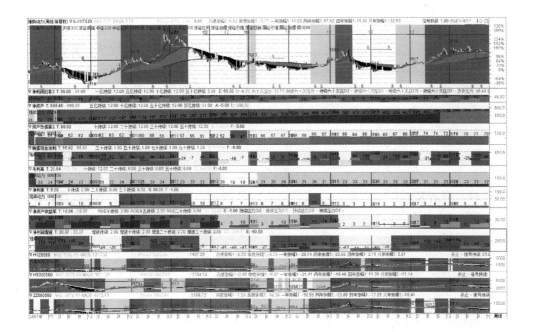

图 7－269

世纪华通：从背景图、数据图的色块和具体数值来看，过去十年，公司股价的阶段性相对清晰，深绿色背景持续性较强，红色块非常明显。从股价、基本趋势和主流偏见综合来看，世纪华通的市场偏见在2013年就转为正的了，但是当时世纪华通的基本趋势却处于恶性循环之中，所以一正一负，股价在2013年震荡了一年。2014年首先是股价大幅上升，市场偏见继续为正，但是2014年第一季度还看不出基本趋势的改善，毫无疑问，市场跑在了基本趋势的财务指标发出点信号之前，这点是值得注意的。在2014~2017年基本趋势处于良性循环之中，而市场偏见在2013~2017年持续为正，所以股价也得到较好的表现，但是2018年市场偏见转为负的，而基本趋势依然保持强劲，一负一正，所以股价在2018年体现震荡格局。

在前面的章节中提到，股价的天然周期属性，这点从市场偏见可以充分得到体现。那种匀速上涨或者匀速下跌以及静止不动的股价走势是不存在的。金融市场永远处于变动之中，但也是应该值得注意的事，这种周期属性是不固定的。

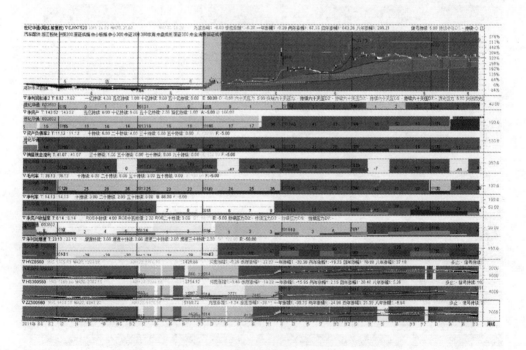

图7-270

均胜电子：从背景图、数据图的色块和具体数值来看，过去十年，公司股价的阶段性相对复杂些，背景图的白色和深绿色背景交替频次要更加多些，红色块比较明显。从股价、基本趋势和主流偏见综合来看，从上面两个分析中，似乎可以把主流偏见分解为市场偏见和基本趋势两个指标来综合考量，但是体现市场偏见的指数也是人为选择的。如果再仔细观察，会发现从市场偏见和基本趋势结合的情况下，也会存在持续时间较长的不匹配，其实，哪怕存在短暂的不匹配，也会对投资决策构成干扰。从均胜电子的股价走势以及市场偏见和基本趋势对应来看，2017 年上半年市场偏见和基本趋势就同时为正，但是股价走势却为负。把主流偏见直接表达为共性的和个性的，逻辑上似乎是合理的，但犯了还原法的思维错误。主流偏见的确是会受整个股市的影响，但这种共性的影响体现到具体的个股之后，却不是那么对等的。毕竟共性也是无限多个的，比如均胜电子，还可以放到上海板块指数、汽车电子板块、上证 180 指数等，而图中只是行业指数这一个市场偏见，何时该选择哪一个作为主要的市场偏见，其实需要人为不定时地来做权衡，同时这些市场偏见作为共性，其实也已经融合了个性，毕竟板块指数已经是同一板块个股走势的加权处理，它们存在时空上的同步性，不是一个在先、一个在后的因果关系。

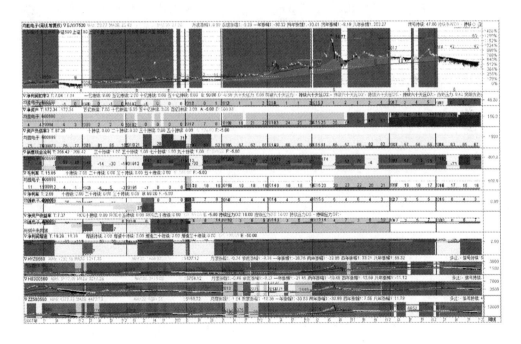

图 7-271

通过以上的分析，那么我们先确立一个市场偏见的概念，似乎得到一条直观表达主流偏见的想法，但随后又否认了自己的想法。这种正反合的思维，正是辩证法的思维方式，也是反身性的真谛。反身性绝对不是简单的股价会反过来影响基本趋势那么肤浅，这种互为因果的关系，只是其中一个小小结论而已，而反身性投资理念的核心还是思维方式的训练。这种自我反思，自我否定，正是辩证法的核心，反身性本质上就是辩证法，这是索罗斯在其书籍中明确提出的。我们要想真正弄懂反身性投资理念，绝对不是通过巴菲特价值投资模型和索罗斯反身性投资模型去套现实，而是通过不断的现实思考，找到明显核心决策因素，而恰恰找到的主流偏见和基本趋势以及股价是呈现互为因果的关系，而得出的模型，可以有效地帮助我们处理现实，找到明显的盛衰循环的标的。

从本章的分析，可以确立的是，强劲的基本趋势，本身是构成共性的一大强力，而强劲的基本趋势所引起的股价，自然会导致主流偏见的过度预期，而过度预期自然是会偏离基本趋势的。另外，强劲的基本趋势也不可能无限制的增长，盛极而衰是再不过的自然规律，那么股价的下跌也迟早成为必然。所以，我们不需要把市场偏见看得太重要，我们需要考察基本趋势是否处于良性循环之中，以及股价走势是否处于上升通道之中，但在观察的时候，不是线性地认为良性循环会永远持续下去，上升通道也不会走向反面，应当用盛极而衰的思维来理性看待。

第八章 大周期行业特性分析

第一节 房地产行业特性分析

一、房地产行业基本面特性分析

全国地产行业，A 股共有 37 家上市企业，截至目前，按照流通市值排序，万科 A 排在第一位：2273.35 亿元；第二位的是保利地产：1310.95 亿元；第三位的是绿地控股：741.04 亿元；第四位的是金地集团：387.80 亿元；第五位的是招商蛇口：323.32 亿元。截至目前，全国地产行业市值突破 1000 亿元的有两家，分别是万科 A 和保利地产。500 亿~1000 亿元的有一家，是绿地控股。A 股全国地产行业上市公司有 37 家，粗略得知这个行业市场竞争格局有点散，但从第一名跟第二名、第三名的市值差距来看，行业内企业的差距已经比较明显。那么，从 A 股前五的全国地产行业上市公司，它们的行业地位、抗风险能力、盈利能力和成长前景，从财务角度我们又能得出什么呢。下面从四个方面的财务角度一一查看。

表 8-1

全国地产（37）	涨幅（%）	现价	量比	涨速（%）	流通市值↓（亿元）
1. 万科 A	0.21	23.40	1.75	−0.12	2273.35
2. 保利地产	−0.71	11.17	1.51	−0.17	1310.95
3. 绿地控股	0.00	6.09	1.07	0.16	741.04
4. 金地集团	−0.35	8.59	1.24	0.00	387.80
5. 招商蛇口	−0.76	17.02	1.49	−0.11	323.32

全国地产（37）	涨幅（%）	现价	量比	涨速（%）	流通市值↓（亿元）
6. 荣盛发展	−0.50	8.02	1.40	−0.61	312.26
7. 泛海控股	0.89	5.65	0.98	0.36	287.88
8. 新湖中宝	0.00	3.14	0.72	0.32	269.98
9. 金融街	0.57	7.01	1.55	−0.13	209.44
10. 世茂股份	0.75	4.02	1.38	0.00	150.80
11. 华业资本	−1.15	7.76	0.65	−0.12	110.52
12. 新华联	0.00	5.35	0.33	−0.18	101.47
13. 嘉凯城	−0.36	5.55	0.78	−0.53	100.13
14. 中粮地产	−0.18	5.52	1.03	0.00	100.12
15. 海航基础	−1.49	5.95	2.04	0.17	98.67
16. 中洲控股	−2.08	17.39	1.33	−0.05	84.42
17. 迪马股份	0.35	2.90	0.93	0.35	68.69
18. 上实发展	0.42	4.73	0.86	0.00	66.62
19. 中国武夷	0.00	4.80	1.37	0.00	62.37
20. 美好置业	0.44	2.29	1.14	0.88	58.16
21. 华联控股	0.20	5.10	1.40	0.00	57.95
22. 冠城大通	−0.52	3.86	2.10	0.26	57.60
23. 信达地产	0.00	3.76	1.16	0.27	57.31
24. 香江控股	0.00	2.34	0.84	0.00	55.56
25. 光明地产	0.25	3.95	0.83	0.25	50.78
26. 中交地产	−0.10	10.15	1.03	0.59	45.25
27. 黑牡丹	−1.05	5.65	1.58	−0.17	44.95
28. 宋都股份	−0.97	3.05	0.72	−0.32	40.87
29. 珠江实业	0.22	4.52	0.70	0.22	38.58

1. 反映规模的扣非净利润和净资产指标

万科 A：从背景图来看，过去十年，扣非净利润和净资产均一直呈现深绿色背景，净资产存在突变信号，表明企业能实现连续盈利，规模相对较大。从数据图的色块和具体数值来看，2007～2017 年扣非净利润从 47.91 亿元增长到 272.80 亿元，扣非净利润在 2009 年突破 50 亿元，在 2012 年突破 100 亿元，净资产则从 2007 年的 339.20 亿元增长到 2017 年的 1866.14 亿元，净资产在 2010 年突破 500 亿元，在 2013 年突破 1000 亿元。从净资产图可以看出，2007 年净资产存在突变信号，打开公司资本运作一栏，公司定向增发了 99.366 亿元，投资在主业。如果再往前看十年，可以得知公司在 1993 年上市后通过配股以及定增方式募集了 150 亿元左右的资金进行主业投资。

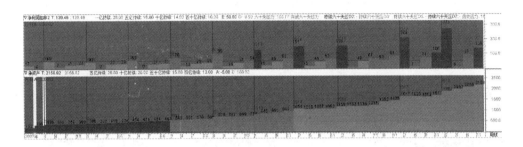

图 8-1

募集资金来源 | 项目进度

○ 募集资金来源

公告日期	发行类别	实际募集资金净额(万元)	发行起始日	证券名称	证券类别
2007-08-22	增发新股	993,660.17	2007-08-30	万科A	A股
2006-12-25	增发新股	419,670.00	2006-12-19	万科A	A股
1999-12-22	配股	62,538.49	--	深万科A	A股
1997-06-26	配股	29,586.05	--	深万科A	A股
1997-06-26	配股	29,586.05	--	深万科A	A股
1993-04-06	首发新股	45,128.00	--	深万科A	A股
1988-12-28	首发新股	0.00	--	深万科A	A股

○ 项目进度

项目名称	截止日期↓	计划投资(万元)	已投入募集资金(万元)	建设期(年)	收益率(税后)	投资回收期(年)
南京白下区安品街项目	2017-03-27	65,000.00	65,000.00	--	--	--
杭州余杭区良渚项目	2016-08-22	170,000.00	170,000.00	--	--	--
宁波鄞州区金色水岸项目	2016-08-22	163,660.00	163,660.00	--	--	--
上海浦东五街坊项目	2016-08-22	120,000.00	120,000.00	--	--	--
广州金域蓝湾(原金沙洲项目)	2016-08-22	80,000.00	80,000.00	--	--	--
上海金色雅筑(原中林项目)	2016-08-22	70,000.00	70,000.00	--	--	--
珠海香洲区珠海宾馆项目	2016-08-22	65,000.00	65,000.00	--	--	--
广州新里程(原科学城B3项目)	2016-08-22	60,000.00	60,000.00	--	--	--
南京红郡(原黄家圩项目)	2016-08-22	40,000.00	40,000.00	--	--	--
购买前海国际100%股权	2016-06-18	4,561,300.00	--	--	--	--

图 8-2

保利地产：从背景图来看，过去十年，扣非净利润和净资产均呈现深绿色背景，净资产存在多处突变信号，表明企业能实现连续盈利，规模相对较大，企业有通过定增实现快速增长的可能。从数据图的色块和具体数值来看，2007～2017年扣非净利润从 12.35 亿元增长到 154.39 亿元，扣非净利润在 2011 年突破 50 亿元，在2013年突破100亿元，净资产则从2007年的128.34亿元增长到2017年的1582.40亿元，净资产在2012年突破500亿元，在2016年突破1000亿元。从净资产图可以看出，公司净资产在2007年、2009年以及2013年和2018年存在三处突变信号，但打开资本运作图则只发现公司在2007年、2009年和2016年进行了三次定增。以公司公告为主来确定资本运作。企业净资产十年时间增长了12倍。

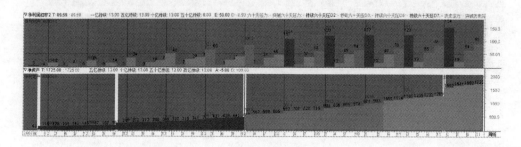

图 8-3

募集资金来源		项目进度			

○ 募集资金来源

公告日期	发行类别	实际募集资金净额(万元)	发行起始日	证券名称	证券类别
2016-06-24	增发新股	890,789.07	2016-06-16	保利地产	A股
2009-07-16	增发新股	781,535.00	2009-07-10	保利地产	A股
2007-07-27	增发新股	681,469.38	2007-08-07	保利地产	A股
2006-07-05	首发新股	201,856.00	2006-07-14	保利地产	A股

○ 项目进度

项目名称	截止日期↓	计划投资(万元)	已投入募集资金(万元)	建设期(年)	收益率(税后)	投资回收期(年)
珠海保利国际广场	2018-08-14	398,261.00	130,000.00	---	---	---
合肥保利西山林语	2018-04-17	385,905.00	87,000.00	---	---	---
福州保利西江花语	2018-04-17	300,014.00	95,000.00	---	---	---
成都保利玫瑰花语	2018-04-17	223,540.00	30,500.00	---	---	---
成都保利叶语	2018-04-17	211,710.00	38,500.00	---	---	---
天津保利玫兰公馆	2018-04-17	187,934.00	44,500.00	---	---	---
成都保利紫薇花语	2018-04-17	164,116.00	45,500.00	---	---	---
南京保利中央公园	2017-08-30	524,415.00	82,000.00	---	---	---
南京保利堂悦	2017-08-30	453,455.00	50,000.00	---	---	---
合肥保利海上五月花	2017-04-18	491,618.00	90,789.07	---	---	---

图 8-4

绿地控股：从背景图来看，2015年借壳上市后，扣非净利润和净资产均呈现深绿色背景，表明企业能实现连续盈利，规模相对较大。从数据图的色块和具体数值来看，2015~2017年扣非净利润从56亿元增长到91亿元；净资产则从2015年的718亿元增长到2017年的934.5亿元，2018年净资产突破1000亿元。

从净资产突变情况来看，公司在 2015 年存在明显的突变信号，是公司借壳上市的缘故，2015 年至今没有再进行股权再融资。

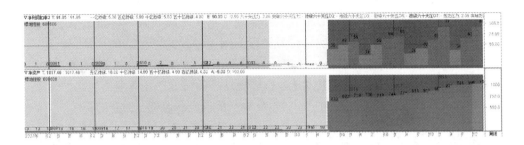

图 8 - 5

募集资金来源 | 项目进度

○ 募集资金来源

公告日期	发行类别	实际募集资金净额(万元)	发行起始日	证券名称	证券类别
2015-07-03	增发新股	6,454,008.20	2015-06-29	金丰投资	A股
2002-04-03	增发新股	62,921.64	—	金丰投资	A股
1993-06-12	配股	2,054.34	—	嘉丰股份	A股
1992-02-19	首发新股	0.00	—	嘉丰股份	A股

○ 项目进度

项目名称	截止日期↓	计划投资(万元)	已投入募集资金(万元)	建设期(年)	收益率(税后)	投资回收期(年)
购买绿地集团的股权	2016-04-26	6,673,205.00	6,673,205.00	—	—	—
武汉绿地国际金融城建设项目	2015-12-09	1,179,747.05	—	—	—	—
合肥绿地新都会项目	2015-12-09	359,714.18	—	—	—	—
合肥紫峰绿地中央广场项目一期	2015-12-09	288,083.72	—	—	—	—
收购上海龙宁房地产开发有限公司50%股权	2009-12-08	17,000.00	5,500.00	—	—	—
金丰易居中国房屋置换流通服务体系	2004-11-24	30,000.00	4,780.00	2.00	14.00%	7.00
松江九亭小城镇开发项目	2004-11-24	27,000.00	27,000.00	1.50	15.00%	—
向"上海房地产住宅消费服务有限公司"增资5980万元项目	2004-11-24	13,440.00	1,020.00	2.00	22.72%	5.08
投资2.7亿元用于上海松江大学城学生公寓工程项目	2002-10-18	104,600.00	—	3.00	11.24%	11.08
收购上海房屋置换股份有限公司27%股权	2002-04-03	2,025.00	2,025.00	—	—	—

图 8 - 6

金地集团：从背景图来看，过去十年，扣非净利润和净资产均呈现深绿色背景，净资产存在多处突变信号，表明企业能实现连续盈利，规模相对较大，企业有通过定增实现快速增长的可能。从数据图的色块和具体数值来看，2007 ~ 2017年扣非净利润从 9.56 亿元增长到 58 亿元，2016 年扣非净利润突破 50 亿元，净资产则从 2007 年的 92 亿元增长到 2017 年的 531 亿元，净资产在 2016 年突破500 亿元。从净资产图可以看出，净资产存在多处突变信号，打开资本运作栏，可以得知公司在 2007 年和 2009 年进行了两次定增，但公司在 2010 年底、2013

年底也存在净资产突然增加15%（净资产突变信号的阈值就设在15%门槛）的现象。这点怎么解释呢，净资产的增加来源，不是股权融资就是企业内部净利润增加，那么既然没有进行股权再融资，就是企业的净利润增加导致的，而恰恰房地产企业存在很明显的年底结算模式。净利润大多在年底反映，前面上个季度结算很少，所以会导致净资产的突变信号触发，因为触发的原理是单季净资产比上一个季度净资产是否超过15%，而房地产存在明显的年底集中结算情况，这正好导致年底可能触发信号，尤其对于净资产规模小的房地产企业会出现这种现象。毫无疑问，这既是技术性的问题，同时也反映了房地产行业资金回笼的特性。

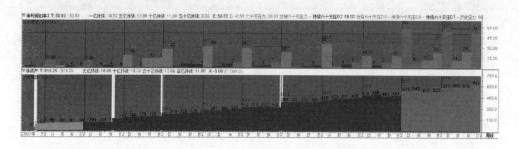

图 8-7

募集资金来源 项目进度					
○ 募集资金来源					
公告日期	发行类别	实际募集资金净额(万元)	发行起始日	证券名称	证券类别
2009-08-19	增发新股	409,738.54	--	金地集团	A股
2007-07-07	增发新股	445,658.78	2007-07-02	金地集团	A股
2004-12-20	增发新股	86,997.32	--	金地集团	A股
2001-01-11	首发新股	82,694.22	--	金地集团	A股

○ 项目进度					
项目名称	截止日期↓	计划投资(万元)	已投入募集资金(万元)	建设期(年)	收益率(税后)	投资回收期(年)
西安南湖及曲江池项目	2011-08-20	120,000.00	120,000.00	3.75	17.11%	--
沈阳长青	2011-03-18	733,255.00	99,739.00	8.58	15.02%	--
天津格林世界三期	2011-03-18	189,657.00	70,000.00	5.00	16.54%	--
武汉金银湖	2011-03-18	95,847.00	40,000.00	4.00	13.57%	--
上海格林世界四期	2011-03-18	80,000.00	80,000.00	4.08	19.59%	--
深圳梅陇镇项目	2007-07-07	174,229.00	23,200.00	--	--	--
武汉金地格林小城项目	2007-07-07	167,791.00	36,336.00	--	--	--
北京金地中心项目	2007-07-07	117,889.00	28,276.00	--	--	--
上海格林郡项目	2007-07-07	107,105.00	11,753.00	--	--	--
深圳渔农村旧改项目	2007-07-07	9,600.00	9,600.00	--	--	--

图 8-8

招商蛇口：从背景图来看，公司2015年重组后，扣非净利润和净资产均呈现深绿色背景，净资产存在突变信号，表明企业能实现连续盈利，规模相对较大，企业有通过定增实现快速增长的可能。从数据图的色块和具体数值来看，2015～2017 年扣非净利润从 44 亿元增长到 119 亿元，2016 年扣非净利润突破 50 亿元，2017 年突破 100 亿元，净资产则从 2015 年的 621 亿元增长到 2017 年的 928 亿元。从净资产突变情况来看，存在一个净资产突变信号，打开资本运作栏，可以得知公司在 2016 年再次定向增发募集了 118 亿元。

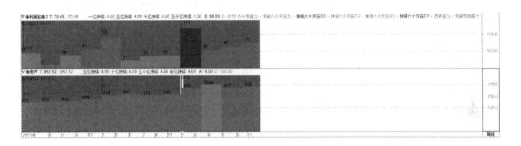

图 8–9

募集资金来源 | 项目进度

○ 募集资金来源

公告日期	发行类别	实际募集资金净额(万元)	发行起始日	证券名称	证券类别
2016-01-13	增发(配套募集)	1,180,082.49	2015-12-18	招商蛇口	A股
2015-12-28	首发新股	—	—	招商蛇口	A股

○ 项目进度

项目名称	截止日期↓	计划投资(万元)	已投入募集资金(万元)	建设期(年)	收益率(税后)	投资回收期(年)
太子湾自贸启动区一期	2018-08-21	1,352,400.00	164,979.37	—	—	—
海上世界双玺花园三期项目	2018-08-21	594,932.00	83,652.23	—	—	—
武汉招商公园1872项目C地块	2018-08-21	381,385.00	35,437.13	—	—	—
(武汉)江湾国际项目	2018-08-21	354,989.00	110,032.33	—	—	—
武汉招商公园1872项目B地块	2018-08-21	262,392.00	13,000.89	—	—	—
(珠海)依云水岸项目	2018-08-21	169,425.00	70,013.31	—	—	—
太子商业广场项目	2018-08-21	158,114.57	48,712.96	—	—	—
前海自由贸易中心一期项目	2018-03-27	925,287.00	19,737.17	—	—	—
新时代广场南项目	2017-11-28	0.00	0.00	—	—	—
招商局互联网创新业务服务平台项目	2017-03-28	55,860.28	—	—	—	—

图 8–10

2. 反映风险的资产负债率和销售现金流指标

万科 A：从背景图来看，资产负债率一直呈现黄色背景，销售现金流存在明显的现金流流出现象（黄色背景）。从数据图的色块和具体数值来看，资产负债率从 2007 年的 66% 逐年增长到 2017 年的 84%，销售现金流存在明显的季节性波动，且资金回笼多在年底，而且有些年份还为负。

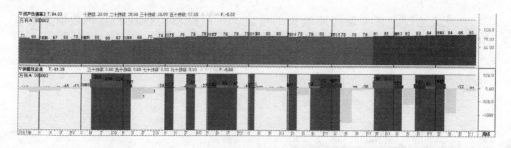

图 8 - 11

保利地产：从背景图来看，资产负债率一直呈现黄色背景，销售现金流存在明显的现金流流出现象（黄色背景）。从数据图的色块和具体数值来看，资产负债率维持在72%～80%，销售现金流存在明显的季节性波动，且资金回笼多在年底，而且有些年份还为负。

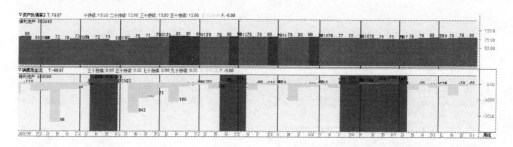

图 8 - 12

绿地控股：从背景图来看，资产负债率一直呈现黄色背景，销售现金流存在明显的现金流流出现象（黄色背景）。从数据图的色块和具体数值来看，借壳上市后，资产负债率维持在高位88%左右，销售现金流波动明显，不是季节性波动，而是要么持续流进，要么持续流入，与万科A和保利地产资金回笼还不一样。这是一个值得进一步反推到它们之间业务差异的好时机。

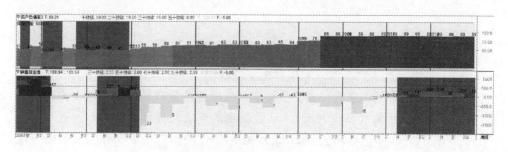

图 8 - 13

金地集团：从背景图来看，资产负债率一直呈现黄色背景，销售现金流存在明显的现金流流出现象（黄色背景）。从数据图的色块来看，资产负债率维持在72%左右，销售现金流存在明显的季节性波动，且资金回笼多在年底，而且有些年份还为负。

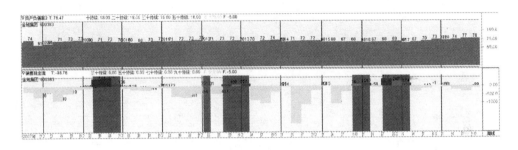

图 8 – 14

　　招商蛇口：从背景图来看，资产负债率一直呈现黄色背景，销售现金流存在明显的现金流流出现象（黄色背景）。从数据图的色块来看，重组上市后，资产负债率维持在72%左右，销售现金流持续为负。

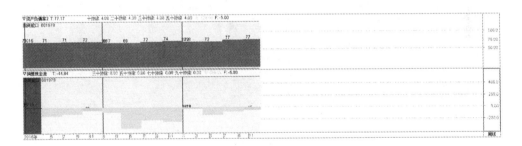

图 8 – 15

　　3. 反映盈利能力的毛利率、净利率、净资产收益率指标
　　万科 A：从背景图来看，过去十年，毛利率呈现深绿色和浅绿色背景并存的模式，净利率呈现深绿色和白色背景并存的模式，净资产收益率呈现深绿色、浅绿色和白色背景并存的模式，表明公司产品盈利能力相对较高，存在一定波动性，净资产收益率年化超过10%。从数据图的色块和具体数值来看，毛利率有所波动，在26%～40%，净利率在19%与个位数之间，净资产收益率在10%～20%波动，整体盈利能力还可以。

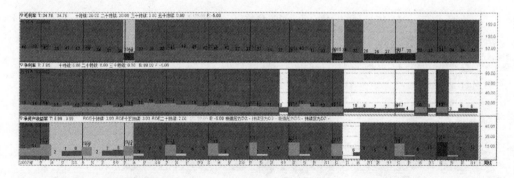

图 8−16

保利地产：从背景图来看，过去十年，毛利率呈现深绿色和浅绿色背景并存的模式，净利率呈现深绿色和白色背景并存的模式，净资产收益率呈现深绿色和浅绿色背景并存的模式，表明公司产品盈利能力相对较高，存在一定波动性，净资产收益率年化超过10%。从数据图的色块和具体数值来看，毛利率和净利率以及净资产收益率指标与万科 A 特性比较相近。

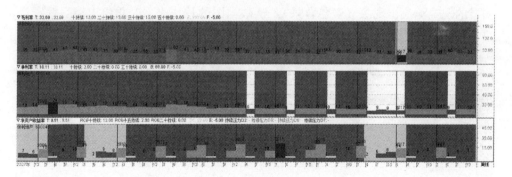

图 8−17

绿地控股：从背景图来看，借壳上市后，毛利率和净利率均呈现白色背景，净资产收益率呈现浅绿色和深绿色背景并存的模式，表明公司产品盈利能力较低，但净资产收益率年化依然超过10%。从数据图的色块和具体数值来看，借壳后的绿地控股主体毛利率和净利率比较低，净资产收益率维持在13%左右。结合其资产负债率情况，可以得知该企业利用了极高的资产负债率来获取净资产收益率，因为它的毛利率只有5个点不到。这点与万科 A、保利地产具有更加明显的差异。

金地集团：从背景图来看，过去十年，毛利率呈现深绿色和浅绿色背景并存的模式，净利率呈现深绿色和白色背景并存的模式，净资产收益率呈现深绿色、

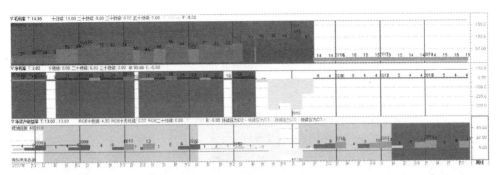

图 8－18

浅绿色和白色背景并存的模式，表明公司产品盈利能力一般，存在明显的波动性，但净资产收益率年化依然超过10%。从数据图的色块和具体数值看，毛利率和净利率以及净资产收益率波动明显，整体盈利能力还可以。

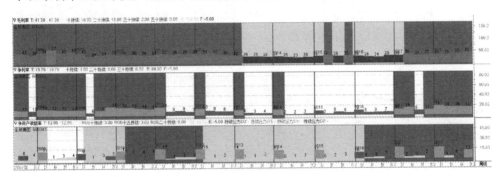

图 8－19

招商蛇口：从背景图来看，重组上市后，毛利率和净资产收益率均呈现深绿色和浅绿色背景并存的模式，净利率呈现白色和深绿色背景并存的模式，表明公司产品盈利能力较强，年化净资产收益率超过15%。从数据图的色块和具体数值看，毛利率和净利率以及净资产收益率还可以。

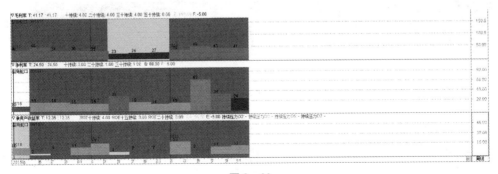

图 8－20

4. 反映成长的净利润增速指标

万科A：从背景图来看，过去十年，呈现深绿色和黄色（增速下滑）背景并存的模式，表明业绩增速波动较大，但企业整体持续增长。从数据图的色块以及具体数值来看，净利润增速波动明显。

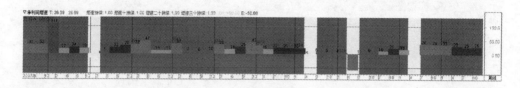

图 8 - 21

保利地产：从背景图来看，过去十年，除了单个季度呈现黄色（增速下滑）背景，其他时候均呈现深绿色背景，表明业绩存在一定波动，但企业整体持续增长。从数据图的色块以及具体数值来看，净利润增速波动明显。

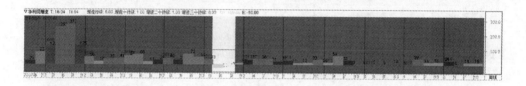

图 8 - 22

绿地控股：从背景图来看，借壳上市后，一直呈现深绿色背景，表明企业持续增长。从数据图的色块以及具体数值来看，借壳后的绿地控股净利润增速比较稳定，维持在20%左右。

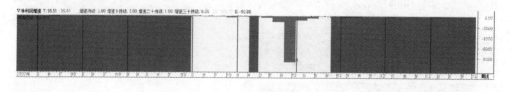

图 8 - 23

金地集团：从背景图来看，过去十年，呈现深绿色和黄色（增速下滑）背景并存的模式，表明业绩波动明显。从数据图的色块以及具体数值来看，净利润增速波动明显。

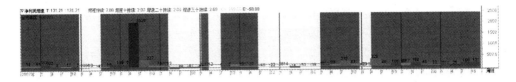

图 8－24

招商蛇口：从背景图来看，重组上市后，呈现深绿色和黄色（增速下滑）背景并存的模式，表明业绩波动明显，但是整体能够增长。从数据图的色块以及具体数值来看，重组后的招商蛇口，净利润增速先是高增长，而后增速下滑，再加速。重组后的高增长应该是合并报表所得，所以整体净利润增速波动明显。

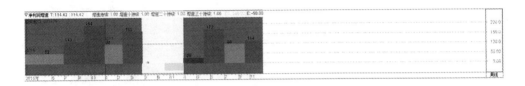

图 8－25

以上是从财务视角，八个核心财务指标，四个方面考察全国地产行业前五企业的基本面特性。

综合以上，A 股全国地产行业前五的企业从财务上表现的特征是：①行业发展需要股权再融资，同时还需要银行的信贷，因为资产负债率均在 70% 以上。②销售现金流回笼不是很顺畅，不仅有结算的原因，还与行业特性有关，因为不仅表现年度集中结算，同时还表现持续年度为负的特征。③净利润增速波动明显，而企业发展主要靠举债和股权再融资，那么融资的可得性会直接影响到净利润的增速情况。如果不投资，那么净利润增速会大大受限，这是显而易见的。而且客户购房也需要靠银行的信贷来取得，那么从以上的财务特性可以非常明显地得出房地产的发展与证券市场的股权再融资政策和银行对房地产的信贷政策联系的非常紧密。

二、全国地产行业前五企业的股价特性

万科 A：从背景图、数据图的色块和具体数值来看，过去十年，公司股价的阶段性相对清晰，深绿色背景持续性较强，但红色块和黑色块一样明显。从股价、基本趋势和主流偏见综合来看，仅从净利润增速还无法看出其周期性特征，但是个股极高的资产负债率和整个房地产行业的高资产负债率足以表明周期性特征。另外，由于其高资产负债率以及购房者也大多是通过银行的住房按揭获得，所以房地产行业与信贷政策息息相关。所以，影响主流偏见的因素，觉得基本趋势的因素一方面与企业本身的竞争优势挂钩，更重要的是市场偏见与政府政策联系非常紧密。从下面的股价走势和企业的基本趋势来看，正相关性尤其是净利润增速与股价的正相关性非常脆弱。而股价与市场偏见联系非常紧密，由于房地产行业属于周期比较长的行业，结果市场偏见也是连续很多年。比如在2010~2013年，市场偏见就连续3年偏弱。尽管企业的利润每年都保持较高的增速，但是股价却连续多年保持低位徘徊。反倒是，在市场偏见向好的2014~2017年，股价连续上涨，而在2014~2017年净利润增速的稳定性还没有2010~2013年好，盈利能力也是如此。如果完全忽略企业的基本趋势，只重视市场偏见，同样是错误的。那样就无法理解在2007年前企业的高速增长，以及整个行业甚至是整个周期性行业的高速增长，所共同引起的市场偏见以及主流偏见正向发展了。所以对于周期性行业，固定10年的时间框架并不完美。

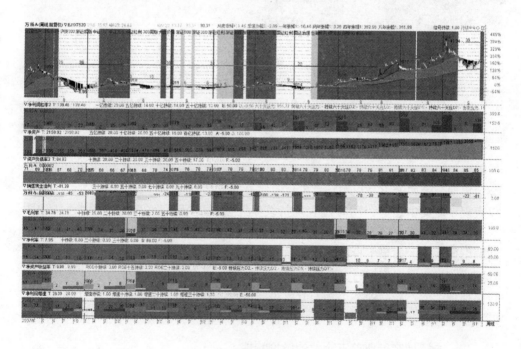

图 8 – 26

把时间框架再往前倒，如果看 2003~2013 年，就可以看到一个清晰的盛衰循环。2003~2007 年处于超高速发展阶段，股价也是快速上涨，事实上 2003~2005 年整个市场比较偏弱，但是万科 A 的超高速发展，足以引起主流偏见的正向反馈，而在整个市场处于牛市的时候，叠加企业不是强劲的基本趋势，自然股价在2006~2007年中获得市场追捧。但由于2006~2007年企业股价的快速上涨，结果是随后的下跌，叠加企业基本趋势的放缓，所以，也不难理解2010~2013年股价的停滞。所以，尽管房地产属于政策敏感性行业，也是典型的周期性行业，但是如果将时间拉长，依然可以建立股价走势和基本趋势、主流偏见三者的关系。

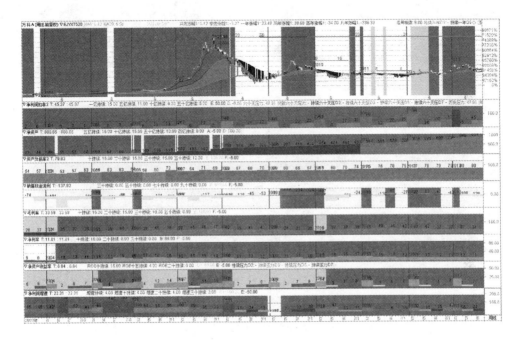

图 8 – 27

　　保利地产：从背景图、数据图的色块和具体数值来看，过去十年，公司股价的阶段性相对复杂些，背景图的白色和深绿色背景交替频次要更加多些，红色块和黑色块都比较明显。从股价、基本趋势和主流偏见综合来看，从保利地产可以进一步验证超强劲的基本趋势，是能够得到主流偏见的认可的，是能够抵御一部分负面的市场偏见的，比如2009年的强劲反弹。但是，市场偏见的影响依然足够强大，比如2008年的大幅下挫，而企业在2008年很多季度的增速均是历史最高值。再如2013年股价的持续走高，而公司基本趋势却存在连续两个季度的负增长。而在2013年下半年至2014年公司业绩恢复增长的时候，股价却在市场偏见下持续回落。所以，单个公司的股价和其基本趋势之间的关系在周期性行业，要弱很多，但如果把周期性行业上涨阶段的涨幅考虑进去，就会使你大吃一惊，

2009 年保利地产居然强劲反弹了 4 倍，万科 A 也反弹了 3 倍，而同期的贵州茅台 2 倍还不到，这也是大消费类企业在短期内无法达到的爆发力。周期股的大起大落和优质消费类企业的长牛特征差异还是比较明显的。

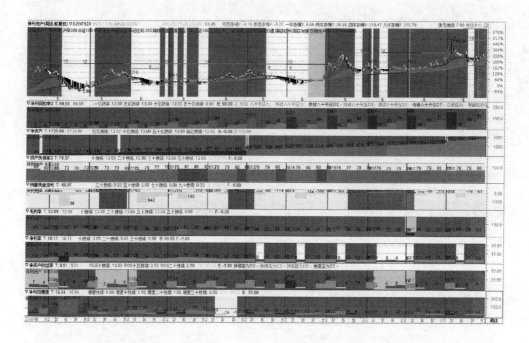

图 8 – 28

绿地控股：从背景图、数据图的色块和具体数值来看，借壳上市后，公司的股价的阶段性相对清晰，白色背景持续性很强，黑色块比较明显。从股价、基本趋势和主流偏见综合来看，由于公司 2015 年借壳上市，所以还无法建立起长期的股价和基本趋势、主流偏见的关系。但能够看到借壳后，企业的基本趋势处于良性循环之中，但是前面已经提到，由于是周期性行业，所以 20% 的增速并没有带来强劲的主流偏见。整个股价在 3 年内基本按照市场偏见的方向运行，2017 年在市场偏见向好的时候，股价也出现快速的反弹，而在 2018 年市场偏见转为负的时候，股价同样回落。

金地集团：从背景图、数据图的色块和具体数值来看，过去十年，公司股价的阶段性相对复杂些，背景图的白色和深绿色背景交替频次要更加多些，红色块和黑色块都比较明显。从股价、基本趋势和主流偏见综合来看，由于金地集团的基本趋势不是特别强劲，且表现一定的不稳定性，所以股价表现随大流的特征，跟随整个板块和市场的走势特征比较明显。

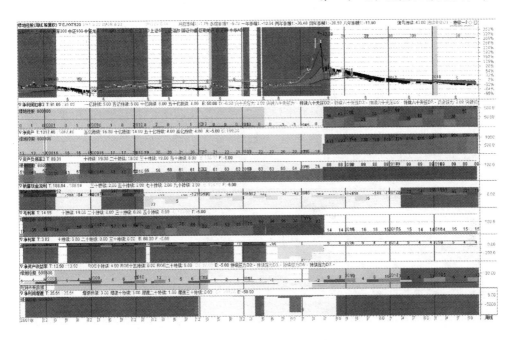

图 8 - 29

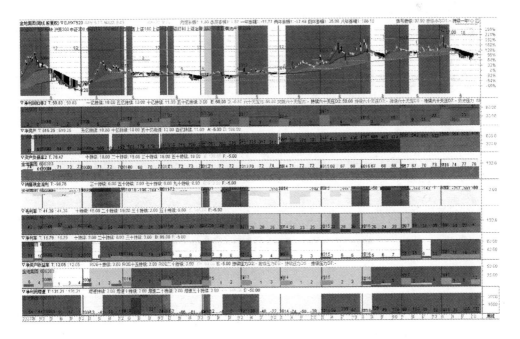

图 8 - 30

招商蛇口：从背景图、数据图的色块和具体数值来看，重组上市后，公司股价的阶段性相对复杂些，背景图的白色和深绿色背景交替频次要更加多些，黑色块比较明显。从股价、基本趋势和主流偏见综合来看，由于招商蛇口在2015年重组，从重组后两年的时间框架来看，首先跟随板块和市场的走势比较明显，2017年股价持续上涨，而在2018年持续回落。与此同时，业绩增速呈现一定的不稳定性特征，但季节性的增速也呈现较高的现象，盈利能力在不断提升，整体上基本趋势处于良性循环之中。

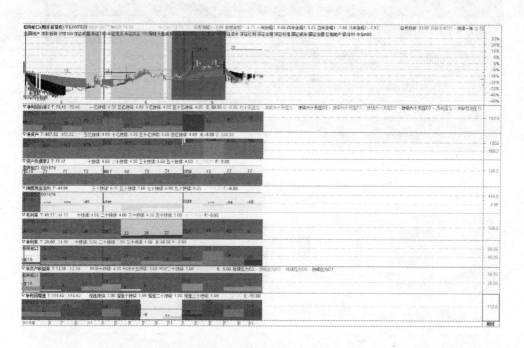

图 8–31

第二节 银行业特性分析

一、银行业基本面特性分析

银行业，共有28家上市企业，截至目前，按照流通市值排序，工商银行排在第一位：14397.29亿元；第二位的是农业银行：10703.61亿元；第三位的是中国银行：7587.56亿元；第四位的是招商银行：5850.37亿元；第五位的是浦发银行：3029.59亿元。事实上，四大银行中建设银行的总市值也很高，但由于其流通市值只有640.80亿元，由于这次分析按照流通市值来排序，所以暂时没有把建设银行纳入分析，但不妨碍我们对整个银行的基本面特性分析。截至目前，银行行市值突破10000亿元的有两家，分别是工商银行和农业银行。5000亿~10000亿元的有两家，是中国银行和招商银行。A股前五的银行业上市公司，它们的行业地位（规模）、抗风险能力、盈利能力和成长前景，从财务角度我们又能得出什么呢。下面从这四个方面的财务角度一一查看。

表8－2

银行（28）	涨幅（%）	现价	量比	涨速（%）	流通市值↓（亿元）
1. 工商银行	-0.19	5.34	1.12	0.00	14397.29
2. 农业银行	-0.27	3.64	1.32	0.28	10703.61
3. 中国银行	0.28	3.60	0.85	-0.27	7587.56
4. 招商银行	-0.84	28.36	1.14	0.00	5850.37
5. 浦发银行	0.28	10.78	1.50	-0.08	3029.59
6. 兴业银行	0.06	15.69	1.12	0.00	2989.31
7. 交通银行	0.86	5.85	0.89	0.00	2296.18
8. 民生银行	0.16	6.19	1.08	-0.31	2195.11
9. 中信银行	0.18	5.70	1.19	0.00	1818.59
10. 平安银行	-0.57	10.49	0.98	-0.09	1801.16
11. 光大银行	-0.26	3.83	1.04	0.00	1524.74
12. 北京银行	0.67	6.04	0.86	0.00	1102.18
13. 华夏银行	1.03	7.83	0.87	0.00	1004.02
14. 宁波银行	-0.82	17.02	1.24	0.24	788.13
15. 建设银行	-0.60	6.68	1.09	0.00	640.86
16. 上海银行	1.22	11.66	1.08	0.09	605.80
17. 南京银行	0.43	7.06	0.59	0.00	598.84
18. 江苏银行	0.94	6.45	0.78	0.00	387.53
19. 杭州银行	0.52	7.77	0.71	0.13	161.74
20. 贵阳银行	0.61	11.49	0.83	-0.16	142.36
21. 常熟银行	0.63	6.42	1.09	0.16	64.02
22. 张家港行	0.34	5.89	0.62	-0.16	49.86
23. 无锡银行	1.42	5.70	0.65	0.00	45.85

银行（28）	涨幅（%）	现价	量比	涨速（%）	流通市值↓（亿元）
24. 江阴银行	0.18	5.56	0.57	-0.35	39.94
25. 吴江银行	1.44	6.32	0.73	0.32	38.36
26. 郑州银行	0.73	5.49	0.52	0.00	32.94
27. 长沙银行	0.21	9.34	0.56	-0.20	31.96
28. 成都银行	0.47	8.50	0.70	0.00	30.70

1. 反映规模的扣非净利润和净资产指标

工商银行：从背景图来看，过去十年，扣非净利润和净资产均呈现深绿色背景，表明企业能实现连续盈利，且规模很大。从数据图的色块和具体数值来看，2007~2017年，扣非净利润从800亿元增长到2839.63亿元，净资产从5260.37亿元增长到21410.56亿元，净资产在2012年突破10000亿元。10年时间，扣非净利润增长了2.55倍，净资产增长了3.07倍。尽管在净资产一栏没有突变信号，但打开公司资本运作一栏，可以发现公司还是进行了再融资，主要用来补充资本金。

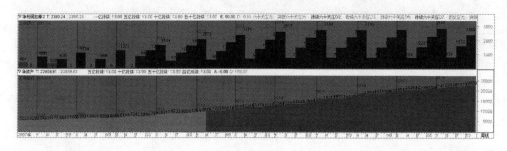

图8-32

	募集资金来源		项目进度		

○ 募集资金来源

公告日期	发行类别	实际募集资金净额(万元)	发行起始日	证券名称	证券类别
2010-11-11	配股	3,357,800.35	2010-11-23	工商银行	A股
2006-09-27	首发新股	4,557,900.00	2006-10-19	工商银行	A股

○ 项目进度

项目名称	截止日期↓	计划投资(万元)	已投入募集资金(万元)	建设期(年)	收益率(税后)	投资回收期(年)
补充本行的资本金	2010-11-11	4,500,000.00	--	--	--	--
补充本行资本金	2006-09-27	4,557,897.68	4,557,897.68	--	--	--

图8-33

农业银行：从背景图来看，公司 2010 年上市，扣非净利润和净资产均呈现深绿色背景，表明企业能实现连续盈利，且规模很大。从数据图的色块和具体数值来看，2010～2017 年，扣非净利润从 937.57 亿元增长到 1926.95 亿元，净资产从 5422.36 亿元增长到 14293.97 亿元，净资产在 2014 年突破 10000 亿元。7 年时间，扣非净利润增长了 1.05 倍，净资产增长了 1.636 倍。尽管在净资产一栏没有突变信号，但打开公司资本运作一栏，可以发现公司还是进行了再融资，主要用来补充资本金。

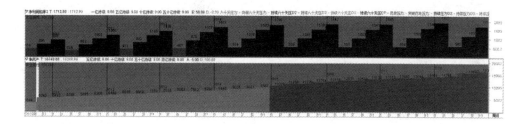

图 8 - 34

募集资金来源				项目进度	
○ 募集资金来源					
公告日期	发行类别	实际募集资金净额(万元)	发行起始日	证券名称	证券类别
2018-07-04	增发新股	9,998,919.88	2018-06-29	农业银行	A股
2010-06-17	首发新股	6,755,800.00	2010-07-07	农业银行	A股
○ 项目进度					
项目名称	截止日期↓	计划投资(万元)	已投入募集资金(万元)	建设期(年)	收益率(税后)	投资回收期(年)
补充本行核心一级资本	2018-08-29	10,000,000.00	9,998,919.88	--	--	--
充实本行资本金	2014-03-26	2,763,167.10	--			

图 8 - 35

中国银行：从背景图来看，过去十年，扣非净利润和净资产均呈现深绿色背景，表明企业能实现连续盈利，且规模较大。从数据图的色块和具体数值来看，2007～2017 年，扣非净利润从 559.09 亿元增长到 1700.95 亿元，净资产从 4549.93 亿元增长到 15766.79 亿元，净资产在 2014 年突破 10000 亿元。10 年时间，扣非净利润增长了 2.04 倍，净资产增长了 2.465 倍。尽管在净资产一栏没有突变信号，但打开公司资本运作一栏，可以发现公司还是进行了再融资，主要用来补充资本金。

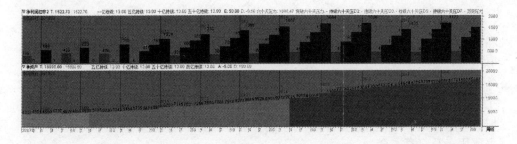

图 8-36

募集资金来源					
○ 募集资金来源					
公告日期	发行类别	实际募集资金净额(万元)	发行起始日	证券名称	证券类别
2010-10-29	配股	4,163,915.84	2010-11-10	中国银行	A股
2006-06-12	首发新股	1,945,146.24	—	中国银行	A股

○ 项目进度						
项目名称	截止日期↓	计划投资(万元)	已投入募集资金(万元)	建设期(年)	收益率(税后)	投资回收期(年)
补充本行资本金	2015-12-04	1,945,146.24	1,945,146.24	—	—	—
补充本行资本金	2010-10-29	4,196,526.29	4,196,526.29	—	—	—

图 8-37

招商银行：从背景图来看，过去十年，扣非净利润和净资产均呈现深绿色背景，净资产存在多处突变信号，表明企业能实现连续盈利，且规模相对较大，公司有通过定增实现快速增长的可能。从数据图的色块和具体数值来看，2007～2017 年，扣非净利润从 151.35 亿元增长到 697.69 亿元，2013 年扣非净利润突破 500 亿元，净资产从 679.84 亿元增长到 4833.92 亿元，净资产在 2010 年突破 1000 亿元，在 2018 年突破 5000 亿元。10 年时间，扣非净利润增长了 3.61 倍，净资产增长了 6.11 倍。从净资产的突变情况来看，可以发现在 2008 年、2010 年、2013 年存在三处突变信号，打开资本运作一栏，公司只在 2010 年和 2013 年做了配股。公司募集资金主要用于补充资本金。所以，公司的扣非净利润和净资产取得的快速增长，有一部分原因是利用了股权再融资的缘故。

浦发银行：从背景图来看，过去十年，扣非净利润和净资产均呈现深绿色背景，净资产存在多处突变信号，表明企业能实现连续盈利，规模相对较大，且公司有通过定增实现快速增长的可能。从数据图的色块和具体数值来看 2007～2017 年，扣非净利润从 65.55 亿元增长到 540.46 亿元，扣非净利润在 2016 年突破 500 亿元，净资产从 282.98 亿元增长到 4309.85 亿元，净资产在 2010 年突破 1000 亿元。10 年时间，扣非净利润增长了 7.24 倍，净资产增长了 3.74 倍。从净资产的突变信号来看，只存在两处。打开公司资本运作一栏，发现公司在过去10年时间里进行了4次增发，分别是2009年、2010年、2016年和2017年，与招商银行不同的是，浦发银行再融资不仅是用来补充资本金，还有收购上海信托的股权，相信这也是公司扣非净利润增速在行业前五中最快的原因。

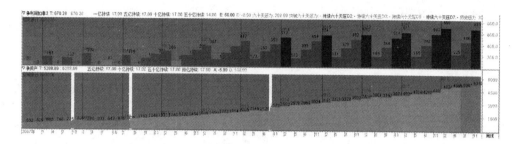

图 8 − 38

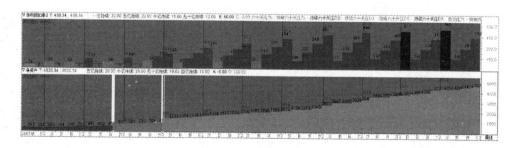

○ 募集资金来源

公告日期	发行类别	实际募集资金净额(万元)	发行起始日	证券名称	证券类别
2013-08-23	配股	2,744,305.66	——	招商银行	A股
2010-03-02	配股	1,768,142.74	2010-03-12	招商银行	A股
2002-03-19	首发新股	1,074,289.00	——	招商银行	A股

○ 项目进度

项目名称	截止日期↓	计划投资(万元)	已投入募集资金(万元)	建设期(年)	收益率(税后)	投资回收期(年)
补充本公司的资本	2018-03-24	2,752,453.78	274.68	——	——	——
补充公司核心一级资本	2015-04-11	600,000.00	——	——	——	——
补充资本金	2010-03-02	1,801,555.30	1,768,142.74	——	——	——
资金运营	2002-03-19	376,900.00	376,900.00	——	——	——
机构网点建设	2002-03-19	350,000.00	350,000.00	——	——	——
电子化建设	2002-03-19	230,000.00	230,000.00	——	——	——
购建固定资产	2002-03-19	100,000.00	100,000.00	——	——	——
人才培训	2002-03-19	20,000.00	20,000.00	——	——	——

图 8 − 39

图 8 − 40

解密巴菲特和索罗斯——反身性价值投资

○ 募集资金来源

公告日期	发行类别	实际募集资金净额(万元)	发行起始日	证券名称	证券类别
2017-09-06	增发新股	1,481,655.20	2017-08-30	浦发银行	A股
2016-03-22	增发新股	1,635,198.90	2016-03-16	浦发银行	A股
2010-10-16	增发新股	3,919,946.42	2010-10-12	浦发银行	A股
2009-09-30	增发新股	1,482,665.96	2009-09-27	浦发银行	A股
2006-11-14	增发新股	590,800.00	2006-11-22	浦发银行	A股
2002-12-28	增发新股	249,421.63	—	浦发银行	A股
1999-09-21	首发新股	395,503.64	—	浦发银行	A股

○ 项目进度

项目名称	截止日期↓	计划投资(万元)	已投入募集资金(万元)	建设期(年)	收益率(税后)	投资回收期(年)
补充公司的核心一级资本	2017-10-30	1,483,000.00	1,481,655.20	—	—	—
购买上海信托97.33%的股权	2017-06-13	1,635,198.90	1,635,198.90	—	—	—
补充公司的核心资本金	2011-08-16	3,919,946.42	3,919,900.00	—	—	—
用于补充公司的资本金	2009-09-30	1,482,665.96	1,482,665.96	—	—	—
补充核心资本	2006-11-14	590,800.00	590,800.00	—	—	—
充实资本金	2002-12-28	249,421.60	249,421.60	—	—	—
作为增设营业网点	1999-09-23	—	157,500.00	—	—	—
支付购买上海市中山东一路12号大楼款项的一部分	1999-09-23	—	153,000.00	—	—	—
金融电子化投入	1999-09-23	—	35,000.00	—	—	—
收购兼并	1999-09-23	—	—	—	—	—

图 8 – 41

从 A 股银行业流通市值前五的企业扣非净利润和净资产规模来看，银行业不愧是所有行业中利润和净资产规模最大的行业，消费类行业中的龙头贵州茅台 2017 年的扣非净利润也不过 272 亿元，而工商银行的扣非净利润达到 2840 亿元。从扣非净利润来看工商银行是贵州茅台的 10.44 倍。浦发银行 2017 年扣非净利润也有 540 亿元，差不多也是贵州茅台的 2 倍。这是大消费类龙头企业的利润和银行业相比，可以看到银行业在大消费类企业面前就是大象。银行业和房地产企业来比较呢，A 股房地产企业龙头万科 A 2017 年的扣非净利润是 272.80 亿元，万科 A 的扣非净利润和贵州茅台相当。所以银行业在房地产企业面前同样是大象。从最初的流通市值看，银行业的流通市值同样惊人，万亿元以上的就有两家，5000 亿元以上的有 4 家。从利润和市值两个方面的数量级来看，我们各行业的利润和 A 股各板块的市值就不可能忽视银行业的存在，沪深 300 的权重板块正是金融行业，A 股其他行业的利润总和加起来可能也不及银行业的零头。

另外，从银行业企业自身的发展来看，银行业都进行过股权再融资，再融资主要用于补充资本金。

2. 反映风险的资产负债率和销售现金流指标

工商银行：从背景图来看，资产负债率一直呈现黄色背景，销售现金流存在现金流流出现象（黄色背景）。从数据图的色块和具体数值看，资产负债率很高，在 92% ~95%。销售现金流回笼比较顺畅，只存在某些季节性的流出，其他时候均保持超高比例的净流入。

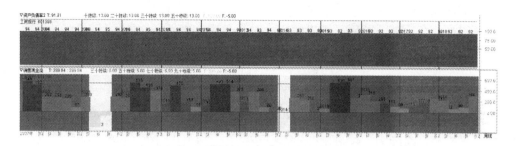

图 8－42

农业银行：从背景图来看，资产负债率一直呈现黄色背景，销售现金流存在现金流流出现象（黄色背景）。从数据图的色块和具体数值来看，资产负债率很高，在93%～95%。销售现金流回笼比较顺畅，只存在某些季节性的流出，其他时候均保持超高比例的净流入。

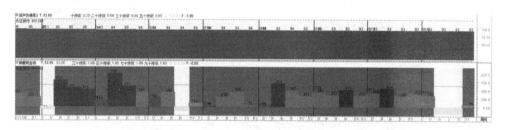

图 8－43

中国银行：从背景图来看，资产负债率一直呈现黄色背景，销售现金流存在明显的现金流流出现象（黄色背景）。从数据图的色块和具体数值来看，资产负债率很高，在92%～94%。销售现金流回笼相对顺畅，但比工商银行和农业银行要差一些。

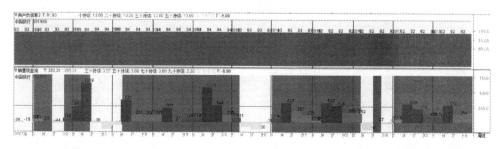

图 8－44

招商银行：从背景图来看，资产负债率一直呈现黄色背景，销售现金流存在明显的现金流流出现象（黄色背景）。从数据图的色块和具体数值来看，资产负债率很高，在92%～95%。销售现金流回笼一般，在2016年之前只存在某些季节性的流出，但是在2016年后销售现金流持续净流出。

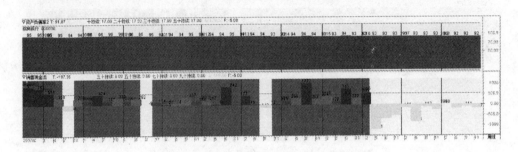

图 8－45

浦发银行：从背景图来看，资产负债率一直呈现黄色背景，销售现金流存在明显的现金流流出现象（黄色背景）。从数据图的色块和具体数值来看，资产负债率很高，在92%～95%。销售现金流回笼情况跟招商银行非常相似，但比招商银行还要差一些。

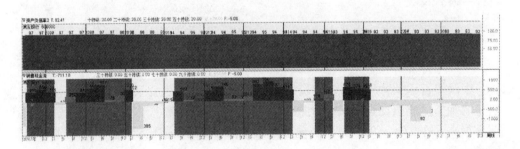

图 8－46

3. 反映盈利能力的毛利率、净利率、净资产收益率指标

工商银行：从背景图来看，过去十年，一直呈现深绿色背景，净资产收益率呈现深绿色和浅绿色背景并存的模式，表明公司产品盈利能力较强，净资产收益率年化超过10%（金融行业没有净利率，这是金融行业独特的财务特征）。从数据图的色块和具体数值来看，整体保持平稳，但呈现两阶段的特征。在2007～2012年毛利率和净资产收益率逐年走高，最高毛利率高达62%，净资产收益率高达21.77%。而在2013～2017年毛利率和净资产收益率逐年走低，2017年毛

利率只有50%，净资产收益率只有13.44%。但整体净资产收益率均保持在13%以上。

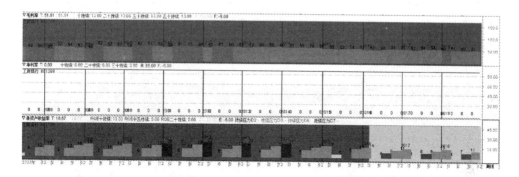

图 8 - 47

农业银行：从背景图来看，上市后，毛利率一直呈现深绿色背景，净资产收益率呈现深绿色和浅绿色背景并存的模式，表明公司产品盈利能力较强，年化净资产收益率超过10%（金融行业没有净利率，这是金融行业独特的财务特征）。从数据图的色块和具体数值来看，与工商银行很相似，整体保持平稳，但呈现两阶段的特征。在2010～2012年毛利率和净资产收益率逐年走高，最高毛利率达53%，净资产收益率高达19.73%。而在2013～2017年毛利率和净资产收益率逐年走低，2017年毛利率只有44%，净资产收益率只有13.53%。但是整体净资产收益率均保持在13%以上。

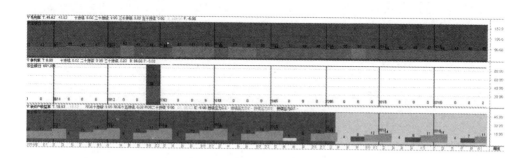

图 8 - 48

中国银行：从背景图来看，过去十年，毛利率一直呈现深绿色背景，净资产收益率呈现深绿色和浅绿色背景并存的模式，表明公司产品盈利能力较强，年化净资产收益率超过10%（金融行业没有净利率，这是金融行业独特的财务特征)。从数据图的色块和具体数值来看，与工商银行和农业银行相似，整体保持平稳，但呈现两阶段的特征。在2007～2012年毛利率和净资产收益率逐年走高，最高毛利率达55%，净资产收益率高达16.98%。而在2013～2017年毛利率和净资产收益率逐年走低，2017年毛利率只有46%，净资产收益率只有11.52%，但整体净资产收益率均保持在11.52%以上。

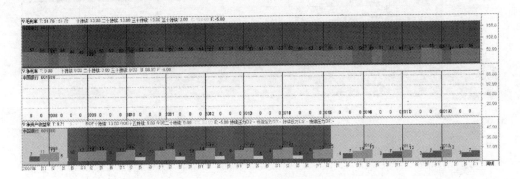

图8-49

招商银行：从背景图来看，过去十年，毛利率和净资产收益率一直呈现深绿色背景，表明公司产品盈利能力较强，年化净资产收益率超过15%（金融行业没有净利率，这是金融行业独特的财务特征）。从数据图的色块和具体数值来看，招商银行与前面的三大行不同，但依然保持平稳。公司在2008年的净资产收益率最高，达到27%，而在2009年和2010年有所回落，回落到19%，在2012年又创了阶段性的高点22.59%，之后的走势和前面的三大行一样，净资产收益率逐年走低，2017年只有14.61%。但整体净资产收益率均保持在14.61%以上。就目前来看，招商银行的净资产收益率是银行业前五中最高的。

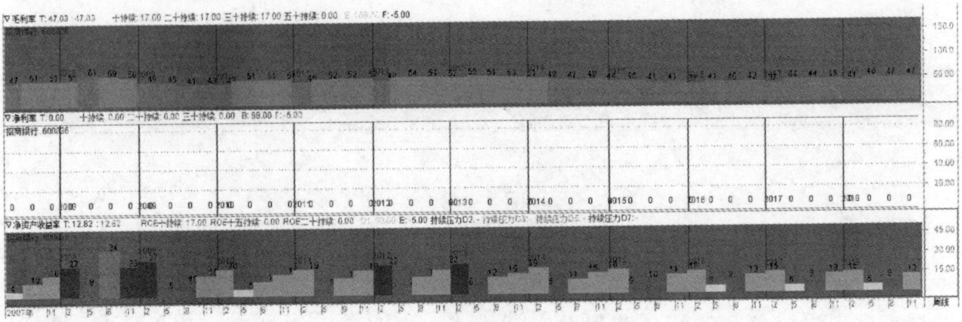

图8-50

浦发银行：从背景图来看，过去十年，毛利率一直呈现深绿色背景，净资产收益率呈现深绿色和浅绿色背景并存的模式，表明公司产品盈利能力较强，年化净资产收益率超过 10%（金融行业没有净利率，这是金融行业独特的财务特征）。从数据图的色块和具体数值来看，与招商银行有点类似，但弹性更大些，依然整体保持平稳。公司在 2008 年的净资产收益率最高，达到 30%，而在 2009年和 2010 年有所回落，回落到 15.59%，在 2013 年又创了阶段性的高点 20%，之后的走势和前面银行一样，净资产收益率逐年走低，2017 年只有 12.76%。但整体净资产收益率均保持在 12.76% 以上。

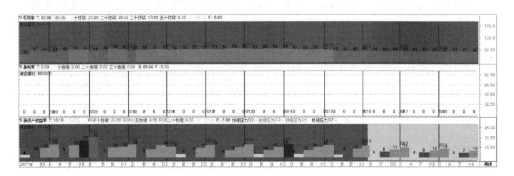

图 8－51

4. 反映成长的净利润增速指标

工商银行：从背景图来看，过去十年，一直呈现深绿色背景，表明企业持续增长。从数据图的色块以及具体数值来看，净利润长期为正，但整体呈现逐步放缓的走势。2007～2008 年业绩处于历史高位，2007 年净利润增长 66.44%，2008年净利润增长 36.32%。2009～2013 年净利润增速均在 10% 以上，而在 2014 年至目前，净利润增速只有个位数。

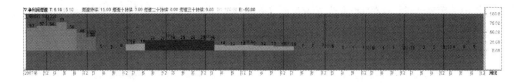

图 8－52

农业银行：从背景图来看，上市后，一直呈现深绿色背景，表明企业持续增长。从数据图的色块以及具体数值来看，净利润长期为正，但整体呈现逐步放缓的走势。2010～2011 年业绩处于历史高位，2010 年净利润增长 45.98%，2011

年净利润增长 28.52%。2012~2013 年净利润增速均在 10% 以上，而在 2014 年至今，净利润增速只有个位数。

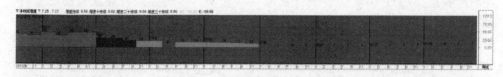

图 8-53

中国银行：从背景图来看，过去十年，除了单个季度呈现黄色（增速下滑）背景，其他时候均呈现深绿色背景，表明业绩有一定波动性，但整体持续增长。从数据图的色块以及具体数值来看，年度净利润长期为正，但存在季节性增速为负，整体呈现逐步放缓的走势。2007 年业绩处于历史高位，2007 年净利润增长 31.92%，2008~2013 年净利润增速均在 10% 以上，而在 2014 年至目前，净利润增速只有个位数。

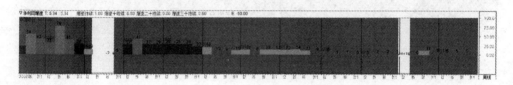

图 8-54

招商银行：从背景图来看，过去十年，除了单个年份呈现黄色（增速下滑）背景，其他时候均呈现深绿色背景，表明业绩有一定波动性，但整体持续增长。从数据图的色块以及具体数值来看，业绩弹性相对要大很多，存在单个年度为负的增长，但是整体依然呈现逐步放缓的走势。2007 年业绩增速高达 124.36%，2008 年业绩也有 38.27%，而 2009 年业绩增速为 -13.48%，毫无疑问，超高速增长正是单个年度业绩增速为负的原因之一。2010~2012 年依然保持着高速增长，增速在 25% 以上，而在 2014 年后，业绩增速也降为了个位数，但 2017 年又恢复了双位数增长。

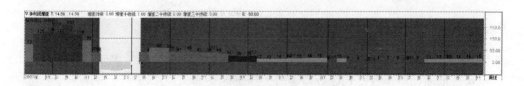

图 8-55

浦发银行：从背景图来看，过去十年，除了单个季度呈现黄色（增速下滑）背景，其他时候均呈现深绿色背景，表明业绩有一定波动性，但整体持续增长。从数据图的色块以及具体数值来看，业绩弹性和招商银行相似，整体依然呈现逐步放缓的走势。2007～2008 年维持超高速增长，2007 年业绩增速高达 63.85%，2008 年增速更高，达 127.61%，而 2009 年业绩增速只有 5.6%，毫无疑问，超高速增长正是单个年度业绩增速降为个位数的原因之一。2010～2012 年依然保持着高速增长，增速在 25% 以上，而在 2014 年后，业绩增速也降为了个位数。但 2018 年还存在单个季度的负增长。

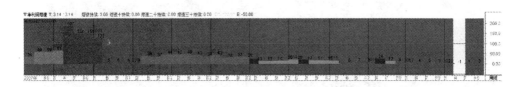

图 8－56

二、银行业前五企业的股价特性分析

由于银行业前五的企业大多在 2006 年上市，所以，我们将 2006～2007 年大牛市阶段的股价行情也一并纳入进行分析。这样可以更加方便理解其股价走势和基本趋势、主流偏见的关系。

工商银行：从背景图、数据图的色块和具体数值来看，过去十年，公司股价的阶段性相对清晰，深绿色背景持续性较强，但红色块和黑色块都比较明显。从股价、基本趋势和主流偏见综合来看，事实上公司业绩 2006～2008 年均保持高速增长，但是股价却呈现大起大落的特征。在上涨阶段，尤其是牛市氛围下，股价上涨，业绩高速增长，市场预期高涨。但是在 2008 年，股价大跌，业绩继续高涨的时候，逆势进场的投资人估计会怀疑之前的价值投资逻辑，因为此时的估值比 2007 年便宜很多，但是任何逆势进场的投资者，不得不承受巨大的心理压力和资金压力。熬过 2008 年，2009 年初业绩就进入了缓慢增长的阶段，而此时股价却快速反转，此时的价值投资逻辑，也要进一步经受考验，2008 年买入的便宜，在基本趋势放缓的时候，会显得贵了。但是幸好股价得到了补偿，所以心理上其实是矛盾的，因为基本趋势没有一如既往的强劲，但金钱上的压力缓解了不少。这是静态的价值投资逻辑必然存在的痛苦。而如果使用盛极而衰的理念，能够很好地理解 2006～2008 年的走势，股价在 3～5 年，价值投资长期的逻辑会显得相形见绌，而盛极而衰正好可以派上用场，这就必须承认，2006～2008 年的高速增长的业绩不是股价上涨的主要原因，两年内股价上涨的主要原因是主流偏见，是市场偏见，牛市偏见是导致上涨的主要原因，熊市偏见也是导致 2008 年股价下跌的主要原因。只有这样，才能进一步理解 2014 年后，业绩进一步放缓，而 2015～2017 年股价呈现整体上涨的原因。

市场偏见对股价的影响幅度和时间，在周期类股与消费类股的差异性体现得更加明显。通过这样系统的实证分析，也能够进一步引起投资者对主流偏见、市场偏见的重视。

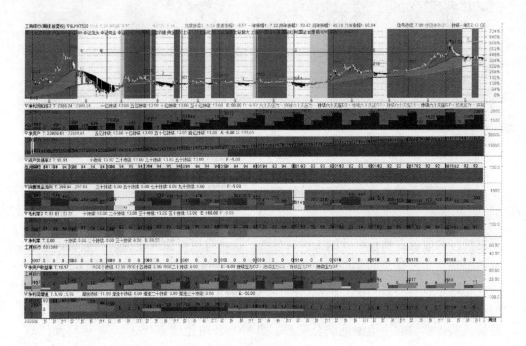

图 8－57

农业银行：从背景图、数据图的色块和具体数值来看，上市后，公司股价的阶段性相对复杂些，背景图的白色和深绿色背景交替频次要更加多些，红色块比较明显。从股价、基本趋势和主流偏见综合来看，在 2010～2013 年高速增长的阶段，股价区间震荡。而在高速业绩降为个位数增长的时候，首先在牛市的氛围下，股价进入上涨阶段，在股灾的时候比较抗跌，在 2017 年鼓吹价值投资理念的时候，银行股包括农业银行自然持续上涨。长期来说，比如 8 年、10 年，业绩持续为正的增长，那么股价迟早会消化 3～5 年的主流偏见的变化，股价也会差不多与公司的盈利水平挂钩，尤其是净资产收益率指标。但是在 3～5 年内，尤其是 1 年内，主流偏见和市场偏见的作用就不得不重点考虑了。事实上，在反身性理念里，价值投资理念也是引起主流偏见、市场偏见的来源之一，2017年的银行股也被贴上价值投资的标签，因为业绩稳定和低估值。但这并不是巴菲特价值投资理念的核心。如果往后一点看，未来农业银行的业绩增速不排除为负，因为其明显的趋势是增速逐步放缓，再好的行业也会有增长的尽头，而现在的增速已经从原来的45%降到了5%。所以，真正的价值投资中最主要的基本趋势在未来，而不在当下，过去的业绩稳定和当下的低估值动态来看，正可能是历史的阶段性高点。

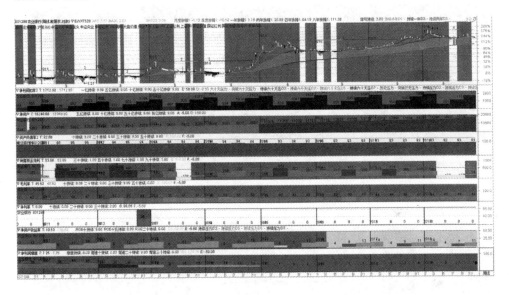

图 8 - 58

中国银行：从背景图、数据图的色块和具体数值来看，过去十年，公司股价的阶段性相对复杂些，背景图的白色和深绿色背景交替频次要更加多些，红色块和黑色块都非常明显。从股价、基本趋势和主流偏见综合来看，公司股价与工商银行和农业银行相似，主流偏见和基本趋势以及股价互相影响。

招商银行：从背景图、数据图的色块和具体数值来看，过去十年，公司股价的阶段性相对清晰，深绿色背景持续性较强，红色块比较明显。从股价、基本趋势和主流偏见综合来看，如果完全忽略基本趋势同样是不对的，银行股的市场偏见的确起到影响股价的关键走向，但是如果基本趋势足够强劲，比如招商银行极高的净资产收益率和超高的净利润增速，是可以在1~2年内叠加市场偏见，导致主流偏见走得更加强劲，股价会更具有持续性和方向性。农业银行和中国银行尽管也存在明显的大趋势，但其股价的持续性和方向性不那么明显，波动性就会大很多。选择这样的公司在以年度为考量的净值里，会让基金管理人非常难受。

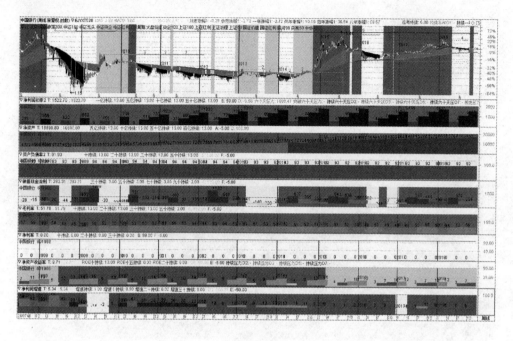

图 8 – 59

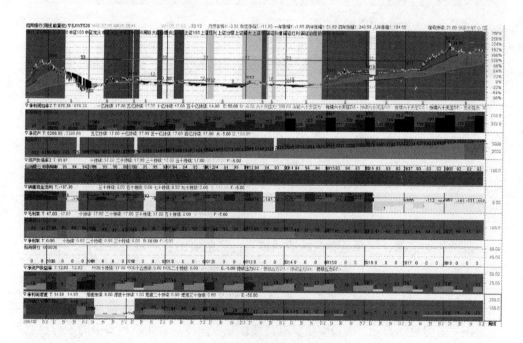

图 8 – 60

浦发银行：从背景图、数据图的色块和具体数值来看，过去十年，公司股价的阶段性相对清晰，深绿色背景持续较强，但红色块和黑色块都比较明显。从股价、基本趋势和主流偏见综合来看，在股价走势上，浦发银行更能体现招商银行的强劲基本趋势特点。2006～2009 年就具有明显的股价趋势性特征。强劲的基本趋势叠加明显的市场偏见，可以导致非常清晰的股价走势。但是，就不同行业来说，多大的净利润增速才算足够强劲，消费类股的净利润增速如果足够强劲，显然是不可持续的，但是周期类股的净利润增速如果只有 40% 以下，似乎都不叫周期性行业了，所以不同行业有所差异。但是，如果明确了这一个模糊的量化区分，还是能够较好理解不同行业股价走势与基本趋势的关系的。至少强劲的周期性行业和稳定持续的消费类行业，可以较好地建立起股价走势和基本趋势的关系，这类公司也有足够的力量引起主流偏见、市场偏见的正向反应。浦发银行在2018 年，在基本趋势不强劲和市场偏见为负的时候，自然股价难以表现得好。

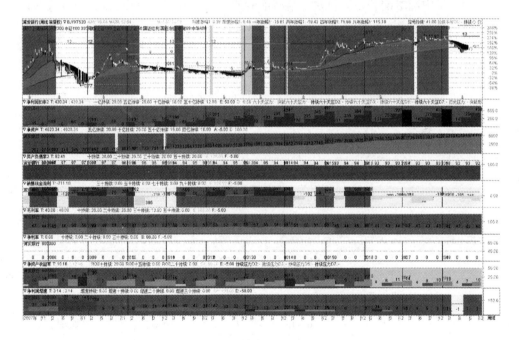

图 8－61

主流偏见是一个反映当下的指标，正好体现在股价走势上，市场偏见同样如此，而通过对不同行业的基本面 8 个财务指标的 10 年以上的分析，正好可以把握不同行业、不同企业的基本趋势特征和一定的趋势性规律。

第三节 建筑工程行业特性分析

一、建筑工程行业基本面特性分析

建筑工程行业，共有 86 家上市企业，按照流通市值，截至目前排在第一位的是中国建筑：2226.9 亿元；第二位的是中国交建：1429.64 亿元；第三位的是中国中铁：1366.01 亿元；第四位的是中国铁建：1244.65 亿元；排在第五位的是中国中冶：564.14 亿元。截至目前，建筑工程行业有四家企业市值突破 1000 亿元，分别是中国建筑、中国交建、中国中铁和中国铁建。有两家在 500 亿元以上，分别是中国中冶和中国电建。这些前五的建筑工程行业上市公司，它们的行业地位（规模）、抗风险能力、盈利能力和成长前景从财务角度分析，我们又能得出什么呢。下面从四个方面的财务角度一一查看。

表 8 – 3

建筑工程（86）	涨幅（%）	现价	量比	涨速（%）	流通市值↓（亿元）
1. 中国建筑	1.13	5.35	0.80	0.00	2226.90
2. 中国交建	1.00	12.17	0.85	− 0.15	1429.64
3. 中国中铁	0.55	7.33	0.89	− 0.13	1366.01
4. 中国铁建	1.69	10.82	0.92	0.00	1244.65
5. 中国中冶	0.64	3.16	1.00	− 0.31	564.14
6. 中国电建	1.30	4.69	1.06	− 0.20	522.67
7. 葛洲坝	3.00	6.52	1.03	0.15	300.23
8. 中国化学	0.18	5.71	1.06	0.18	281.67
9. 上海建工	0.67	3.01	0.61	0.33	255.46
10. 中南建设	3.28	6.30	1.14	0.00	233.09
11. 隧道股份	2.93	5.98	1.04	0.34	188.02
12. 中铁工业	0.90	10.14	0.70	− 0.09	186.35
13. 东方园林	5.26	9.61	1.31	0.10	147.31
14. 中工国际	2.60	11.43	1.11	− 0.08	127.01
15. 四川路桥	1.45	3.50	0.61	0.00	121.00
16. 中材国际	1.95	5.76	0.88	− 0.16	96.95

续表

建筑工程（86）	涨幅（%）	现价	量比	涨速（%）	流通市值↓（亿元）
17. 龙元建设	6.69	7.66	2.42	0.13	72.59
18. 中国核建	2.25	7.28	0.74	−0.13	70.02
19. 西藏天路	1.26	7.26	0.53	0.28	62.83
20. 美晨生态	−9.95	4.98	0.37	0.00	58.12
21. 棕榈股份	2.97	4.16	1.26	0.48	55.13
22. 北方国际	1.71	8.33	0.62	0.00	52.39
23. 中设集团	3.04	16.96	1.35	0.06	52.39
24. 苏交科	2.60	9.87	1.37	−0.29	51.38
25. 北新路桥	2.33	5.70	0.55	0.00	50.83
26. 浦东建设	1.17	5.21	0.39	0.00	50.55
27. 天健集团	198	5.16	0.65	0.19	47.89
28. 金诚信	2.06	7.92	0.95	0.13	46.33
29. 东南网架	2.58	5.17	1.11	0.19	44.08
30. 华建集团	1.71	11.29	0.54	0.09	42.10

1. 反映规模的扣非净利润和净资产指标

中国建筑：从背景图来看，公司 2009 年上市后，扣非净利润和净资产均呈现深绿色背景，表明企业能实现连续盈利，且规模相对较大。从数据图的色块和具体数值来看，2009~2017 年扣非净利润从 55.22 亿元增长到 318.24 亿元，扣非净利润在 2011 年突破 100 亿元，净资产从 883.27 亿元增长到 3417.29 亿元，净资产在 2010 年突破 1000 亿元。从净资产的突变信号来看，公司只进行了首次再融资，上市之后没有再进行过股权再融资。8 年时间，公司的扣非净利润和净资产均取得较快增长，而且是纯内生增长的。

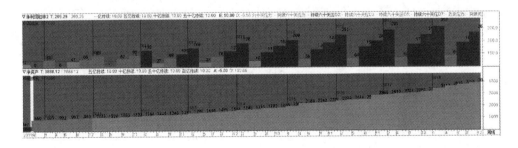

图 8-62

中国交建：从背景图来看，公司 2012 年上市后，扣非净利润和净资产均呈现深绿色背景，净资产存在突变信号，表明企业能实现连续盈利，规模相对较大，且企业有通过定增扩大实现快速增长的可能。从数据图的色块和具体数值来看，2012～2017 年扣非净利润从 116.40 亿元增长到 150.26 亿元，净资产从 971.77 亿元增长到 2059.42 亿元，净资产在 2013 年突破 1000 亿元。从净资产的突变信号来看，公司在 2014 年底进行了股权再融资。打开资本运作一栏，结果并没有发现进行了股权再融资。我们以实际公布的资本运作为准。

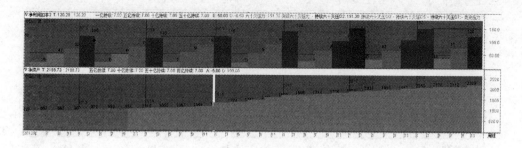

图 8－63

| 募集资金来源 : 项目进度 | | | | | |

○ 募集资金来源

公告日期	发行类别	实际募集资金净额(万元)	发行起始日	证券名称	证券类别
2012-01-31	首发新股	486,403.48	2012-02-16	中国交建	A股

○ 项目进度

项目名称	截止日期↓	计划投资(万元)	已投入募集资金(万元)	建设期(年)	收益率(税后)	投资回收期(年)
购置8台盾构机	2018-03-30	33,981.47	33,988.01	--	--	--
疏浚船舶购置	2017-10-21	189,211.01	--	--	--	--
工程船和机械设备购置	2017-10-21	107,981.47	--	--	--	--
南京市纬三路过江通道工程项目	2017-10-21	35,021.00	18,977.14	--	11.00%	--
重庆沿江高速丰都至忠县高速公路BOT项目	2017-10-21	33,000.00	33,324.80	--	11.90%	--
购置2台起重船	2016-03-29	74,000.00	74,028.10	--	--	--
榆林至佳县高速公路项目	2015-08-29	35,021.00	35,021.00	--	10.58%	--
重庆三环高速永川至江津段工程项目	2015-08-29	35,021.00	35,082.17	--	10.29%	--
丰都至石柱高速公路工程项目	2015-08-29	32,589.00	32,626.91	--	9.20%	--
咸宁至通山高速公路项目	2015-08-29	21,888.30	21,888.30	--	11.64%	--

图 8－64

中国中铁：从背景图来看，公司 2009 年上市后，扣非净利润和净资产均呈现深绿色背景，表明企业能实现连续盈利，且规模相对较大。从数据图的色块和具体数值来看，2009～2017 年扣非净利润从 52.36 亿元增长到 157.97 亿元，扣非净利润在 2015 年突破 100 亿元，净资产从 663.59 亿元增长到 1697.20 亿元，净资产在 2014 年突破 1000 亿元。8 年时间扣非净利润增长 2 倍，净资产增长大约 1.5 倍。

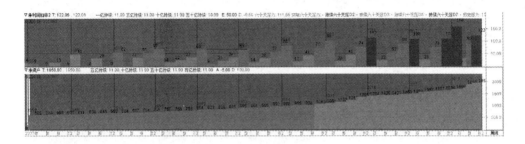

图 8 – 65

中国铁建：从背景图来看，公司 2009 年上市后，扣非净利润和净资产均呈现深绿色背景，表明企业能实现连续盈利，且规模相对较大。从数据图的色块和具体数值来看，2009～2017 年扣非净利润从 61.95 亿元增长到 147.71 亿元，扣非净利润在 2014 年突破 100 亿元，净资产从 540.79 亿元增长到 1786.49 亿元，净资产在 2014 年突破 1000 亿元。8 年时间扣非净利润增长 1.4 倍，净资产增长大约 2.3 倍。

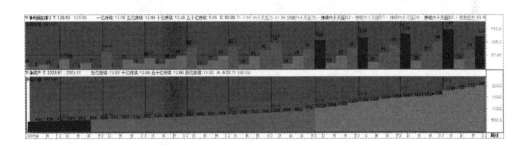

图 8 – 66

中国中冶：从背景图来看，公司 2009 年上市后，扣非净利润呈现深绿色和黄色背景（亏损）并存的模式，净资产则一直呈现深绿色背景，表明企业盈利存在一定波动，甚至亏损。从数据图的色块和具体数值来看，2009 年扣非净利润从 36.60 亿元增长到 2017 年的 54.67 亿元，净资产从 461.62 亿元增长到 973.20 亿元，净资产在 2018 年突破 1000 亿元。8 年时间，扣非净利润增长 0.49 倍，净资产增长 1.108 倍。

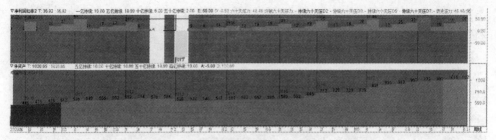

图 8 - 67

2. 反映风险的资产负债率和销售现金流指标

中国建筑：从背景图来看，资产负债率一直呈现黄色背景，销售现金流存在明显的现金流流出现象（黄色背景）。从数据图的色块和具体数值来看，资产负债率较高，在 70% ~ 80%，典型的周期性行业特征。销售现金流很多年份为负，表明现金回笼很不顺畅。

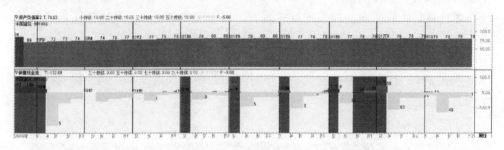

图 8 - 68

中国交建：从背景图来看，资产负债率一直呈现黄色背景，销售现金流存在明显的现金流流出现象（黄色背景）。从数据图的色块和具体数值来看，资产负债率较高，在 76% ~ 82%。销售现金流出现明显的季节性结算特征，一年中前三季度流出，第四季度才流入。同时按第四季度来看，现金流回笼也不是很顺畅。

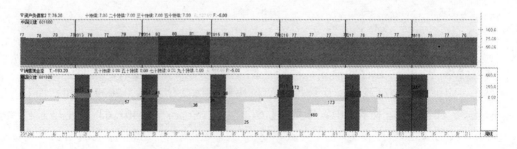

图 8 - 69

中国中铁：从背景图来看，资产负债率一直呈现黄色背景，销售现金流存在明显的现金流流出现象（黄色背景）。从数据图的色块和具体数值来看，资产负债率较高，在79%～85%。销售现金流同样存在明显的季节性结算特征，而且有些年份现金流整年为负，比如2011～2012年。

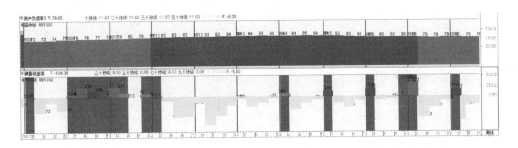

图 8－70

中国铁建：从背景图来看，资产负债率一直呈现黄色背景，销售现金流存在明显的现金流流出现象（黄色背景）。从数据图的色块和具体数值来看，资产负债率较高，在78%～85%。销售现金流同样存在明显的季节性结算特征，而且某些年份现金流整年为负，比如2011年、2013年。

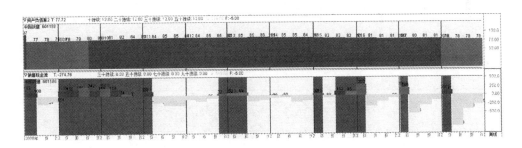

图 8－71

中国中冶：从背景图来看，资产负债率一直呈现黄色背景，销售现金流存在明显的现金流流出现象（黄色背景）。从数据图的色块和具体数值来看，资产负债率较高，在77%～83%。销售现金流同样存在明显的季节性结算特征，而且某些年份现金流整年为负，比如2009～2012年，连续4年销售现金流持续流出。

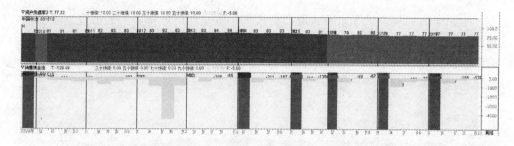

图 8 - 72

3. 反映盈利能力的毛利率、净利率、净资产收益率指标

中国建筑：从背景图来看，上市后，毛利率、净利率均一直呈现白色背景，净资产收益率呈现深绿色、浅绿色、白色背景并存的模式，表明公司产品盈利能力较低，但是净资产收益率年化超过 15%。从数据图的色块和具体数值来看，盈利能力各项指标保持相对稳定。毛利率和净利率均较低，毛利率只有 9% ~ 12%，而净利率只有 2% ~ 4%。但是净资产收益率比较高，达到年化 16%。结合前面的资产负债率情况，可以得知公司属于低毛利率、净利率，高净资产收益率，高资产负债率特征。

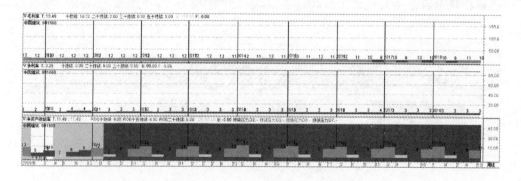

图 8 - 73

中国交建：从背景图来看，上市后，毛利率、净利率均一直呈现白色背景，净资产收益率一直呈现浅绿色背景，表明公司产品盈利能力较低，但是净资产收益率年化超过 10%。与中国建筑类似，盈利能力各项指标保持相对稳定。毛利率和净利率均较低，毛利率只有 12% ~ 14%，而净利率只有 3% ~ 4%。但是净资产收益率比较高，达到年化 12%，较中国建筑低 4 个百分点。

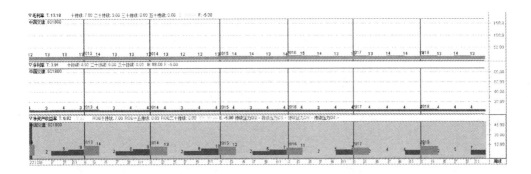

图 8–74

中国中铁：从背景图来看，上市后，毛利率、净利率均一直呈现白色背景，净资产收益率呈现浅绿色、白色和黄色背景并存的模式，表明公司产品盈利能力较低，且净资产收益率年化不超过10%。依然保持建筑工程行业特征，相对稳定的盈利能力指标，较低的毛利率、净利率，相对较高的净资产收益率，但是与中国建筑和中国交建不同的是，中国中铁的净资产收益率更低，只有年化10%，较中国建筑低6个百分点。

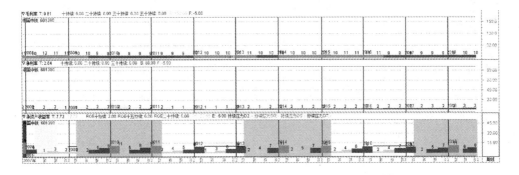

图 8–75

中国铁建：从背景图来看，上市后，毛利率、净利率均一直呈现白色背景，净资产收益率呈现浅绿色和白色背景并存的模式，表明公司产品盈利能力较低，但是净资产收益率年化大约10%。依然保持建筑工程行业特征，相对稳定的盈利能力指标，较低的毛利率、净利率，相对较高的净资产收益率。中国铁建的净资产收益率年化达到12%，与中国交建差不多。

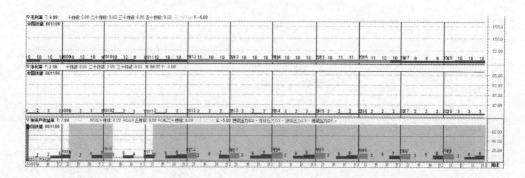

图 8-76

中国中冶：从背景图来看，上市后，毛利率、净利率均一直呈现白色背景，净资产收益率呈现浅绿色、白色和黄色背景并存的模式，表明公司产品盈利能力较低，且净资产收益率年化不超过10%。依然保持建筑工程行业特征，相对稳定的盈利能力指标，较低的毛利率、净利率，但是净资产收益率却比较低。中国中冶的净资产收益率年化达到8%，建筑工程行业前五的企业中，中国中冶的净资产收益率最低。

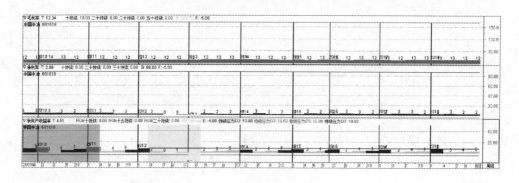

图 8-77

4. 反映成长的净利润增速指标

中国建筑：从背景图来看，上市后，一直呈现深绿色背景，表明企业持续增长。从数据图的色块以及具体数值来看，公司净利润连续8年时间保持正增长，但增速呈现前高后低的特征。

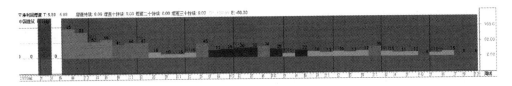

图 8－78

中国交建：从背景图来看，上市后，呈现深绿色和黄色背景并存的模式，表明业绩增速存在一定波动性，但是企业整体持续增长。从数据图的色块以及具体数值来看，尽管公司在上市之初出现一年的负增长，但是后续均保持正增长，增速较中国建筑稍低。

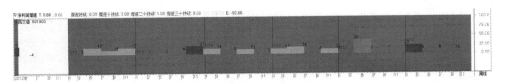

图 8－79

中国中铁：从背景图来看，上市后，呈现深绿色和黄色背景并存的模式，表明业绩增速存在较大波动性，但是企业整体持续增长。从数据图的色块以及具体数值来看，公司增速呈现一定的波动性，时而快速增长，时而负增长。

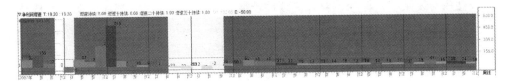

图 8－80

中国铁建：从背景图来看，上市后，呈现深绿色和黄色背景并存的模式，表明业绩增速存在较大波动性，但是企业整体持续增长。从数据图的色块以及具体数值来看，公司增速也呈现一定的波动性，与中国中铁比较类似。

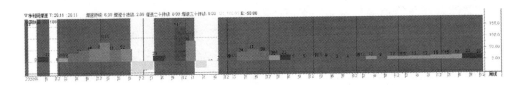

图 8－81

中国中冶：从背景图来看，上市后，呈现深绿色和黄色背景并存的模式，表明业绩增速存在明显波动性，但是企业整体持续增长。从数据图的色块以及具体数值来看，公司增速存在连续两年的负增长，但在 2013 年后保持了相对稳定的正增长。

图 8-82

以上是从财务视角，八个核心财务指标，四个方面考察建筑工程行业前五企业的基本面特性。

从整个建筑工程行业前五的企业来看，中国建筑龙头地位比较明显，扣非净利润和净资产规模最大，盈利能力最强，且连续 8 年保持正增长。整个行业的资产负债率均较高，销售现金流回笼均不是很顺畅，较低的毛利率、净利率和相对较高的净资产收益率形成鲜明对比。

二、建筑工程行业前五企业的股价特性分析

中国建筑：从背景图、数据图的色块和具体数值来看，上市后，公司股价的阶段性相对复杂些，深绿色背景持续性较强，红色块和黑色块都比较明显。从股价、基本趋势和主流偏见综合来看，公司股价在 2009～2011 年呈现明显的下降趋势，而在 2012 年至 2014 年上半年呈现明显的区间震荡走势，2014 年下半年至 2015 年上半年走出明显的上涨趋势，2015 年股灾后大幅回撤，下跌超过 50%，2016 年下半年又开始上涨。如果叠加公司财务指标所表达的基本趋势，公司基本趋势一直处于良性循环之中，但是在 2009～2011 年公司股价却大幅回落。另外，公司在 2012～2017 年的净利润增速均保持在 10%～20%，但是公司股价却呈现非常不同的阶段变化。市场偏见在建筑行业依然非常突出，2014 年下半年至 2015 年上半年的牛市偏见和 2015 年股灾的熊市偏见，甚至可以倒推到 2009～2011 年的熊市偏见。但从长期看，由于公司年化净资产收益率达到 16%，所以长期依然解释股价上涨，也能够支撑住股价。

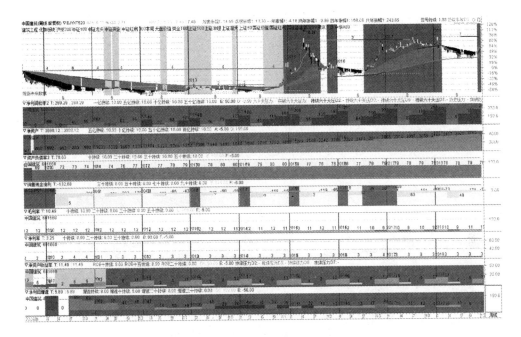

图 8-83

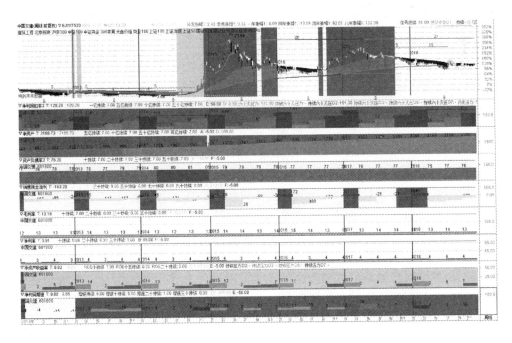

图 8-84

中国交建：从背景图、数据图的色块和具体数值来看，上市后，公司的股价的阶段性相对复杂些，深绿色背景持续较强，但是红色块和黑色块都比较明显。整体来说，股价走势和中国建筑的大方向非常类似。只是公司的盈利规模和盈利能力弱于中国建筑，所以股价的弹性也更大。

中国中铁：从背景图、数据图的色块和具体数值来看，上市后，公司股价的阶段性相对复杂些，背景图的白色和深绿色背景交替频次要更加多些，黑色背景很明显。整体来说，股价走势和行业前列的两家公司非常相似。

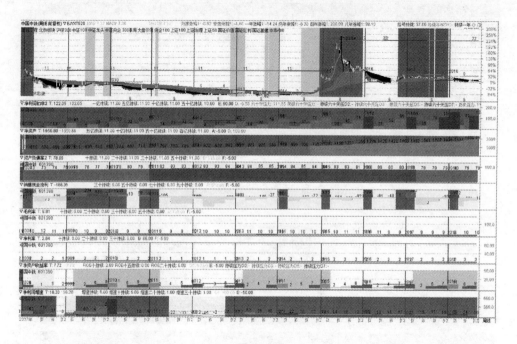

图 8 – 85

中国铁建：从背景图、数据图的色块和具体数值来看，上市后，公司股价的阶段性相对复杂些，背景图的白色和深绿色背景交替频次要更加多些，黑色背景很明显。整体来说，股价走势和同行业在大方向上非常相似。

中国中冶：从背景图、数据图的色块和具体数值来看，上市后，公司股价的阶段性相对清晰，深绿色背景持续性较强，但黑色背景也非常明显。整体来说，股价走势与同行业前列的公司非常相似。

整个建筑工程行业前五企业的股价在大方向呈现非常明显的相似性，毫无疑问，这与公司财务指标呈现的年度基本趋势关系并不明显。市场偏见对公司年度的变化则非常明显。

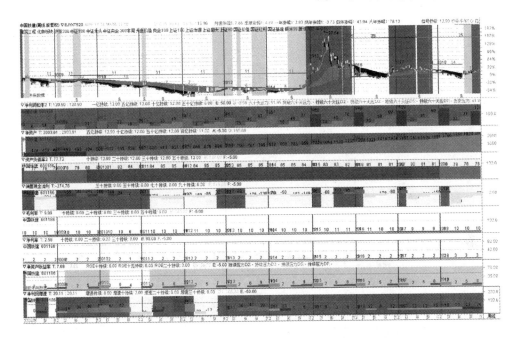

图 8 - 86

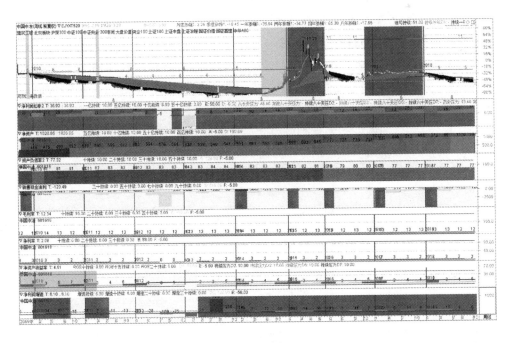

图 8 - 87

第九章　A股科技类行业特性分析

第一节　半导体行业特性分析

一、半导体行业基本面特性分析

　　半导体行业，共有55家上市企业，按照流通市场排序，排在第一位的是三安光电：677.83亿元；第二位的是隆基股份：327.75亿元；第三位的是兆易创新：210.51亿元；第四位的是中环股份：194.62亿元；第五位的是利亚德：164.81亿元。截至目前，半导体行业没有一家企业市值突破1000亿元，仅有一家在500亿元以上，是三安光电。半导体行业上市公司高达55家，粗略可以得知这个行业呈现散的格局。那么，这些前五的半导体行业上市公司，它们的行业地位（规模）、抗风险能力、盈利能力和成长前景从财务角度分析，我们又能得出什么呢。下面从四个方面的财务角度一一查看。

表9-1

半导体（55）	涨幅（%）	现价	量比	涨速（%）	流通市值↓（亿元）
1. 三安光电	-1.07	16.62	1.54	-0.29	677.83
2. 隆基股份	-4.28	11.85	2.27	-1.24	327.75
3. 兆易创新	-1.25	101.50	1.75	0.07	210.51
4. 中环股份	-0.27	7.36	1.56	-0.26	194.62
5. 利亚德	1.63	10.57	2.63	-0.26	164.81
6. 长电科技	0.55	16.38	1.21	-0.42	161.27
7. 士兰微	0.43	11.73	1.05	-0.25	146.29

半导体（55）	涨幅（%）	现价	量比	涨速（%）	流通市值↓（亿元）
8. 华天科技	-0.20	5.10	0.99	0.00	108.65
9. 通富微电	-0.10	10.09	0.97	-0.29	98.12
10. 华灿光电	-0.95	12.53	3.59	0.16	88.48
11. 太极实业	-0.43	7.01	0.99	-0.56	83.51
12. 木林森	-1.30	15.20	1.52	-0.64	79.02
13. 上海贝岭	0.28	10.84	2.00	0.09	73.04
14. 国星光电	-0.26	11.67	1.93	0.17	70.90
15. 有研新材	-0.88	7.90	1.73	0.00	66.26
16. 扬杰科技	-1.71	27.54	1.86	0.11	64.20
17. 航天机电	0.52	3.87	1.43	0.00	53.74
18. 中颖电子	0.13	22.91	0.76	-0.12	52.37
19. 欧比特	0.67	10.46	1.48	-0.47	51.69
20. 韦尔股份	—	—	0.00	—	51.43
21. 上海新阳	-1.00	25.72	1.18	-0.15	48.92
22. 华微电子	-0.76	6.57	0.97	-0.14	48.50
23. 东方日升	-1.04	6.69	1.07	-0.14	46.29
24. 国民技术	0.48	8.45	1.13	-0.58	45.71
25. 乾照光电	0.32	6.28	1.38	0.00	42.86
26. 苏州固锝	-1.03	5.79	1.90	0.00	42.03
27. 洲明科技	-2.60	8.61	2.56	-0.80	38.88
28. 崇达技术	2.80	17.27	2.71	0.06	37.37
29. 亿晶光电	-0.32	3.07	2.13	0.33	36.11

1. 反映规模的扣非净利润和净资产指标

三安光电：从背景图来看，公司 2007 年重组后，扣非净利润和净资产均呈现浅绿色和深绿色并存的背景模式，净资产存在多处突变信号，表明企业实现连续盈利，规模在逐步扩大，企业有通过定增实现快速增长的可能。从数据图的色块和具体数值来看，公司 2007 年进行了长时间停牌重组，2008～2017 年，扣非净利润从 0.48 亿元增长到 26.53 亿元，2012 年扣非净利润突破 5 亿元，2014 年突破 10 亿元；净资产则从 2008 年的 4.8 亿元增长到 2017 年的 197.7 亿元，净资产在 2011 年突破 50 亿元，在 2014 年突破 100 亿元。从净资产图可以看出，净资产在 2008 年、2009 年、2014 年、2015 年共存在四处突变信号，这种情况通常表明企业进行了定增。翻开上市公司资本运作公告可以得知，公司在 2008 年、2009 年、2010 年、2014 年、2015 年分别进行了定增，募集资金主要用于收购三安电子 LED 资产、补充流动性资金以及相关主业的项目。由于一直利用资本市场定增或并购，所以扣非净利润和净资产也飞速发展。那么净利润快速增长，显然不是纯内生增长的。

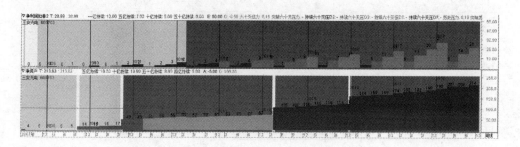

图 9－1

○ 募集资金来源

募集资金来源 | 项目进度

公告日期	发行类别	实际募集资金净额(万元)	发行起始日	证券名称	证券类别
2015-12-16	增发新股	345,356.64	2015-12-09	三安光电	A股
2014-01-30	增发新股	323,699.86	2014-01-23	三安光电	A股
2010-10-15	增发新股	297,960.00	2010-09-29	三安光电	A股
2009-09-30	增发新股	79,978.20	2009-09-25	三安光电	A股
2008-06-27	增发新股	49,771.35	2008-06-24	S*ST天颐	A股
1997-11-19	配股	8,526.56	——	活力28	A股
1996-05-10	首发新股	14,520.00	——	活力28	A股

○ 项目进度

项目名称	截止日期↓	计划投资(万元)	已投入募集资金(万元)	建设期(年)	收益率(税后)	投资回收期(年)
厦门光电产业化(二期)项目	2017-08-11	364,510.00	108,144.68	2.00		
通讯微电子器件(一期)项目	2017-08-11	300,475.00	87,384.82	3.75		
向全资子公司厦门三安光电有限公司增资	2017-08-11	275,800.00	281,094.41			
芜湖光电产业化(一期)项目	2015-04-22	666,205.00	298,159.40			
芜湖光电产业化(二期)项目	2015-04-22	407,570.00	146,010.05	1.00	14.03%	
补充流动资金	2015-04-22	50,000.00	48,824.71			
用于天津三安光电有限公司LED产业化项目	2011-08-16	99,910.00	80,118.58		20.76%	7.25
收购三安电子其全部LED类经营性资产	2008-06-27	42,908.10	42,908.10			
用于5万吨/年液体洗净剂(餐洗)生产线技术改造项目	1997-11-19	2,900.00	1,677.00			
用于15万吨/年后配料技术改造项目	1997-11-19	2,800.00	578.00			

图 9－2

隆基股份：从背景图来看，公司 2012 年上市后，扣非净利润呈现浅绿色、深绿色和黄色背景并存的模式，净资产呈现浅绿色和深绿色背景并存的模式，净资产有多处突变信号，表明业绩不稳定，但 2014 年后持续增长，企业有通过定增实现快速增长的可能。从数据图的色块和具体数值来看，2012~2017年，扣非净利润亏损1.22亿元到盈利34.65亿元，扣非净利润在2015年超过5亿元，2016年超过10亿元；净资产则从2012年的29.20亿元增长到2017年的142.44亿元，净资产在2015年超过50亿元，在2016年超过100亿元。从净资产图可以看出，净资产在2015年、2016年、2018年共存在三处突变信号，这种情况通常表明企业进行了定增。翻开上市公司资本运作公告可以得知，公司先后进行了上市首次股权融资，以及两次定增。募集资金主要用在了主业产能扩张上。上市后通过定增一共募集了48.6亿元（2015年19.2亿元＋2016年29.4亿元），而从扣非净利润增长来看，获得积极的回报。到底取得的利润跟投入相比是高还是低的，还得看后面的盈利能力指标，但从2012年的亏损到2015年之后逐年加大投资而取得的扣非净利润增长来看，企业目前运行在良性循环中。

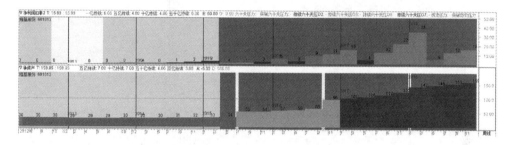

图 9 – 3

募集资金来源｜项目进度

○ 募集资金来源

公告日期	发行类别	实际募集资金净额(万元)	发行起始日	证券名称	证券类别
2016-09-10	增发新股	294,224.01	2016-09-05	隆基股份	A股
2015-06-26	增发新股	191,997.19	2015-06-15	隆基股份	A股
2012-03-16	首发新股	151,310.50	2012-03-28	隆基股份	A股

○ 项目进度

项目名称	截止日期↓	计划投资(万元)	已投入募集资金(万元)	建设期(年)	收益率(税后)	投资回收期(年)
无锡隆基年产850MW切片项目	2018-08-04	31,792.00	25,660.25	—	—	—
泰州乐叶年产2GW高效单晶PERC电池项目	2018-05-29	198,155.00	177,672.72	—	—	—
补充流动资金	2018-05-29	47,780.21	36,027.43	—	—	—
宁夏隆基1GW硅棒项目	2018-05-29	43,641.00	22,212.94	—	—	—
永久补充流动资金	2018-05-29	2,576.30	—	—	—	—
泰州乐叶年产2GW高效单晶光伏组件项目	2017-12-06	59,292.00	45,501.91	—	—	—
银川隆基年产1.2GW单晶硅棒项目	2017-08-30	64,033.00	60,787.43	—	—	—
西安隆基年产1.15GW单晶硅片项目	2017-08-30	38,064.00	22,982.06	—	—	—
补充流动资金	2017-03-11	58,000.00	54,340.92	—	—	—
对银川隆基进行增资，用于年产500MW单晶硅棒/片建设项目	2017-01-24	82,578.00	52,844.46	2.00	23.95%	5.67

图 9 – 4

兆易创新：从背景图来看，公司 2016 年上市后，扣非净利润和净资产均一直呈现浅绿色背景，净资产有一处突变信号，表明企业能实现连续盈利。从数据图的色块和具体数值来看，2016 年扣非净利润 1.5 亿元，2017 年扣非净利润 3.32 亿元；2016 年净资产 12.79 亿元，2017 年净资产 17.57 亿元。从净资产图可以看出，净资产突变只发生在 2016 年上市后不久，说明只进行了上市首次融资。2016 年募资 5.165 亿元投资在了相关主业上。

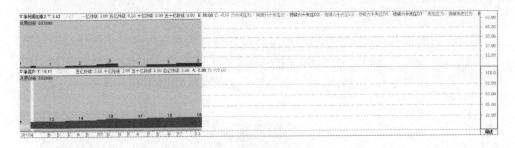

图 9 – 5

募集资金来源					
公告日期	发行类别	实际募集资金净额(万元)	发行起始日	证券名称	证券类别
2016-07-28	首发新股	51,652.93	--	兆易创新	A股

项目进度					
项目名称	截止日期↓	计划投资(万元)	已投入募集资金(万元)	建设期(年)	收益率(税后)	投资回收期(年)
NAND闪存技术开发、应用及产业化项目	2018-04-16	20,358.52	9,466.62	3.00	20.13%	5.22
NOR闪存技术及产品改造项目	2018-04-16	16,018.17	16,176.74	3.00	34.95%	4.69
基于ARM Cortex-M系列32位通用MCU芯片研发及产业化项目	2018-04-16	11,995.47	10,302.88	3.00	27.03%	5.05
研发中心建设项目	2018-04-16	3,280.77	3,296.79	2.00	---	---
发行股份购买上海思立微100%的股权	2018-01-31	170,000.00	---	---	---	---
14nm工艺嵌入式异构AI推理信号处理器芯片研发项目	2018-01-31	31,500.00	---	---	---	---
30MHz主动式超声波CMEMS工艺及换能传感器研发项目	2018-01-31	27,000.00	---	---	---	---
支付本次交易现金对价	2018-01-31	25,500.00	---	---	---	---
智能化人机交互研发中心建设项目	2018-01-31	19,300.00	---	2.00	---	---
购买北京矽成 100%股权	2017-04-18	650,000.00	---	---	---	---

图 9 – 6

中环股份：从背景图来看，过去十年，扣非净利润呈现浅绿色、深绿色和黄色背景并存的模式，净资产呈现浅绿色和深绿色背景并存的模式，净资产有多处突变信号，表明业绩不稳定，甚至出现亏损，企业有通过定增实现快速增长的可能。从数据图的色块和具体数值来看，2007~2017 年，扣非净利润盈利 0.88 亿~

5.10 亿元；净资产则从 2007 年的 12 亿元增长到 2017 年的 130 亿元。从净资产图可以看出，净资产在 2008 年、2012 年、2014 年、2016 年共存在四处突变信号，这种情况通常表明企业进行了定增。翻开上市公司资本运作公告可以得知，公司募集了资金一直投资的光伏项目上。而同期的扣非净利润和净资产也获得了快速增长，但投资后取得的回报是否可观，还需要结合盈利能力指标综合判断。

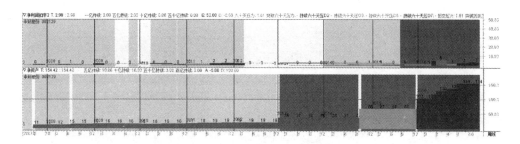

图 9-7

募集资金来源

公告日期	发行类别	实际募集资金净额（万元）	发行起始日	证券名称	证券类别
2018-08-15	增发（配套募集）	37,921.34	2018-07-24	中环股份	A股
2018-08-15	增发新股	64,415.07	2018-07-02	中环股份	A股
2015-12-17	增发新股	345,782.24	2015-11-27	中环股份	A股
2014-09-15	增发新股	291,470.27	2014-09-04	中环股份	A股
2012-12-28	增发新股	184,616.44	2012-12-13	中环股份	A股
2008-05-30	增发新股	39,860.40	2008-05-22	中环股份	A股
2007-03-29	首发新股	55,659.63	2007-04-09	中环股份	A股

项目进度

项目名称	截止日期	计划投资（万元）	已投入募集资金（万元）	建设期（年）	收益率（税后）	投资回收期（年）
CFZ单晶用晶体硅及超薄金刚石线单晶硅切片项目	2018-08-24	147,401.00	104,844.27	1.50	20.94%	5.90
8英寸半导体硅片及DW切片项目	2018-08-24	120,310.00	85,835.79		17.09%	0.54
补充流动资金	2018-08-24	109,683.54	51,470.27	---	---	---
国电光伏有限公司厂房及公辅设施的修复与维护	2018-08-24	36,616.00	1,258.88	---	---	---
发行股份购买国电光伏90%股权	2018-08-15	64,415.07	64,415.07			
发行股份购买国电光伏90%股权	2018-01-30	64,415.07				
苏尼特左旗高效光伏电站一期50MW光伏发电项目	2017-12-15	60,982.00	54,427.76	1.00	11.19%	
若尔盖县卓坤20MW光伏电站（示范）项目	2017-12-15	26,970.00	20,203.00	0.75	12.73%	
红原县邛溪20MW光伏电站（示范）项目	2017-12-15	26,450.00	20,457.00	0.75	12.70%	
大直径新型电力电子器件用硅单晶的技术改造及产业化项目	2017-12-15	5,905.00	3,506.00	2.50	25.24%	

图 9-8

利亚德：从背景图来看，公司 2012 年上市后，扣非净利润和净资产均呈现浅绿色、深绿色背景并存的模式，净资产有多处突变信号，表明企业能实现持续盈利，有通过定增实现快速增长的可能。从数据图的色块和具体数值来看，

2012～2017 年，扣非净利润盈利 0.54 亿元到 11.68 亿元，扣非净利润在 2016 年突破 5 亿元，在 2017 年突破 10 亿元；净资产则从 2012 年的 6.65 亿元增长到 2017 年 56.34 亿元，净资产在 2017 年突破 50 亿元。从净资产图可以看出，净资产在 2014 年、2015 年、2016 年、2018 年共存在四处突变信号，这种情况通常表明企业进行了定增。翻开上市公司资本运作公告可以得知，公司在首次上市及上述 4 年均进行了定增募集资金，用在 LED 主业上。

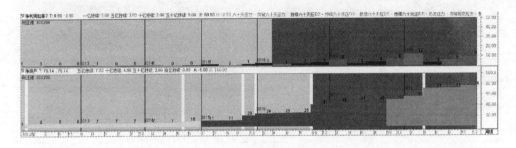

图 9 - 9

募集资金来源

公告日期	发行类别	实际募集资金净额（万元）	发行起始日	证券名称	证券类别
2018-02-03	增发新股	120,006.00	2018-01-17	利亚德	A股
2016-08-29	增发新股	147,763.00	2016-08-19	利亚德	A股
2016-01-14	增发（配套募集）	22,926.71	2015-12-23	利亚德	A股
2015-09-18	增发新股	71,482.49	2015-08-05	利亚德	A股
2014-07-30	增发（配套募集）	6,111.48	2014-07-01	利亚德	A股
2014-05-30	增发新股	15,187.49	2014-05-08	利亚德	A股
2012-02-22	首发新股	36,236.00	2012-03-05	利亚德	A股

项目进度

项目名称	截止日期↓	计划投资（万元）	已投入募集资金（万元）	建设期（年）	收益率（税后）	投资回收期（年）
营销服务网络建设项目	2018-04-24	4,369.97	2,034.41	3.00		
研发中心创新项目	2018-04-24	2,000.00	515.22	3.00		
LED应用产业园扩产项目	2018-03-27	4,208.77	4,201.76	1.00	6.43%	3.13
LED国际产业园建设项目	2018-03-27	3,384.28	2,284.90	1.00	11.05%	2.50
收购NP公司100%股权并购买NP公司经营相关不动产项目	2018-02-03	86,388.48	82,661.12			
补充流动资金	2018-02-03	36,000.00	--			
永久补充流动资金	2018-02-03	3,338.88	--			
永久补充流动资金	2017-08-22	8,000.00	8,590.16			
补充流动资金	2017-06-07	34,963.00	34,942.63			
补充上市公司流动资金预计金额	2017-04-21	4,326.71	6,670.56			

图 9 - 10

2. 反映风险的资产负债率和销售现金流指标

三安光电：从背景图来看，资产负债率一直呈现深绿色背景，销售现金流除了单个季度存在现金流流出（黄色背景）外，其他时候均呈现深绿色背景。从数据图的色块和具体数值来看，资产负债率出现两阶段，2008～2015年，资产负债率在40%左右，2015年后资产负债率开始逐年降低，2018年只有23%。而在2008～2015年，销售现金流回笼也不是很稳定，波动幅度较大，在2015年后，销售现金流比较稳定。

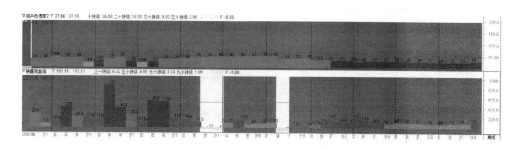

图 9-11

隆基股份：从背景图来看，资产负债率呈现深绿色和黄色并存的背景模式，销售现金流存在现金流流出现象（黄色背景）。从数据图的色块和具体数值来看，资产负债率有逐年抬高的态势，2017年已经上升到了58%，而销售现金流回笼不是很稳定。结合隆基股份一直利用股权融资，再加上资产负债率又逐年下降态势，说明企业投资对资金需求非常旺盛，企业正在加速扩大产能，而且从现金流回笼不是很稳定来看，企业可能还在利用赊销的方式加速扩大市场。

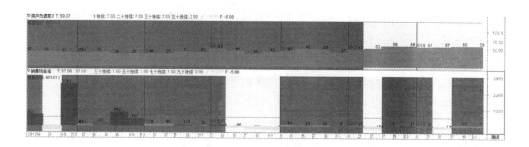

图 9-12

兆易创新：从背景图来看，资产负债率一直呈现深绿色背景，销售现金流存在现金流流出现象（黄色背景）。从数据图的色块和具体数值来看，资产负债率整体不高，但也有抬高的苗头，销售现金流回笼也不是很稳定。

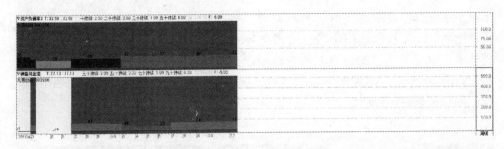

图 9 – 13

中环股份：从背景图来看，资产负债率呈现深绿色和黄色并存的背景模式，销售现金流存在现金流流出现象（黄色背景）。从数据图的色块和具体数值来看，资产负债率先是逐年抬高，2014 年后有所降低。销售现金流波动比较大，但在 2014 年后有所好转。

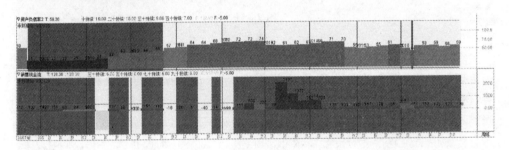

图 9 – 14

利亚德：从背景图来看，资产负债率呈现深绿色和黄色并存的背景模式，销售现金流存在明显的现金流流出现象（黄色背景）。从数据图的色块和具体数值来看，资产负债率逐年抬高，2016 年公司似乎意识到了趋势不可持续，所以，逐步有适当降低资产负债率的迹象。但企业销售现金流回笼非常不稳定。同样是做 LED 的，为什么跟三安光电销售现金流回笼差别那么大，是应该反思的一个问题。

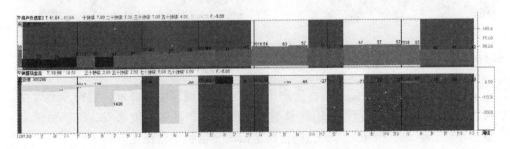

图 9 – 15

3. 反映盈利能力的毛利率、净利率、净资产收益率指标

三安光电：从背景图来看，过去十年，毛利率和净资产收益率均呈现深绿色和浅绿色背景并存的模式，净利率则一直呈现深绿色背景，表明公司产品盈利能力较强，存在一定波动性，但是净资产收益率年化超过10%。从数据图的色块和具体数值来看，毛利率有所波动，但一直维持在30%～50%，净利率波动比较明显，但是净利率也维持高位，净资产收益率则比较稳定，一直在10%～15%。

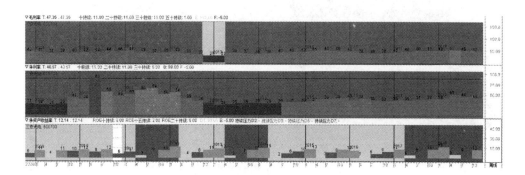

图 9 - 16

隆基股份：从背景图来看，上市后，毛利率呈现白色、浅绿色和深绿色背景并存的模式，净利率呈现白色和深绿色背景并存的模式，净资产收益率呈现黄色、白色、浅绿色和深绿色背景并存的模式，表明公司产品盈利能力一般，且净资产收益率波动幅度较大，近几年净资产收益率年化超过15%。从数据图的色块和具体数值来看，上市后的几年毛利率、净利率、净资产收益率均不是很高，但有逐年抬高的迹象，尤其在2015年后，盈利能力指标得到了一个级别的飞跃。

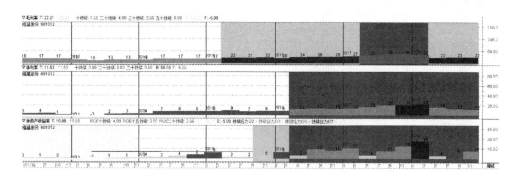

图 9 - 17

兆易创新：从背景图来看，上市后，毛利率呈现浅绿色和深绿色背景并存的模式，净利率和净资产收益率则一直呈现深绿色背景，表明公司产品盈利能力较强，且相对稳定，净资产收益率年化超过15%。从数据图的色块和具体数值来看，毛利率、净利率和净资产收益率在行业里均较高，由于上市时间短，稳定性方面还有待观察。

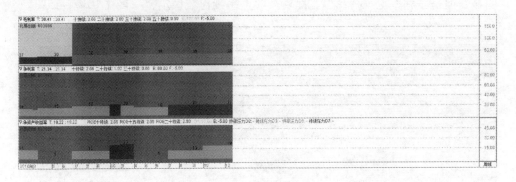

图 9-18

中环股份：从背景图来看，过去十年，毛利率呈现深绿色、浅绿色和白色背景并存的模式，净利率呈现深绿色、黄色和白色背景并存的模式，净资产收益率呈现白色、黄色和浅绿色背景并存的模式，表明公司产品盈利能力较低，且不稳定，净资产收益率波动幅度较大，且比较低。从数据图的色块和具体数值来看，2007年、2008年的毛利率和净利率还比较高，但那时的净资产收益率也只有个位数，2008年后毛利率、净利率、净资产收益率也有所波动，但是都比较低。

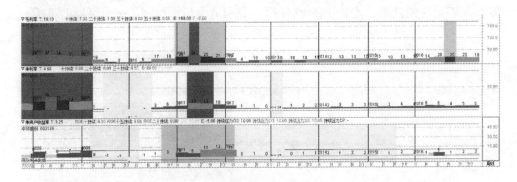

图 9-19

利亚德：从背景图来看，上市后，毛利率一直呈现深绿色背景，净利率呈现深绿色和白色背景并存的模式，净资产收益率呈现白色、浅绿色和深绿色背景并存的模式，表明公司产品盈利能力较强，净资产收益率年化超过 10% ，最近几年超过 15% 。从数据图的色块和具体数值来看，毛利率、净利率相对稳定，且从行业前五来看，也比较高，净资产收益率有逐年提高的趋势。

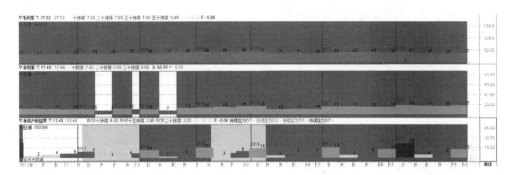

图 9 - 20

4. 反映成长的净利润增速指标

三安光电：从背景图来看，过去十年，呈现个别年份黄色背景（增速下滑）和深绿色背景并存的模式，表明业绩增长不稳定，但企业整体增长。从数据图的色块以及具体数值来看，净利润增速存在一定波动，但是整体维持正增长。

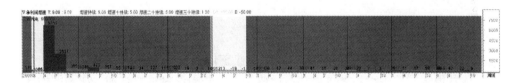

图 9 - 21

隆基股份：从背景图来看，上市后，呈现个别年份黄色背景（增速下滑）和深绿色背景并存的模式，表明业绩增长不稳定，但企业整体增长。从数据图的色块以及具体数值来看，净利润增速在上市后有所下滑，但是在 2013 年后维持一个高增长，但是波动幅度较大。

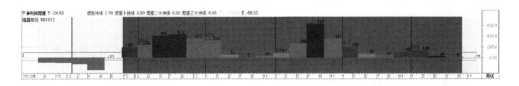

图 9 - 22

兆易创新：从背景图来看，上市后，一直呈现深绿色背景，表明企业持续增长。从数据图的色块以及具体数值来看，净利润增速较快，波动幅度也大。

图 9 – 23

中环股份：从背景图来看，过去十年，呈现黄色背景（增速下滑）和深绿色背景并存的模式，表明业绩增长不稳定，但整体增长。从数据图的色块以及具体数值，净利润增速指标来看，业绩波动非常明显。

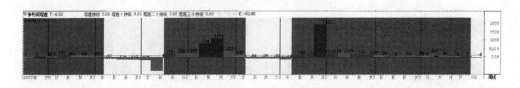

图 9 – 24

利亚德：从背景图来看，上市后，除了单个季度呈现黄色背景（增速下滑），其他时候均呈现深绿色背景，表明企业整体持续增长。从数据图的色块以及具体数值来看，上市后业绩增速有所放缓，但是随着投资的增加，净利润增速很快。但近年增速有放缓的态势。

图 9 – 25

以上是从财务视角，八个核心财务指标，四个方面考察半导体行业前五企业的基本面特性。

综合以上，会发现半导体行业的发展与之前分析的消费品行业发展路径截然不同，消费品行业多是内生增长的，增长主要靠盈利再投资。而制造业的半导体行业，几乎全是靠股权再融资甚至进一步利用负债融资来加速扩大规模，而获取企业的快速发展。毫无疑问，三安光电似乎已经完成了快速扩张的历程，并在逐步降低资产负债率，走稳健的道路了，而隆基股份和利亚德，快速扩张而取得发展的趋势就非常明显，而且也取得了良性循环，净资产收益率随着企业规模的扩大，逐年提高了。尽管从销售现金流上来看，还存在些许不足，但也可能恰恰说明企业正在快速抢占市场，而实施的销售策略呢。中环股份，随着规模的扩大，盈利能力的各项指标并没有得到极大的改善，依然维持低位。

为什么会呈现出发展路径不同的另外一个原因，也可以从扣非净利润和净资产指标得出，这些企业的规模均比较小。哪怕发展到现在，无论是从市值还是从扣非净利润和净资产规模来看，依然较小，且不说行业的市场空间多大，但从企业的频繁定增获取资本来投资看，似乎这个行业就是依靠规模取胜，而且从行业前五的销售现金流回笼来看，资金回笼情况均不是特别流畅，说明下游客户相比这些企业的力量更强，这也阻碍了企业依靠盈利收回现金发展的路径。

但不论是消费品行业还是半导体行业，还是可以看到一些相通点，良性循环和停滞不前。无论是依靠盈利再投资的内生性增长还是依靠股权再融资的增长路径，只要随着企业规模的扩大，能从盈利能力指标上看到一个好的反馈，那么企业的发展就会在良性循环上走更远。如果企业盈利能力不佳，说明企业产品或者投资的项目在市场上反应平平，那么良性循环就可能发展不起来，而企业的成长就可能停滞不前。

二、半导体行业前五企业的股价特性

三安光电：从背景图、数据图的色块和具体数值来看，过去十年，公司股价的阶段性相对清晰，深绿色背景持续性较强，红色块比较明显。从股价、基本趋势和主流偏见综合来看，股价呈现大涨大跌的模式，在 2009～2010 年业绩快速增长、叠加股市环境不错的情况下，股价在短短时间里可以快速上涨数倍。但在 2011～2012 年行情不好的时候，股价也可以回落 50% 以上。当然，如果只是牛市环境，比如 2013 年开启的科技类企业结构性行情，叠加股市业绩增速为负，股价也走得非常平缓。所以，大涨大跌也不是常态，需要叠加基本趋势是否强劲和市场是否牛熊来看。

隆基股份：从背景图、数据图的色块和具体数值来看，上市后，公司股价的阶段性相对清晰，深绿色背景持续较强，红色块比较明显。从股价、基本趋势和主流偏见综合来看，由于公司的基本趋势非常强劲，几乎只要股票市场大环境走好，公司股价也是快速上涨，但市场环境一旦不好，股价也会快速回落。

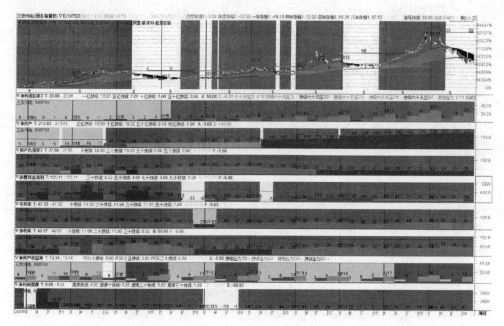

图 9 - 26

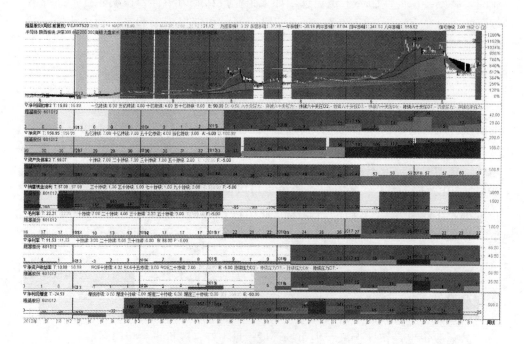

图 9 - 27

而基本趋势保持强劲的逻辑，主要来源于公司的定增，公司的快速投资，导致公司的净利润增速非常高，同时公司的盈利能力随着公司的规模扩大也进一步提升。这种基本趋势的投资所带来的利润和盈利能力的提升，表达了一个强劲的基本趋势，而由于股市天然的周期属性，叠加起来，就是股价的大起大落。

兆易创新：从背景图、数据图的色块和具体数值来看，上市后，公司股价的阶段性相对清晰，深绿色背景持续性较强，红色块非常明显。从股价、基本趋势和主流偏见综合来看，尽管公司上市时间短，但是公司的基本趋势依然表达了一个强劲的信号，极高的净资产收益率，相对高速的增长。在2017年结构性行情下，公司股价大起大落特征明显，成倍的涨幅，50%的回落。

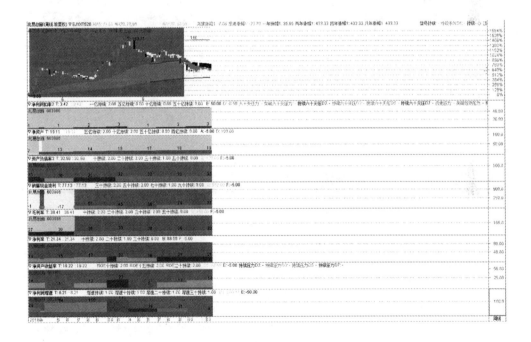

图 9 – 28

中环股份：从背景图、数据图的色块和具体数值来看，过去十年，公司股价的阶段性相对复杂些，背景图的白色和深绿色背景交替频次要更加多些，红色块和黑色块都比较明显。从股价、基本趋势和主流偏见综合来看，由于公司的盈利能力一直比较平。在2010～2011年有过一段快速增长的业绩和盈利能力的提升。2013～2017年公司利润增速是不错，但是盈利能力指标显示公司盈利水平一般。而盈利的来源主要靠外部融资，收购和投资项目。叠加股市大环境，在2010年股市环境还可以的时候，叠加基本趋势正处于加速期，公司股价快速上涨，但是，在 2011 年下半年市场环境走熊的时候，股价也是快速回落。而在之后由于基本趋势一般，所以股价基本属于随大流的走势，在牛市的环境下，也会快速上涨，而牛市盛宴结束，股价基本又回落到原地。

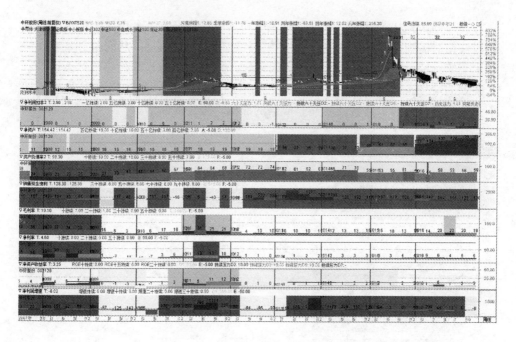

图 9－29

利亚德：从背景图、数据图的色块和具体数值来看，上市后，公司股价的阶段性相对清晰，深绿色背景持续性很强，红色块非常明显。从股价、基本趋势和主流偏见综合来看，基本趋势与隆基股份比较相似，在 2013 年后一直非常强劲。不断加大投资，快速增长的利润，盈利能力的进一步改善，综合表达了基本趋势的加速。叠加股市环境，在 2013～2015 年牛市环境下，公司股价快速上涨，3 年累计上涨了 5 倍。但是熊市环境来的时候，2015 年下半年也会快速回撤接近50%。一旦熊市环境结束，2016 年上半年便开启了新一轮上涨，一直到 2018 年整个股市不好的时候。股价快速下跌，股价跌幅超过 50%。超强劲的基本趋势，叠加股市天然的周期属性，就是股价的大起大落。

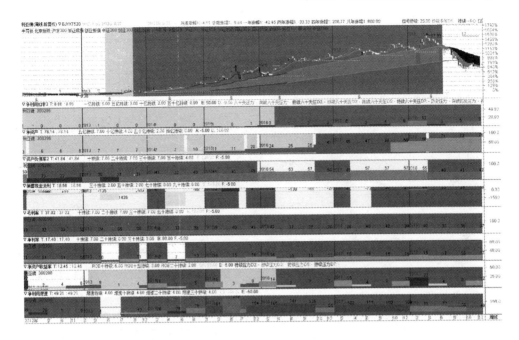

图 9 - 30

第二节　软件行业特性分析

一、软件行业基本面特性分析

软件行业，共有169家上市企业，截至目前，按照流通市值排序，用友网络排在第一位：470.77亿元；第二位的是科大讯飞：468.95亿元；第三位的是国电南瑞：387.11亿元；第四位的是恒生电子：345.29亿元；第五位的是广联达：217.9亿。截至目前，软件行业没有一家企业市值突破1000亿元。也没有一家在500亿元以上。软件行业上市公司高达169家，粗略可以得知这个行业呈现散的格局。那么，这些前五的软件行业上市公司，它们的行业地位（规模）、抗风险能力、盈利能力和成长前景从财务角度分析，我们又能得出什么呢。下面从四个方面的财务角度一一查看。

表 9 - 2

软件服务（169）	涨幅（%）	现价	量比	涨速（%）	流通市值↓（亿元）
1. 用友网络	- 0.80	24.78	0.60	- 0.03	470.77
2. 科大讯飞	3.61	25.80	1.21	0.12	468.95
3. 国电南瑞	- 0.34	17.55	0.43	0.00	387.11
4. 恒生电子	0.16	55.89	0.69	- 0.10	345.29
5. 广联达	- 0.93	24.60	0.92	0.20	217.90
6. 东华软件	- 1.41	7.67	0.73	0.13	215.35
7. 四维图新	- 0.06	16.28	0.45	- 0.05	169.71
8. 二三四五	- 0.74	4.00	0.61	- 0.24	169.20
9. 新大陆	- 0.32	15.65	0.41	0.19	157.12
10. 卫士通	1.18	18.90	0.84	- 0.15	153.07
11. 卫宁健康	- 0.31	12.77	0.61	- 0.15	152.13
12. 石基信息	- 1.28	30.80	0.80	0.13	149.21
13. 宝信软件	- 1.96	22.51	0.63	0.00	144.25
14. 东软集团	- 1.11	11.53	0.40	- 0.08	143.25
15. 万达信息	0.08	13.07	0.68	0.00	142.62
16. 中国软件	- 1.86	25.37	0.52	- 0.03	125.47
17. 启明星辰	2.82	20.04	0.80	0.15	117.33
18. 同花顺	- 2.09	42.20	0.50	- 0.23	111.45
19. 佳都科技	0.38	8.00	1.02	0.50	110.70
20. 紫光股份	0.27	36.79	0.43	0.16	106.14
21. 神州信息	- 1.06	11.19	0.61	- 0.08	104.62
22. 千方科技	0.08	12.21	0.40	0.08	102.49
23. 太极股份	- 0.86	25.31	0.59	0.12	101.36
24. 东方国信	0.00	12.34	0.71	- 0.07	100.04
25. 易华录	0.72	22.50	0.47	0.13	95.37
26. 旋极信息	—	—	0.00	—	95.12
27. 金证股份	- 0.80	11.16	0.47	0.63	93.19
28. 捷成股份	- 0.78	5.10	0.54	- 0.19	91.55
29. 华宇软件	0.68	14.88	0.44	0.00	84.10
30. 华东电脑	3.60	19.30	1.41	0.05	81.70

1. 反映规模的扣非净利润和净资产指标

科大讯飞：从背景图来看，公司 2008 年上市后，扣非净利润一直呈现浅绿色背景，净资产呈现浅绿色和深绿色背景并存的模式，净资产存在多处突变信号，表明企业能实现连续盈利，规模相对较小，企业有通过定增实现快速增长的可能。从数据图的色块和具体数值来看，2008～2017 年扣非净利润从 0.6 亿元增长到 3.59 亿元，净资产从 5.3 亿元增长到 79.53 亿元，净资产在 2015 年突破 50 亿元。9 年时间，扣非净利润增长了接近 5 倍，而净资产增长了 14 倍。净资产之所以增长如此之快，从净资产一栏的突变信号也能大概得知公司 9 年时间里进行了多次定增。打开公司资本运作一栏，公司在 2011 年、2013 年、2015 年、2016年以及 2017 年分别进行了增发募集资金进行新项目投资、收购等动作。所以，这也是公司净资产和扣非净利润快速增长的原因。但具体盈利能力如何，还得看后续盈利能力指标。

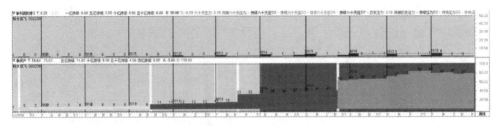

图 9 - 31

| 募集资金来源 | 项目进度 |

募集资金来源

公告日期	发行类别	实际募集资金净额(万元)	发行起始日	证券名称	证券类别
2017-03-16	增发(配套募集)	28,414.36	2017-03-06	科大讯飞	A股
2016-12-07	增发新股	35,280.00	2016-11-23	科大讯飞	A股
2015-08-19	增发新股	210,395.43	2015-08-06	科大讯飞	A股
2013-04-23	增发新股	172,947.18	2013-04-16	科大讯飞	A股
2011-05-09	增发新股	42,288.97	2011-04-28	科大讯飞	A股
2008-04-17	首发新股	31,414.48	2008-04-28	科大讯飞	A股

项目进度

项目名称	截止日期 ↓	计划投资(万元)	已投入募集资金(万元)	建设期(年)	收益率(税后)	投资回收期(年)
智慧课堂及在线教学云平台项目	2018-08-14	180,147.00	157,777.24	—	—	6.17
收购孙曙辉持有的10%讯飞皆成股权	2018-08-14	21,735.53	21,735.53	—	—	
支付本次交易的现金对价	2018-08-14	14,315.00	14,315.00	—	—	
安徽讯飞皆成信息科技有限公司股权收购项目	2018-08-14	10,105.92	10,105.92	—	—	
收购孙曙辉持有的5%讯飞皆成股权	2018-08-14	4,062.39	4,062.39	—	—	
智能语音人工智能开放平台项目	2018-05-15	205,038.00	—	—	—	
新一代感知及认知核心技术研发项目	2018-05-15	119,708.00	—	—	—	
智能服务机器人平台及应用产品项目	2018-05-15	108,581.00	—	—	—	
销售与服务体系升级建设项目	2018-05-15	77,139.00	—	—	—	
补充滚动资金	2018-05-15	52,350.00	—	—	—	

图 9 - 32

用友网络：从背景图来看，过去十年，扣非净利润呈现浅绿色、深绿色和黄色背景并存的模式，净资产呈现浅绿色和深绿色背景并存的模式，净资产存在多处突变信号，表明企业盈利不稳定，甚至亏损，有通过定增实现增长的可能。从数据图的色块和具体数值来看，2007 年公司扣非净利润达到 3.53 亿元，而到了 2017 年公司的扣非净利润只有 2.93 亿元。2007 年净资产为 24.23 亿元，2017 年净资产增长到 67.41 亿元，净资产在 2015 年突破 50 亿元。扣非净利润在萎缩，而净资产在持续扩大，从净资产一栏的多处突变信号情况，可以得知公司进行了多次再融资。打开公司资本运作一栏，结果发现公司近 10 年只有 2015 年进行了一次再融资。可为什么净资产一栏会存在多处突变呢，既然不是外部融资造成的，只能是内部盈利的突变导致的。仔细查看扣非净利润一栏，可以得知公司的扣非净利润存在明显的积极性结算影响，结算集中在年底，所以会导致公司第四季度比前三季度的扣非净利润突然增加，而利润体现在净资产上面，就会存在这样的突变信号，这是技术性问题，但这个技术性问题虽然没有反映出再融资的情况，但是却意外地能够体现公司的利润发布情况，公司资金回笼情况，也算是一种意外的收获。

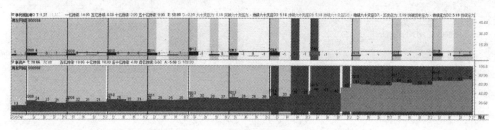

图 9－33

| 募集资金来源 | | 项目进度 | | | |

○ 募集资金来源

公告日期	发行类别	实际募集资金净额(万元)	发行起始日	证券名称	证券类别
2015-08-25	增发新股	161,615.00	2015-08-18	用友网络	A股
2001-04-19	首发新股	88,792.44	—	用友软件	A股

○ 项目进度

项目名称	截止日期↓	计划投资(万元)	已投入募集资金(万元)	建设期(年)	收益率(税后)	投资回收期(年)
用友企业互联网服务项目	2018-08-11	67,535.00	63,615.00	2.00	25.47%	6.23
用友企业互联网公共服务平台项目	2018-08-11	38,138.00	37,180.96	2.00	28.09%	6.65
用友互联网金融数据服务平台	2018-08-11	30,704.00	11,235.20	2.00	31.82%	6.30
用友智能制造服务平台项目	2018-03-24	30,300.00	2,216.71	—	—	—
偿还银行借款	2016-03-19	30,000.00	30,000.00	—	—	—
用友企业级财务软件8.20版	2001-04-19	—	2,800.00	—	—	—
用友企业级财务软件9.0版	2001-04-19	—	3,000.00	—	—	—
用友企业级财务软件10.0版	2001-04-19	—	2,900.00	—	—	—
用友普及型财务软件2.0版	2001-04-19	—	3,000.00	—	—	—
用友普及型财务软件3.0版	2001-04-19	—	2,950.00	—	—	—

图 9－34

国电南瑞：从背景图来看，过去十年，扣非净利润和净资产均呈现浅绿色和深绿色并存的背景模式，净资产存在多处突变信号，表明企业能实现连续盈利，规模相对不大，且有通过定增实现快速增长的可能。从数据图的色块和具体数值来看，公司扣非净利润从2007年的1.22亿元增长到2017年的11.48亿元，扣非净利润在2011年突破5亿元，在2012年突破10亿元；净资产从2007年的9.66亿元增长到2017年的211.43亿元，净资产在2013年突破50亿元，在2017年突破100亿元。10年时间扣非净利润增长了8.4倍，净资产增长了20.887倍。扣非净利润和净资产均获得了惊人的增长，从净资产一栏也可以看到存在多处突变信号，可以得知公司进行了多次再融资。打开公司资本运作一栏，公司在2010年、2014年、2017年和2018年均进行了再融资。毫无疑问，公司的扣非净利润和净资产的快速增长与再融资不无关系。

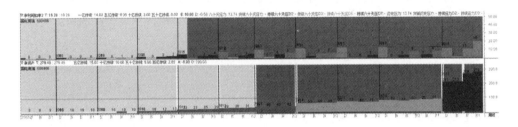

图 9-35

募集资金来源	项目进度

○ 募集资金来源

公告日期	发行类别	实际募集资金净额(万元)	发行起始日	证券名称	证券类别
2018-04-13	增发(配套募集)	602,004.06	2018-04-09	国电南瑞	A股
2017-12-28	增发新股	2,416,622.47	2017-12-22	国电南瑞	A股
2014-01-03	增发新股	258,688.51	2013-12-27	国电南瑞	A股
2010-10-23	增发新股	76,000.00	2010-10-19	国电南瑞	A股
2003-09-19	首发新股	39,639.54	--	国电南瑞	A股

○ 项目进度

项目名称	截止日期↓	计划投资(万元)	已投入募集资金(万元)	建设期(年)	收益率(税后)	投资回收期(年)
江宁基地产业(6-8号)楼项目	2018-08-28	46,565.00	2,737.19	--	--	--
电力电子化特征电网控制系统产业化实验能力建设项目	2018-08-28	20,200.00	7,797.00	--	--	--
江宁基地成品库建设项目	2018-08-28	7,990.00	727.44	--	--	--
IGBT模块产业化项目	2018-04-13	164,388.00	--	--	--	--
智慧水务产业化建设项目	2018-04-13	26,600.00	--	--	--	--
电力工控安全防护系列设备产业化及应用能力建设项目	2018-04-13	16,812.00	--	--	--	--
大功率电力电子设备智能生产线建设项目	2018-04-13	14,964.00	--	--	--	--
面向清洁能源与开放式电力市场的综合服务平台建设及产业化项目	2018-04-13	10,470.00	--	--	--	--
电网运检综合数据分析与应用中心产业化项目	2018-04-13	8,074.00	--	--	--	--
智能电网云计算平台实验验证环境建设及产业能力升级项目	2018-04-13	7,914.00	--	--	--	--

图 9-36

恒生电子：从背景图来看，过去十年，扣非净利润一直呈现浅绿色背景，净资产呈现浅绿色和深绿色背景并存的模式，净资产有多处突变信号，表明企业能实现连续盈利，但一直规模很小，企业有通过定增实现快速增长的可能。从数据图的色块和具体数值来看，公司扣非净利润从 2007 年的 1.23 亿元增长到 2017 年的 2.12 亿元，净资产从 2007 年的 6.27 亿元增长到 2017 年的 32.86 亿元。10 年时间扣非净利润增长平平，而净资产取得了快速增长，这样也能大概得知公司进行了再融资。从净资产一栏，从多处的突变信号，更能够直观得知公司进行了多次再融资。打开公司资本运作一栏，结果发现公司在近 10 年时间里并没有进行再融资。那么净资产一栏的多处年底突变信号又是怎么回事呢，仔细查看扣非净利润情况，可以发现恒生电子的扣非净利润和用友网络类似，同样存在非常明显的年底集中结算情况。与此同时，公司的扣非净利润 10 年内增长平平，但公司的净资产累计值却获得快速增长，可能是与公司较高的盈利能力和较低的净资产基数有关。所以以下内容要重点查看公司的盈利能力指标来进一步验证。

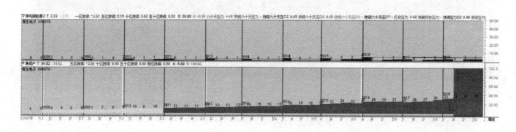

图 9–37

募集资金来源		项目进度				

○ 募集资金来源

公告日期	发行类别	实际募集资金净额(万元)	发行起始日	证券名称	证券类别
2003-11-26	首发新股	24,414.16	--	恒生电子	A股

○ 项目进度

项目名称	截止日期↓	计划投资(万元)	已投入募集资金(万元)	建设期(年)	收益率(税后)	投资回收期(年)
客户服务中心	2003-11-26	6,000.00	2,034.70	--	--	--
大范围集中式证券交易系统	2003-11-26	4,007.00	3,471.16	--	27.80%	4.25
证券客户关系管理系统	2003-11-26	3,780.00	4,689.23	--	29.30%	4.25
银行证券业务服务平台	2003-11-26	3,595.00	4,476.11	--	29.30%	3.92
基金管理与服务综合平台	2003-11-26	3,591.00	3,588.79	--	36.20%	3.92
呼叫中心系统	2003-11-26	3,517.00	1,686.83	--	27.80%	4.33
银行电子服务系统	2003-11-26	3,439.00	2,763.31	--	29.70%	4.17
创新研究技术中心技改项目	2003-11-26	2,540.00	2,457.44	--	--	--
银行保险业务平台	2003-11-26	2,220.00	--	--	22.20%	4.42

图 9–38

广联达：从背景图来看，公司 2010 年上市后，扣非净利润呈现浅绿色和深绿色背景并存的模式，净资产则一直呈现浅绿色背景，表明企业能实现连续盈利，但规模很小。从数据图的色块和具体数值来看，公司扣非净利润从 2010 年的 1.71 亿元增长到 2017 年的 4.12 亿元，2014 年存在一个扣非净利润高点，2014 年扣非净利润一度超过 5 亿元，但截至目前也没有超过这个高点；净资产从 2010 年的 17.27 亿元增长到 2017 年的 31.77 亿元。从净资产一栏来看，没有存在净资产的突变信号，初步可以判定公司只进行过上市首次融资，没有进行过再融资。公司利润来源于内部增长的。

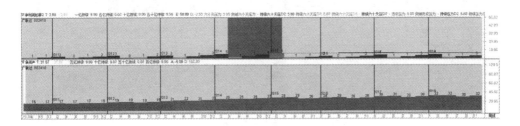

图 9－39

综合以上，软件行业前五的企业在发展的过程中，大多进行过再融资，很多企业还进行过多轮再融资。毫无疑问，再融资计划的实施与政府再融资政策关系密切，同时也与公司的性质比较相关，软件行业市场竞争激烈，技术迭代和创新层出不穷，拥有好的市场前景的技术，需要快速抢占市场，所以再融资在所难免。

2. 反映风险的资产负债率和销售现金流指标

科大讯飞：从背景图来看，资产负债率一直呈现深绿色背景，销售现金流存在明显的现金流流出现象（黄色背景）。从数据图的色块和具体数值来看，公司资产负债率整体不算太高，但是随着公司的发展壮大，公司的资产负债率呈现逐年提高的趋势。公司的现金流回笼并不顺畅，存在明显的季节性结算波动。另外，以一年为单位来看，现金流回笼还算可以，但是波动性依然明显。

用友网络：从背景图来看，资产负债率呈现深绿色和黄色并存的背景模式，销售现金流存在明显的现金流流出现象（黄色背景）。从数据图的色块和具体数值来看，资产负债率呈现两阶段特征，2007～2012 年资产负债率逐年提高，而 2013 年至今，公司的资产负债率维持在相对高位。年度来看，现金流回笼比较平稳，尽管存在比较明显的季节性结算。

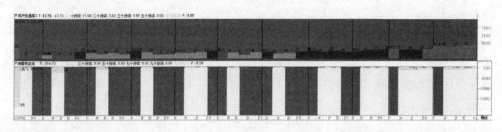

图 9 – 40

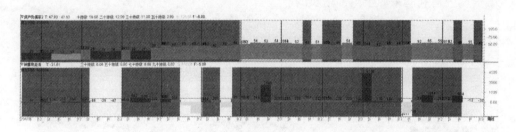

图 9 – 41

国电南瑞：从背景图来看，资产负债率呈现深绿色和黄色并存的背景模式，销售现金流存在明显的现金流流出现象（黄色背景）。从数据图的色块和具体数值来看，公司资产负债率整体维持在 50% 位置窄幅区间波动。销售现金流的季节性结算非常明显，一个年度内前三季度几乎是赊销，只在年底结算，现金流覆盖了营业利润 70% 左右。

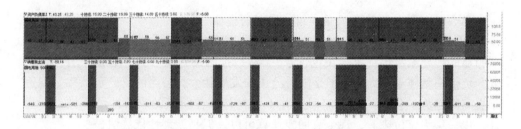

图 9 – 42

恒生电子：从背景图来看，资产负债率一直呈现深绿色背景，销售现金流存在明显的现金流流出现象（黄色背景）。从数据图的色块和具体数值来看，资产负债率维持在相对低位，销售现金流回笼情况跟国电南瑞非常相似。

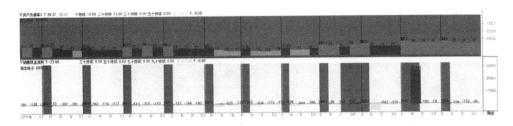

图 9－43

广联达：从背景图来看，资产负债率一直呈现深绿色背景模式，销售现金流存在明显的现金流流出现象（黄色背景）。从数据图的色块和具体数值来看，资产负债率存在明显的两阶段特征，2010～2016 年公司的资产负债率维持在个位数，而在 2016 年至今公司的资产负债率维持在 30% 以上，并且在逐季度提升。公司的销售现金流回笼依然存在非常明显的季节性波动现象。

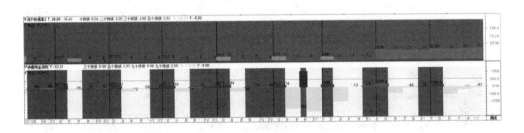

图 9－44

综合以上，软件行业整体的资产负债率很少超过 50%，整体属于低资产负债率行业。但是软件行业的销售现金流回笼几乎都存在明显的季节性波动现象，大概是由于行业内企业面临的是 B 端客户为主的缘故，这也是整个行业的普遍现象。

3. 反映盈利能力的毛利率、净利率、净资产收益率指标

科大讯飞：从背景图来看，上市后，毛利率一直呈现深绿色背景，净利率呈现深绿色和白色背景并存的模式，净资产收益率呈现浅绿色、深绿色和白色背景并存的模式，表明公司产品盈利能力较强，但不太稳定，净资产收益率的波动幅度较大。从数据图的色块和具体数值来看，相对较高的毛利率和净利率，但是毛利率和净利率有下降的趋势。净资产收益率在 2014 年之前年化收益大于 10%，但是在 2014 年之后净资产收益率只有年化 7%。

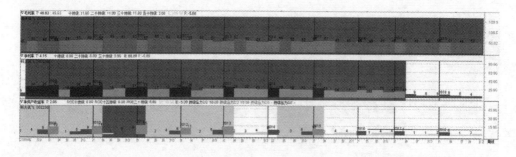

图 9 – 45

用友网络：从背景图来看，过去十年，毛利率一直呈现深绿色背景，净利率呈现深绿色、白色和黄色背景并存的模式，净资产收益率呈现深绿色、浅绿色、白色和黄色背景并存的模式，表明公司产品盈利能力较低，甚至亏损，净资产收益率波动幅度很大。从数据图的色块和具体数值来看，盈利能力指标呈现两阶段现象。2007～2013 年毛利率高达 90%，但是净利率并不高，且呈现下降的趋势，净资产收益率同样如此，但还能维持在 10% 以上。2013 年至今毛利率 65% 左右，净利率只有个位数，净资产收益率也只有个位数。

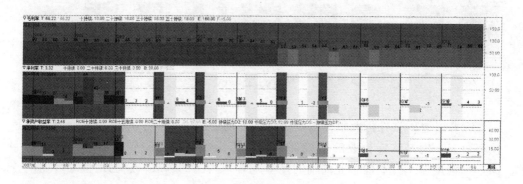

图 9 – 46

国电南瑞：从背景图来看，过去十年，毛利率和净资产收益率均呈现深绿色、浅绿色和白色背景并存的模式，净利率呈现白色和深绿色背景并存的模式，表明公司产品盈利能力一般，且存在一定波动性，但是净资产收益率年化超过 10%，甚至很多年份超过 15%。从数据图的色块和具体数值来看，毛利率、净利率和净资产收益率，虽然没有用友网络和科大讯飞那么高，但是保持比较稳定。毛利率保持在 20%～30%，年度净利率保持在 12%～19%，净资产收益率保持在 13%～29%。这是目前软件行业市值前列中年化净资产收益率最高，且稳定性、持续性最好的企业了。

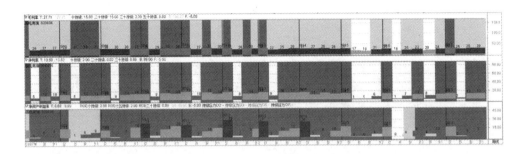

图 9 – 47

恒生电子：从背景图来看，过去十年，毛利率一直呈现深绿色背景，净利率呈现深绿色和白色背景并存的模式，净资产收益率呈现深绿色、白色和浅绿色背景并存的模式，表明公司产品盈利能力较强，存在一定的波动性，净资产收益率年化超过15%。从数据图的色块和具体数值来看，毛利率保持相对高位，且持续提升。毛利率从2007年的50%提升到2017年的97%。净利率和净资产收益率与国电南瑞相当。

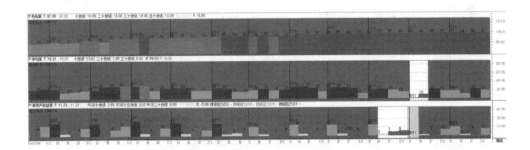

图 9 – 48

广联达：从背景图来看，过去十年，毛利率和净利率均一直呈现深绿色背景，净资产收益率则呈现浅绿色、深绿色和白色背景并存的模式，表明公司产品盈利能力较高，但是净资产收益率波动幅度较大。从数据图的色块和具体数值来看，毛利率保持相对高位，达97%。但是从净利率图可以明显看到在2015年有一个断崖的缺口。2010~2014年净利率保持在30%以上，而在2015年第二季度净利率掉到13%，之后一直保持在13%~21%。虽然净资产收益率呈现两个阶段的现象，但是每个小阶段里均呈现持续向好的趋势。2010年至2014年净资产收益率从9.56%逐年提升到21.33%；2015年净资产收益率掉到8.83%，2015~2017年净资产收益率从8.83%逐年提升到15.31%。但2018年较2017年有放缓的趋势。

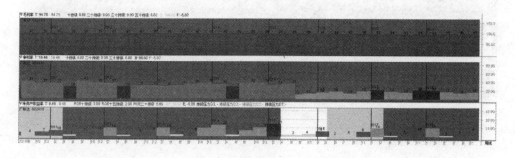

图 9－49

4. 反映成长的净利润增速指标

科大讯飞：从背景图来看，上市后，除个别年份呈现黄色背景（增速下滑），其他时候则一直呈现深绿色背景，表明业绩增速存在一定波动性，但是企业整体增长。从数据图的色块以及具体数值来看，从净利润增速指标来看，科大讯飞只有2017年增速为负，其他年份均取得正的增长，且增速保持高位。解读成长的时候，不仅要看净利润增速，还得结合公司成长的路径来分析。从公司净资产一栏，可以得知公司进行了一系列的定增，说明公司还进行了外部并购来进行增长。所以，这么高的成长与公司再融资是分不开的。在公司一系列再融资的过程中，公司的盈利能力保持一定幅度，但是有下降的趋势，这个是注意的现象。

图 9－50

用友网络：从背景图来看，呈现深绿色和黄色背景（增速下滑）并存的模式，表明业绩增速波动很明显。从数据图的色块以及具体数值来看，公司的净利润增速波动性较大，且公司同样进行了再融资。再融资时间点在2015年。2015年后，公司的净利润增速依然不是很稳定，但2017年后有所好转。说明公司近期的基本趋势有所好转。

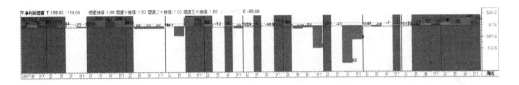

图 9-51

国电南瑞：从背景图来看，呈现深绿色和个别年份黄色背景（增速下滑）并存的模式，表明业绩增速存在一定波动性，企业整体增长。从数据图的色块以及具体数值来看，公司的成长路径依靠了一系列再融资，所以公司的净利润增速保持较高。但是在高速增长的同时，公司在 2008 年和 2014 年以及 2015 年的前三个季度存在负增长。叠加公司的较高盈利能力指标，可以得知公司的基本趋势处于较好的良性循环之中，但是波动性依然存在。

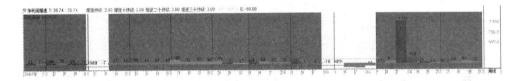

图 9-52

恒生电子：从背景图来看，过去十年呈现深绿色和黄色（增速下滑）背景并存的模式，表明业绩增速波动性较大。从数据图的色块以及具体数值来看，公司利润存在一定的周期性特征，在 2007～2009 年业绩保持高速，在 2010～2012年增速开始放缓，到 2012 年增速为负。2013～2015 年连续三年保持高速增长，2016 年增速又大幅下降，当然这么大的下降，既与公司的周期性特性有关，也与政策有关。

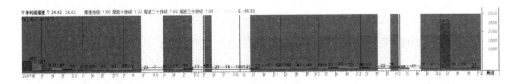

图 9-53

广联达：从背景图来看，呈现个别年份黄色背景（增速下滑）和深绿色背景并存的模式，表明业绩增速波动性较大，但企业整体增长。从数据图的色块以及具体数值来看，公司利润的周期性特性更加明显，一段持续的高增长之后，存在一个明显的增速放缓或者增速为负，然后再启动新一轮。

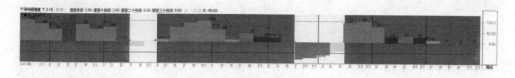

图 9－54

综合以上，在软件行业里，业绩增速的持续稳定性是少有的，波动性是普遍现象，甚至不乏周期性特征。

二、软件行业前五企业的股价特性

科大讯飞：从背景图、数据图的色块和具体数值来看，上市后，公司股价的阶段性相对清晰，深绿色背景持续较强，红色块比较明显。从股价、基本趋势和主流偏见综合来看，尽管公司的盈利能力水平有所下降，但是公司的净利润增速也是保持高速增长，也算是基本趋势一直保持相对强劲。所以，叠加股市的天然周期属性，在市场环境好的时候，2009～2010 年快速上涨，达到 5 倍，2011～2012 年回落接近50%。2013 年、2015 年、2017 年也都随着市场环境向好快速上涨，而在 2014 年、2015 年下半年、2016 年及 2018 年回落甚至快速下跌。这种股价特性与基本面特性不无关系。极强的基本趋势，通常也意味着极其脆弱的基本趋势，那么在基本趋势正处于加速的时候，叠加股市环境向好，自然股价快速上涨，一旦股市环境走坏，市场预期也会快速回落，所以股价面临大幅调整。而稍有放缓迹象，比如 2015 年下半年，业绩增速从 40%一路放缓至 10%，股价几乎把 2015 年整个年度的涨幅吐回。

用友网络：从背景图、数据图的色块和具体数值来看，过去十年，公司股价的阶段性相对清晰，深绿色背景和白色背景持续均较强，红色块和黑色块都比较明显。从股价、基本趋势和主流偏见综合来看，尽管公司在 2014 年之前，盈利能力还可以，可以维持在10%～15%，但是净利润增速的波动性非常明显，整体的基本趋势就不如科大讯飞强劲。而在 2015 年后的一段时间里，公司净利润增速下滑，盈利能力下降，自然把牛市的涨幅完全吐出。这种不够强劲的基本趋势，叠加股市的天然周期属性，就是在股市环境好的时候，随股市上涨，在熊市的时候，随股市大跌。

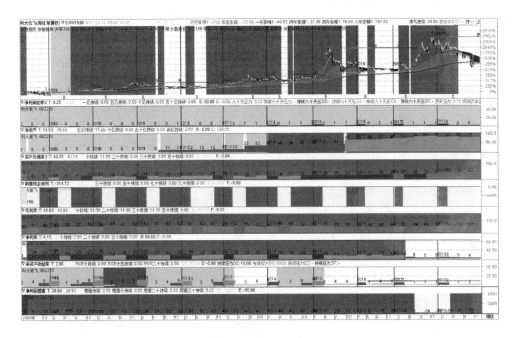

图 9－55

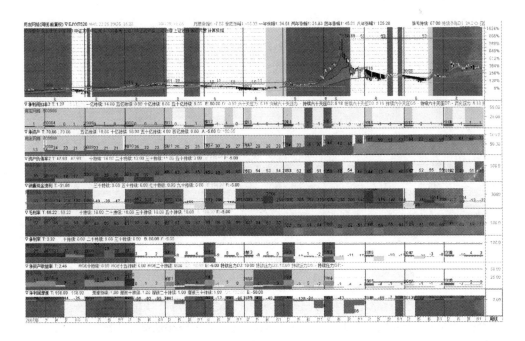

图 9－56

国电南瑞：从背景图、数据图的色块和具体数值来看，过去十年，公司股价的阶段性相对清晰，深绿色背景持续较强，红色块比较明显。从股价、基本趋势和主流偏见综合来看，由于公司的基本趋势一直保持相对强劲，叠加股市环境，所以在 2009～2010 年快速上涨，在 2011～2012 年也同样快速回落。在 2015 年，尽管牛市来临，但是公司净利润增速下滑严重，所以股价快速上涨，然后快速下跌。之后的扣非净利润一直没有超过 2014 年的高点，2018 年扣非净利润倒是有可能刷新历史，但是股市环境不配合股价走强。如果再仔细查看，股价与股市环境的关系比公司基本趋势的关系更加紧密，2008 年净利润增速为正，股价在市场环境影响下继续回落，而在市场环境向好的时候，尽管 2008 年底和 2009 年第一季度增速为负，但是股价已经开始创历史新高。同样的现象可以运用在 2014年下半年至 2016 年这段时间，牛市之下，股价创了历史新高，而对应的净利润增速为负。熊市之下，基本趋势得到恢复，而股价跌回原点。

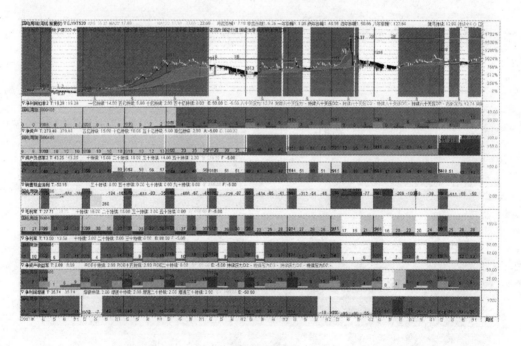

图 9-57

恒生电子：从背景图、数据图的色块和具体数值来看，过去十年，公司股价的阶段性相对复杂些，背景图的白色和深绿色背景交替频次要更加多些，股价呈现大起大落的特征。从股价、基本趋势和主流偏见综合来看，在股市环境向好的2009～2010 年以及 2013～2015 年，公司股价获得大幅上涨，而在股市环境不好的 2011～2012 年以及 2015 年下半年至 2016 年的时候，股价也大幅回落。毫无疑问，照样可以得出在某些季度、年度，股价与公司的财务指标所反映出来的基本趋势并不一致，而与市场环境联系非常紧密。

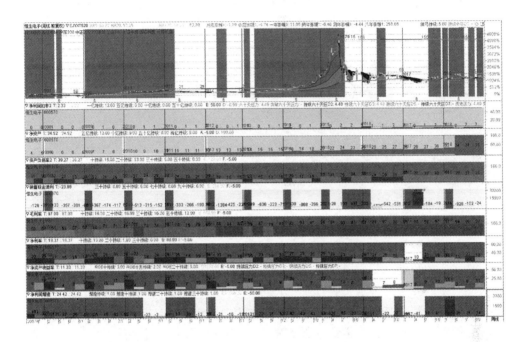

图 9－58

广联达：从背景图、数据图的色块和具体数值来看，过去十年，公司股价的阶段性相对复杂些，背景图的白色和深绿色背景交替频次要更加多些，但红色块依然比较明显。从股价、基本趋势和主流偏见综合来看，尽管基本趋势的强弱有所不同，但是公司股价跟随股市环境的方向基本没变。

从软件行业前五企业的股价特性和对应的基本趋势来看，我们无法建立起短期的对应关系。在短期内，公司股价更多的是跟随市场环境。在整个市场向好的时候，哪怕公司的基本趋势有所放缓，股价依然可以走的强劲，而在整个市场不好的时候，哪怕公司的基本趋势在当时表现得相当强劲，公司股价依然跟随大势。如果在市场环境不好的时候，公司当时的基本趋势表现得相当强劲，是否可以抵御一部分股市环境不利的影响，而使得股价得到有力支撑呢。毫无疑问，是得不到的。要得到一个否定的答案，只需要一个否定的案例即可，广联达在 2011年的基本趋势就继续表现相当强劲，但是股价随市场大跌。

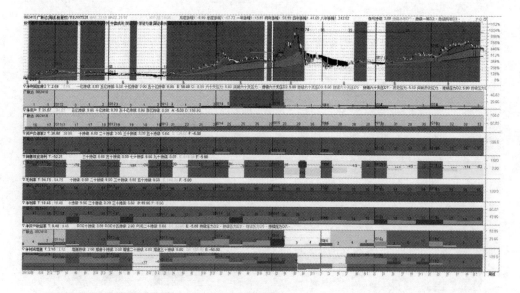

图 9 – 59

从实证的角度，我们已经无数次得到短期之内无法得到基本趋势和股价明确的对应关系。无论是大消费类行业、大周期类行业还是目前的科技类行业，就单个公司的股价和其基本趋势的关系在短期内都是不确定的。这个是必须要接受的事实，而这个事实尽管与常识有所违背，但若明白了，意义就会重大。

首先它的意义在于，预测短期企业的利润，从而得出股价的方向，是徒劳的。因为哪怕预测出来了，但我们已经明白无误地多次从历史得出股价和基本趋势的关系是不确定的，那么即使可以预测未来几个季度甚至几个年度的利润，而股价依然是不确定的。所以，那种看企业的基本面信息，推测短期的利好或者利空，从而做股票，多半是亏钱的。因为从逻辑上，从历史实证上，已经推翻了。

但是，从长期来说，股市复利的来源，复利的根基依然是企业的盈利。这条对于纯内生增长的、低负债的、销售现金流质量良好的大消费类企业能够比较好地理解。但是即便如此，这类企业的市盈率依然可以保持 10 倍、20 倍。这同样意味着股价和企业财务表现的基本趋势短期的对应关系是不确定的，10 倍、20 倍的估值空间是逻辑上证伪了短期的直接对应关系，而从过去的历史实证也明白无误得出了这种不确定性关系。这种短期的不确定和长期的确定性，我们到底应该如何理解和运用呢？

我们在股价和基本趋势后面分别加两个字，就能够比较好地理解这种短期的关系了，同时也不破坏长期的逻辑。股价特性和基本面特性，它们是存在对应的关系，尽管不是方向性的，但在速度上存在着对应的关系。这点可以从彼得·林奇的观点得到印证，彼得·林奇的股价与收益速度的关系，已经从逻辑和实证的角度得到论证。快速增长的企业对应着快速上涨的股价，缓慢上涨的企业对应的股价也是缓慢上涨的，周期类型的企业对应的股价也是呈现周期性的等。但我们从逻辑上和实证上同样明白，不论是股价，还是基本趋势，都不可能永远呈现快速增长，而是有涨又跌。有些是呈现波动性的，没有明确的趋势，有些则呈现着明确的趋势，比如快速增长、缓慢增长或者周期性的。那种纯波动性的，我们暂且忽略。而那种基本面特征呈现比较明显趋势性的，我们可以论证对应的股价特性是否与基本面特性一致。比如，快速增长的基本趋势，由于盛极而衰的原理或者戴维斯双杀的逻辑，那么一旦股市环境不利，也可能导致快速下跌的股价。快速而有方向的基本趋势对应的是快速而有方向的股价走势。再如，持久缓慢的基本趋势，对应的是持久缓慢的股价走势。

　　这样，我们在股价特征和基本面特征建立起了对应的速度关系，那么就不必理会短期内股价和基本趋势的对应关系了，而应该从企业的财务指标特征来厘清基本面特征。这也是把基本趋势分解为八大核心财务指标的主要原因之一。可以直接通过八大核心财务指标，得出行业特征和企业的基本面特征。同时我们也明白了，股价在短期内的方向性的涨和跌，主要还是与主流偏见挂钩，但是股价走势的特征短期内与基本面特征会挂钩。就像你永远也别指望一家稳定增长的大消费类公司的股价在牛市之中会走得比快速增长的互联网企业还快速。但是同样也应该能预期到在熊市的时候稳定增长的大消费类公司的股价会跌的相对比快速增长的互联网企业要缓慢得多。

　　如果仅仅得出这条关系的转移，如果仅仅是方便解释过去的现象，那么其价值就没有被完全挖掘出来，关键还在于操作时的运用。以2015年创业板的牛市和2017年大消费类股的牛市，就拿软件行业前五的企业在2015年上半年股价走势和下半年股价走势为例，我们就能够理解，这类企业如果我们在牛市之初参与，我们应该如何离场，我们应该看哪些指标，还需要看短期的基本趋势吗？毫无疑问，是需要看的，毕竟牛市中很多创业板的企业其基本面特征根本不具有快速增长的特征，我们应该在参与的时候去伪存真，同时当我们选择了这类快速增长的企业的时候，一旦股市短期急跌使得整个市场进入熊市迹象，我们也应该快速撤离，因为早就预期到了这类企业的基本趋势迟早也会快速走下坡路，现在回过头看恒生电子、金证股份，其基本趋势走下坡路的速度照样惊人。同样的道理可以运用到2017年大消费的牛市，大消费类企业的基本面特征整体就是缓慢而持久，所以股价涨起来也是缓慢，跌下去也相对缓慢。这样在2017年是有足够的时间参与真正缓慢而持久的企业，分享大消费类企业缓慢而持久的上涨，同样当2018年整个市场进入熊市的时候，大消费类企业股价也进行熊市的时候，也应该撤离，因为它们的股价也会缓慢下跌。至于这些大消费类企业在2018年的财务指标所表现的基本趋势是否继续保持那样，短期内，无法得出股价怎样，只要不破坏企业原有的基本面特征就好。那么短期内，按照主流偏见来操作就可以了。

至此，在短期上，在动态方面，我们构建了方向上股价和主流偏见、市场偏见的直接关系，速度上股价走势特征和基本面特征的关系。而前面也隐约指出，主流偏见和市场偏见主要是市场参与者对企业、对行业的基本趋势预期。所以，一个是预期未来基本趋势的方向，一个是预期基本趋势的变化速度。

只是，预期终归是预期，预期与现实总是存在差异。预期与现实相符的，股价和基本趋势都会得到加强，这点不难理解。但是在整个股市之中，不可能所有行业所有企业基本趋势都一致的同时的往一个方向走，比如牛市预期下，必然有几个板块是基本趋势加强的，而这几个板块如果恰恰是权重板块，结果可能导致整个市场预期牛市来临。那么，那些基本趋势短暂为负的，也可能在市场牛市预期下，快速上涨，甚至可能涨幅比基本趋势加强的企业幅度不会小，速度也不会慢。那么一旦市场预期到了头，哪怕基本趋势继续加强的企业或者行业也可能面临大幅回落。另外，如果基本趋势短期内没有明显的加强，难道就无法操作了吗。2009年，通过我们一系列的实证分析，可以看到很多企业在2009年基本趋势短期内是偏弱的甚至是为负的，但是股价在2009年则是普遍走强的。现在回过头来看，2009年持续到2010年甚至2011年正是消费类股票，这类股票天然具有缓慢的基本面特征。这类股票在熊市的2008年照样跌，但它们的基本趋势在2008年和2009年以及2010年几乎没有变化，而恰恰在2008年大周期类股票的基本趋势保持非常强劲的时候，股市熊市的时候，股价也跌得最惨。因为方向在短期内是主流偏见决定的，速度是影响主流偏见快慢的基本面特征决定的。

这就是还要确定股价特性和基本面特性在速度上的关系原因了。有了方向，还谈速度，不是多余。笔者想说，不仅是必要的，而且是主要的一环。没有速度，方向将难以确定。因为股价总是波动的，那种股价走势呈现明显趋势，是事后才能看出来的，而怎么才能体会到某一基本元素可能构成影响偏见的重要一环，靠的是股价变化的速度，靠的是股价特征和基本面特征的一致性。通过这种一致性，确定市场的主流偏见和市场偏见。因为，我们已经多少次提到了，短期决定股价走势的是主流偏见或者市场偏见，但是主流偏见和市场偏见事实上总是存在的，均体现在股价走势上。但如何从股价走势上反过来推敲出主流偏见和市场偏见到底在预期什么，需要验证什么，以及以什么样的标志来反推，是一门科学，也是一门艺术。需要展开，才更有意思。

第三节 通信设备行业特性分析

一、通信设备行业基本面特性分析

通信设备行业，共有115家上市企业，截至目前，按照流通市值排序，排在第一位的是中兴通讯：702.62亿元；第二位的是亨通光电：338.95亿元；第三位的是烽火通信：314.12亿元；第四位的是信威集团：264.45亿元；第五位的是中天科技：238.54亿元；第六位的是信维通信：210.86亿元。截至目前，通信设备行业没有一家企业市值突破1000亿元。也仅有一家在500亿元以上，是中兴通讯。通信设备行业上市公司高达115家，粗略可以得知这个行业呈现散的格局。那么，这些前五的通信设备行业上市公司（由于信威集团在2016年12月停牌至今，所以暂时不做分析），它们的行业地位（规模）、抗风险能力、盈利能力和成长前景从财务角度分析，我们又能得出什么呢。下面从四个方面的财务角度一一查看。

表 9-3

通信设备（115）	涨幅（%）	现价	量比	涨速（%）	流通市值↓（亿元）
1. 中兴通讯	-1.63	20.46	0.55	0.00	702.62
2. 亨通光电	0.89	18.22	0.67	0.00	338.95
3. 烽火通信	-0.28	28.73	0.39	0.03	314.12
4. 信威集团	0.00	14.59	0.00	0.00	264.45
5. 中天科技	0.39	7.78	0.62	0.13	238.54
6. 信维通信	-1.33	26.03	0.76	0.12	210.86
7. 海格通信	-1.59	8.05	0.62	-0.11	166.68
8. 光迅科技	-0.15	26.70	0.43	-0.47	166.28
9. 闻泰科技	0.00	30.48	0.00	0.00	147.32
10. 东山精密	-4.01	11.98	1.04	-0.16	139.33
11. 工业富联	-0.72	12.43	0.56	-0.07	138.95
12. 凯乐科技	2.61	20.41	0.79	0.10	128.23

续表

通信设备（115）	涨幅（%）	现价	量比	涨速（%）	流通市值↓（亿元）
13. 通鼎互联	-0.24	8.38	1.13	0.72	98.53
14. 星网锐捷	-0.62	17.72	0.69	0.11	95.53
15. 国睿科技	2.04	15.50	0.98	-0.05	93.24
16. 海能达	0.47	8.47	0.61	0.12	88.90
17. 中国海防	2.86	24.49	1.50	0.16	80.75
18. 航天发展	-1.44	8.22	0.44	-0.47	79.79
19. 茂业通信	4.71	12.45	5.51	0.40	77.39
20. 北讯集团	2.55	9.64	1.27	0.00	68.26
21. 合众思壮	-0.92	14.04	0.36	-0.06	68.25
22. 高新兴	-0.46	6.52	0.57	-0.60	67.41
23. 数知科技	-0.82	9.71	0.49	0.21	67.32
24. 大富科技	0.22	9.19	0.64	0.00	65.47
25. 振芯科技	-1.65	11.35	0.58	-0.17	62.38
26. 北斗星通	-0.31	22.58	0.56	0.09	61.68
27. 日海智能	-0.77	19.35	0.68	0.05	60.37
28. *ST大唐	4.96	6.77	1.93	0.00	59.26
29. 雷科防务	-3.65	5.81	0.87	-0.16	57.83
30. 华讯方舟	-1.53	7.07	0.40	-0.13	53.23

1. 反映规模的扣非净利润和净资产指标

中兴通讯：从背景图来看，过去十年，扣非净利润呈现浅绿色、深绿色和黄色背景并存的模式，净资产则一直呈现深绿色背景，净资产存在多处突变信号，表明企业盈利不稳定，甚至亏损。从数据图的色块和具体数值来看，2007年公司扣非净利润为12.46亿元，2017年扣非净利润为9亿元，2007年净资产为128.88亿元，2017年净资产为450亿元。公司净资产几乎逐年增长，但是扣非净利润最高的年份发生在2011年，为27.33亿元。另外，2012年扣非亏损41.9亿元。2018年上半年同样扣非亏损。从净资产一栏来看，存在几处突变信号，说明公司进行了再融资。打开公司资本运作一栏，结果并没有发现近10年内进行了再融资。仔细查看扣非净利润，可以发现公司存在非常强的季节性结算。

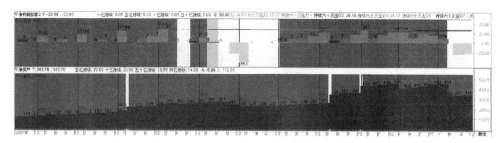

图 9-60

募集资金来源 ｜ 项目进度

○ 募集资金来源

公告日期	发行类别	实际募集资金净额(万元)	发行起始日	证券名称	证券类别
2001-03-02	增发新股	159,447.98	—	中兴通讯	A股
1999-07-13	配股	38,071.51	—	中兴通讯	A股
1997-09-25	首发新股	42,835.00	—	中兴通讯	A股

○ 项目进度

项目名称	截止日期↓	计划投资(万元)	已投入募集资金(万元)	建设期(年)	收益率(税后)	投资回收期(年)
面向5G网络演进的技术研究和产品开发项目	2018-02-01	4,287,800.00	—			
补充流动资金	2018-02-01	390,000.00	—			
接入网技术改造项目	1999-07-13	19,000.00	7,000.00	1.00	29.55%	4.67
多媒体通讯技术改造项目	1999-07-13	19,000.00	9,205.00	1.00	32.30%	4.25
移动通信GSM900/DCS1800基站子系统项目	1999-07-13	11,820.00	11,820.00	0.50	45.25%	3.67
移动通信移动交换子系统项目	1999-07-13	7,180.00	7,180.00	0.50	37.83%	3.75
深圳市中兴新太数据通信有限公司项目	1999-07-13	2,795.00	2,795.00			
合资开发、生产CDMA数字移动通信系统	1997-09-25	18,053.00	—	1.67	46.44%	4.33
程控交换机生产线技术改造项目	1997-09-25	11,435.00	—	1.08	28.03%	5.92
接入网产品项目	1997-09-25	2,980.00	—	2.00	59.81%	4.00

图 9-61

亨通光电：从背景图来看，过去十年，扣非净利润和净资产均呈现浅绿色和深绿色并存的背景模式，净资产存在多处突变信号，表明企业能实现连续盈利，规模在逐步扩大，且有通过定增实现快速增长的可能。从数据图的色块和具体数值来看，2007～2017年公司扣非净利润从0.77亿元增长到19.06亿元，扣非净利润在2015年突破5亿元，在2016年突破10亿元，净资产从11.99亿元增长到110.62亿元，净资产在2015年突破50亿元，在2017年突破100亿元。10年时间扣非净利润增长了23.75倍，净资产增长了8.226倍。扣非净利润和净资产均取得了快速增长。从净资产一栏可以看到，存在多处突变信号，初步判断公司进行了再融资。打开公司资本运作一栏，近10年公司在2011年、2014年和2017年进行了三次定增。结合公司快速增长的扣非净利润和净资产，说明公司的并购整合效果应该不错。但具体怎样，还要看后续的盈利能力指标。

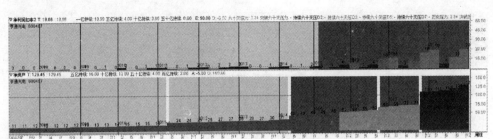

图 9-62

○ 募集资金来源

公告日期	发行类别	实际募集资金净额(万元)	发行起始日	证券名称	证券类别
2017-08-01	增发新股	301,300.00	——	亨通光电	A股
2014-03-07	增发新股	110,657.02	2014-02-28	亨通光电	A股
2011-01-29	增发新股	59,887.18	2011-01-17	亨通光电	A股
2006-12-09	增发新股	29,851.10	——	亨通光电	A股
2003-08-04	首发新股	38,016.60	——	亨通光电	A股

○ 项目进度

项目名称	截止日期↓	计划投资(万元)	已投入募集资金(万元)	建设期(年)	收益率(税后)	投资回收期(年)
能源互联网领域海底光电复合缆扩能项目	2018-08-30	90,174.20	18,838.21	2.00	18.53%	6.68
海上风电工程施工项目	2018-08-30	46,731.30	—	1.50	15.11%	9.82
智能充电运营项目(一期)	2018-04-28	17,939.10	—	2.00	13.37%	7.88
新能源汽车电缆项目	2017-08-30	8,000.00	6,901.76	1.50	24.72%	—
补充流动资金	2017-08-01	90,000.00	—	——	——	——
智慧社区(一期)——苏锡常宽带接入项目	2017-08-01	49,817.80	—	1.50	14.12%	7.65
新能源汽车传导、充电设施生产	2017-08-01	46,646.60	—	1.00	19.70%	6.05
大数据分析平台及行业应用服务项目	2017-08-01	38,661.10	—	3.00	24.96%	4.34
光纤预制棒扩能改造项目	2017-04-22	46,377.70	12,142.08	1.50	18.96%	6.21
通信用海底光缆项目	2017-04-22	17,594.20	17,887.20	1.50	17.30%	6.98

图 9-63

　　烽火通信：从背景图来看，过去十年，扣非净利润和净资产均呈现浅绿色和深绿色并存的背景模式，净资产存在多处突变信号，表明企业能实现连续盈利，规模相对在逐步扩大，且有通过定增实现快速增长的可能。从数据图的色块和具体数值来看，公司 2007～2017 年扣非净利润从 0.80 亿元增长到 7.89 亿元，扣非净利润在 2014 年突破 5 亿元；净资产从 26.11 亿元增长到 103.25 亿元，净资产在 2012 年突破 50 亿元，在 2017 年突破 100 亿元。10 年时间扣非净利润增长了 8.86 倍，净资产增长了 2.95 倍。从净资产一栏来看，存在多处突变信号，初步判断公司进行了再融资。打开公司资本运作一栏，近 10 年公司在 2009 年、2012 年、2015 年和 2017 年进行了再融资。

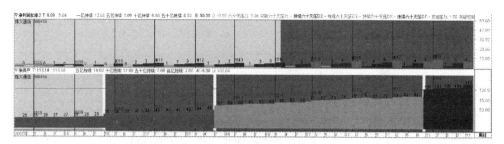

图 9-64

募集资金来源 ｜ 项目进度

○ 募集资金来源

公告日期	发行类别	实际募集资金净额(万元)	发行起始日	证券名称	证券类别
2017-09-27	增发新股	177,467.64	2017-09-19	烽火通信	A股
2015-07-04	增发(配套募集)	19,469.24	2015-06-29	烽火通信	A股
2015-06-06	增发新股	65,000.00	2015-05-29	烽火通信	A股
2012-07-06	增发新股	97,219.00	2012-06-29	烽火通信	A股
2009-10-20	增发新股	53,795.29	2009-10-10	烽火通信	A股
2001-07-24	首发新股	179,734.20	—	烽火通信	A股

○ 项目进度

项目名称	截止日期↓	计划投资(万元)	已投入募集资金(万元)	建设期(年)	收益率(税后)	投资回收期(年)
融合型高速网络系统设备产业化项目	2018-10-31	51,634.00	46,789.76	2.00	23.71%	4.88
云计算和大数据项目	2018-10-31	41,311.00	24,707.32	2.00	19.54%	5.93
海洋通信系统产业化项目	2018-10-31	37,029.00	15,271.70	2.00	21.57%	5.17
营销网络体系升级项目	2018-10-31	25,564.00	14,683.22	2.00	—	—
特种光纤产业化项目	2018-10-31	24,672.00	18,235.92	2.00	20.42%	5.15
偿还武汉邮电科学研究院的长期借款	2016-04-09	11,500.00	9,469.24	—	—	—
支付烽火通信购买烽火星空49%股份的部分对价	2016-04-09	10,000.00	10,000.00	—	—	—
发行股份及支付现金购买烽火星空49%股权	2015-06-06	75,000.00	—	—	—	—
分组传送网设备(PTN)产业化项目	2015-04-25	25,695.00	23,772.23	2.00	24.02%	4.17
新一代光传送网设备(OTN)产业化项目	2015-04-25	18,807.00	17,195.20	2.00	23.51%	4.17

图 9-65

　　中天科技：从背景图来看，过去十年，扣非净利润和净资产均呈现浅绿色和深绿色并存的背景模式，净资产存在多处突变信号，表明企业能实现连续盈利，规模在逐步扩大，且有通过定增实现快速增长的可能。从数据图的色块和具体数值来看，公司2017年扣非净利润从2007年的0.83亿元增长到13.99亿元，扣非净利润在2015年突破5亿元，在2016年突破10亿元；净资产从8.59亿元增长到177.65亿元，净资产在2013年突破50亿元，在2015年突破100亿元。10年时间扣非净利润增长了15.86倍，净资产增长了19.68倍。扣非净利润和净资产增长迅速。从净资产一栏来看，存在多处突变信号，初步判断公司进行了再融资。打开公司资本运作一栏，近10年公司在2009年、2011年、2014年、2015

年和 2017 年进行了再融资。

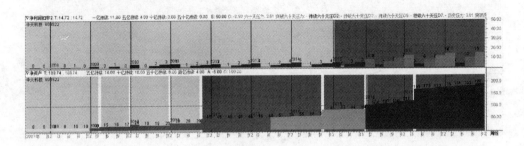

图 9-66

	募集资金来源	项目进度			

○ 募集资金来源

公告日期	发行类别	实际募集资金净额（万元）	发行起始日	证券名称	证券类别
2017-02-10	增发新股	430,116.00	2017-01-24	中天科技	A股
2015-12-09	增发（配套募集）	56,296.00	2015-12-02	中天科技	A股
2015-11-13	增发新股	224,923.00	2015-11-09	中天科技	A股
2014-09-26	增发新股	220,801.99	2014-09-19	中天科技	A股
2011-07-13	增发新股	161,800.00	2011-07-21	中天科技	A股
2009-03-06	增发新股	41,635.00	2009-02-27	中天科技	A股
2002-09-27	首发新股	35,992.00	--	中天科技	A股

○ 项目进度

项目名称	截止日期 ↓	计划投资（万元）	已投入募集资金（万元）	建设期（年）	收益率（税后）	投资回收期（年）
中天宽带4G智能电调天线研发及产业化项目	2018-04-26	18,500.00	4,940.07	--	--	--
4G+/5G 天线研发及产业化项目	2018-04-26	13,000.00	--	--	--	--
海上风电工程施工及运行维护项目	2017-09-08	100,000.00	--	--	--	--
海底观测网用连接设备研发及产业化项目	2017-09-08	50,000.00	--	1.00	16.66%	4.90
新能源汽车用领航源动力高性能锂电池系列产品研究及产业化项目	2017-08-29	200,000.00	--	3.00	19.05%	
南通经济技术开发区国家级分布式光伏发电示范区150MWp屋顶太阳能光伏发电项目	2017-08-29	135,000.00	135,522.80	3.00	12.30%	
海缆系统工程项目	2017-08-29	53,650.00	50,114.11	2.00	27.47%	
江东金具绝缘子、避雷器系列产品技改项目	2017-08-29	13,200.00	6,929.10	--	--	--
新能源研发中心建设项目	2017-08-29	6,000.00	413.37	1.00	--	

图 9-67

信维通信：从背景图来看，公司 2010 年上市后，扣非净利润呈现浅绿色、深绿色和黄色背景并存的模式，净资产呈现浅绿色和深绿色背景并存的模式，表明企业盈利不稳定，规模相对不大，有通过定增实现快速增长的可能。从数据图的色块和具体数值来看，2010～2017 年扣非净利润从 0.43 亿元增长到 6.31 亿元，2017 年扣非净利润突破 5 亿元；净资产从 6.19 亿元增长到 27.80 亿元。7 年时间扣非净利润增长了 13.67 倍，净资产增长了 3.49 倍。从净资产一栏来看，存在突变信号，初步判断公司进行了再融资。打开公司资本运作一栏，近 7 年公司在 2015 年进行了再融资。

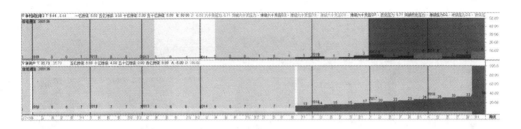

图 9-68

| 募集资金来源 | | | 项目进度 | | |

○ 募集资金来源

公告日期	发行类别	实际募集资金净额(万元)	发行起始日	证券名称	证券类别
2015-08-04	增发新股	40,000.00	2015-07-15	信维通信	A股
2015-08-04	增发(配套募集)	8,124.13	2015-07-15	信维通信	A股
2010-10-15	首发新股	48,970.45	2010-10-26	信维通信	A股

○ 项目进度

项目名称	截止日期	计划投资(万元)	已投入募集资金(万元)	建设期(年)	收益率(税后)	投资回收期(年)
结余募集资金永久补充流动资金	2016-04-20	186.06	--	--	--	--
支付购买亚力盛 80%股权的现金交易对价	2016-04-09	8,200.00	8,026.00	--	--	--
购买亚力盛 80%股权	2015-10-13	48,000.00	8,024.55	--	--	--
以超募资金万元收购莱尔德(香港)所持有的莱尔德(北京)100%股权	2014-04-12	19,800.00	17,303.00	--	--	--
终端天线技术改造项目	2014-04-12	18,998.00	8,659.91	1.50	44.00%	3.83
使用部分超募资金人民币5,000万元补偿永久性补充流动资金	2014-04-12	5,000.00	5,000.00	--	--	--
使用部分超募资金永久补充流动资金	2014-04-12	4,419.45	4,419.45	--	--	--
研发测试中心建设项目	2014-04-12	3,250.00	2,897.80	1.00	--	--
其他与主营业务相关的营运资金项目	2010-10-15	--	--	--	--	--

图 9-69

综合以上，通信设备行业前五的企业，扣非净利润和净资产在过去 10 年时间里增长迅速，但主要是依靠外部融资成长起来的。另外，从整个行业的扣非净利润和净资产的绝对值来看，并不大。行业老大中兴通讯，尽管净资产规模达到 400 亿元，但扣非净利润波动性比较明显。而行业前列中其他企业净资产规模总和还没有中兴通讯一家大。由于信威集团在 2016 年 12 月停牌至今，所以没有放在行业前五来分析，把行业第六名的信维通信纳入进来了，在此做一说明。

2. 反映风险的资产负债率和销售现金流指标

中兴通讯：从背景图来看，资产负债率一直呈现黄色背景，销售现金流存在明显的现金流流出现象（黄色背景）。从数据图的色块和具体数值来看，公司资产负债率相对高位，达到 70%。销售现金流回笼不怎么稳定。存在比较明显的年底结算现象，另外，以年度来看，还存在某些年度现金流为负的情况。

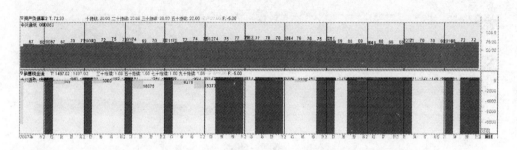

图 9－70

亨通光电：从背景图来看，资产负债率呈现深绿色和黄色并存的背景模式，销售现金流存在明显的现金流流出现象（黄色背景）。从数据图的色块和具体数值来看，公司资产负债率逐年走高，在 2014 年定增后，公司的资产负债率维持在 60% 左右。销售现金流同样存在明显的年底结算现象，但比中兴通讯较好的是年度看销售现金流均为正。

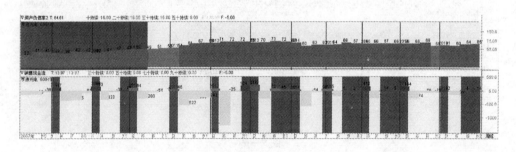

图 9－71

烽火通信：从背景图来看，资产负债率呈现深绿色和黄色并存的背景模式，销售现金流存在明显的现金流流出现象（黄色背景）。从数据图的色块和具体数值来看，公司的资产负债率和销售现金流主要特征与亨通光电相似。资产负债率在 50% 以上，且呈现逐年走高的趋势，上升到 60% ~ 70%。销售现金流的特征与亨通光电更加相似。

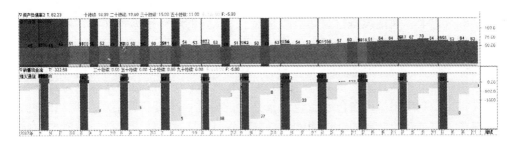

图 9－72

中天科技：从背景图来看，资产负债率呈现深绿色和黄色并存的背景模式，销售现金流存在明显的现金流流出现象（黄色背景）。从数据图的色块和具体数值来看，与烽火通信不同的是，公司资产负债率从2007年的60%逐年下降到2017年的33%。但公司的销售现金流回笼情况却与中兴通讯相似，存在明显的年底结算和某些年份为负的现金流情况。

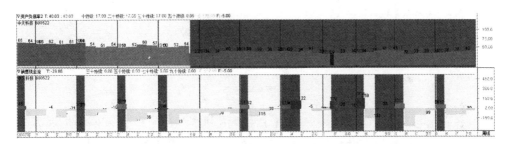

图 9－73

信维通信：从背景图来看，资产负债率一直呈现深绿色背景，销售现金流存在现金流流出现象（黄色背景）。从数据图的色块和具体数值来看，资产负债率从2010年到2015年逐年走高，2015年至今维持相对稳定，在30%～48%。销售现金流也出现两阶段特征，在2010～2015年销售现金流波动性比较明显，2015年至目前现金流回笼相对顺畅得多。

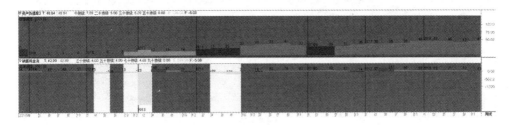

图 9－74

综合以上，通信设备行业处于产业链中间位置的财务指标特征非常明显，资产负债率整体相对较高。

3. 反映盈利能力的毛利率、净利率、净资产收益率指标

中兴通讯：从背景图来看，过去十年，毛利率呈现深绿色和浅绿色背景并存的模式，净利率则呈现白色和黄色背景并存的模式，净资产收益率呈现浅绿色、深绿色、白色和黄色背景并存的模式，表明公司产品盈利能力较低，净资产收益率波动较大。从数据图的色块和具体数值来看，相对稳定的毛利率，30%左右；极低的净利率，1%~5%；叠加70%的资产负债率，获得年化10%的净资产收益率，且净资产收益率波动性特征明显。

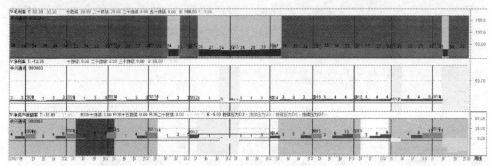

图 9-75

亨通光电：从背景图来看，过去十年，毛利率和净资产收益率均呈现深绿色、浅绿色和白色背景并存的模式，净利率呈现白色和深绿色背景并存的模式，表明公司产品盈利能力较低，存在一定波动性，净资产收益率年化10%，近三年年化超过15%。从数据图的色块和具体数值来看，相对稳定的毛利率，20%左右；依然是较低的净利率5%~10%；叠加60%左右的资产负债率，获得年化10%以上的净资产收益率，且净资产收益率有逐年提升的趋势。

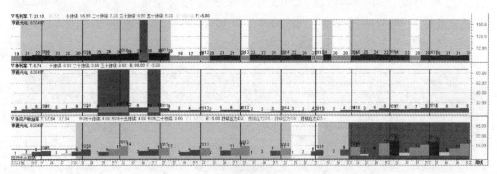

图 9-76

烽火通信：从背景图来看，过去十年，毛利率一直呈现浅绿色背景，净利率

一直呈现白色背景，净资产收益率呈现黄色、白色和浅绿色背景并存的模式，表明公司产品盈利能力较低，净资产收益率也不超过10%。从数据图的色块和具体数值来看，相对稳定的毛利率，20%左右；依然是较低的净利率5%～8%；叠加50%左右的资产负债率，获得年化9.5%的净资产收益率。

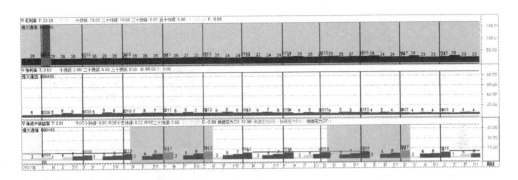

图9-77

中天科技：从背景图来看，过去十年，毛利率呈现浅绿色和白色背景并存的模式，净利率呈现白色和深绿色背景并存的模式，净资产收益率呈现深绿色、白色和浅绿色背景并存的模式，表明公司产品盈利能力较低，存在一定波动性，且净资产收益率波动幅度也较大。从数据图的色块和具体数值来看，盈利能力指标有所不同，在2007～2010年，毛利率、净利率和净资产收益率逐年提高，2011年存在一个比较明显的下滑，之后毛利率、净利率和净资产收益率维持相对稳定。毛利率维持在17%，且有继续下滑的态势，净利率维持在7%，净资产收益率维持在10%。

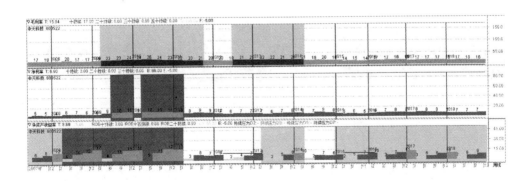

图9-78

信维通信：从背景图来看，上市后，毛利率呈现深绿色、白色和浅绿色背景并存的模式，净利率呈现深绿色、黄色和白色背景并存的模式，净资产收益率呈现深绿色、浅绿色、白色和黄色背景并存的模式，表明公司产品盈利能力波动较大，近三年年化超过15%。从数据图的色块和具体数值来看，同样盈利能力指标波动明显，在2010~2013年毛利率、净利率和净资产收益率逐年下滑。但在2014年后得到快速恢复，且毛利率高达35%左右，净利率也在24%左右，净资产收益率更是逐年提升，到最高2017年的32%。

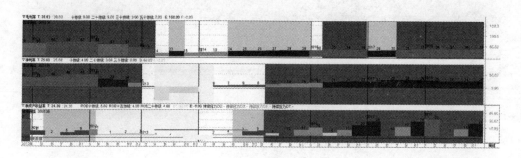

图 9 – 79

综合以上，除信维通信外，其他通信设备前五的企业都存在一个非常低的净利率，但整体净资产收益率接近10%。

4. 反映成长的净利润增速指标

中兴通讯：从背景图来看，过去十年，呈现黄色（增速下滑）和深绿色背景并存的模式，表明业绩增速不稳定。从数据图的色块以及具体数值来看，净利润增速波动性明显，在2011年之前净利润快速增长，但2011~2012年下滑非常明显，扣非净利润一度在2012年亏损。随后有所恢复，但继续不稳定。

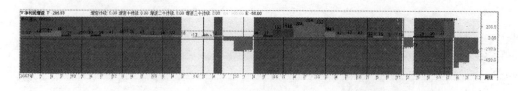

图 9 – 80

亨通光电：从背景图来看，过去十年，呈现黄色（增速下滑）和深绿色背景并存的模式，表明业绩增速不稳定。从数据图的色块以及具体数值来看，净利润增速波动性同样非常明显，但是在2014~2017年持续快速增长。

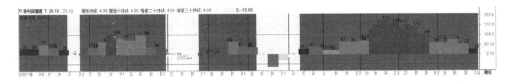

图 9 – 81

烽火通信：从背景图来看，过去十年，除了单个季度呈现黄色（增速下滑）背景，其他时候均呈现深绿色背景，表明业绩增速有一定波动，但是企业整体增长。从数据图的色块以及具体数值来看，净利润增速波动性较中兴通讯和亨通光电要小很多，但是依然存在季度为负的情况，除了 2014 年个别季度为负的情况外，其他时候均取得为正的增长。

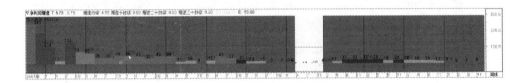

图 9 – 82

中天科技：从背景图来看，过去十年，除了单个年份呈现黄色（增速下滑）背景，其他时候均呈现深绿色背景，表明业绩增速有一定波动，但企业整体增长。从数据图的色块以及具体数值来看，净利润增速周期性比较明显，除了2011～2012 年增速放缓或为负外，其他时候均能获得快速增长。

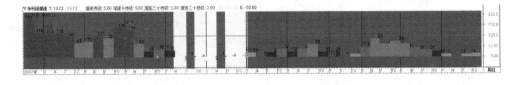

图 9 – 83

信维通信：从背景图来看，上市后，呈现深绿色和黄色（增速下滑）背景并存的模式，表明业绩增速不稳定。从数据图的色块以及具体数值来看，结合盈利能力指标，净利润增速在 2010～2014 年初从快速增长逐步放缓至增速为负。甚至出现扣非净利润的亏损。但在 2014 年后业绩持续快速增长，很多时候年化达到 100% 以上的高速，但在 2018 年增速放缓也明显。

图9-84

二、通信设备行业前五企业的股价特性

中兴通讯：从背景图、数据图的色块和具体数值来看，过去十年，公司股价的阶段性相对复杂些，背景图的白色和深绿色背景交替频次要更加多些，红色块和黑色块都比较明显。从股价、基本趋势和主流偏见综合来看，2007～2010年，公司的净利润增速和盈利能力指标均反映了公司的基本趋势处于明显的良性循环之中。但由于2008年是大熊市，2010年也是震荡的市场，而公司股价基本属于跟随市场、跟随行业板块的走势。难道年化40%的增速还不能导致股价上涨，前面已经提到，40%和20%的主要区别是构成股价特性的快慢，长期的净资产收益率是给予长期股价的支撑。那么公司是40%的增速结合10%～15%的净资产收益率，长期来说公司的年化股价收益是不会超过15%的。但短期公司的股价特性是暴涨暴跌的。从2007～2010年似乎看不到暴涨暴跌，如果从2005～2007年看，甚至是从2003～2008年，公司这段时间年化净资产收益率同样不超过15%，但是净利润增速年化达到30%。所以，从净资产收益率和净利润增速来看，比较符合暴涨暴跌的模型，相对平稳且可观的盈利能力，比较快速的增长，基本趋势叠加主流偏见，结果就是2003～2007年累计涨幅达到20倍，但是在大熊市来临的时候，2008年单年度跌幅也高达70%。这样就能理解，为什么2007～2010年没怎么涨，因为2007～2010年在我们固定的分析框架里并不是公司股价和基本趋势的完整周期，而2003～2008年才至少算一个。甚至可以将2003年、2010年算一个。毕竟在这个过程中的2007～2010年公司的基本趋势保持明显的良性循环。所以，单独看2009年的大反弹，公司股价涨幅达3倍。有明显的良性循环，就会存在明显的反向，公司在2011年和2012年业绩大幅下滑甚至亏损，股价再次下跌70%。业绩的亏损和业绩增速的下滑是两码事，下滑只是增速放缓，但一旦亏损，则意味着公司需要做重大调整，甚至需要更换固定资产，抑或重新研发，以及处理固定资产和存货。可以说公司一个完整的周期是2003～2013年，整整十年。在这十年里股价大幅上涨，最高达20倍，但在市场环境不好以及公司业绩由高增长到亏损的时候，股价从最高处跌了70%。所幸的是，公司只在2012年亏损一年，2013年便重新盈利，但是这种不太稳定的特质，其实早就能够从其他指标表达了，比如，较高的资产负债率，现金流回笼一

直不顺畅，极低的净利率等。但只要公司整个处于良性循环，股价也处于上涨之中，这种次要的会被市场忽略。一旦存在亏损，或者业绩不间断地出现下滑，市场就能预期这种不稳定性的存在，那么下一次就不会有那么高的预期了。所以尽管在2013年业绩又恢复增长的时候，在整个行业板块均处于上涨的时候，公司的主流偏见并不高涨，2013~2014年公司股价表现平平，随后的走势，更多的是随大流。

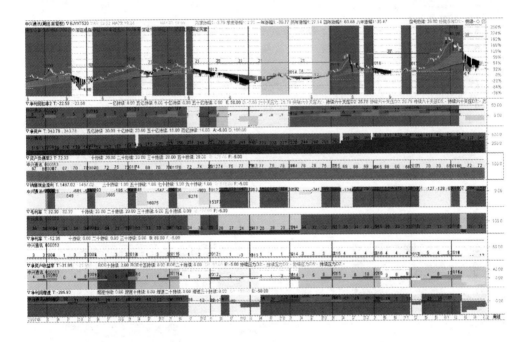

图 9 –85

亨通光电：从背景图、数据图的色块和具体数值来看，过去十年，公司的股价的阶段性相对清晰，深绿色背景持续性较强，红色块比较明显。从股价、基本趋势和主流偏见综合来看，净资产收益率在2008~2014年能够维持在10%~15%，但是净利润增速不太稳定。这种相对稳定且可观的净资产收益率，叠加不太稳定，但短期又能比较强劲的净利润增速，如果市场环境特别好，完全可能存在短期的暴涨暴跌，比如2009~2011年。但如果仅仅遇到市场行情走好，公司基本趋势还显示下滑，比如2013年，那公司股价也是难以有较好的表现。但是遇到牛市，公司的基本趋势还特别强劲，比如2015~2018年，那么呈现暴涨暴跌的可能性就非常大了。2015~2018年，短短3年多时间从起始点到最高点上涨超过6倍，2018年也累计跌幅接近50%。

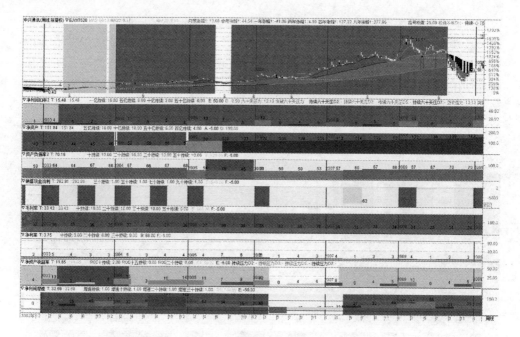

图 9 – 86

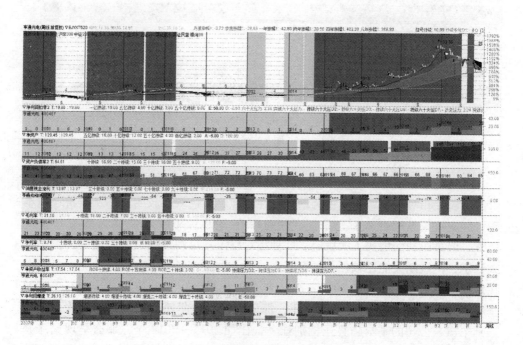

图 9 – 87

烽火通信：从背景图、数据图的色块和具体数值来看，过去十年，公司股价的阶段性相对复杂些，背景图的白色和深绿色背景交替频次要更加多些。从股价、基本趋势和主流偏见综合来看，公司的盈利能力和净利润增速比中兴通讯和亨通光电就差了一些。毫无疑问，2007～2011年，如何知道烽火通信的基本趋势不如前面两家企业呢。毕竟在这段时间公司的净利润增速也非常强劲，盈利能力也在不断提升。显然是无法得知的。我们也不能根据历史来推测未来，这就犯了经验主义的错误。但是我们也不能完全脱离当下，完全是对未来的主观臆想，那就不是实事求是了。所以，我们如果站在2007～2011年，仅有烽火通信、亨通光电和中兴通讯，我们会怎么预期，怎么选择。事实上，没有绝对的观点，比如，从基本趋势的强弱，基本面特征来看，中兴通讯在盈利规模、净资产规模方面依然是老大，盈利能力指标属于当时的第一，净利润增速也是持续且稳定的，那么从股价的特性来看，尽管属于暴涨暴跌模型，但三家公司均属于较高的业绩增速且增速高于盈利能力指标，所以在暴涨暴跌中，中兴通讯的持续稳定性又会好一些，就短期的暴涨暴跌幅度来讲，烽火通信和亨通光电就会差一些，这不是从事后来观察，而是从当时的基本趋势和基本面来判断。所以，我们依然可以就财务指标所体现的基本趋势和基本面特征来构建预期，判断股价特征。这不是经验主义，而是实事求是。

尽管在2007～2011年我们在这三家企业中难分伯仲，但是我们依然可以按照股价走势和基本趋势来做交易。但是时间如果推到2015年的牛市，我们是可以非常明确地排除中兴通讯和烽火通信的。因为在当时的基本趋势，中兴通讯业绩增速为负，烽火通信业绩增速可以达到20%，但是净资产收益率没有超过10%，而当时的亨通光电净利润增速高达50%以上，且净资产收益率超过10%。用一句话来说，就是牛市环境叠加极强的基本趋势，自然会选择亨通光电。所以，我们尽管依然无法就未来做出完美的预测，但是可以通过基本趋势、基本面特征以及市场偏见和主流偏见来排除、来决定选择投入的权重，可以构建假说以及后续需要验证的要素。

中天科技：从背景图、数据图的色块和具体数值来看，过去十年，公司股价的阶段性相对复杂些，背景图的白色和深绿色背景交替频次要更加多些。从股价、基本趋势和主流偏见综合来看，2007～2010年与通信设备行业前面几家企业的基本趋势基本一致，股价特征也比较相似。2011～2012年也出现业绩下滑的情形，股价也持续下跌。但在2013年至今，基本趋势处于明显的良性循环之中，较高的净利润增速，年化10%～15%，股价呈现快速上涨快速下跌的模式。

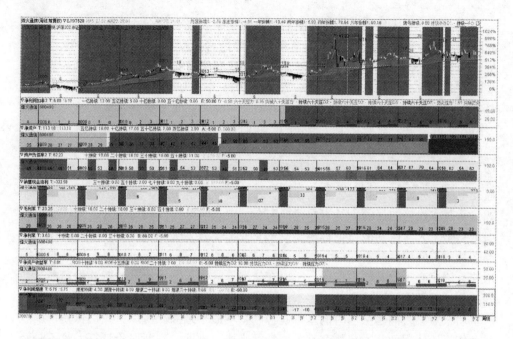

图 9－88

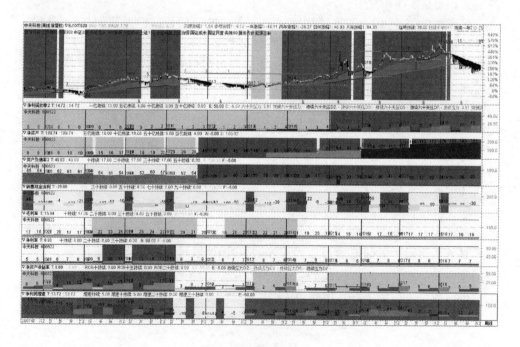

图 9－89

信维通信：从背景图、数据图的色块和具体数值来看，过去十年，公司股价的阶段性相对清晰，深绿色背景持续性较强，红色块非常明显。从股价、基本趋势和主流偏见综合来看，2010～2013年由于非常疲软的基本趋势，叠加股市环境不佳，所以股价也是震荡回落。但在2014年后，公司的净利润增速开始表现得非常突出，盈利能力也在不断提升，叠加股市环境向好，股价和基本趋势均处于上升之中，由于业绩增速非常快，尽管盈利能力在上升，但这也能足够表明股价和基本面特征应该属于暴涨暴跌模式，所以在股灾时候，同样快速回落50%，在2017年底的时候，业绩只是稍微放缓，股价同样快速下跌。后续股价的继续下跌，似乎提前预见到了公司业绩的继续放缓，但我们已经从股价特征和基本面的特征提前预知到了这种可能性极大。所以，后续的继续回落不足为奇。

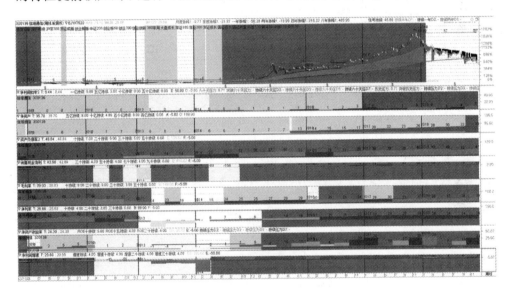

图 9 - 90

第四节　元器件行业特性分析

一、元器件行业基本面特性分析

元器件行业，共有168家，截至目前，按照流通市值排序，排在第一位的是京东方A：951.46亿元；第二位的是立讯精密：618.63亿元；第三位的是蓝思科技：310.89 亿元；第四位的是欧菲科技：306.90 亿元；第五位的是中航光电：304.62 亿元。截至目前，元器件行业没有一家企业市值突破 1000 亿元，也仅有两家在 500 亿元以上，分别是京东方 A 和立讯精密。元器件行业上市公司高达 168 家，粗略可以得知这个行业呈现散的格局。那么，这些前五的元器件行业上市公司，它们的行业地位（规模）、抗风险能力、盈利能力和成长前景从财务角度分析，我们又能得出什么呢。下面从四个方面的财务角度一一查看。

表 9-4

元器件（168）	涨幅（%）	现价	量比	涨速（%）	流通市值↓（亿元）
1. 京东方 A	-0.71	2.81	3.20	-0.34	951.46
2. 立讯精密	1.07	15.05	2.92	0.00	618.63
3. 蓝思科技	1.02	7.95	2.36	0.25	310.89
4. 欧菲科技	1.32	11.49	3.69	-0.25	306.90
5. 中航光电	1.17	38.93	1.67	0.15	304.62
6. 三环集团	-0.06	17.64	1.58	-0.50	289.43
7. 环旭电子	-0.32	9.29	1.84	-0.31	202.14
8. 紫光国微	1.40	33.34	3.23	-0.08	201.57
9. 歌尔股份	0.41	7.26	2.55	-0.40	197.80
10. 东旭光电	0.21	4.81	1.92	-0.20	196.95
11. 生益科技	0.00	9.12	2.24	-0.43	193.12
12. 汇顶科技	1.35	72.26	2.35	0.08	167.35
13. 深天马 A	-0.19	10.74	1.80	-0.08	150.46
14. 合力泰	0.00	5.25	1.62	0.19	134.47
15. 沪电股份	1.46	7.66	2.46	-0.51	128.20
16. 亿纬锂能	3.31	14.65	6.58	-0.60	120.02
17. 长信科技	-0.41	4.91	3.26	-0.19	111.05
18. 航天电器	0.96	25.16	1.24	-0.27	107.91
19. 风华高科	-1.33	11.88	2.96	0.08	104.00
20. 顺络电子	0.21	14.10	1.72	0.21	98.57
21. 横店东磁	-0.83	6.00	3.69	0.33	98.55
22. 欣旺达	3.10	8.65	6.73	-0.22	97.86

元器件（168）	涨幅（%）	现价	量比	涨速（%）	流通市值↓（亿元）
23. 胜宏科技	0.88	12.66	1.36	0.00	96.06
24. 法拉电子	-0.40	39.97	1.42	0.05	89.93
25. 丹邦科技	-1.62	16.36	1.33	-0.42	89.64
26. 依顿电子	-0.11	8.96	1.10	0.11	88.92
27. 中科三环	1.78	8.02	2.96	0.75	85.43
28. 水晶光电	-0.77	10.36	2.14	0.10	83.90
29. 南洋科技	0.57	12.29	1.49	-0.07	83.15
30. 艾华集团	-0.33	20.85	1.92	-0.13	81.32

1. 反映规模的扣非净利润和净资产指标

京东方A：从背景图来看，过去十年，扣非净利润呈现浅绿色、深绿色和黄色背景（亏损）并存的模式，净资产则一直呈现深绿色背景，净资产存在多处突变信号，表明企业盈利不稳定，经常亏损，企业有通过定增实现快速增长的可能。从数据图的色块和具体数值来看，公司2007年扣非净利润6.56亿元，2017年扣非净利润66.79亿元，扣非净利润在2013年突破10亿元，在2017年突破50亿元，但2016年处于亏损状态；净资产从2007年的55.21亿元上升到2017年的1042.84亿元，净资产在2014年突破500亿元，在2017年突破1000亿元。仔细查看公司扣非净利润一栏，发现公司2008～2012年连续亏损，所以公司扣非净利润并不是每年都增长的。从净资产一栏，可以发现公司存在多处突变信号。打开公司资本运作一栏，可以得知公司在2008年、2009年、2010年和2014年进行了定增，募集资金投资项目以及收购。这也是公司在持续亏损后，净资产一直保持增长的原因之一，同时也是2012年后扣非净利润能够快速增长的主要原因之一。

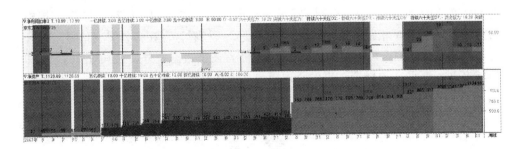

图 9-91

○ 募集资金来源

公告日期	发行类别	实际募集资金净额(万元)	发行起始日	证券名称	证券类别
2014-04-04	增发新股	4,488,470.51	2014-03-26	京东方A	A股
2010-12-10	增发新股	894,364.71	2010-12-06	京东方A	A股
2009-08-09	增发新股	1,178,330.88	2009-05-31	京东方A	A股
2008-07-22	增发新股	224,189.75	2008-07-10	京东方A	A股
2006-10-12	增发新股	185,530.74	——	京东方A	A股
2004-01-10	增发新股	0.00	——	京东方A	A股
2000-12-11	首发新股	97,490.00	——	京东方A	A股
1997-05-21	首发新股	32,763.50	——	京东方A	A股

○ 项目进度

项目名称	截止日期	计划投资(万元)	已投入募集资金(万元)	建设期(年)	收益率(税后)	投资回收期(年)
对鑫晟光电进行增资投资建设触摸屏生产线项目	2016-04-26	539,700.00	250,000.00	1.42	——	——
对重庆京东方进行增资投资建设第8.5代新型半导体显示器件及系统项目	2015-08-25	3,280,000.00	698,423.00	2.00	——	——
对鑫晟光电进行增资投资建设第8.5代薄膜晶体管液晶显示器件项目	2015-08-25	2,850,000.00	548,065.00	1.83	——	——
对源盛光电进行增资投资建设第5.5代AM-OLED有机发光显示器件项目	2015-08-25	2,450,000.00	247,119.00	2.42	——	——
合肥建翔债权认购项目	2015-08-25	600,000.00	600,000.00	——	——	——
重庆京东方光电科技有限公司第8.5代新型半导体显示器件30K扩产项目	2015-08-25	350,000.00	11,324.00	——	——	——
补充流动资金	2015-08-25	165,171.00	165,171.00	——	——	——
收购京东方显示48.92%的股权	2015-04-21	853,300.00	853,300.00	——	——	——

图 9-92

立讯精密：从背景图来看，公司 2010 年上市后，扣非净利润和净资产均呈现浅绿色和深绿色并存的背景模式，净资产存在多处突变信号，表明企业能实现连续盈利，规模在逐步扩大，企业有通过定增实现快速增长的可能。从数据图的色块和具体数值来看，扣非净利润从 2010 年的 1.09 亿元逐年提升到 2017 年的 14.37 亿元，扣非净利润在 2014 年突破 5 亿元，在 2015 年突破 10 亿元；净资产从 2010 年的 17.09 亿元提升到 2017 年的 139.25 亿元，净资产在 2014 年突破 50 亿元，在 2016 年突破 100 亿元。同属一个板块，第二名的立讯精密净资产规模与第一名京东方 A 相距甚远。另外，从净资产一栏看，存在多处突变信号。打开公司资本运作一栏，可以得知，除了 2010 年首发上市融资外，公司在 2014 年和 2016 年进行了两次再融资，再融资规模也是一次比一次大。

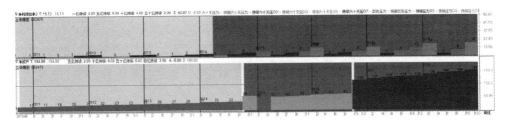

图 9－93

募集资金来源　｜　项目进度

○ 募集资金来源

公告日期	发行类别	实际募集资金净额(万元)	发行起始日	证券名称	证券类别
2016-10-21	增发新股	458,944.60	2016-09-30	立讯精密	A股
2014-10-15	增发新股	200,977.60	2014-09-24	立讯精密	A股
2010-08-24	首发新股	119,824.70	2010-09-02	立讯精密	A股

○ 项目进度

项目名称	截止日期↓	计划投资(万元)	已投入募集资金(万元)	建设期(年)	收益率(税后)	投资回收期(年)
电声器件及音射频模组扩建项目	2018-08-24	100,000.00	87,000.84	2.00	21.41%	6.73
智能装置与配件类应用项目	2018-08-24	100,000.00	100,024.05	2.00	35.79%	5.28
USB Type-C 连接器模组扩产项目	2018-08-24	65,000.00	11,029.09	2.00	23.90%	7.56
FPC制程中电缆扩建项目	2018-08-24	30,000.00	24,222.49	2.00	29.40%	5.36
人工智能模组产品扩产项目	2018-07-21	97,000.00	—	2.00	21.97%	7.45
企业级高速互联技术升级项目	2018-07-21	75,000.00	25,506.33	2.00	20.21%	7.07
补充流动资金	2018-04-20	50,000.00	49,452.63	—	—	—
智能移动终端连接模组扩产项目	2018-04-20	40,000.00	40,174.15	1.00	19.79%	6.35
台湾立讯光电研发中心项目	2017-11-25	10,000.00		—	20.21%	
美国新建高速样品线研发中心和25G高速线缆研发中心项目	2017-11-25	4,650.00		—	20.21%	

图 9－94

　　欧菲科技：从背景图来看，公司 2010 年上市后，扣非净利润呈现浅绿色、深绿色和黄色背景（亏损）并存的模式，净资产呈现浅绿色和深绿色背景并存的模式，表明企业盈利不稳定，甚至亏损，但 2013 年后持续盈利，有通过定增实现快速增长的可能。从数据图的色块和具体数值来看，2010 年扣非净利润为 0.48 亿元，2017 年扣非净利润为 6.88 亿元，2013 年扣非净利润突破 5 亿元，2018 年扣非净利润突破 10 亿元；2010 年的净资产为 9.68 亿元，2017 年净资产为 91.88 亿元，2014 年净资产突破 50 亿元，2018 年净资产突破 100 亿元。扣非净利润并不是每年都增长的，但每年都能获得为正的扣非净利润。从净资产一栏来看，存在多处突变信号。除了公司在 2010 年首次上市融资外，公司在 2013 年、2014 年和 2016 年进行了三次再融资。

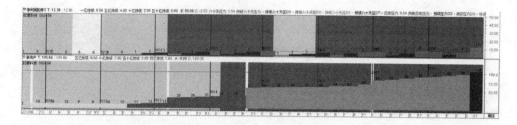

图 9 –95

| 募集资金来源 | | 项目进度 |

○ 募集资金来源

公告日期	发行类别	实际募集资金净额(万元)	发行起始日	证券名称	证券类别
2016-11-10	增发新股	133,968.44	2016-10-27	欧菲光	A股
2014-08-29	增发新股	195,989.54	2014-08-18	欧菲光	A股
2013-01-31	增发新股	145,276.01	2013-01-17	欧菲光	A股
2010-07-13	首发新股	67,091.40	2010-07-22	欧菲光	A股

○ 项目进度

项目名称	截止日期↓	计划投资(万元)	已投入募集资金(万元)	建设期(年)	收益率(税后)	投资回收期(年)
高像素微摄像头模组扩产项目	2018-08-07	200,000.00	152,224.74	1.50		4.70
高像素微摄像头模组扩产项目	2018-08-07	115,669.00	29,906.66	1.50	16.47%	4.54
智能汽车电子建设项目	2018-08-07	84,537.95	11,046.49	1.50	16.47%	6.88
中大尺寸电容式触摸屏扩产项目	2018-08-07	80,000.00	14,490.20	1.50		4.90
研发中心项目	2018-08-07	26,449.48	2,289.04	2.00		
传感器及应用集成系统研发中心项目	2018-08-07	10,800.00	10,524.89	---	---	---
液晶显示模组扩产项目	2018-04-24	100,000.00	20,339.57	1.50		4.20
补充流动资金	2017-08-22	40,997.57	40,997.57	---	---	---
永久性补充流动资金	2017-08-22	25,000.00	25,000.00	---	---	---
南昌欧菲光学强化玻璃项目	2016-04-19	25,000.00	25,079.11	---	---	---

图 9 –96

中航光电：从背景图来看，过去十年，扣非净利润和净资产均呈现浅绿色和深绿色背景并存的模式，净资产呈现多处突变信号，表明企业能实现连续盈利，规模在逐步扩大，有通过定增实现快速增长的可能。从数据图的色块和具体数值来看，公司扣非净利润从 2007 年的 0.83 亿元逐年提升到 2017 年的 7.73 亿元，扣非净利润在 2015 年突破 5 亿元；净资产从 2007 年的 8.73 亿元逐年提升到 2017 年的 54.28 亿元，净资产在 2017 年突破 50 亿元。扣非净利润每年均在增长。从净资产一栏来看，公司也进行了再融资。打开公司资本运作一栏，可以得知公司在 2013 年进行了定增，投资了不少项目。

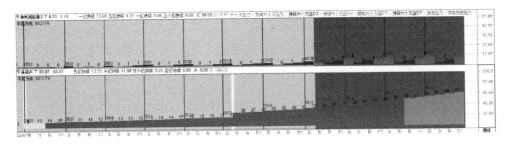

图 9 – 97

募集资金来源　　项目进度

○ 募集资金来源

公告日期	发行类别	实际募集资金净额(万元)	发行起始日	证券名称	证券类别
2013-04-16	增发新股	80,733.24	2013-03-30	中航光电	A股
2007-10-12	首发新股	46,231.33	2007-10-19	中航光电	A股

○ 项目进度

项目名称	截止日期↓	计划投资(万元)	已投入募集资金(万元)	建设期(年)	收益率(税后)	投资回收期(年)
光电技术产业基地项目	2018-03-17	85,000.00	48,733.24	3.00	—	—
新能源及电动车线缆总成产业化项目	2018-03-17	27,900.00	8,000.00	1.25	—	—
飞机集成安装架产业化项目	2018-03-17	16,600.00	11,098.51	1.25	—	—
永久补充流动资金	2018-03-17	3,726.67	—	—	—	—
补充流动资金	2016-03-30	10,000.00	10,000.00	—	—	—
工业连接器产业化项目	2015-03-31	6,331.00	6,331.00	2.00	23.42%	4.83
电机断路器产业化项目	2015-03-31	3,669.00	3,669.00	2.00	27.29%	4.50
光电传输集成开发及产业化项目	2013-08-22	7,741.00	6,362.00	3.00	25.57%	5.17
射频同轴连接器高技术产业化项目	2013-08-22	5,817.00	4,775.00	2.00	24.75%	5.17
线缆总成产业化项目	2013-08-22	5,319.00	4,366.00	2.00	25.55%	5.00

图 9 – 98

蓝思科技：从背景图来看，公司 2015 年上市后，扣非净利润呈现黄色（亏损）和深绿色背景并存的模式，净资产则一直呈现深绿色，净资产有多处突变信号，表明盈利不稳定，存在单个季度亏损，但是年度来看依然盈利，有通过定增实现快速增长的可能。从数据图的色块和具体数值来看，2015 年扣非净利润为 10.96 亿元，2017 年扣非净利润为 18.68 亿元，2015 年净资产为 104.33 亿元，2017 年净资产为 167.96 亿元。从净资产一栏来看，虽然公司上市才 3 年，但也进行了再融资。打开资本运作一栏，可以得知公司在 2016 年便进行了再融资，投资项目。

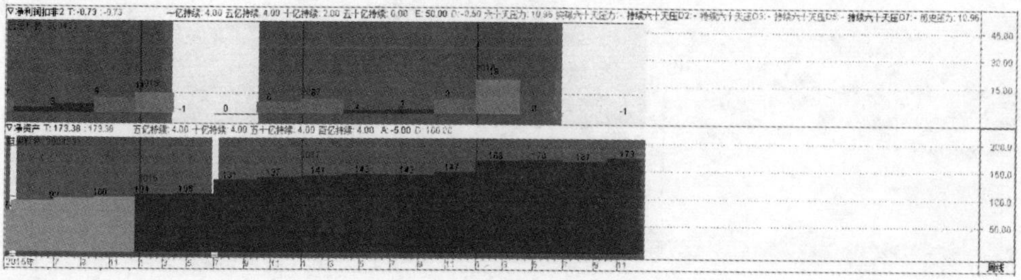

图 9 – 99

○ 募集资金来源					
公告日期	发行类别	实际募集资金净额(万元)	发行起始日	证券名称	证券类别
2016-04-20	增发新股	311,184.58	2016-04-15	蓝思科技	A股
2015-03-03	首发新股	150,638.28	2015-03-10	N蓝思	A股

○ 项目进度						
项目名称	截止日期↓	计划投资(万元)	已投入募集资金(万元)	建设期(年)	收益率(税后)	投资回收期(年)
蓝宝石生产及智能终端应用项目(变更建设内容)	2018-04-27	340,239.81	209,573.29	2.00	24.92%	---
大尺寸触控功能玻璃面板建设项目	2018-04-27	184,629.31	76,791.31	1.50	42.59%	3.95
中小尺寸触控功能玻璃面板技改项目	2018-04-27	177,550.24	73,846.97	1.00	52.25%	3.16
3D曲面玻璃生产项目	2018-04-27	162,407.08	101,611.29	1.00	31.00%	---
补充流动资金	2016-05-10	100,000.00	---	---	---	---

图 9 – 100

综合以上，元器件行业龙头企业京东方 A 的净资产规模最大，行业前五其他企业的净资产规模总和也不及京东方 A 一家企业净资产规模的一半。但是龙头企业的扣非净利润虽然在 2017 年创历史新高，但是在过去很多年份出现持续亏损。而行业前五其他企业整体扣非净利润的持续增长性要好很多。另外，元器件行业扣非净利润的取得，不仅与公司的内生增长相关，更多依靠公司的外部融资，投资新项目而取得。元器件行业前五的企业几乎都进行过再融资计划。

2. 反映风险的资产负债率和销售现金流指标

京东方 A：从背景图来看，资产负债率呈现深绿色和黄色并存的背景模式，销售现金流存在明显的现金流流出现象（黄色背景）。从数据图的色块和具体数值来看，资产负债率保持相对稳定，50% 左右。销售现金流在 2012 年前波动性非常明显，2012 年至今相对顺畅，但在 2016 年几个季度持续流出。

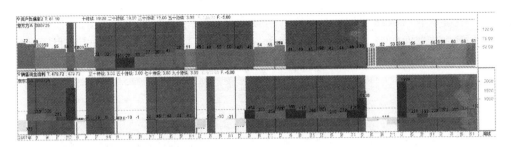

图 9 – 101

立讯精密：从背景图来看，资产负债率呈现深绿色和黄色并存的背景模式，销售现金流除了个别季度存在流出现象（黄色背景），其他时候均呈现深绿色背景。从数据图的色块和具体数值来看，随着公司发展，在上市至2014年资产负债率逐年提高，随后在再融资下，资产负债率保持相对稳定区间，为40%～50%。销售现金流比较顺畅，只存在个别季度的流出，以年度来看，现金流均实现净流入。

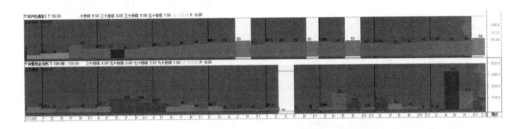

图 9 – 102

欧菲科技：从背景图来看，资产负债率呈现深绿色和黄色并存的背景模式，销售现金流存在明显的现金流流出现象（黄色背景）。从数据图的色块和具体数值来看，资产负债率比较高，达70%。销售现金流也不是很顺畅，波动性比较明显，很多年份为负。

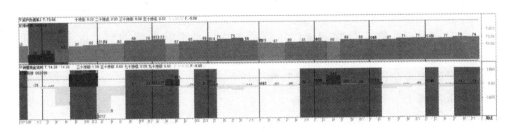

图 9 – 103

中航光电：从背景图来看，资产负债率呈现深绿色和黄色并存的背景模式，销售现金流存在明显的现金流流出现象（黄色背景）。从数据图的色块和具体数值来看，资产负债率保持相对稳定，保持在42%～50%。但是销售现金流跟欧菲科技一样不稳定。同样存在很多年份现金流流出的现象。

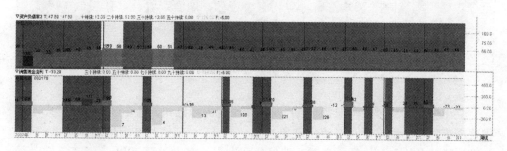

图9－104

蓝思科技：从背景图来看，资产负债率呈现深绿色和黄色并存的背景模式，销售现金流除了个别季度存在流出现象（黄色背景），其他时候均呈现深绿色背景。从数据图的色块和具体数值来看，上市之初，公司的资产负债率在50%左右，随着公司再融资，公司资产负债率有所下降，但随着业务发展，公司资产负债率又开始提升，截至目前资产负债率达到61%。销售现金流在2016年存在连续两个季度为负。其他时候现金流回笼比较顺畅。

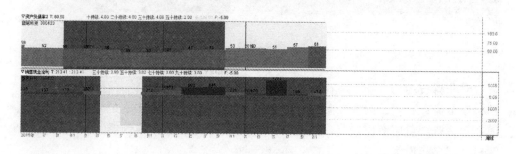

图9－105

综合以上，元器件行业的资产负债率平均水平不能说特别高，也不算特别低。比周期类行业的资产负债率要低，比消费类企业的资产负债率要高。但是整个行业的销售现金流回笼并不是很顺畅，首先是波动性比较大，另外，还存在很多年份的净流出。

3. 反映盈利能力的毛利率、净利率、净资产收益率指标

京东方A：从背景图来看，过去十年，毛利率和净资产收益率均呈现浅绿

色、白色和黄色背景并存的模式,净利率呈现白色、深绿色和黄色背景并存的模式,表明产品盈利能力很低,且经常亏损,净资产收益率波动幅度很大。从数据图的色块和具体数值来看,盈利能力指标分两个阶段,2007～2012 年,极低的毛利率,甚至是为负的毛利率,自然是为负的净利率和净资产收益率。2012 年至今,毛利率维持在 20% 左右,净利率个位数,净资产收益率比较低,2017 年最高,但也只有 8.9%。所以整个公司过去十年盈利能力很弱。

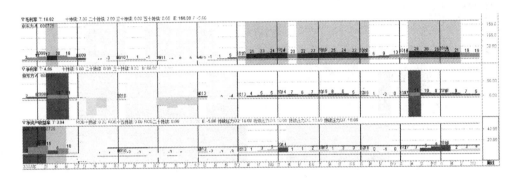

图 9 - 106

立讯精密:从背景图来看,上市后,毛利率呈现白色和浅绿色背景并存的模式,净利率呈现深绿色和白色背景并存的模式,净资产收益率呈现白色、浅绿色和深绿色背景并存的模式,表明公司产品盈利能力较低,但是净资产收益率年化超过 10%。从数据图的色块和具体数值来看,公司的盈利指标呈现非常稳定的特性,且净资产收益率保持在 10%～15%。

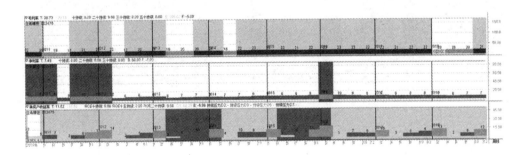

图 9 - 107

欧菲科技:从背景图来看,上市后,毛利率呈现浅绿色和白色背景并存的模式,净利率呈现黄色和白色背景并存的模式,净资产收益率呈现黄色、白色、浅绿色和深绿色背景并存的模式，表明公司产品盈利能力较低，净资产收益率波动幅度很大。从数据图的色块和具体数值来看，毛利率和净利率虽然不如立讯精密，但是和立讯精密一样稳定。净资产收益率的波动性就大了一些，且年化净资产收益率也不如立讯精密，但整体还是能够达到年化10%的收益。

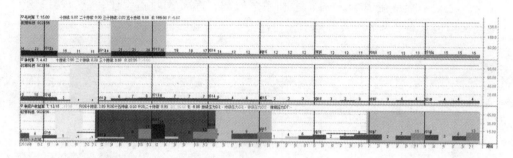

图 9 – 108

中航光电：从背景图来看，过去十年，毛利率一直呈现深绿色背景，净利率呈现白色和深绿色背景并存的模式，净资产收益率呈现浅绿色和深绿色背景并存的模式，表明公司产品盈利能力较强，净资产收益率年化超过10%，且相对稳定。从数据图的色块和具体数值来看，公司的盈利指标呈现非常稳定的特性，且毛利率、净利率和净资产收益率在元器件行业前四中均属于最高的。

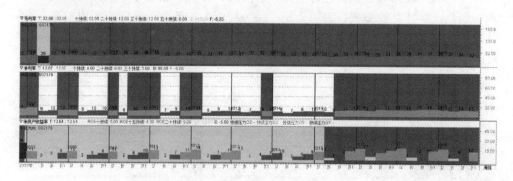

图 9 – 109

蓝思科技：从背景图来看，上市后，毛利率一直呈现浅绿色背景，净利率一直呈现白色背景，净资产收益率呈现深绿色、白色和浅绿色背景并存的模式，表明公司产品盈利能力一般，净资产收益率波动幅度较大。从数据图的色块和具体数值来看，毛利率能够达到25%，但是净利率只有5%左右，净资产收益率呈现一定的波动性。

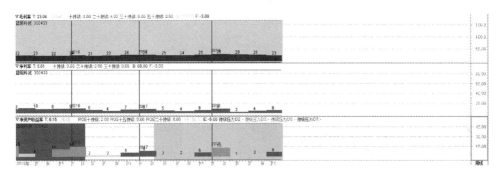

图 9 - 110

从元器件行业前五企业来看，整个行业的毛利率有所差异，但是净利率普遍不高，没有一家企业年化净利率超过 10%，但是净资产收益率超过 10% 的倒是不少。而龙头企业京东方 A 的净资产收益率就比较低了。

4. 反映成长的净利润增速指标

京东方 A：从背景图来看，过去十年，呈现黄色（增速下滑）和深绿色背景并存的模式，表明业绩增速不稳定。从数据图的色块以及具体数值来看，净利润增速波动性非常明显，2012 年后有所好转。

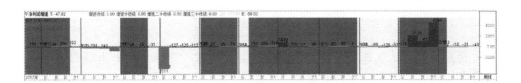

图 9 - 111

立讯精密：从背景图来看，上市后，除了个别季度呈现黄色（增速下滑）背景，其他时候一直呈现深绿色背景，表明企业整体持续增长。从数据图的色块以及具体数值来看，尽管净利润增速波动幅度比较大，但整体为正，只存在一个季度为负的增长。

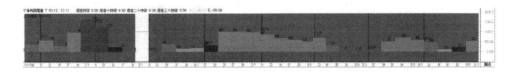

图 9 - 112

欧菲科技：从背景图来看，上市后，呈现黄色（增速下滑）和深绿色背景并存的模式，表明业绩增速波动较大。从数据图的色块以及具体数值来看，净利润增速波动比较明显，存在某些年份为负的增长，其他的时候维持比较高速的增长，2012～2013年业绩增速特别高。

图 9 – 113

中航光电：从背景图来看，过去十年，除了个别季度呈现黄色背景（增速下滑），其他时候均呈现深绿色背景，表明企业整体持续增长。从数据图的色块以及具体数值来看，除去个别季节性增速为负，整体年度增速均为正。

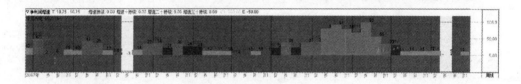

图 9 – 114

蓝思科技：从背景图来看，上市后，呈现黄色（增速下滑）和深绿色背景并存的模式，表明业绩增速不稳定。从数据图的色块以及具体数值来看，净利润增速波动比较明显。

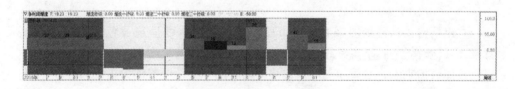

图 9 – 115

综合以上，从净利润增速来看，差异性比较大，整体净利润增速波动性比较明显，但是也不乏年度净利润增速持续为正的企业。

二、元器件行业前五企业的股价特征

京东方 A：从背景图、数据图的色块和具体数值来看，过去十年，公司的股价的阶段性相对复杂，背景图的白色和深绿色背景交替频次要更加多些，黑色块比较明显。从股价、基本趋势和主流偏见综合来看，尽管我们知道股价是走在对应的季度报、半年报和年报前面 1～3 个月的。但是我们已经分析了股价和单个季度甚至几年的业绩并没有直接的关系，所以股价走势领先财报几个月并不妨碍我们进行分析和操作。毫无疑问，如果市场一部分人士，可以预见到公司的业绩能够呈现爆发式的增长，是可以提前进场的，但是市场一部分人士的进场不一定代表公司股价就会上涨，这是第一点。另外，业绩爆发式增长，如果股价已经处于牛市氛围之中上涨的中后期，那么即使短期一两年内业绩兑现，股价也可能快速回落。所以我们不如反过来，始终从主流偏见、市场偏见出发，考察基本趋势的强弱、基本面特征，看股价和基本趋势、基本面特征是否相符，来做交易。京东方 A 就是一个很好的说明，公司在 2008 年后盈利能力一直很弱，只有 2017 年净资产收益率接近 10%，同时净利润增速明显提升。与此同时它的股价在 2017 年也是快速上涨，这种明显的基本趋势和股价是对应的关系。而在其他时候，同样是对应的，比如疲软的基本趋势和疲软的股价，但是对应投资者来说，那种疲软的基本趋势的公司几乎可以忽略。

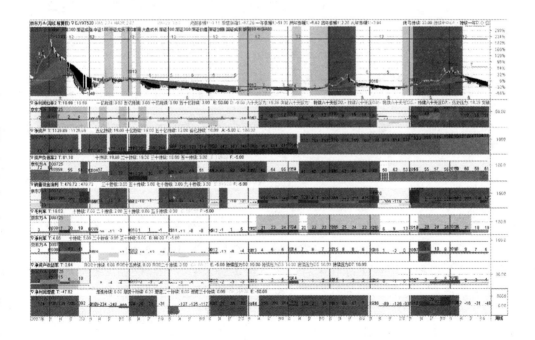

图 9－116

　　立讯精密：从背景图、数据图的色块和具体数值来看，上市后，公司股价的阶段性相对清晰，深绿色背景持续性较强，红色块非常明显。从股价、基本趋势和主流偏见综合来看，与京东方 A 恰恰相反，立讯精密表现了强劲的股价走势和强劲的基本趋势，比较适合暴涨暴跌模型。事实上，立讯精密的主流偏见一直比较强劲，哪怕在 2012 年基本趋势有所放缓的情况下，哪怕在 2015 年股灾的情况下，即使是 2018 年单边下跌的股市环境下，立讯精密的股价跌幅也不是特别大。暴跌始终没有出现，持续的上涨是比较明显的。从这点也说明，实际与模型总是存在差异，模型提供了一般的范式，而实际则是具体的，个性化的。即便没有出现暴跌，但这样持续的上涨，与基本趋势的强劲和基本面特征是分不开的，依然不妨碍构建好的模型。

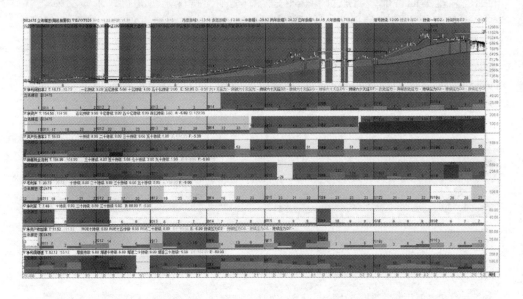

图 9 – 117

欧菲科技：从背景图、数据图的色块和具体数值来看，上市后，公司股价的阶段性相对清晰，深绿色背景持续较强，但红色块和黑色块都比较明显。从股价、基本趋势和主流偏见综合来看，从股价走势来看，比较明显的上升趋势在 2012～2013 年。这段时间的基本趋势也相当强劲，股价走势特征和基本面特征一致。事实上，基本趋势在 2012～2014 年均保持强劲，但股价在 2014 年已经跟随市场偏见进入了调整期。2015 年有一波比较快速的上涨，但是没有得到基本趋势的验证，当股灾来临的时候，股价跌回原地。2016 年至今，又存在一次比较明显的股价上涨走势和基本趋势提升的情况，但是这段时间的基本趋势并没有上一次强劲，而当 2018 年市场环境不好的时候，股价也随市场快速回落。

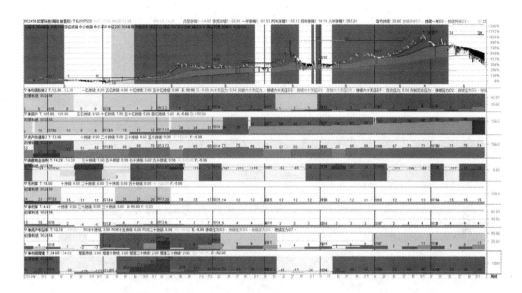

图 9-118

中航光电：从背景图、数据图的色块和具体数值来看，过去十年，公司股价的阶段性相对清晰，深绿色背景持续性比较强，红色块比较明显。从股价、基本趋势和主流偏见综合来看，公司的基本趋势一直处于良性循环之中，但公司的股价还是跟随市场偏见呈现比较明显的阶段。比如 2008 年的明显下跌，2011～2012 年比较明显的下跌。对应的是 2009～2010 年的持续上涨，2014 年至今的持续上涨。在长期的基本趋势背景下，短期内股价跟随市场偏见非常明显。但是，也有例外，2018 年公司股价就表现得相当强劲，并没有跟随市场下跌，而这段时间基本趋势也不算太强劲。出现这种情况，也不必好奇，没有在大涨后大跌，也是可以理解的，毕竟公司在 2015 年也不算涨得过分离谱，而公司的净利润增速在 2015～2016 年也的确非常强劲。所以增加的净资产，在加速后继续平稳增速的基本趋势，是可以抵御股价下跌，甚至进一步抬升股价的。2015 年至今，公司的利润和净资产一直增长，而股价依然只在 2015 年高点附近，所以可以理解。

蓝思科技：从背景图、数据图的色块和具体数值来看，上市后，公司股价的阶段性相对复杂，背景图的白色和深绿色背景交替频次要更加多些，红色块和黑色块都比较明显。从股价、基本趋势和主流偏见综合来看，公司的基本趋势不算太强劲，整个跟随市场偏见为主。但 2018 年公司的基本趋势恶化严重，扣非净利润出现亏损，股价也大幅下跌，跌幅超过 70%。

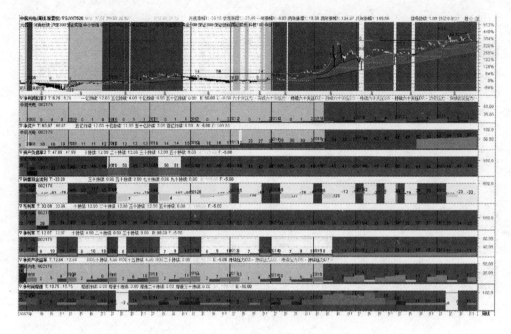

图 9 – 119

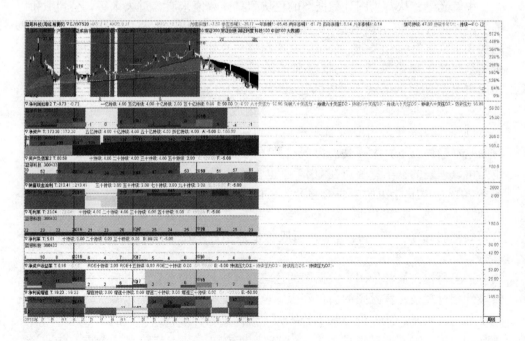

图 9 – 120

第十章 三大行业特性分析总结

通过将工具图运用到三大行业及其细分行业，我们选取各个细分行业前五的企业作为代表，从体现基本趋势的四个方面的八大核心财务指标来解读基本面特征，从股价走势、基本趋势和主流偏见综合解读股价特征，我们大致可以知道，大消费类、大周期类和 A 股科技类三大板块的基本面特征和股价特征存在比较明显的特点。

大消费类企业的基本面特征和股价特征是：资产负债率比较低，现金流状况通常也比较顺畅，优质公司的业绩持续性也比较强，业绩驱动主要靠盈利再投资，拥有持续竞争优势企业股价呈现穿越牛熊的长牛股特征。但如果熊市来了，股价也可能面临短时间的大幅下跌。较高的盈利能力、持续且稳定增长的利润，适当的增速，比较适合巴菲特价值投资模型。对于业绩不稳定、盈利能力不强的消费类企业，则可以不予理睬，它们的股价也大多跟随大势。

大周期类企业的基本面特征和股价特征是：较高的资产负债率、现金流状况不是很顺畅，业绩呈现周期性、业绩驱动主要靠政策和宏观经济周期，需要银行信贷资金支撑，与金融市场联系紧密，拥有竞争优势的企业，股价也呈现周期性特征。从股价特征来看，股价与短期的基本趋势联系非常弱，与主流偏见联系非常紧密。股价呈现暴涨暴跌的模式，且同类企业通常呈现同一方向运动，差异性主要体现在涨跌幅度上。对于业绩快速增长、盈利能力比较突出的企业，可以运用索罗斯反身性模型来操作。

A 股科技类的企业基本面特征和股价特征是：通常需要股权再融资、业绩增速不算稳定、业绩驱动主要靠政策和技术创新，由于 A 股科技类企业的体量整体不大，所以，A 股科技创新的企业股价也呈现暴涨暴跌特征。与 A 股科技类企业相对应的还有国内外知名科技类，它们成长起来很快，股价呈现长牛，业绩驱动主要靠商业模式、技术创新以及品牌价值。这类企业在 A 股很少，港股、美股较多。

三大行业的分类主要是依据企业的特性，选择行业前列股票做代表，建立了股价、基本趋势、主流偏见之间的关系。但在现实中，还存在三大行业划分之外的企业类型，它们的股价与基本趋势在短期内联系也非常弱，短期内与市场偏见联系依然比较明显。即使是三大行业，我们也没有将各大类行业中的所有细分行业全部罗列进来，比如大周期行业，其中的资源股就没有纳入进来。但我们依然可以看到三大行业之间的明显差异。因为，我们的目的是通过工具图来透视巴菲特价值投资模型和索罗斯反身性模型两个模型下的具体运行情况。

通过对各行业过去十年的实证分析，我们发现，符合两个投资模型的标的其实并不多，有些某些年份符合，但随着时间的推移也可能不符合。所以，我们必须要有选股标准，尽管股价走势上已经拥有交易系统，但显然也不是什么股票都适合参与。哪怕符合模型的标的，也应该有所选择。哪怕基本趋势完全达标，也应该对不同行业区别对待，这也是将企业按照三大行业划分的目的。

在本章中，我们还多次提到市场偏见，而且也多次表明短期内股价与市场偏见联系非常紧密，那么有必要将市场偏见融入上述两个模型。市场偏见是构成主流偏见的主要因素。除此之外，影响主流偏见的因素还有很多，比如公司的基本面，以及影响公司经营环境的行业政策；对于大周期，还有国家宏观政策；对于科技类企业还有行业内的科技创新等。由于不同时期，决定主流偏见的主要因素各个不同。在索罗斯反身性理念的论述中，主流偏见是参与者偏见的集合，共同作用在股价走势上，可以从股价走势和基本趋势来解读主流偏见。但是如果从现实出发，哪怕知道主流偏见作用在股价走势上，我们也很难具体地描述主流偏见。事实上，在很多时候，主流偏见对股价的影响也是比较微弱的。市场在不同时期，会存在比较模糊的走势，并没有比较明显的方向。

另外，哪怕是同一行业，将企业股价单独拉出来，看短期内的股价走势，它们也并非呈现非常明显的一致性。需要把周期拉长，才能看得更加清楚，所以，通过不同企业的权重构建的板块指数来表达市场偏见，反而能够看得更加清楚。股价是主流偏见的表征，板块指数和市场指数是市场偏见的表征，是可以理解的。用市场偏见和主流偏见一起来解读股价走势和基本趋势，能够更好地解读股价，能够更好地理解市场运行的逻辑。

第四部分　背景模型和新工具图

既然市场偏见如此重要，尤其在周期类行业，不同盈利特征的企业，尽管基本趋势存在差异，但是股价走势在市场偏见下，几乎呈现非常一致的走势特征，那么我们就有必要对巴菲特价值投资模型和索罗斯反身性模型进一步完善。事实上，索罗斯在《金融炼金术》中列举的房地产信托和国防科技股两个案例，都是以行业的形式来展示的。通过实证的方式，我们对 A 股的板块联动效应感受也是非常明显，比如房地产产业链、大金融板块（银行、保险、证券）、有色金属板块、钢铁板块等，这些板块也是深受板块偏见的影响而导致板块股价在同一方向上运行。比如，2007 年和 2015 年牛市的时候，板块的力量都会在系统性机会下显得微不足道。所以，我们需要将影响板块指数走势的板块偏见和影响整个市场指数走势的市场偏见融入模型中来。因为，通过第三部分的大量实证分析，我们已经明白决定个股股价一两年走势的是主流偏见，而市场偏见是影响主流偏见的主要因素之一。但是，我们的操作依然是通过个股来获取利润，所以我们需要将板块偏见和市场偏见作为背景模型融入进来。

　　一旦巴菲特价值投资模型和索罗斯反身性模型融入了背景模型，那么对于原来的工具图也要进一步改造成为新工具图。

第十一章　两种背景模型

第一节　"强"偏见"弱"趋势模型

　　"强"偏见"弱"趋势模型，从市场偏见出发，由于历史性事件（事件之所以称为历史的，是因为它既改变了存在情景，也改变了人们看事物的理念，并且通常会导向相反的观点）导致市场偏见大幅反转，这时基本趋势的"变好"或"变坏"对价值的权重在参与者心中将大幅减少，价格主要由市场偏见主导，那么基本趋势暂时只起到一个次要的功能。典型的代表有牛市偏见和熊市偏见。由于存在主流偏见和基本趋势之间的对应关系，所以图中依然用主流偏见和基本趋势表示，而其中主流偏见的"＋"，则表达了此时的背景为牛市偏见，主流偏见的"－"则表达了此时的背景为熊市偏见；基本趋势的"＋"表达了基本趋势强劲，基本趋势的"－"表达了基本趋势很弱。

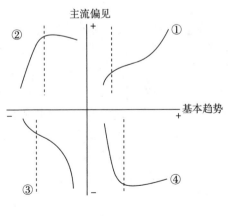

图 11－1

第一象限和第二象限，在牛市偏见下，不论是绩优股还是绩差股，均能获得较大上涨。出现这样的现象，主要是由于市场偏见极度"乐观"，导致股价快速上涨，并且某些企业还能在上涨的过程中利用高估股票进行增发、定增，收购优质资产，可能进一步改善了基本趋势，从而会导致股价进一步上涨。这是在牛市偏见下很常见的企业行为，甚至会出现企业并购重组浪潮，而成为牛市的重头戏。市场可以是牛市，但不可能所有的企业的基本趋势都会改善，这就存在第二象限。

　　第二象限，市场偏见极度"乐观"，但企业的基本趋势无法得到改善，企业的行业性质要么是成熟期的，要么是衰退期的。但在资金价格便宜的情况下，企业可以运用财务手段，降低资金成本，增厚利润。在经济环境向好的情况下，尤其是繁荣期，企业有增产的动机，结果导致盲目投资，基本趋势只能"更坏"，但只要市场偏见依然乐观，股价就会继续上涨。这是在牛市偏见下，大量成熟以及衰退行业的股价也会上涨的主要原因，跟随大势。其实，潮水退去，大部分企业会进入第三象限，股价回到原点，基本面一地鸡毛。

　　第三象限和第四象限，在熊市偏见下，不论是绩优股还是绩差股都会经历下跌，有一些则是闪崩式的下挫。在熊市偏见下，由于市场偏见极度"悲观"，如果此时反观基本面，市场上可能有企业出现"现金流危机"，且有大面积蔓延、扩散现象，甚至出现企业倒闭潮。有些企业尽管前景一片光明，但此时只要现金流管理不善，都有可能出现灭顶之灾，裁员、降薪、削减营销开支、削减研发开支、银行削减信贷等，坏消息一个接着一个，股价加速下跌。但有一些不受宏观经济影响，也拥有稳定现金流的企业，由于在牛市的时候市场偏见也不会太高，因为企业实在也不可能给予太高的期望，所以在熊市偏见下，股价显得比较抗跌，而企业的基本趋势也的确稳健，所以在熊市偏见下还存在第四象限。

　　第四象限，熊市偏见下，尽管企业股价也无法避免短期大幅杀跌的命运，但是的确有一批非常稳健的企业主动发出市值被低估的信号，且有能力进行一系列市值管理方案，比如高管增持计划、员工持股计划、发行优先股、股份回购等，同时向资本市场释放出公司运营稳健、前途依然一片大好等信息。但由于市场极度"悲观"，股价只是止跌，并低位徘徊。

　　以上四个象限之所以说是静态的，是由于没有考虑到市场偏见对企业基本面的影响。如果在牛市偏见下，企业能够积极利用市场的时机，定增、并购或者向外扩张甚至跨界收购，则有可能将第二象限变成第一象限，这是在牛市偏见下，很多中等偏上或者普通的公司蜕变的良好时机。导致的结果是，股价与基本趋势都处于正循环之中。相反，在熊市偏见下，则有可能看似非常了不起的公司，会在股价下跌的时候把基本面中某些环节的问题放大，或者把原本在牛市中掩盖的问题，在熊市中推波助澜，导致股价和基本趋势处于恶性循环之中，结果是很多第四象限的企业会进一步演变成第三象限。

需要对背景模型稍做说明，借用了"象限"这个词，但与数学的象限还是有所区别，比如其中的第一象限，表达了牛市偏见和企业的基本趋势为正的情景。但时空是一致的，而在静态图中，时间轴融合到价格曲线中，图中的价格曲线是自带时间轴的，看似两个因素，实际还是偏见、趋势和价格三要素图。所以，我们的背景模型，实际上不是简单的趋势和偏见的关系图，而是将偏见和趋势作为背景，重点考察不同趋势和偏见背景下的价格走势图。与传统的数学四象限不同，笔者在横轴和纵轴上也没有像巴菲特价值投资模型和索罗斯反身性模型那样加上箭头号。所以，在此特别说明，底下的弱偏见强趋势模型同样是背景模型。用背景模型比较好理解，背景是静态的，但实际中背景又会呈现不同的情况，所以多背景下，可以呈现出动态的情景。

第二节 "弱"偏见"强"趋势模型

忽视认知功能的变化，那么基本趋势变动，导致股价相应变动，股价是基本面的反映，市场偏见只能短期左右价格。尽管偏见较弱，发挥的作用难以改变基本面，但在市场中，这种"弱"偏见是非常常见的情形，传统价值投资分析正是完全忽略了偏见对股价的影响。但是，强弱是相对的，并不能完全忽视，尤其这种声音来自于政府高层的重大政策安排，比如重大的区域性政策、结构性政策、对外贸易政策，都可以对相应板块短期内的偏见构成重大影响，尽管长期企业的基本趋势依然是不确定的。如果没有发生什么结构性偏见改变，那么自然就更加符合"弱"偏见"强"趋势模型了，这是日常市场投研人士的线性思维。尽管它们会从产业链、行业以及经济环境综合分析企业的基本面，但这种分析都可以归结为"弱"偏见"强"趋势模型，因为行业、经济环境是动态的，那么把众多动态的作为分析的静态背景，来推导单个企业的动态行为，本身就是矛盾的。即使巴菲特在运用这种弱偏见强趋势模型的时候，也是在寻找极端的情形。它始终在它的能力圈里寻找竞争壁垒极高的企业，这种企业拥有很高的护城河。但是，众多的中小价值股，通常还会受市场偏见的影响，哪怕排除牛/熊偏见，这种结构性偏见也是常见的情形，依然是基本面分析的常见模型。这种情形常见于结构性市场或者震荡市。

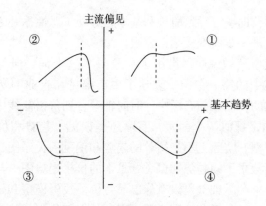

图 11 - 2

第一象限和第四象限，基本趋势都处于良性循环之中，只是市场偏见一正一负。在第一象限，由于基本趋势超预期"向好"，市场偏见也认识到这一变动，股价快速上涨，然后高位震荡。这也是我们经常在金融市场看到的现象，比如"新的"利好政策、上市公司公布"超预期"财报等，股价短期快速上涨，然后高位震荡。尽管基本趋势一直处于良性循环之中，但在某些时候总有些负面的政策或者行业性负面消息冲击市场，导致市场偏见短暂的转向，所以在平淡市场中也会存在第四象限。

第四象限，基本趋势处于良性循环之中，市场偏见仍然被经营环境或者企业本身某个环节出现负面冲击，股价快速下挫，但某些深度跟踪的参与者或者长线坚定价值投资者，认为这是一个捡便宜的好机会，开始参与进来，市场止跌并有所反弹。大众开始逐步意识到基本趋势也的确坚不可摧，前期的下跌只不过是市场的错杀，股价开始上演修复行情，并创出新高。

第二象限和第三象限，基本趋势都处于恶性循环之中，或者基本面都一般。在第二象限，市场偏见对于企业所在行业繁荣憧憬，或者政策支持，甚至企业的某些部分业务的极好预期。股价短暂的快速上涨，但是，时间是一块试剑石，短暂的热情高涨后，企业的基本趋势依然疲软不堪，且在这之前本身就有投机者先离场，一旦后续企业公布的事实证实了基本趋势依然疲软，股价便快速下跌。

第三象限，但也有一批企业，基本趋势的确无法引起市场偏见的向好。反而在基本趋势一般的情况下，还继续暴雷，基本趋势进一步恶化，股价进一步下跌，然后止跌企稳，低位徘徊。

以上是两种简单一次迭代模型，所以都是静态的背景模型。这不符合"反身性"哲学观，而且导致的投资理念也较为静态。按照第一种观点，只要牛市偏见还在，买入一个组合坚定持有，基本面的好坏是次要的，牛市之中有几只股票不涨的呢。按照第二种观点，忽视市场偏见的影响，只要基本面一路向好，买入持有，直到基本面变得不利。但运用起来不是那么简单的，因为最有价值的基本面存在于未来，而不是现在。无论如何，我们都必须在静态方面承认两个主要的背景模型。

所以，现在的任务是，如何将这两个背景模型定量化。只有在牛市之初就能界定可能是牛市，在熊市之初就能界定可能是熊市，那么才有机会将两个静态背景模型运用起来。如何界定，是运用的关键。如果可以界定牛／熊偏见，那么两个背景模型自然可以分别运用起来了。

另外，如何将这两个背景模型融入巴菲特价值投资模型和索罗斯反身性模型。事实上，在理解巴菲特价值投资模型和索罗斯反身性模型的时候就已经融入了市场偏见，以及这两种背景模型对选股、择时和仓位管理又有何用处。因为净值来源于股票组合，而决定净值还有一个主要因素是仓位。另外，仓位应该既与净值挂钩，也要与市场挂钩，这样单个企业的主流偏见和基本趋势在对整个净值的影响就不是特别重要了，而市场偏见以及板块偏见对净值的影响反而占主要位置。所以，在依然坚持基本趋势提升的前提下，需要考虑市场偏见和板块偏见对股价的走势，也应该考虑这两个偏见对选股、择时和仓位管理的影响。无论从理念上，还是从前面章节的实证，都应该融入市场偏见，那么两个静态背景模型的运用也成为重要的一环。

既然牛／熊偏见和板块偏见对净值曲线快速增长和规避净值大幅回撤也具有重要意义，那么，牛市和熊市该如何定义，系统性风险和结构性风险该怎么规避，牛市和结构性机会该如何把握，这是在以年度为时间单位考核净值的时候不得不面对的重要问题。更实际点的是，两个静态背景模型如何用工具图实现可视化呢。

第十二章 新工具图：实战图

所幸的是，我们拥有可视化的工具图。在前面的章节中，我们已经用股价走势和八大核心财务指标来解读基本面特征和股价特征。其中，用股价表达主流偏见，那么接下来用板块指数和市场指数体现市场偏见也就成为顺其自然的事情了。

系统性的和结构性的指标可以用沪深 300、中证 500 以及对应的行业板块指数来表达。那么如何确定牛市要来了或者熊市要来了呢。在前面的章节中对个股的主流偏见以及交易系统做了定义，其中的思路是用双均线做交易系统。但已经提到需要融入标志性 K 线，因为一周的快速下跌，在熊市的情况下，如果满仓，足够导致净值下跌 8% 甚至更多。尤其在牛市转熊市的顶端，甚至一两周就可以导致大盘快速下跌 10% 以上。那么净值会快速击穿平仓线、清盘线等。一旦出现这种情况，如果不做处理，对于管理大资金来说，将是毁灭性的，而对于市场来说，也会导致踩踏。

所以，需要在原来双线交易系统中融入标志性 K 线，叠加运用在原来的工具图下。但是，不是简单地直接加进去，因为不同企业类型、不同市场环境下的股价波动幅度不一样，所以，需要结合市场环境来综合考量。

首先，定义系统性风险和结构性风险，如果整个沪深 300、中证 500 以及板块同时快速急跌，且市场和板块同时急跌幅度达到 8% 甚至更多，那么可以假定熊市要来了。至于，下跌幅度是 8%，还是更多或更少，这是个技术性问题。不管怎样，系统性的急跌，可以假定熊市要来了，这个思路是没有问题的。在这个思路下，我们可以再通过实证来调试，具体的阈值是设定为 8% 还是 10%，看实证的结果。同样的，这种方法也适用于板块，那么可以假定结构性风险来临。系统性的风险和结构性的风险，已经假定完毕。相反的，如果整个沪深 300、中证 500 以及所有板块同时快速急涨，且市场和板块同时急涨超过 8% 甚至更多，那么可以假定牛市要来了。同样的，这种方法也适用于板块，那么可以假定结构性机会来临。

原工具图是企业股价走势图，同时也是交易系统图，加上八大核心财务指标。新的工具图在底下分别叠加了对应的细分板块指数、沪深 300 和中证 500 指数。同时，通过逻辑将两种静态背景模型融入原来的工具图中，使得原有交易系统进一步优化。那么新的工具图将是拥有市场环境的实战图。

金融市场环境、行业政策、宏观政策和宏观经济，甚至是国际政治、经济环境都将影响到对应的板块和市场。直接作用的是板块走势和市场走势。更重要的是，新工具图还是可以直接作为操作航海图。因为理念已经模型化，模型已经定量化，定量已经可视化，噪声也已经进行了过滤。选择什么样的股票，决定用多少仓位，出现什么样的信号需要止损/离场，这一切都是有迹可循的。

举例：运用的原则依然是选择符合巴菲特价值投资模型和索罗斯反身性模型的标的，比如我们选择了老板电器。老板电器在 2012 年下半年开始进入可以参与区。如果直接使用可视化的工具图，那么是下面的图，在买入后，可以一直持有到 2018 年 3 月 16 日出局，5 年多时间上涨超过 10 倍，获利丰厚。

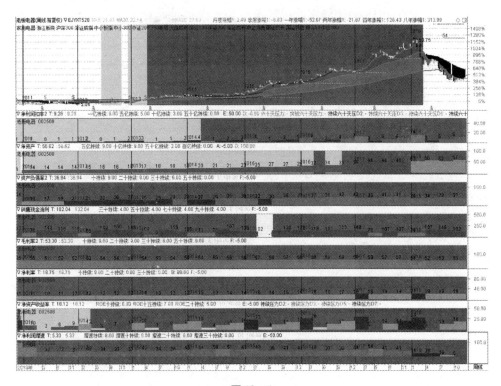

图 12 –1

但加入了牛/熊偏见和结构性偏见两个背景模型后（新工具图），就是如下的可视化界面了。那么在 2015 年股灾的时候，是需要卖出的，不仅是因为系统性风险，而是在系统性大跌的时候，老板电器也出现了闪崩的信号，在图中为半黑的绿色标志性 K 线。而在 2014 年初也出现全黑的绿色标志性 K 线，但是那个时候并没有出现系统性和结构性的风险，所以继续按照双均线系统运行。在 2018 年 2 月 9 日又同时出现了系统性的、结构性的和个股的风险，所以在 2 月 9 日收盘结束前或者第二周开盘就应该卖出离场，结果可以规避掉真正的大熊市，也就是 2018 年的大跌，也比以前的系统更早离场，也更贴近实际操作需要遵守的止损/离场原则。

那么接下来的问题是，2015 年的股灾对老板电器的股价并没有构成多大的下跌，现在的系统是否会导致错失好的股票。毫无疑问，有可能会损失一部分利润，但老板电器是一个例子，再拿一揽子符合模型的贵州茅台和美的集团等股票综合来看。如果构建的是一个全部质优消费股组合，那么在持有老板电器的时候，贵州茅台和美的集团也会进入组合。从新的交易系统图中可以看出，老板电器可能在 2015 年减少一部分损失，但贵州茅台和美的集团则并没有，由于净值是以组合的形式来体现的，那么组合整体的安全性增加了，后续操作的灵活性也增加了，同时在 2018 年均能够获得快速离场，如果是原始交易系统，那么并不会快速离场，而会在高位经历痛苦的回撤。

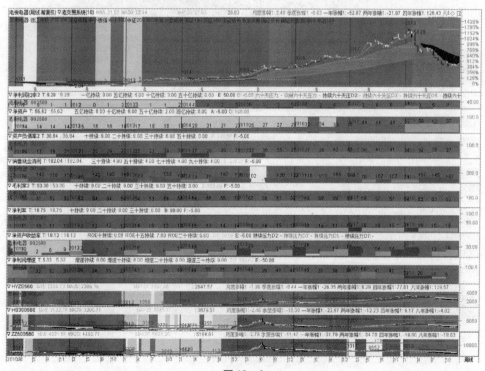

图 12－2

美的集团：美的集团就比较明显了，在股灾的时候，直接快速跌破趋势，发出卖出信号，但是在第一波反弹的时候又会进场。新工具图下，在股灾的时候会更早离场，同时也会更晚进场，以及在 2018 年初的时候出现系统性风险和结构性风险的时候，也出现标志性 K 线的卖出信号，这样可以更早地离场。

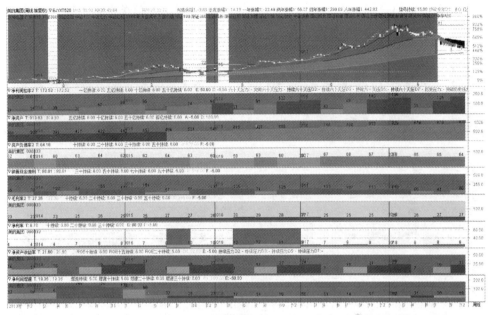

图 12 - 3

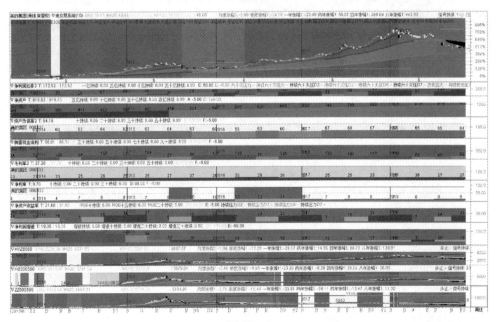

图 12 - 4

贵州茅台：在原工具图下，2015 年股灾期间一直呈现持有的状态，也很难看到哪些时候回撤比较大。但是在新工具图下，2015 年股灾的时候也应该先离场，然后等时机进场。因为在那个时候白酒板块以及整个市场都处于极大的风险位置。

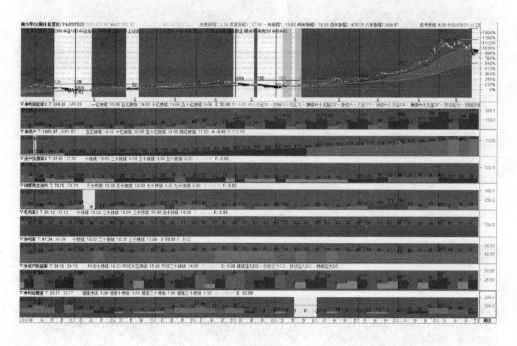

图 12 - 5

如果仔细查看融入两种静态背景模型后的交易系统，可以发现，每次系统性风险是能够规避掉的，在 2008 年的时候，也可以较原工具图提前离场。事实上，在 2009 年的时候也能够提前进场。

由于贵州茅台是比较典型的案例，需要再多说明一下。如果按照原工具图，我们是比较难理解，为什么 2012 年底至 2013 年的下跌会像 2008 年一样大幅下跌，累计跌幅接近 60%。如果从公司经营的结果看，公司的基本趋势并没有受到塑化剂事件和政府限制三公消费的行业风波影响。但是，塑化剂事件和政府限制三公消费的政策的确影响到了整个行业的结构性偏见以及公司的主流偏见。事实上，白酒行业内其他公司业绩也的确下滑了，只是对贵州茅台的影响比较微弱而已。在新工具图下，我们应该把这种可能影响公司主流偏见和市场偏见考虑进来，这种整个板块结构性的持续下跌，叠加公司股价也持续下跌，不论是否会真的影响到公司的基本趋势，也应该要止损/离场。因为，在 2012 年底，是无法知道塑化剂事件和政府限制三公消费政策对白酒行业基本面构成多大影响，但是已经对市场投资人士的观点构成了重大改变，参与者观点的改变已经作用在了股票价格上了。

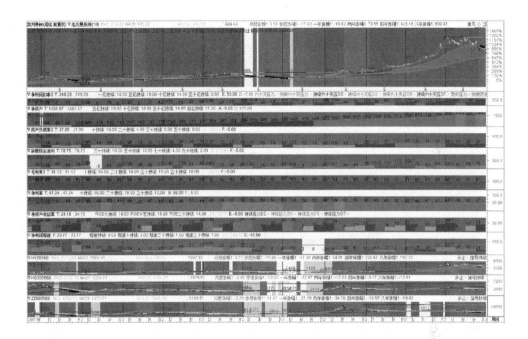

图 12 – 6

新工具图由于融入了板块指数和市场指数所表达的结构偏见及市场偏见，这使得我们在理解单个公司主流偏见、基本趋势和股价走势时，自然就时刻考量到了对应的板块、整个市场走势和基本因素了。

所以，综合来看，融入了牛/熊偏见和板块偏见后的交易系统更加符合现实。由于纳入了板块和大盘，而持有的组合也来自于某些板块和整个市场，那么在对主流偏见的理解时，就已经可以看到市场偏见，能够清楚市场运行的阶段，这样在仓位管理的时候也能够更加贴近实际需求。在实际操作过程中，也会让交易系统更加符合进场、止损/离场原则。更重要的是，对组合管理也更加科学和人性化。

第五部分　净值曲线和组合管理

在前面的四部分中，我们从理念和实证角度论述了股价和基本趋势的关系，也将两位投资大师的理念模型化，还根据现实情况将工具图与实际操作进一步结合，将可视化图进一步优化成为新工具图。尽管整个分析中，已经融入了市场参与者，参与者偏见、主流偏见以及市场偏见也融入了模型和市场，但是始终少了一个人，这个人就是具体的"我"，具体的"你"。参与者是指一般的人，不是具体的人。只有融入了自己，自己真金白银投资到市场，才是具体的人。

那么，我们自己在哪，我们只有参与到市场中，才能算作参与者。而我们在市场中太微小了，微小到只有一条净值曲线。我们唯一需要控制的就是净值曲线。我们可以决定净值曲线什么呢，一旦进入市场，净值曲线就会随着市场运行而运行，所以它不全由我们自己控制。说得更远一点，企业的基本趋势完全由企业控制吗，也不完全是，企业之间还有竞争，竞争环境也在变化，过去被证明成功的竞争战略可能在未来就过时了。

我们唯一能够控制的就是自己的资金，我们可以决定投入多少仓位，可以选择参与的标的，可以选择何时进场/离场，选择以怎样的策略进场/离场。由于证券市场天然具有较高的流动性，所以，我们的进出是相对自由的。除此之外，我们几乎什么都不能控制。

但是，我们的目的不是控制住净值曲线不动。作为资产管理人，是为了给客户提供持续而相对稳定的盈利。但是，不可控的因素实在太多了。所以，真正的确定性不在市场上，而在我们自己本身。换句话说，真正的不确定性也不在市场，而在我们自己本身。因为，市场就是由众多的具体的个体构成的。

所以，接下来，我们要对具体的参与者分析得更加透彻些。需要把决定投资成败，且与我们投资成败联系最直接的交易环节进行梳理。比如：净值曲线、选股、仓位管理，调仓换股等。而选股、择时、仓位管理、调仓换股等这一系列构成了交易策略。毫无疑问，交易策略直接决定净值曲线。我们的交易策略必然要与反身性价值投资理念相结合，才有现实意义。

第十三章　净值曲线

净值曲线如此重要，为何没有被认真对待，这是一大疑惑。资产管理人的首要任务是做好净值曲线。在谈到净值曲线的重要性方面，先梳理股票投资与实物投资之间的区别。

1. 组合投资，交叉持股

股票市场投资是组合投资，投资者通常会拥有一个组合，而投资一个项目，投资一家未上市的企业，通常会一个项目一个项目的评估，会对企业未来的预期收益进行测算，会综合评估未来可能发生的不利的情景，而买卖的价格，还应跟企业的控制人进行洽谈，甚至还会请第三方机构进行尽调、评估等。最后，退出也需要详细地规划好，甚至在一开始投入的时候就要考虑好未来可能的退出方式。但无论如何，不可能像股票交易市场一样，可以轻易地拥有那么多组合可能性，而同类型的股票和同样理念的投资者，还会形成交叉持有的现象，俗称"抱团"。"抱团"是组合投资形成的必然现象，尤其当一轮牛市行情来临的时候，不论是结构性的牛市还是系统性的大牛市，机构与个人投资者，对大盘蓝筹股、对行业板块的"抱团"会充分体现，甚至会达到几乎单个企业的基本趋势差异性在决定股价的走势上无足轻重，单个企业的走势与对应的板块，与整个市场走势的联系越来越紧密，这是组合投资和交叉持股形成的特殊现象。但是，一旦系统性风险来临的时候，也会争相卖出，比牛市的时候争相买入更加急迫。因为，面对可能的盈利，投资者总是试探性地，逐步的买入，还有可能有落袋为安的心理，而一旦面临资产快速缩水，那种账面浮亏会给投资者强烈的出逃信号，这是人的生存本能。所以，牛市的结束通常是以暴跌的方式开始的。

2. 净值盯市，被动调整仓位

股票市场每天都在报价，投资人每天都可以看到自己净值的变动。股票也是一项资产，持有一项资产，持有人总是会对资产的净值有所预期。不会有人，预期持有的资产每年会跌多少，但总是预期每年应该要涨多少。个人的预期常常与市场相左，而预期与现实又可以从每天所持有的股票组合净值中体现出来，从持有的每一只股票价格的涨跌中感受盈亏。那种完全忽略持有股票价格变动的投资人，完全不理会价格，不是骗人就是自欺，这点连巴菲特也不例外。但是，巴菲特可以不理会几个月甚至一两年的价格变动。你也可以不理会，但整个市场不可能不理会。如果整个市场参与者都不理会，那么市场的流动性就会缺失。若市场的流动性出奇的好，说明市场参与者其实是非常在意股价变动的，而且还在不断调整仓位。我们且不管个人投资人是否需要面对净值曲线的变化而盯市，但基金管理人是一定要盯市的。另外，净值盯市，不是指每天看盘，而是股票账户的净值可以随着市场的涨跌而体现浮亏或者浮盈，对于基金产品则体现净值的增长或缩水。

基金管理人，尽管作为拥有专业知识、专业团队和高效信息渠道的投资机构。但在面对每个年度的业绩考核中，它们却比个人投资人对股票市场的波动更加敏感。因为，市场的每一次波动，都会导致基金产品净值的变化。基金产品在募集的时候，已经形成了历史的预期收益，尽管法律规定不能形成书面的或者口头的未来预期收益承诺，但对于历史的收益/回撤介绍总是避免不了的。更重要的是，基金产品中还设置了对个股的平仓线和整个产品的清盘线，而个股的波动性总是存在，组合来自个股，所以在平仓线和清盘线下，在基金管理人对市场的预期收益和基金管理人对基金持有人的历史预期收益压力下。基金管理人也会不断地调整仓位。

3. 隐形杠杆，被动加仓/清仓

每一项资产对应一项预期收益，股票也是资产，自然持有人对持有的每一只股票都有一项预期收益。对资产拥有预期收益，其实就已经构成隐形债务，而持有人就是"债权人"，市场就是"债务人"，持有人似乎在买入的时候，就跟市场在达成某种隐形"协议"，在心里悄悄地与市场约定，大约未来某个时候会提供多少收益，而收益的体现就是股价的涨跌幅度。如果是基金管理人，还存在双重隐形债务。一是市场对基金管理人的，二是基金管理人对基金持有人的。

在有机构投资者的市场，基金持有人不懂企业价值分析，只管基金净值曲线，那么这种效果就更加明显了。市场突然急跌，跌破基金管理人的预警线，基金管理人就不得不被动减仓。与此同时，由于市场急跌和基金管理人的减仓，那么整个市场拥有对应股票的其他基金产品的净值也会快速缩水。如果，市场不是快速反弹，同时那个导致突然急跌的因素并没有消除，那么会导致基金管理人对市场的预期下降，结果是有一部分基金管理人进一步减仓，市场进一步下跌。市场的持续下跌，导致其他基金管理人的产品净值进一步缩水。这是一种恶性循环，迟早会导致基金持有人主动赎回，甚至有基金产品清盘。大部分基金持有人的选择不是进场抄底，而是赎回，因为亏钱了，这是很合理的行为。前面已经提到基金持有人只管净值曲线，不懂企业价值分析。在这个过程中，被动清盘的基金产品的基金管理人其实可能是对市场极度乐观的人，但完全可能是在市场中最先面临清盘的人。相反，如果市场快速上涨，且持续上涨，净值持续创新高，那么基金管理人可以加大仓位，同时由于净值上升的超预期，基金持有人还会继续申购，而不会觉得高估而赎回。因为赚钱了，继续投入是合理的，毕竟基金持有人只管净值曲线，不懂企业价值分析。

简言之，有机构投资者的市场，就是隐形的杠杆市场。市场上涨，在组合投资下，基金的净值普遍上涨。净值随着市场上涨而上升，基金持有人会继续申购，结果是市场继续上涨，牛市构成或者延续。市场下跌，在组合投资下，基金的净值普遍下跌，净值随着市场下跌而缩小，基金持有人会选择赎回，结果是市场继续下跌，熊市继续。熊市之下，抄底的人，可能面临被人群践踏的命运，这就是现实。

事实上，哪怕不存在机构投资的市场，同样也会存在第一层隐形债务，参与者与市场的隐形债务。毕竟前面提到，股票是资产，是资产就会存在预期收益，这就构成了隐形债务。如果未来市场没有兑现参与者的心理预期收益，那么减少投资，抽出资金投入风险更低、回报更稳定的资产就成为可能。

除了隐形杠杆和隐形债务，还有显现杠杆。融资融券、股权质押等都是非常明显的杠杆操作。所以，不论怎样，资产与债务、资产与杠杆是分不开的孪生兄弟。

在组合投资、交叉持股、净值盯市和隐形债务、隐形杠杆下，会存在被动调整仓位和被动加仓/清仓。被动调整仓位和被动加仓/清仓的区别在于，调仓换股只是对现有的权益规模进行调整，而被动加仓/清仓会导致基金份额的增加或者减少，一个是纯个人投资市场机会存在的现象，一个是拥有机构投资者才有的现象，但是目前，没有机构投资参与的市场是不存在的。机构包括养老基金、社保基金、公募基金、保险、券商资管以及私募。综合来讲，被动的分析都是纯价格涨跌与投资者的反馈，不论是个人投资者还是机构投资者。毫无疑问，存在被动的就存在主动的。比如基本趋势走坏，那么投资者会选择主动的减仓。再比如较高的通货膨胀，市场预期利率会上升，所以投资者也有理由主动调整股票资产组合。这种主动的调仓换股与被动的调仓换股根本不同在于：一个连接到基本趋势和主流偏见，一个只是参与者的净值预期、净值曲线管理的要求和市场价格走势的反馈。那种完全脱离企业基本趋势，脱离基本面的被动调仓换股主导的行情显然是难以想象的，也难以持续。但是，如果完全忽略这种被动情形，同样是不可取的。1987年的美国黑色星期五，就是一个铁证。事实上，全球化下，世界经济已经形成一张错综复杂而又联系紧密的网。股票市场同样如此，美国股市打一个喷嚏，全球股市都得跟着感冒，这是屡见不鲜的事情。而导致这种现象的直接原因与以上三点不无关系。

只有从净值曲线出发，从每个参与者的切身利益出发，才能够更好地理解市场运行的微观运行逻辑。传统静态的价值投资理念认为，价格回归价值，这是长期的逻辑。价值还需要后续时间来逐步验证，价值也无法定量，并且自始至终都是个性化的，是参与者估出来的。但是，如果从实际出发，会发现在牛/熊偏见和结构性偏见下，在市场组合投资和交叉持股现实下，个股的走势不是回归价值，而是跟随大势。这是很明显的，且可以直接观察得到的现象。"不是猜测个股的涨跌，而是研究大势""大钱不存在于股票的日常小波动，大钱只存在于大势之内。因此你需要判定大势的走向。"时至今日，在组合投资甚至是指数投资盛行的时代，个股跟随板块、跟随整个市场的现象更加普遍。组合投资理念，所谓的分散，在一定程度上反而阻碍了传统价值投资理念者进行投资实践。因为传统价值投资理念者，在以机构为主的组合投资理念下，单个企业的价值将无法得到及时的体现，而是呈现跟随大势的走势。所以，价格回归价值，可能几年之内都被市场趋势压制。同样，牛市的时候，垃圾股也可能飞上天。个股常常不是回归价值，而是跟随市场，这就是现实处境。

既然是现实处境，我们就不应该忽视，而应该正视起来。净值曲线牵扯每一位基金管理人和投资者的神经，市场的不利变动会导致投资者净值曲线相应变化，市场的急剧变动会激发投资者的生存本能，这不需要任何的投资理念作为指导，这是基本的生存意识。但是，我们也绝不能忽视价格长期回归价值这条逻辑。毕竟我们也通过撇开市场牛熊，得出企业股价长期是与企业的利润挂钩的。所以，我们需要将两者进行融合，这是理性的需要和对生存本能的尊重。而反身性价值投资理念正是运用反身性理念作为思想内核，来处理长期与短期、价格与价值、股价走势与净值曲线等对立统一的各个矛盾，而且紧紧抓住主要矛盾。

第十四章　价格预期和净值曲线管理

事实上，在谈到构建组合进行股票投资，就不得不提到一个人：马科维茨。他是投资组合理论的创始人，他与夏普、默顿在 1990 年一起获得诺贝尔经济学奖，而其中夏普比率目前已成为国际上用以衡量基金绩效表现最为常用的一个标准化指标。

马科维茨的组合投资理念是以纯价格来计算和衡量的。另外，马科维茨是纯理论家，不是实战家。从实际角度出发，我们知道，尽管所有股票都会有收益和标准差，股票之间由于存在基本面的共同影响因素和股票投资人之间的交叉持股，必然也有协方差。但是，完全通过历史收益和标准差来衡量未来的收益—风险所构建的组合是多么的静态。静态的思维与反身性价值投资理念格格不入。尽管现在的市场早就是组合投资、交叉持股，但几乎没有一位基金管理人通过计算每家公司的股票历史收益和标准差来构建组合进行投资。尽管几乎所有基金管理人都在进行组合投资。

所以，组合投资里一些思想需要借鉴。毕竟衡量基金绩效的还是有一个夏普比率。尽管真正伟大的投资大师从来也不会严格按照夏普比率做业绩，但夏普比率的思想也可以借鉴。而其中的一些思想可以进一步反馈到工具图的构建和应用。

我们从实际出发，在追求净值曲线的时候，会提到收益、回撤。收益、回撤是如何形成的呢，股价走势本身拥有一个历史的收益、回撤。股价走势是收益、回撤的来源，而实际运作中总会有一个组合。

在不考虑权重和仓位的情况下，如果组合只有一家企业，且是全仓，那么这家企业的股价走势就是净值曲线走势。如果组合依然是这家企业，只是半仓，那么净值曲线的收益会是原来的一半，但是回撤也降低了一半。所以，收益回撤比并没有变化，收益、回撤的绝对值与仓位有关，而收益回撤比与仓位关系不大。同时，也能够明白净值曲线的收益、回撤与组合中选择的股票有关。那么与组合中各种股票的权重有关吗？如果一家公司的收益是 30%，回撤是 15%，另外一家公司的收益是 10%，回撤是 4%，收益回撤比是 2.5。那么先平均仓位，收益为（30% + 10%）/2 = 20%，回撤为（15% + 4%）/2 = 9.5%。如果权重为 3∶1 呢，那么收益为 30% × 3/4 + 10% × 1/4 = 25%，回撤为 15% × 3/4 + 4% × 1/4 = 12.5%，收益和回撤均向权重大的倾斜。所以，收益、回撤与股票本身有关，与组合中各个股股票的权重有关，还与总仓位有关。这是教材式的答案，没什么可以辩驳的。

但我们想要的答案是，如何构建我们想要的收益、回撤组合，比如年化收益可以达到 20%，且回撤不超过 8%。在回答这个问题前先反问自己。凭什么市场可以给到年化 20% 的收益，且回撤不超过 8%。如果市场上根本不存在这样的年化收益和回撤，那么这个需求就不可能从实际中构建出来。所以，年化 20% 的收益和 8% 的回撤到底从何而来。事实上，不存在没有回撤的收益，收益、回撤是一体的。它们存在一个相对匹配的关系，这种关系难以有一个固定的值来衡量，但有一个相对的参考，比如债券的收益和回撤相对股票的收益和回撤要小。这也是高风险高收益的一个来源，而这个风险主要指收益相对的回撤，不是买入一家业绩亏损的股票，是高风险的也可能是高收益。结果变成了买入什么股票都可以，毕竟高风险高收益、低风险低收益，这是概念的混淆。所以，我们在此始终不用风险一词，而用回撤，这样相对不会搞混淆。高收益高回撤、低收益低回撤，这个是有现实指导意义的。

高收益高回撤、低收益低回撤的来源。收益和回撤本身是一体的，都体现在价格走势上，而股价走势，股价涨跌的根本来源于基本趋势和主流偏见，这是在前面章节总反复运用和实证检验过的。从长期来看，如果假定市场估值不变，那么股价涨跌与企业盈利挂钩，这也是为什么投资股票的根本原因和纯价值投资理念的基石。但是，如果一家 200 亿元扣非净利润规模的消费类企业和一家只有 2 亿元扣非净利润规模的同行业消费类企业，且它们的净资产收益率年化都是 20%，净利润增速也是 20% 和保持相对一样的持续性、稳定性，它们的股价走势在收益和回撤上必然不同。如果都是 200 亿元扣非净利润的两家消费类企业，且两家企业的净资产收益率年化都是 15%，但是一家净利润增速是 30%，另一家只有 10%，那么它们的股价走势在收益和回撤上也必然不同。如果都是 200 亿元扣非净利润的两家消费类企业，它们的净利润增速都是 20%，但是一家企业净资产收益率是 20%，一家只有 10%，它们股价走势在收益和回撤上也必然不同。如果三家企业的扣非净利润相同，净资产收益率也相同，净利润增速也相同，但它们分属于不同的三大类行业，一家是消费类企业、一家是周期类企业、一家是科技类企业，它们的收益和回撤也必然不同。最后，哪怕是同一家企业，但在不同的市场偏见下，在牛市和熊市的收益和回撤也必然不同。

综合以上的简单划分和对过去 A 股三大行业特征分析以及两个背景模型章节的回顾，可以非常清楚地明白，股票价格的收益/回撤与行业、基本趋势和基本面特征、市场偏见息息相关。我们不仅知道与以上三个要素息息相关，我们还通过前面章节的分析，能够明白它们之间的关系是怎样的。比如，从三大行业来看，大消费类优质企业呈现相对持续而稳定的收益/回撤，而周期类和科技类均呈现爆发式的收益/回撤；在同行业里，从基本趋势和基本面特征来看，持续而稳定且极强的基本趋势比不稳定的基本趋势，呈现相对稳定的收益/回撤，而不稳定的和疲软的基本趋势，它们的收益/回撤主要跟随市场偏见，且稳定性较差；在同行业里，相同盈利能力和增速的，规模大的比规模小的收益/回撤要稳定得多；同一企业，在牛市偏见下，比熊市偏见下的收益/回撤就存在更加明显的差别了。相反，通过以上三个要素，我们可以对股价走势形成价格预期。

　　价格预期和价格预测是两码事，价格预期不仅是假定式的，而且是相对式的。价格预期实质上是指股价走势与行业、基本趋势和基本面特征、市场偏见之间的匹配关系，而且是具体情况下的相对匹配关系。价格预测是通过"全面"分析得出一个确定的答案，如果结果与预测不相符合，便会不知所措，而反身性价值投资理念，在坚持价值投资基础上，思想的内核是反身性，所以承认那种价格预期与三要素的常规匹配关系一定会被打破。预期与事实一定是不符合的。承认匹配的相对性和不匹配的绝对性相统一。如果坚持匹配的绝对性，就是理性预期了，与反身性理念格格不入。

　　所以，价格走势绝对不是随机游走，也不可能呈现固定的收益/回撤。但是，我们依然可以得出相对的匹配关系，对我们需要的净值曲线进行管理。而在实际应用的时候采用试错法。

　　净值曲线管理和价格预期存在一致性的需求。如果想构建一个组合，使得净值曲线的年化收益达到 20%，回撤为 8%，由于在价格预期下，股价走势和行业、基本趋势和基本面特征、市场偏见又存在相应的匹配关系，的确可以寻找得到一批企业的股价的历史走势年化收益达到 20%，回撤为 8%，但市场中必然还存在年化收益超过 20% 的，回撤高于 8%。同时，还有年化收益低于 20%，回撤低于 8%。与此同时，千万不要忽略，在牛市偏见下，必然存在收益会超过20%，同时回撤比 8% 还要低，而在熊市偏见下，必然也存在收益低于 20%，同时回撤比 8% 还高。所以，那种净值曲线管理的目标，无法严格定量化。同时又必然存在一些定量的要求，比如平仓线和清盘线就是已经固定好了的。所以，对于个股的平仓线和总净值曲线的清盘线，是绝对不能碰的。尽管没有提到固定的收益，但股票存在历史的收益、回撤，就存在一个历史的收益回撤比。那么大概也能明白那种不稳定的股价走势，一定是碰不得的。尽管对它的权重可以降低，自然对净值的回撤也会降低，但是有可能不是一般的回撤，而是持续下跌。我们的目标从一般的平仓线和清盘线转移到市场中来。从市场寻找持续性和稳定性都拥有相对合适的收益/回撤的股票，而不是为了不合理的净值曲线要求而浪费时间。所以，存在价格预期和净值曲线管理要求的合理匹配问题。绝不能提出净值曲线的收益为10%，而回撤只有2%，那是不可能的。因为收益回撤比达到了5:1，这样的股票如果正常回撤是8%，那么收益就是40%，而收益40%的股票，回撤通常会超过8%。如此高收益回撤比的股价走势几乎难以找到，即使是牛市的高收益，同时也面临高回撤。那么在如此低回撤的不合理要求或者目标下，就会止损出局，从而也不可能获得那样的收益。所以，永远也不要追求不合理的高收益低回撤，而是应该从实际出发，尽量做好净值曲线管理。

那么，我们从实际应该如何出发呢，以及正确的价格预期又如何构建，比如股价走势和行业、基本趋势和基本面特征、市场偏见从历史上到底是怎样的匹配关系，而当未来不匹配的时候，我们又如何识别呢。幸好我们拥有工具图，我们可以将股价走势的收益和回撤之间的关系在图上来表达。

比如，单个企业一周的股价走势上升超过10%，在阳线上半部分用深红色表达，相反，一周的跌幅/回撤超过10%，在阴线下半部分用黑色表达。一周的股价走势上升超过15%，在阳线上半部分用大红色表达，一周的跌幅/回撤超过15%，整个阴线用黑色表达。这是单周的收益和回撤图形化表达。

比如，单个企业连续四周的股价走势累计上升超过30%，在达标阳线的下半部分用深红色表达，连续四周的累计跌幅/回撤超过20%，在阴线的上半部分用褐蓝色表达，连续四周的累计涨幅超过40%，在达标阳线的上半部分用艳红色表达。事实上，连续四周累计涨跌幅也即一个月的累计涨跌幅。

与此同时，可以降低一些标准运用在行业指数和市场指数上。毫无疑问，如何设置只是技术性问题，目的是可以轻易地从股价走势图上获取其收益/回撤信息，以便进一步建立起价格走势和三要素之间的匹配关系，以及进行合理的净值曲线管理。

比如，已经按照技术方案构建的海康威视股价走势图如下。截图的是2014年7月至2018年11月对具体的股价走势的收益/回撤标识过的新工具图。首先，从新工具图的主图，也就是海康威视股价走势图可以清晰地看到，2015年2月13日那周涨幅超过10%，2015年5月22日那周单周涨幅超过15%，同时月度涨幅超过40%。相反的，2015年6月19那周回撤超过15%，2015年7月3日月度回撤已经超过20%。从附图的行业指数走势和市场走势，同样可以看到类似的标识。

通过这样的标识，首先，我们可以知道整个市场和单个企业的收益/回撤情况。事实上，市场投资者也是组合投资的，市场的收益/回撤会影响投资者组合的调整，如果整个市场急跌，比如整个市场跌幅超过15%，那么这意味着几乎所有的机构投资者都要被动减仓，同时冒进的机构投资者可能已经收到清盘的指令，因为有些基金产品的清盘线是0.8。其次，如果我们就是其中的参与者，我们一边可以清楚知道市场组合的大概收益/回撤情况。同时，我们也能清楚地知道我们的组合中个股的收益/回撤情况，而不仅仅是整个组合的净值曲线收益/回撤。那么我们可以一方面检查个股的股价走势和三要素的匹配情况，另一方面检查净值曲线管理要求和组合中个股走势的收益/回撤匹配情况。

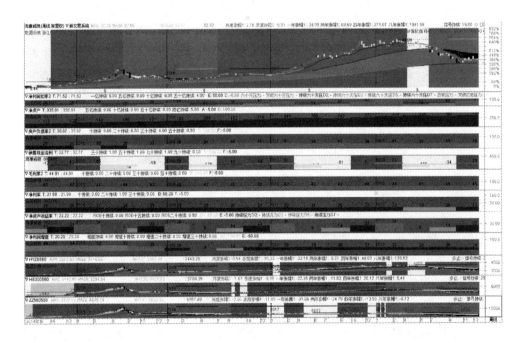

图 14 - 1

毫无疑问，通过以上的标识，市场中所有股票的收益/回撤情况、所有行业指数的收益/回撤情况以及沪深300和中证500的收益/回撤情况，都可以像案例中海康威视一样清清楚楚。而在新工具图中就已经运用了一部分，因为需要对系统性风险和结构性风险进行风险控制。但在本章，可以完整地构建价格预期和三要素的匹配情况、净值曲线管理要求和组合中个股的价格预期匹配情况。然而，在净值曲线管理方面还需要选择个股、分配个股的权重、决定整个组合的仓位，以及如何调仓换股。

第十五章　股票池构建和交易系统

　　股票池构建，以及股票池里股票的划分没有在实际操作中首先提及，而是先提到净值曲线，是因为只有把净值曲线的预期和要求容纳进来，整个市场中才有"你、我"包含在内，才有众多参与者在内。而构建股票池，选择具体的标的进入投资视野，就已经包含了参与者的理念和预期在里边了。比如我们把贵州茅台选进股票池，不是因为贵州茅台生产的茅台酒多好喝，也不是因为它是白酒的龙头，而是因为它的基本面特征和股价走势特征，符合我们的投资理念和收益/回撤预期。我们可以用自己熟知的理念和模型来投资，从而获利。但是又由于我们面临的问题不仅是持有优质股这么简单，而是需要选择基本趋势、主流偏见和股价走势均符合净值曲线管理要求的标的。因为，优质股这个概念实在是太笼统了，且非常静态，我们把它换成匹配一词会比较好。前面章节已经论述了股价走势和基本趋势之间的匹配关系，股价走势和市场偏见、主流偏见之间的匹配关系，主流偏见和行业之间的匹配关系等。而股价走势、主流偏见和市场偏见、基本趋势和基本面特征都处于变动之中。我们应该怎样建立一个股票池呢。股票池的构建，会直接影响到最终的净值曲线的收益/回撤结果。

　　事实上到目前位置，我们已经建立了净值曲线、股价走势、基本趋势和基本面特征、主流偏见和市场偏见四重匹配关系。

　　股票池中的企业就已经对应了基本趋势和基本面特征。从稳定性特征来看，一家企业的基本趋势和基本面特征会存在相对稳定的特性，而主流偏见和市场偏见，尤其是市场偏见会存在一段时间的阶段性特征，那么在基本趋势和主流偏见共同影响下的股价走势也是会存在一段时间相对稳定的阶段性特征的。基本趋势和基本面特征的不同会决定股价走势的收益/回撤特征，市场偏见和主流偏见不同也会决定股价走势的收益/回撤特征。所以我们存在至少双重因素影响下的选择。如果基本趋势和基本面特征符合净值曲线管理的要求，但目前的股价走势和主流偏见、市场偏见不符合，可以选择进入股票池吗。如果基本趋势和基本面特征不符合净值曲线管理的要求，但目前的股价走势和主流偏见、市场偏见符合，那么可以选择进入股票池吗。其实这个问题比较好选择，当然先从企业的基本面来选择是比较合理的，而股价走势和主流偏见、市场偏见用来决定买卖时机是比较恰当的。所以，股票池的构建，不是立刻买入，而是先选择符合净值曲线管理要求的企业。

但是，什么样的企业才是符合净值曲线管理要求的呢。由于主流偏见、市场偏见已经体现在个股走势、板块走势和大盘走势上了，而股价走势已经与净值曲线联系起来考虑了。按照原则，构建股票池，是需要坚持符合巴菲特价值投资模型和索罗斯反身性模型的标的，而这两个模型都有核心的共同点：基本趋势，那么在构建股票池的时候，就只需要重点选择基本趋势符合模型的标的即可。

事实上，如何选择其实是在比较和权衡。没有差异，就无法选择，如何体现差异，需要对差异进行标识，这又回到了工具图。不能简单地选择连续 5 年净资产收益率超过 20% 的公司做一个组合就可以了。那相当于是已经证实了连续 5 年净资产收益率超过 20% 的企业是一个相对净值曲线管理要求的最优解。这其实是在假定连续 3 年净资产收益率超过 20% 的比连续 5 年净资产收益率超过 20% 的股价走势要差。显然，这种假定是站不住脚的，同时也是经不起推敲的。因为无论从理念上，连续 5 年净资产收益率超过 20%、净利润增速只有 20% 和连续 5 年净资产收益率只有 15% 但是净利润增速达到 40% 在牛市的时候是难分伯仲的，甚至业绩增速快的企业，股价走势更加符合要求。所以，选择的范围又会从一个固定的统一标准扩大。那么只能进一步修正假设，如果净资产收益率在 5 年之内有 3 年达到以上两种要求，但有两年存在净利润增速不达标，而那三年的净利润增速和净资产收益率均超标，那两年只是稍微不达标，又该如何权衡。所以，选择的范围又会被进一步扩大。这样无穷推演下去，原有建立的标准，在实证的后会被一步一步扩大。这还只是从净资产收益率和净利润增速两个指标，我们在表达基本趋势的时候可有八大核心指标，另外八大核心指标还是从基本趋势的空间表达，还有时间序列的长度情况。所以，我们根本不存在一开始的标准答案，比如我们对净值曲线的年化要求大概是 20%，回撤 8%，选择净资产收益率超过 20% 的企业就可以了，这个假定显然是不科学的。

我们的理念是尽量定量化和可视化，这又回到工具图。在工具图中已经对基本趋势的八大核心财务指标的数值进行了标识。那么，基本趋势选择的标准应该怎样设定，对净资产收益率和净利润增速的指标数值应该多少，对资产负债率和销售现金流的要求是怎样的，对扣非净利润和净资产的规模如何取舍等。我们只能通过净值曲线的收益预期和实际企业在过去历史中的股价走势特征和基本面特征进行反复比较，从而得出一个相对科学的标准。比如，我们已经得出的相对标准是：净资产收益率在 15% 以上且净利润增速为正，或者可以稍微降低净资产收益率的要求，比如只要在 10%～15%，但净利润增速指标要求则相应提高到 20%。

那么，扣非净利润、净资产和资产负债率、销售现金流等指标的要求又应该怎样呢。经过对三大行业特征的分析，我们发现八大核心财务指标所体现的基本趋势中，盈利能力指标和成长性指标最能体现基本趋势的强弱了，而扣非净利润和净资产规模指标可以体现基本趋势的稳定性程度，资产负债率和销售现金流指标比较能够反映行业的差异和产业链位置。

结合我们追求的目标的净值曲线的持续稳定上升，那么可以将扣非净利润和净资产，以及资产负债率和销售现金流指标分配到配置权重和仓位管理中。这样同行业中不同规模，但盈利能力和净利润增速差不多的股票，我们尽量选择规模大的，或者在规模大企业中配置更大的权重。毫无疑问，这是没有考虑股价走势特征的，而单纯从基本面特征考量的结果。排除股价走势特征和市场偏见，至少，我们将体现基本趋势和基本面特征的四个方面财务指标在选股方面给定量化了，同时对体现基本趋势的不同方面指标进行分别分配，分配到决定净值曲线的各个环节中，比如选股、配置权重和仓位管理。

至少，我们可以直接在价格图上把两个指标是否符合模型的判断做出来。比如符合以上净资产收益率和净利润增速两个指标要求的，价格图的上涨阶段显示绿色，如果不达标的，但在牛市偏见或者结构性偏见下也上涨，则标为灰绿色，这样我们的主图中的股价图就已经融合了基本趋势和市场偏见了。基本趋势之外的市场预期，毕竟已经体现在股价上了，所以我们的股价图是一个完整的市场解剖图，比任何单方面的基本面分析或者技术分析都要多。

比如，鲁西化工，在 2014～2015 年牛市的时候与 2017～2018 年初的牛市，两个上涨阶段所拥有的基本趋势完全不同。2014～2015 年公司的净利润增速虽然也是有所好转，但年化的净资产收益率连 10% 都没有超过。在牛市偏见下，公司股价照样涨的可以，可是，当熊市来临的时候，股价在 2016 年也几乎把牛市时期的涨幅完全吐回。2017 年至 2018 年初，公司的净利润增速超快，净资产收益率也是显著提升，2017 年的净资产收益率超过 20%，当然也少不了市场环境的配合，但至少可以说明第二阶段跟第一阶段相比，你愿意把更多的资金配置在第二阶段。

通过如图 15－1 所示，从工具图建立股票池的标准是，只要净资产收益率一栏显示深绿色或者浅绿色，且净资产收益率一栏显示深绿色，那么这只股票可以暂时划入股票池。划入股票池，不等于立刻就买入。何时买入，应该遵守主图中的交易信号。另外，从鲁西化工也可以看出，如果主图的交易信号发出了买入信号，但基本趋势不符合要求，同样不得买入。因为，我们在选择投资标的方面，始终坚持基本趋势达标的企业。

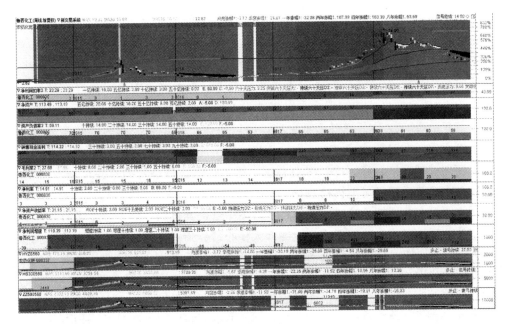

图 15-1

　　在此，对那种静态股票池建立标准进行批判。比如，以一个固定的连续时间来建立标准，比如连续 5 年净资产收益率超过 20%，且净利润增速为正。或者连续 10 年净资产收益率超过 15%，且净利润增速为正。这种连续时间越长，稳定性越高，根据匹配原则，那么股价走势也应该大约符合净值曲线要求。这种逻辑看似很合理，但没有给交易系统的执行留出太多操作空间。从三大行业特征分析结果看，我们得知以年度为单位考察，并不是盈利能力强的企业其股价就持续上涨，不论是大消费类企业，还是周期类、科技类企业。双汇发展、万华化学就是反例。从过去几轮牛熊来看，那种基本趋势不够强劲的企业，在牛市也能够大幅上涨，但是熊市来临的时候，往往也是快速下挫，甚至连续跌停，使得投资者都没有太多出局的机会。所以，我们应该先不要把时间框架定下来，而是通过可视化的工具图和对净值曲线管理的要求，来定一个相对科学的参数。通过反复比较，把净资产收益率定在 10% 以上是一个基本的排除指标。如果一家企业的净资产收益率都没有超过 10%，那么我们几乎可以不用考虑基本趋势其他方面了。这样已经可以将 A 股 3500 多家上市企业排除一大批了。如果净资产收益率在 10%~15%，净利润增速则要超过 20%，那么又可以排除一大批了。如果净资产收益率超过 15%，净利润增速要为正，那么又可以排除一批。通过短期的标准，我们已经可以建立起一个大致的股票池了。如果再细化一点，比如净资产收益率是以年化来看，那么净利润增速则每个季度都要纳入考察范围。这样短期的标准其实已经比较严格了。因为，我们的标准设立需要兼顾最终净值曲线目的的实行和交易系统执行的空间。从净值曲线目的来看，需要对企业盈利的持续性稳定性、盈利水平的高低，以及净利润增速的强弱和稳定性必须有要求。而从交易系统执行的空间来看，却不能把企业的基本趋势定得太严。由于市场存在两种背景，牛/熊偏见和平淡期。那么在以年度为单位考核净值曲线的要求下，必须对市场背景的影响权重考虑得要重一些。所以应该把基本趋势的标准稍微放松一些。综合看，在股票池建立方面大致得出了以上净资产收益率和净利润增速的标准。而那种越严格越高标准，看似合理，却不一定就是最好的，甚至盛极而衰，一旦基本趋势反转，可能惨淡收场。

主图是交易系统，这是一开始在工具图中就提到过的。但是，主图首先是股价走势曲线，股价走势曲线跟企业的八大核心财务指标一样，不以个人的主观意志为转移。由于具体的投资人对净值曲线有预期，所以才会有选股、择时和仓位管理等实战措施，也才有了工具图中的可视化界面。毫无疑问，我们必须承认，不同的投资主体，由于对净值曲线管理要求不同，那么理应一千个投资者就会有一千个不同的可视化界面，一万个就会有一万个不同的可视化界面。拥有多少个不同净值曲线管理要求的投资主体，理论上就会存在多少个不同的可视化界面。可视化界面正是个性化体现市场中不同净值曲线管理要求的工具图。建立在股价走势基础上的交易系统，是笔者建立在年化20%，回撤8%的净值曲线管理要求假设前提下的。尽管不同的投资者，理应有不同的可视化界面，但是股价走势曲线和基本趋势、基本面特征，股价走势和主流偏见、市场偏见的匹配关系不以个人的净值曲线管理要求不同为转移，这是共性。所以，主图首先是股价走势曲线，这点始终应该放在第一位，其次才是交易系统。摆正整个位置关系，对于选择标的，决定配置权重和仓位都有重要参考意义。

做以上的论述，主要想表达，只有区分了主图中蕴含的股价走势和交易系统的共性和个性两个方面，才能正确地理解交易系统的择时观。下面用案例来说明，帮助理解。

比如，医药行业四家企业：恒瑞医药、信立泰、云南白药和片仔癀。假定对净值曲线管理要求是年化20%，回撤8%，那么这四家企业从体现基本趋势的八大核心财务指标看，都符合建立股票池的标准。四家企业在2015年后的净利润增速均保持为正，且每家企业的年化净资产收益率均大于15%，但四个方面的八大核心财务指标还是存在明显的差异。恒瑞医药和云南白药的扣非净利润及净资产的规模比信立泰、片仔癀都大了一个级别。但是，他们的股价走势却存在两大类型，一种是恒瑞医药、片仔癀，另一种是云南白药和信立泰。我们暂且不做过细的比较，从2017年至2018年上半年这段看，恒瑞医药和片仔癀一直是持有信号，而云南白药和信立泰则分别有一次和两次离场信号。现在的问题是，如果在 2017 年等权重的持有者 4 只股票，信立泰在 2017 年 3 月 3 日发出离场信号，而后在 2017 年 3 月 17 日又发出进场信号，在 2018 年 2 月 9 日发出离场信号，而后在 2018 年 3 月 9 日又发出进场信号，云南白药则在 2018 年 2 月 9 日发出离场信号，而后在 2018 年 3 月 16 日又发出进场信号，那么，在信立泰和云南白药发出离场信号后，空出来的仓位是继续买入后续又发出的进场信号标的，还是应该加入恒瑞医药和片仔癀呢。这个问题的答案其实已经很明显了，在离场后，不是应该继续持有快速发出进场信号的，而是应该转而买入这段时间持续显示持有信号的标的，也就是从信立泰和云南白药离场的仓位，应该转而调整到恒瑞医药和片仔癀。后续的事实也表明，应该如此。但是，从逻辑上，似乎难以接受。因为，交易系统显示的不就是买卖信号吗，而恒瑞医药和片仔癀一直是持有信号，并没有买点信号。但交易系统是建立在股价走势基础之上的，这点永远也不要忘记。离场信号一旦发生，就表明股价走势不符合净值曲线管理的要求，因为我们的交易系统就是按照净值曲线管理要求来建立的。所以，离场是没有什么可以犹豫的。但是，再次发出买入信号的时候，其实首先不是立刻买入，而是评估匹配强弱程度。毫无疑问，恒瑞医药和片仔癀的匹配强度比云南白药和信立泰要强得多，因为在 2017 年至 2018 年上半年，它们一直是持有信号，股价走势一直没有受市场偏见的干扰，主流偏见和股价走势保持良好的正循环，而信立泰被打断了两次，云南白药也被打断了一次，尽管我们前面分析了四家企业是股票池中应该纳入的标的，它们的基本趋势和基本面特征也极其相似。他们各自的股价走势和主流偏见、市场偏见，股价走势和基本趋势、基本面特征均是有效匹配的关系。但还是存在匹配强弱的问题。而我们就是要选择匹配强度更大的标的进行投资。

至于，在恒瑞医药已经上涨时间那么长，上涨幅度那么多，还继续将空余的仓位加入，是否有追高的风险。这个问题的答案，毫无疑问，肯定是有的。但加仓和选择标的是两个不同的环节。有追高的风险，可以选择少投入，而选择股票的标准则始终坚持匹配原则和匹配强弱。所以，从这个角度讲，交易系统首先是建立在选择标的的基础上，交易系统没有所谓的买卖信号，只有持有和不持有的区别。

拥有了股票池的建立标准，就可以构建一个股票池。拥有交易系统和对交易系统的深度理解，就可以选择买卖时机，甚至同时发出买卖信号，还可以进行舍取。

当买卖时机到的时候，还面临下一个重要问题：如何分配个股权重。比如，2015 年牛市的时候，股票池同时拥有优质大蓝筹股、优质科技类股票和一些不错的周期类股票。毫无疑问，在牛市背景下，几乎所有股票都发出持有信号，而我们又坚持基本趋势向好的标的，所以三大行业的优质股都可以进入股票池。但事实证明，2007 年是周期股主导的牛市，2015 年是科技股主导的牛市，其他时候

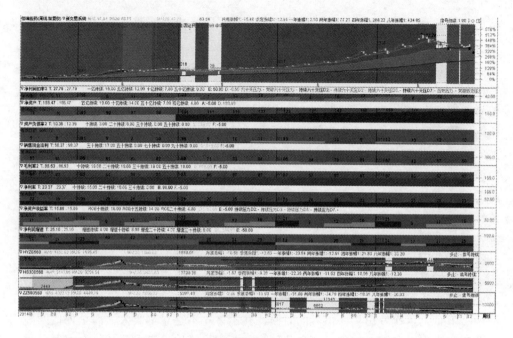

图 15 - 2

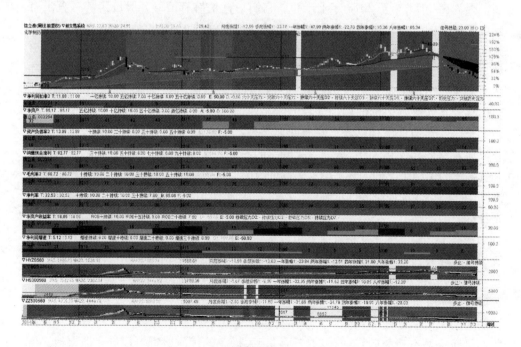

图 15 - 3

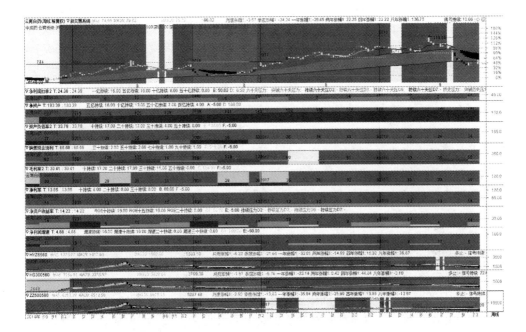

图 15－4

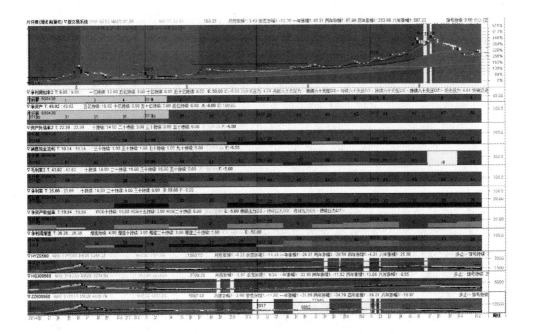

图 15－5

除了熊市外，是大消费类股票呈现的慢牛。那么在 2015 年，我们应该将配置权重偏向科技股。这点不是什么事后说空话，而是在当时就可以发现。这点既是行业特征分析的目的，也是市场偏见融入模型的主要运用之一。我们构建股票池依然是基于基本面，但在权重配置方面，将这部分权力交给了市场偏见和主流偏见。

那么如何通过市场偏见来分配板块和个股配置权重呢。在提到市场偏见的体现方面，需要对市场结构、板块结构理解深一些。这点类似在提到宏观经济的时候，既要做总量分析也要做结构性分析类似。我们用沪深 300 和中证 500 以及行业板块指数来体现市场偏见是很有价值的。沪深 300 和中证 500 以及行业板块指数是通过数学指数加权的方式来表达的。那么沪深 300 的权重板块是金融、地产，而中证 500 主要是科技创新板块。正如，各行业板块指数走势同样是又权重占比大的企业决定的一样，比如家电板块主要由美的集团和格力电器两家大市值决定，白酒板块主要由贵州茅台和五粮液、洋河股份大市值决定等。这点是很容易理解的。

如图 15 - 6 所示，2013 ~ 2015 年的牛市中，中证 500 的走势一直处于上涨之中，另外中证 500 比沪深 300 的爆发力也强很多。由于，在短期，比如 1 ~ 2 年内市场偏见和主流偏见比基本趋势对股价影响力要大很多。那么我们应该跟随市场偏见来配置权重，又由于中证 500 的权重板块是科技创新，不是大盘蓝筹，所以，我们在基本趋势同样达标的优质股里会倾向科技创新板块类的。因为，在当时，这类的股票市场更受青睐。再仔细看图 15 - 6，会发现在 2017 年的结构性市场中，沪深 300 呈现持续持有的信号，而中证 500 被打断了许多次，EGPPJBHS300（中证 500 比上沪深 300 的比值）比价指标则显示持续下降的走势，说明中证 500 在 2017 年持续的不如沪深 300，所以市场偏见在整个年度都倾向沪深 300 所表达的大盘蓝筹板块，尽管中证 500 时常也发出持有信号。如果仔细看 2007 年，在 2007 年 5 月 30 之前，中证 500 还较沪深 300 要强势，但是 5 月 30 日之后，时常偏向大盘蓝筹股。尽管在 2007 年 5 月 30 日至 2008 年 2 月 1 日，中证 500 还能够缓慢上涨，但是其强度远远不如以前，也持续被沪深 300 甩在后面。

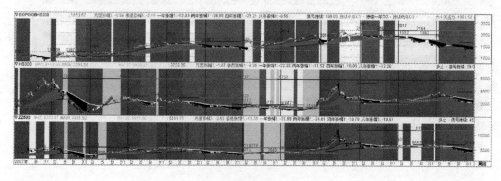

图 15 - 6

从 2007 年的牛市，我们还可以得到一个有价值的权重配置信号，那就是规模的意义。中证 500 的规模比沪深 300 的规模要小很多，同样提醒着市值大的股票比市值小的股票波动性要小一些。因为沪深 300 和中证 500 的原来就是盈利质量都不错的基础上按照市值来划分的。在 2007 年 5 月 30 日的政策风险下，改变了市场偏见的倾向，尽管没有立马改变牛市的方向。规模相对小的中证 500 跌幅很大。在 2015 年的时候，尽管牛市的时候，中证 500 快速上涨，但是真正风险降临的时候，中证 500 比沪深 300 的回撤还大，尽管两轮回撤的原因不同，但规模和价格下调（收益回撤比）、市场偏见是有很大的关系的，这点不用质疑。所以我们一方面需要在市场偏见倾向规模小的科技创新类板块的时候配置更大的权重在这边，另一方面也时刻提醒自己，这类股票一旦面临系统性的风险，同样得快速出局。因为，既然牛市持续越长，那么熊市也不远了。而熊市一旦来了，规模小的，收益回撤比大的股票，自然下跌也狠。

　　而前面已经充分分析了，大消费类的优质企业的股票只要不是在系统性的大熊市和其自身结构性的持续大跌下，都可以相对配置多一些权重。那么在整个权重方面，自然就有一个相对的模式了。要想完全定量下来，还需要对仓位管理做一个系统的论述。

第十六章　仓位管理和调仓换股

事实上，基本趋势、交易系统甚至主流偏见和市场偏见都比较好定量化，之间的逻辑也比较好模型化。从第五部分开始，面对的是具体标准，这个标准是非常个性化的设计。股票池建立标准是如此，仓位管理就更加如此了。但还是可以提供一些定量化的参考。

从净值曲线部分有提到仓位管理对净值曲线目标实现至关重要。当一个基金产品净值是 1 的时候，如果正好处于牛市背景，真的敢一次性重仓买入所看好的且发出持有信号的股票吗？如果这么做，可能面临清盘的风险。因为牛市过程中正是市场大幅波动的时候，也是很快会进入熊市的时候。

无论如何，建立仓位都是试探性的。分批建仓和依据净值和市场环境来控制总仓位是仓位管理的两个重要方面。在一波行情的初始阶段，市场通常会比较反复，反而到了后续会走得比较持久而稳定。行情的前半部分往往存在较大分歧，而后续在羊群效应下，会持续加强。加强到人人皆知的时候，往往也离大崩溃不远了。行情演绎的过程，给予了我们分批建仓的时机，同时也给予了我们判断行情发展阶段的依据。

我们做一个最简单的假设，分两次建仓，按照 6∶4 来执行，组合只有两只股票。总仓位的控制分两个部分，一是净值，二是市场环境。净值分三种情况，一是净值是 1 的时候，二是净值下降到 0.9 以下，三是净值提升到 1.1 以后；市场环境分三种，牛市、结构性市场、熊市。

这样在初始情况，也就是净值是 1 的时候，存在三种背景，牛市、结构性市场和熊市，分别给予 0.7、0.5、0.3 总仓位初始额度。当在牛市的背景下，净值提升到 1.1 以后，释放额外的 0.2 额度。净值下降到 0.9 的时候，总额度下降到 0.3，牛市还亏钱，要么是市场牛转熊，要么是交易存在严重失误，所以总额度要立刻大幅下降至熊市初始额度状态。当在结构性市场背景下，净值提升到 1.1 以后，释放额外的 0.2 额度。净值下降到 0.9 以后，总额度下降到 0.3，当在熊市的时候，净值提升到 1.1 以后，释放额度的 0.2 额度，净值下降到 0.9，总额度下降到 0.1，说明熊市继续，或者风险控制能力极差。

在总额度的基础上，再次分配总有效额度，比如是牛市背景，净值是 1 的时候，总有效额度是 0.7，那么初始建仓和加仓按照 6:4 执行，减仓和出局同样按照 6:4 执行。有点类似金字塔加减仓法，但是属于简易版本。这样在初始建仓的时候，第一次只有总仓位的 0.7×60%＝0.42，初略用 0.4 表达，由于已经是牛市，那么只能等买入的股票走势符合预期，被检验是对的，再加仓 0.3，达到 0.7。如果行情进一步上涨使得净值进一步提升至 1.1。可以进一步释放 0.2 的总额度进一步投资，这样整个的加仓是 0.4:0.3:0.2，依然呈现金字塔模式。

如果是结构性市场，那么初始总有效额度是 0.5，初始建仓和加仓依然按照 6:4 来执行，这样第一次建仓是 0.5×60%＝0.3，被市场检验符合预期时，第二次加仓是 0.2，等市场进一步上涨，并且使得净值提升到 1.1 以后，估计在这个过程中有可能从结构性市场转变成牛市，那么仓位还会进一步转换成牛市背景模式。那么达到牛市背景模式，可以加 0.2，达到 0.7，净值提升可以加 0.2，达到 0.7 或 0.9，但是最好两次加仓距离拉开，这是纯技术性问题。

如果是熊市，那么初始总有效额度是 0.3，初始建仓和加仓依然按照 6:4 来执行，这样第一次建仓是 0.3×60%＝0.18，初略用 0.2 表达，被市场检验符合预期时，第二次加仓是 0.1，等市场进一步上涨，并且使得净值提升到 1.1 以后，估计在这个过程有可能从熊市转变成为结构性市场，那么仓位还会进一步转换结构性背景模式。那么达到结构性背景模式，可以再加 0.2，达到 0.5，净值提升可以加 0.2，达到 0.5 或 0.7，依然是两次加仓距离拉开。

从以上的模式来，不论初始背景模式是熊市，结构性市场，还是牛市。总仓位控制都一样了，而每次进入都分两次，按照 6:4 的原则。事实上，还是组合投资，那么至少还会分散到 2 只股票上，这样每笔交易承担的风险都是可控的。每笔交易都是在总有效额度的控制范围里，并且都考虑了分批建仓、分散投资，且总有效额度与净值和市场环境相结合。

表 16-1　分批建仓/组合投资（6:4）

净值	熊市	结构性市场	牛市
0.9	0.1	0.3	0.3
1	0.3	0.5	0.7
1.1	0.5	0.7	0.9

以上仓位管理只是个性化的设计，数值不一定与具体的投资者相符，但是提供了一个参考。比如，将净值和市场环境结论来分配总仓位。再如，分批建仓，

分散持股等。整个仓位与净值、与市场环境演化过程一致性原则。如果回顾市场的演化过程，同样也会发现，市场在又熊市转为结构性市场，在结构性市场转为牛市的过程中，整个市场的净值和仓位是同步上升的。这点在净值曲线那章做了详细的分析。市场在牛市转为熊市的过程中，净值是快速下降的，所以我们在设计仓位的时候也是快速降低。

那么6:4进场，在进场后，需要检验什么，需要何时加仓。出场应该遵循怎样的标准，依然没有确定。进场依照交易系统，但由于加上了分批进场的规划，那么在已经持有的股票里，下一步加仓应该遵守两个原则：一是标的涨跌幅符合基本面和市场偏见特征；二是标的涨幅至少提升了10%。事实上，在初次选择建仓的时候，第一个原则就已经需要考虑了，标的走势特征与基本面特性和市场偏见、主流偏见相符合，而不仅仅是简单地发出买入信号。这是在选择介入一只股票与一般的纯价格交易系统不同的点，就是始终坚持特征匹配原则和匹配强弱关系。

毫无疑问，无论在事前如何规划，总会有出乎预料的事情。所以，调仓换股成为股票投资必不可少的环节。也就是建仓后，持有标的没有符合预期走势，或者单个企业走得强劲，但整个市场环境发生重大变化。总之，在持有标的和市场环境方面至少有一个出现问题。我们都应该考虑是否需要调整仓位，是否需要更换标的。

如果持有的标的符合预期，但是市场环境恶化。比如结构性市场转变成熊市，或者牛市转变成熊市，那么我们只进行总仓位管理即可。依据上述不同市场环境下的仓位管理要求相应降低即可。

如果市场环境没有变化，但是持有标的不符合预期。这种情况通常是市场走势如虹，而持有标的反而下跌，净值也随之缩水。这个时候会面临较大的压力，同时在换股的时候也面临两难的选择。一方面，市场上其他股票涨的比持有标的还好，那么如果将手中股票换成市场上的强势股，好像不大情愿；另一方面，手中股票已经发出了止损信号，但市场环境并没有变化，其他股票也走的好，是否应该继续等待或者加仓呢？对于不符合预期的，首先要检查股价走势、基本趋势和基本面特征、主流偏见和市场偏见三者之间的匹配情况，而不能单纯以涨跌来评判。如果股价走势符合基本趋势和基本面特征，暂时不符合市场偏见，说明在选择个股方面，没有找准好市场主流方向。那么看市场主流方向中的股票它们的走势特征，如果后续还有进一步的空间，可以考虑换过去。如果市场主流方向也接近尾声，那么就没有必要了。我们始终切记在一只基本趋势非常强劲的企业上涨的后期或者牛市后期调仓换股的时候加大仓位操作，哪怕这个时候是一家非常优质的企业，体现着非常强劲的基本趋势和稳健的股价走势特征，但是我们换股过来的时候，也应该考虑减少加仓量，因为很有可能面临系统性的牛转熊。

但是，在调仓换股中，其实已经涉猎到一个细节：如果市场偏见保持不变，那么个股的买卖信号其实不是那么重要。这点听起来似乎很矛盾，一方面，我们尽量不再做主观决策，直接按照信号来处理；另一方面，我们又认为个股的买卖信号不是那么重要，那到底是什么意思呢。在选择股票的时候坚持达标以上的基本趋势和操作主流偏见为正的股票。但是，事实与预期总会存在差距。初始选择的标的，可能不符合预期，但市场偏见却保持不变。所以，在调仓换股的时候，坚持的原则是匹配原则，而不是信号单次发生的原则。可以换到一直发出持有信号的标的，就像在选择基本趋势强劲的企业一样，选择持续增长的企业。其实，这种情况的调仓换股，其实是事后证明我们手中持有的个股，没有股票池中形式好，原因可能是企业的基本面出现了问题，或者主流偏见。但股票池中走的好的股票，我们在换过去的时候，由于他们的买入时机已经过了，我们在将空出来的仓位换过去的时候，还是按照分批买入的原则，且计划使用额度要比空余出来的仓位要低才对。因为，市场已经在发出警示性信号了，而警示性信号就是手中的股票走的差。所以，个股的买卖时机不是那么主要，主要是针对换股而已，从持有信号被打断的个股换到一直发出持有信号的个股，这是在市场处于牛市的时候的换股思路，但也遵守减少仓位的原则和坚持分批建仓的思路。事实上，在操作的时候应始终坚持按照信号操作，只是调仓换股需要更加灵活。但，切记，这种想法一定要在市场偏见或者结构性偏见保持不变的情况，如果市场偏见或者结构性偏见转变，那么强势股可能也会面临大幅杀跌。

在此需要深入了解交易系统的深层次含义。我们的主图就是交易系统，依据个股走势、板块走势、市场走势以及净值曲线管理要求建立起来的。实际上是一种取舍。比如舍弃系统性风险、结构性风险，舍弃下降趋势，舍弃快速回撤的等等。但是，又不能简单从取舍来理解，毕竟取舍的标准是人为设定的固定标准，而所有个股的走势是具体的、个性化的。如果一只股票走势不符合预期，实际上是指股价走势打破了匹配原则。在匹配原则中，我们其实已经暗中倾向持续性和稳定性。从基本趋势和基本面特征看，我们倾向基本趋势稳健或者强劲。对于市场偏见，我们倾向于牛市或者结构性牛市。对于股价走势，我们也倾向于持续稳定上涨或者快速上涨的。所以，那种发出持有信号没有多久后就表现的疲软的，实质上是其中某个环节出了问题。我们都应该调整，而不是继续逗留。

在单个股票配置的权重方面，我们也是依据匹配原则继续，依据基本趋势和市场偏见分层决策。因为市场偏见是跨行业的，所以，在行业间的配置权重依据市场偏见，而在同行业内配置权重依据基本趋势。同时兼顾匹配原则。

第十七章 星期五才做决策

如果交易系统符合市场运行逻辑和投资者净值曲线管理要求，那么意味着，一周只需要工作一天，而这一天就是星期五。一年52周，那么一年只需要工作52天，这大大节约了时间成本，在一定程度上可以与市场保持合适的距离。很多擅长分析的投资人，不是分析功底不深，也不是经验不足，而是与市场保持太紧密了，迷失在市场嘈杂里。

如果投资体系足够完善，那么也应该承认，分析只是决定净值曲线和管理资产规模的一个小环节。可视化的界面已经把核心要点牢牢地用逻辑体系构建好了。我们已经将投资中应该注意的核心要素：股价走势、主流偏见和基本趋势，以及市场环境，运用投资理念和模型，完全体现在新工具图中了。我们不需要花费太多的时间来思考和处理这些问题了，我们用眼睛就可以看得清楚，因为我们拥有可视化的界面，而构建界面的底层数据是股价行情数据和企业的财务数据，这是完全客观的，且数据是非常容易就能够获取的。

但是，选择怎样的标的，总仓位应该多少，何时进场/离场，以怎样的方式调仓换股，具体板块和个股配置权重，还是偏主观的，还是得结合投资者自身对净值曲线管理要求来设置。另外，选择怎样的投资理念其实也是主观的，没有反身性投资理念，事实上就不可能有新工具图。所以，可视化的界面还具有个性化特征，背景图的实现是相对主观的，而数据图和具体数值是比较客观的。

在此，区分主观和客观成分，以及强调星期五才做决策，是想表达投资者不要过多分析，不要过量交易，应该与市场保持一定距离。巴菲特就是远离华尔街。索罗斯则对自身观点的可能错误不断反思。另外，股价走势、基本趋势和主流偏见没有一个是确定的，市场不确定性和参与者易错性具有必然性。巴菲特和索罗斯都有失败的案例。巴菲特不犯错，就不会收购伯克希尔·哈撒韦。芒格如果不大亏，也许就不会和巴菲特走到一起。如果没有收购伯克希尔·哈撒韦以及与芒格的搭档，也许巴菲特就不会这么成功。索罗斯也大亏过很多次，1987年就曾一度大幅亏损。

但是，亏损并不妨碍成为大师，反身性价值投资就是要承认市场的不确定性和投资者自身会犯错的可能性。只有接受了这个观点，才能对市场不过分追究，而是紧紧抓住主要矛盾。只有接受了这个观点，才能主动与市场保持距离，才有选股、仓位管理、建仓、择时等一系列直接关系到净值曲线的交易策略。

　　"星期五才做决策"既是现实需要，因为我们的股价走势是周K线图，也是我们与市场主动保持距离的好方法。

第六部分　总结

如果我们没有理念，我们就不会有看市场的视角，市场运行对于我们而言就是一片茫然。毫无疑问，我们拥有了两位大师的理念，我们还对两位大师的理念进行了研究，改造成为反身性价值投资理念。我们构建了模型，拥有了工具图，并且将背景模型融入进来，构建了新工具图，我们将净值曲线管理要求也融入新工具图中，将具体交易各个环节：选股、仓位管理、择时、建仓、调仓换股都定量的且在新工具图上进行了分配，成为实战图。

通过严格的标准选择标的，事实上还可以进行回测。通过对过去十年的历史数据回测，我们得出了年化15%以上的低回撤收益。但是却难以实现20%以上的低回撤收益，因为长期来说股价的回报是不会超过企业年化净资产收益率的，而我们还需要分批建仓和进行仓位管理，所以年化收益率会低一些，某些年份收益会很低（熊市），甚至出现小幅亏损，但却是比较符合机构的运作方式的，是不会导致清盘的保守方法。

通过改造的反身性价值投资的年化15%收益，是比巴菲特年化20%收益降低了，甚至更加低于索罗斯的年化30%收益。但回撤却比巴菲特和索罗斯都要低一些，事实上巴菲特的回撤也比索罗斯低一些。

那么我们就得进一步厘清造成这一差别的原因。反身性价值投资理念与巴菲特价值投资理念的收益回撤区别主要在以下几点：

（1）反身性价值投资理念下的新工具图和交易系统对回撤要求比巴菲特价值投资理念要高得多，巴菲特能够实现长期投资，有一个重要因素是他的投资主体是公司制，而不是基金管理公司。如果巴菲特的投资主体是基金管理的方式，那么应该清盘很多次了。但毕竟是公司制，这种方式也就适合个体，所以个人是可以将新工具图中的回撤要求降低一些，通过回测是可以达到20%以上的年化收益的。

（2）巴菲特是可以进行适当的逆向操作的，因为他将投资范围始终限定在自己的能力圈内，面对不受熊市和经济危机影响的卓越企业，叠加巴菲特拥有强大的储备现金池和公司制投资主体，所以可以逆向操作，这样能增加收益。而以基金作为投资主体和没有足够多储备现金池的主体，就无法在熊市的时候逆向操作，因为可能面临灭顶之灾和痛苦的煎熬。

反身性价值投资理念与索罗斯反身性理念的收益回撤区别主要在以下几点：

（1）既然股票市场有牛熊，那么可以运用期货、期权来做收益加强和风险对冲，所以这样也可以增加收益和控制风险。

（2）既然一国的股票市场有牛熊和震荡市，另外不同行业的优质企业其实在不同的地方上市，比如科技股，大多集中在纳斯达克等国际上市，那么作为投资者可以选择不同的国家进行投资，这样可以增加选股带来的收益。股票市场不一定总有机会，还可以将资金综合配置到外汇市场以及大宗商品等。所以索罗斯突破了股票纯多头策略，综合运用多种金融工具，对不同大类资产进行配置，体现更加宏观的操作思路，所以运用得好，也可能导致更高的收益，同时风险可控。

毫无疑问，收益是降低了些，但回撤也降低了，很少年份出现亏损，即使出现亏损也是几个点，那么管理的规模也会逐年扩大。事实上，在国内做纯股票多头策略中的基金公司中能够做到这点，已经凤毛麟角了。投资者只需要查看2018年的基金排名就知道了，亏损20%是很普遍的，清盘的基金不计其数。究其原因，不是纯股票多头不好，也不是基金管理模式就无法长期存活，而是价值投资理念派的基金管理人大多只注重企业价值和所谓的安全边际，忽视了市场对基金净值的短期巨大负面影响。不知有多少基金经理被所谓的安全边际害得很惨，价格越跌，价值不变，那么可以坚持持有甚至买入更多，听起来多么吸引人。但事实胜于雄辩，企业基本趋势也可能在未来变化，哪怕企业基本趋势保持良好，市场也可能大幅下跌，导致净值跌破清盘线，最后被迫清仓。基金管理人一旦出现清盘的历史痕迹，就失去了在基金持有人心中的信任。

毫无疑问，回测出来的收益/回测，总是历史的。还有很多操作风险，比如跟选股、择时、仓位管理、调仓换股等都息息相关。正如，企业的股价走势会与市场环境以及主流偏见息息相关一样，但是，不同企业的股价走势与其基本趋势、基本面特征具有非常鲜明的个性化特征，这种特征是与市场环境和主流偏见无关的。所以，反身性价值投资理念也有其鲜明的个性化特征，它的特征综合体现在：坚持基本趋势达标的企业，坚持持有主流偏见为正的股票，接受市场不确定性和易错性。从而真正做到风险可控，收益可观。

另外，整篇是以基金的视角看市场的。实际上，很多投资主体还是以个人和公司进行的。那么对回撤的要求就没有基金管理那么高。所以，个人是可以更加灵活地运用反身性价值投资的。但是，不论机构还是个人，新工具图都提供了一个非常清楚的可视化界面，其中理念模型化、模型定量化、定量可视化思路是独特的、具有明显的操作价值的。